Español

Contemporáneo

Third Edition

George DeMello
University of Iowa

University Press of America,® Inc.
Lanham • New York • Oxford

Copyright © 1999 by
University Press of America
4720 Boston Way
Lanham, Maryland 20706

12 Hid's Copse Rd.
Cumnor Hill, Oxford OX2 9JJ

Library of Congress Cataloging-in-Publication Data

DeMello, George
Espanol contemporáneo / George DeMello.—3rd ed.
p.   cm.
Includes index.
1. Spanish language—Grammar.   I. Title.
PC4112.D4   1999   468.2'421—dc21   99—41915 CIP

ISBN 0-7618-1506-6 (pbk: alk. ppr.)

Contents

PREFACE

Español Contemporáneo, Third Edition, is designed for use in college third- and fourth-year Spanish language classes. Each of the fifteen chapters begins with a brief reading selection in Spanish in the form of a short story (thirteen chapters) or a magazine article (two chapters) from Spanish-language publications, written by authors who represent both Spain and Spanish America and selected on the basis of language content and potential interest to the American college student.

Following the reading selection are two groups of questions, the first of which is based on the content of the reading material and is structured in such a way as to channel the student into using vocabulary employed in the reading selection in formulating answers. The second group of questions consists of three topics suggested by the content of the reading material and designed to provoke conversation in class or to serve as themes for compositions.

The second part of each chapter, *Observations,* is a study of fifteen language difficulties often encountered by American college students at the junior- or senior-level of Spanish language study, such items as the differences between *tras, atrás* and *detrás; parecer* and *parecerse; caliente, cálido* and *caluroso,* or items that students may not as yet have encountered in their Spanish language study, such as the use of the *voseo* forms in Spanish America. Each of these observations is based on a word or phrase appearing in the reading selection. An exercise consisting of sentences to be translated from English to Spanish, based on the fifteen observations and utilizing the vocabulary of the reading selection, tests the students' knowledge of their mastery of the material presented in this section.

The third section of each chapter is a grammar lesson that presents one of the principal topics of Spanish syntax (indicative vs. subjunctive, *por* vs. *para, ser* vs. *estar,* verbal aspect, etc.), stressing those points that continue to be problematical to the student at the level of Spanish language study for which the book is intended. Each grammar section consists of an explanation of the basic theory underlying the topic under discussion, further clarified by a large number of example sentences. The student's grasp of the syntactical topic presented is tested by means of an exercise consisting of sentences to be translated from English to

Spanish that once again incorporate utilization of the vocabulary of the reading selection.

The basic format of the Third Edition is the same as that of the Second Edition. The grammar and *Observations* sections of each lesson, however, have been extensively rewritten to incorporate insights acquired since the second edition was published.

A new feature of the Third Edition is that almost all sentences utilized to illustrate points presented in the *Observations* and grammar sections have been extracted from the volumes of educated speech samples published by the "Proyecto de Estudio Coordinado de la Norma Lingüística Culta de las Principales Ciudades de Iberoamérica y de la Península Ibérica." These volumes present large corpuses of the natural speech of native speakers recorded by linguists on site in the cities of Bogota, Buenos Aires, Caracas, Havana, La Paz, Lima, Madrid, Mexico City, San Juan (Puerto Rico), San Jose (Costa Rica), Santiago (Chile) and Seville. Each sentence is labeled to identify the source city, and the number and page of the sample from which it was extracted, so that "BOG-12:162," for example, indicates that the citation is from the corpus of Bogota, sample 12, page 162. The cities are abbreviated as follows: BA = Buenos Aires, BOG = Bogota, CAR = Caracas, HAB = Havana, LAP = La Paz, LIM = Lima, MAD = Madrid, MEX = Mexico City, SEV = Seville, SJN = San Juan, SJO = San Jose, and SNT = Santiago.

A feature of the first two editions, an end vocabulary containing both English-Spanish and Spanish-English entries in one listing, has been retained, since it proved to be very popular with the students, inasmuch as it eliminates the need to move from one list to another when looking up the meanings of words.

Grateful acknowledgment is made to the following authors, publishers and magazines, who granted permission to reprint the selections with which the chapters begin: Claudina Agurto M., Enrique Anderson Imbert, Miguel Arteche, René Avilés Fabila, Baica Dávalos, Jordi Estrada, Luis Enrique García, Enrique Jaramillo Levi, Marcelino C. Peñuelas, Daniel Salomón, Alicia Steimberg, Edmundo Valadés, Sara Zimerman, *Contenido, El Cuento*, Ediciones Corregidor, Editorial Galerna, McGraw-Hill Book Company, *Mundo Nuevo, La Palabra y el Hombre, La Prensa*, and *Visión*.

G.DeM.

1

ALACENA PARA UNA SENTENCIA

Sara Zimerman

Traspuso la puerta de entrada a su casa, y en el primer sillón del living se desplomó. En la alfombra quedaron el bolso y los paquetes, como apurados ellos también de tomar contacto con alguna superficie. Recién se daba cuenta de lo cansada que estaba y del peso que había estado
5 soportando[1] con las dos manos. De la boca del bolso salían los frascos de vidrio y la luz de la ventana se reflejaba en la comba brillosa. Se quedó mirando eso como si fuera lo único que había en la habitación.

Siguió sentada, entregada a la sensación de adormecimiento que le complacía. Las últimas compras la habían fatigado, pero el impulso de
10 realizarlas fue espontáneo, automático, y ella lo cumplió como una orden. Por fin, venciendo la pesadez de los miembros, se levantó y alzando el bolso y los bultos caminó despacio hacia la cocina. Cada paso parecía

De Sara Zimerman, "Alacena para una sentencia," *El Cuento*, Octubre-Diciembre de 1976, págs. 84-86. Con permiso de *El Cuento*.

gustarlo, y demoraba el siguiente. Eso podía ser también una nueva disciplina; no apurarse[2], no apurarse para nada.

15 Estaba sola, absolutamente sola en la casa, como le era habitual a esa hora. Su marido nunca almorzaba con ella. Se encontraban[3] al anochecer. No le hablaba más que lo necesario[4], y no la miraba ni un centímetro[5] más de lo necesario también.

Las uvas se habían machucado un poco, en la parte que rozaba el hilo 20 del paquete; pero eran lindas, color borravino oscuro. Sacó de un estante la cacerola más grande, y comenzó a desgranar los racimos. Echó un fuerte chorro de agua hasta llenar el recipiente, y jugó un largo rato con la fruta[6] lavándola, metiendo y sacando la mano.

Un kilo para un kilo, parecía mucho. Mejor, un kilo de uvas y un poco 25 menos de azúcar.

Se quedó junto al fuego mirando cómo los terrones se derretían hasta que hirvió el líquido almibarado.

Una fuente de acero inoxidable se le cruzó de pronto como espejo, y sonrió a su propia cara. La calmosa[7] tranquilidad ya le parecía 30 demasiado, ¿o habría perdido el espíritu hasta para cualquier cosa? Siguió mirando las uvas nadando y a las pepitas que afloraban; con una espumadera las fue sacando una por una.

Una viborita de dolor le recorrió el vientre desde abajo hasta casi la boca del estómago. Llevó la mano y apretó el sitio, o lo acarició 35 compadecida. La otra mano acudió también, pues sabía que eran necesarias las dos, imprescindiblemente.

-Cuando se haga insoportable el dolor, tome dos pastillitas.

Hurgó en la cartera, sacó la cajita, y comenzó el rito del calmante.

-Venga con su marido la próxima vez, señora. No me gusta[8] nada[9] la 40 hinchazón del vientre. ¿Hace mucho que anda así?

Mucho. Muchísimo[10]. Y no le dio importancia como a todo lo que le ocurría a ella. Pero cuando arreciaron los dolores y el volumen, se resignó a ser examinada.

Tendría que lavar bien los frascos, y sobre todo secarlos, porque la 45 humedad podría atacar el dulce.

Todo se hace tan rápido ahora. En la segunda visita la llevaron a una sala especial para practicarle una punción abdominal y extraerle el líquido ascítico. Y los laboratorios son tan eficaces, están provistos de medios modernos, que entregan los dictámenes rápidamente, con 50 urgencia y terminan el asunto[11] lo antes posible.

-No vendré con nadie, sino sola, doctor Rodríguez.

El médico no le entendía. Pero, eso era secundario. Porque su marido, bueno; hacía tantos años que había dejado de quererla, que ella tenía

prohibido demostrarle nada. Ni su alma enternecida, ni su cuerpo
55 latiendo con sangre caliente, ni sus ansias, ni sus deseos. Ahora tenía un
dolor. Pero era suyo, completamente suyo, y no lo mostraría tampoco,
por nada del mundo.

Sin embargo, reconocía que le flaquearon un poco las piernas cuando
enfrentó al médico leyendo en el escritorio la abultada foja de su proceso.
60 -No tema decirme todo, doctor Rodríguez. Por favor, respéteme[12]
como persona, y dígame el resultado. Soy fuerte, créame.

El médico la había mirado profundamente, y por fin pareció
comprender.

-Adenocarcinoma de ovario.
65 En la fuente de acero inoxidable advirtió que ya no sonreía. Su cara le
pareció más vulgar que nunca[13]. Su pequeña biografía, simple, sin nada
de importancia más que un loco deseo de vivir y amar las cosas, podía ser
escrita en un cuarto de página, y tenía preparada la palabra FIN.

Con la cuchara de madera de naranjo revolviendo el dulce, esperó
70 sentir alguna rebeldía. Pero la calmosa tranquilidad no se quebraba. El
aroma casero entraba por su olfato y no afectaba sus sentidos ni con el
recuerdo de otros dulces saboreados cuando las trenzas caían a su
espalda, o cuando alentaba la ilusión de un tul blanco para entrar a la
iglesia, o el vagido del primer hijo. Sólo estaba ese momento, y ella, de
75 pie, con una mano acariciando el vientre enfermo, sin futuro, lista para
cumplir un destino.

-¿Me escuchó, señora?

Una oleada muy caliente le había subido hasta la cabeza, seguida de
otra muy fría. "Universidad Nacional de Córdoba, otorga el diploma de
80 médico cirujano a Luis Rodríguez," la firma del rector con muchas
rúbricas y la del flamante médico, tímida. La madera del marco era clara
con algunas estrías oscuras. Y la cintita azul y blanca pegada[14] con lacre.
Siempre le gustaron los diplomas universitarios.

La cara del médico estaba color gris ceniciento. Y ella sintió que su
85 silla se iba alejando hacia atrás, se hundía, y que su voz sonaba finita.

-Le escuché, doctor.

-No puedo aconsejar ninguna operación... está tan avanzado...

Se esforzaba por aparecer sereno.

-Quisiera ayudarla, ¿qué piensa hacer?
90 Se pasó la lengua lentamente por los labios resecos[15].

-Dulce de uvas.

Con una fina servilleta de hilo, repasó varias veces los frascos para
que quedaran bien secos, y comenzó a echar dentro de ellos el dulce.
Había salido muy bien, con punto justo, y de un color apetecible.

95   Abrió la puerta de la alacena, y luego de pensar un rato, se decidió por el estante más alto para colocar los frascos ya que el dulce debía conservarse por mucho tiempo.

CUESTIONARIO

PREGUNTAS SOBRE EL CONTENIDO DE "ALACENA PARA UNA SENTENCIA"

Prepare Ud. las respuestas de las siguientes preguntas en casa, para poder contestarlas en clase sin referirse ni al libro ni a sus notas personales:

1.   Describa Ud. la llegada de la señora a su casa, utilizando en su descripción las palabras **trasponer, de entrada, desplomarse, alfombra, bolso, paquete, apurado, contacto** y **superficie.**

2.   Describa Ud. el bolso, usando las palabras **boca, frasco, vidrio, reflejarse, ventana, comba** y **brilloso.**

3.   Describa Ud. la relación que existe entre la señora y su marido, utilizando en su descripción las palabras **anochecer, lo necesario** y **centímetro.**

4.   Empleando las palabras **estante, cacerola, desgranar, racimo, chorro** y **recipiente**, cuente Ud. lo que la señora hizo con las uvas.

5.   Usando las palabras **insoportable, pastillita, hurgar, cartera, cajita, rito** y **calmante**, cuente Ud. lo que el médico le había dicho a la señora y lo que hizo ella en casa cuando empezó a sentir el dolor.

6.   Cuente lo que ocurrió en la segunda visita de la señora al médico, utilizando Ud. las palabras **llevar, practicar, abdominal, extraer, eficaz, provisto, medio, entregar, dictamen** y **urgencia.**

7.   Empleando Ud. las palabras **flaquear, enfrentar, abultado, foja,**

proceso, temer, respetar y **resultado**, describa Ud. el encuentro entre la señora y el médico.

8. Cuente los recuerdos que tuvo la señora al revolver el dulce, usando Ud. las palabras **saborear, trenza, alentar, tul** y **vagido**.

9. Describa Ud. el diploma del doctor Rodríguez, utilizando en su descripción las palabras **otorgar, cirujano, firma, rector, rúbrica, flamante, madera, marco, claro, estría, cintita** y **lacre**.

10. Cuente lo que hizo la señora con el dulce de uvas, empleando Ud. las palabras **servilleta, hilo, repasar, frasco, seco, echar, salir, punto** y **apetecible**.

PREGUNTAS TEMÁTICAS

1. La Mujer De "Alacena Para Una Sentencia"

Si Ud. tuviera que describir a la mujer que es la protagonista de "Alacena para una sentencia," ¿cómo la describiría Ud.? ¿Qué sabemos de su vida y de su carácter por medio de este cuento?

2. El Cáncer Y El Uso De Las Drogas

A veces los médicos recetan el uso de drogas bastante fuertes para los que padecen del cáncer, ya que esas drogas calman el dolor. ¿Qué le parece a Ud. este uso de las drogas? ¿Qué piensa Ud. del uso de las drogas en general? ¿Se debe legalizar el uso de la marihuana y de otras drogas?

3. Si Yo Supiera Que Pronto Iba A Morir . . .

Es interesante notar que la protagonista de "Alacena para una sentencia," sabiendo que está muriendo de cáncer, regresa a su casa para hacer un dulce de uvas. ¿Qué le parece a Ud. esto? ¿Qué haría Ud. si tuviera una enfermedad terminal que no le permitiera vivir mucho tiempo más?

OBSERVATIONS

1. Soportando: supporting

Soportar means "to support," in the sense of "to give support to," or "to bear the weight of," either literally or figuratively:

> *Este sistema FUE SOPORTADO por el pueblo.* (LAP-32:394)
> This system was supported by the people.

> *¿Me puede usted dar un hecho físico que SOPORTE a la teoría?*
> (MEX-26:357)
> Can you give me a physical deed that supports the theory?

> **Cuatro columnas SOPORTABAN la cúpula de la rotonda.**
> Four columns supported the dome of the rotunda.

> **Recién se daba cuenta del peso que había estado SOPORTANDO con las dos manos.**
> She was just becoming aware of the weight she had been supporting with her two hands.

Soportar also means "to stand," "to put up with"; **aguantar** is a synonym:

> *Las películas de terror yo no las SOPORTO.* (MEX-22:318)
> Horror movies I can't stand.

> *¡Fíjese todo lo que tengo yo que AGUANTAR!* (BOG-37:506
> Look at all that I have to put up with!

Sostener or **mantener** mean "to support" in the sense of providing financial subsistence; both verbs are conjugated like **tener**:

> *Aquí la universidad SOSTIENE a los institutos de investigación.*
> (CAR-2:36)
> Here the university supports the research institutes.

> *MANTIENE a toda su familia ella sola.* (LAP-28:315)
> She supports her whole family by herself.

2. Apurarse: to rush

Apurarse por (en) followed by the infinitive is used in Spanish America, and to a small extent in Spain, to mean "to hurry," "to hasten," "to rush" to do something:

> *NO TE APURES.* (BA-25:220)
> Don't rush.

> **Dile que SE APURE en (por) venir**.
> Tell him to hurry and come over here.

Apresurarse a (por) may also be used with this meaning. **Apresurarse (a)** followed by a noun means "to rush (into)" something:

> **SE APRESURÓ a cederle el asiento a la anciana**.
> He hastened to give his seat to the elderly lady.

> *No se te vaya a escapar esta muchachita. APRESÚRATE al matrimonio*. (MEX-11:133)
> Don't let this girl get away from you. Hurry up and get married ("Rush into marriage").

> *Ella aprenderá un día; no quiero APRESURAR eso.* (LAP-2:36)
> She'll learn some day; I don't want to rush it.

Darse prisa (para, por) is another commonly used equivalent of "to hurry":

> *Estaba lloviendo y teníamos que DARNOS PRISA para llegar a la Catedral.* (SEV-18:214)
> It was raining and we had to hurry to get to the Cathedral.

Tener apuro (de), estar apurado (por), tener prisa (por), and **estar con (de) prisa (por)** mean "to be in a hurry":

> *Ellos no TENÍAN APURO de salir de eso.* (SNT-46:341)
> They were in no hurry to get out of that.

> *ESTABA MUY APURADA por viajar.* (SNT-10:180)
> She was in a big hurry to travel.

Bueno, adiós, que TENGO MUCHA PRISA. (MAD-23:424)
Well, goodbye, I'm in a big hurry.

TENÍAN MUCHA PRISA por casarse. (SEV-9:105)
They were in a big hurry to get married.

De prisa (deprisa), con prisa or **a prisa (aprisa)** mean "in a hurry," "in a rush," and may be used to express the notion of hurrying, or rushing, to do something:

Ahora se vive más A PRISA. (SNT-20:333)
Now one lives more in a hurry.

Improvisaron allí un colegio DE PRISA. (SEV-10:114)
They rushed to put up a makeshift school there.

La policía acudió CON (A, DE) PRISA al lugar del crimen.
The police rushed (hurried) to the scene of the crime.

Entramos en la casa A (CON, DE) PRISA.
We rushed (hurried) into the house.

3. Se encontraban: They met (got together)

Either **encontrarse (con)** or **encontrar** can be used to express the idea of an encounter, either in a planned meeting or in running into someone or something by chance. If the verb is intransitive, **encontrarse** must be used:

Un día, estando en el Instituto, ME ENCONTRÉ CON un amigo.
(BOG-35:429)
One day when I was at the Institute I came across (ran into) a friend.

En un artículo ME ENCONTRÉ CON cuatro o cinco estrofas de Neruda. (SNT-30:511)
In an article I came across four or five stanzas of poetry by Neruda.

ENCONTRAMOS un banco que tenía una sombra de lo más acogedora y nos sentamos. (HAB-9:251)
We came across a bench that was in a very welcome shaded area and we sat down.

Ahí tienen oportunidad de ENCONTRARSE y conversar. (BA-6:110)
There they have a chance to get together and talk.

Tropezar (se) con or **topar (se) con** also express the notion of running into or bumping into someone or something by chance:

En el vestíbulo TROPECÉ CON un catedrático que era amigo mío. (MAD-13:226)
In the lobby I bumped into a professor who was a friend of mine.

¿Con qué problemas SE HAN TOPADO en general ustedes? (SNT-1:5)
What problems have you come across in general?

En las esquinas, SE TROPEZABAN los cauchos con las puntas de las aceras. (CAR-23:459)
At the corners, the tires bumped into the edges of the sidewalks.

¿Le podía pasar algo al buque, como TOPARSE CON una mina? (SNT-16:256)
Could something happen to the ship, like bumping into a mine?

4. Necesario: necessary

Hacer falta and **necesitar** express the idea of a need for something:

HACE FALTA que compres la cámara. (HAB-10:273)
You need to buy the camera.

NECESITAS alternar con gente. (MEX-19:266)
You need to mix with people.

La tuve que vender porque ME HACÍA FALTA el dinero. (MAD-16:275)
I had to sell it because I needed the money.

Lo que yo NECESITO es trabajar al aire libre. (MEX-1:15)
What I need is to work outside.

Faltarle a uno means something is missing or is not in one's possession:

LE FALTA un vidrio a la ventana. (SNT-21:356)
There's a pane of glass missing in the window.

ME FALTA tiempo para tantas cosas. (LAP-28:325)
I don't have time for so many things.

Carecer de is a more formal expression than **faltarle** and corresponds closely to the English verb "to lack":

CARECEMOS DE maestros. (BOG-9:123)
We are lacking teachers.

Sabes lo terrible que es CARECER DE equipo. (SJN-3:60)
You know how awful it is to be lacking equipment.

5. Centímetro: centimeter

There are several expressions of measure commonly used throughout the Spanish-speaking world with which one should be familiar. Some of the more common of these are the following: **centímetro** = .4 inch (2.5 cent. = 1 in.); **kilo** = 2.2 lbs.; **kilómetro** = .6 mile; **metro** = 39 inches:

El gancho tiene unos doce CENTÍMETROS de largo por cuatro o cinco CENTÍMETROS de ancho. (CAR-15:247)
The hook is about five inches long by one and a half to two inches wide.

El danzante lleva una máscara que debe medir un METRO veinte. (LAP-11:116)
The dancer wears a mask that should be three feet eleven inches tall.

Ha engordado seis KILOS y está felicísimo. (MAD-7:123)
He's put on thirteen pounds and he's extremely happy.

Está a setecientos METROS sobre el nivel del mar. (HAB-16:528)
It's 2,275 feet above sea level.

Estuve a unos ciento ochenta KILÓMETROS al suroeste de Londres. (MAD-1:5)
I was about 108 miles southwest of London.

To convert centigrade (**centígrado**) to Fahrenheit, the formula is 9/5(C) + 32 = F. To convert Fahrenheit to centigrade, the formula is 5/9(F-32) = C:

> *Habría como CUARENTA Y OCHO GRADOS de temperatura.*
> (HAB-9:250)
> The temperature was about 118 degrees.

> *Hacía DOS O TRES GRADOS bajo cero.* (SEV-7:86)
> The temperature was in the mid- to high twenties.

6. Fruta: fruit

Spanish and English at times differ as to words that may or may not be used in the plural. **Fruta** is an example of this, since, for example, **muchas frutas** is usually expressed in English as "many kinds of fruit" rather than as "many fruits." Further examples follow:

conocimiento	**madera**
knowledge (in general)	wood
conocimientos	**maderas**
some knowledge	planks, boards
consejo	**mueble** (m.)
piece of advice	piece of furniture
consejos	**muebles**
advice (several items)	furniture
dulce (m.)	**noticia**
piece of candy	news item
dulces	**noticias**
candy	news (several items)
informe (m.)	**palomita**
piece of information; report	piece of popcorn
informes	**palomitas**
information	popcorn

Note the use of these words in the following sentences:

Cuando Ud. vino acá, ¿ya tenía algún CONOCIMIENTO de inglés?
(HAB-8:237)
When you came here, did you already have some knowledge of
English?
Tenía unos CONOCIMIENTOS muy vagos de lo que era eso. (CAR-
17:314)
I had some very vague knowledge (notions) of what that was.

A veces vale más un CONSEJO que una dádiva material. (MEX-
9:118)
Sometimes a piece of advice is worth more than a material gift.
Siempre pedía CONSEJOS a las profesoras. (SEV-14:172)
She always asked the professors for advice.

-Te voy a coger un DULCE.
-Sí, LOS QUE quieras. (MEX-14:177)
I'm going to take one of your candies.
Sure, take all you want.

Rinden un INFORME del dinero y como ha sido gastado. (SJN-
12:254)
They present a report on the money and how it has been spent.
*Los últimos INFORMES que he recibido indican que se ha llegado a
ciertas soluciones.* (HAB-47:716)
The latest information I have received indicates that some kind of
solution has been achieved.

La mayor parte de las casas son de MADERA. (SNT-11:186)
Most of the houses are made of wood.
Los remos son unas MADERAS. (HAB-44:704)
The oars are boards.

Pusimos un MUEBLE en contra de la puerta. (SJN-5:120)
We put a piece of furniture against the door.
Yo quisiera amueblar la casa con MUEBLES puertorriqueños.
(SJN-5:116)
I would like to furnish the house with Puerto Rican furniture.

En Argentina recibimos la NOTICIA de la muerte de Riva Agüero.
(LIM-19:261)
In Argentina, we received the news of the death of Riva Aguero.

Es, a mi gusto, el mejor programa de NOTICIAS de televisión.
(CAR-24:421)
It is, for my taste, the best television news program.

El gato encontró una PALOMITA en el suelo.
The cat found a piece of popcorn on the floor.
¿Compramos PALOMITAS?
Shall we buy some popcorn?

7. Calmosa: quiet, calm

Calmo, en (con) calma, callado, calmoso, quieto, silencioso and **tranquilo** all mean "quiet."

En calma, and, less commonly, **calmo (-a)**, may be used to refer to things when "quiet" means "calm":

El mar se puso EN CALMA. (HAB-15:494)
The sea became quiet (calm).

A estas alturas es muy CALMO. (CAR-9:159
It's very quiet (Things are very quiet) now.

Con calma, used with reference to people, means "calmly," "quietly," "without agitation or excitement":

Si no estoy de acuerdo, lo discutimos CON CALMA. (LAP-28:324)
If I don't agree, we discuss it calmly (quietly).

Voy a ir al museo, a verlo CON CALMA. (CAR-8:137).
I'm going to go the museum, to see it calmly.

Calmoso means "tranquil" in the sense of "slow to react", "apathetic", or, pejoratively, "of a sluggish, dull nature":

Es muy CALMOSO; nunca reacciona rápidamente a nada.
He is very tranquil; he never reacts quickly to anything.

Callado is "quiet" meaning "not talking" or "not talkative":

No sé qué pensaría; se quedó CALLADA. (BOG-42:589)
I don't know what she might have been thinking; she kept quiet.

Las mujeres somos más extrovertidas, y ustedes los hombres son más CALLADITOS. (SNT-52:466)
We women are more outspoken, and you men are more quiet.

Callarse is "to be quiet," "not to talk":

Uno tiene que abrir los ojos y las orejas, pero tiene que CALLARSE. (LIM-19:256)
You have to open your eyes and your ears, but you have to keep quiet.

Quieto is used when "quiet" means "still," "not moving":

No me gusta la música en concierto, porque hay que estar muy QUIETO. (MAD-8:147)
I don't like music at a concert, because you have to be very still.

Se empezó a mover, y oyó que le decían, "¡Quédate QUIETO!" (BA-27:351).
He began to move and he heard them saying to him, "Be still!"

Silencioso means "quiet" in the sense of "silent," "free from noise," or "not causing agitation":

Viene en bicicleta, que yo no lo sentí. La bicicleta SILENCIOSA, SILENCIOSA. (BOG-19:260)
He comes by on a bicycle, and I don't hear him, the bicycle being really quiet.

La gente iba a comprarlo, pero SILENCIOSAMENTE. (SJN-15:310)
People went to buy it, but quietly.

En silencio means "quietly," or "quiet," in the sense of "in silence":

Sufren EN SILENCIO. (MEX-19:273)
They suffer in silence (quietly).

*El bus rodaba y rodaba EN SILENCIO. (BOG-45:632)
The bus rolled on and on in silence (quietly).*

Tranquilo is used when "quiet" means "free from disturbing influences":

Montaban a caballo; era una vida TRANQUILA. (CAR-26:542)
They used to go horseback riding; it was a quiet life.

El Bogotá de ese tiempo era muy TRANQUILO y más pequeño.
(BOG-13:181)
Bogota in those days was quieter and smaller.

Era un día domingo, un día TRANQUILO. (BA-2:52)
It was a Sunday, a quiet day.

La juventud de Cuba era más TRANQUILA. (HAB-11:316)
The young people in Cuba were quieter.

No ha de pasar nada, y la transición va a ser TRANQUILA y
sosegada. (LAP-4:52)
Nothing will happen; the transition is going to be quiet and calm.

8. No me gusta: I don't like

No gustar is used in the equivalent of "not to like" something:

Bueno, la respeto, pero NO ME GUSTA. (BA-10:160)
Well, I respect it, but I don't like it.

Disgustar means "to upset," "to bother," or "to annoy," **disgustarse**, "to
become upset, bothered, annoyed":

Él SE DISGUSTA cuando yo digo que a mí me hubiera gustado
nacer en esa época. (CAR-26:542)
He gets upset when I say that I would have liked to have been born in
those days.

No hay nada que me DISGUSTE más que la gente mal agradecida.
(SNT-4:81)
There is nothing that bothers me more than ungrateful people.

Dar asco is the equivalent of "to disgust":

Lo único que él no hace es lavar pañales, porque LE DA UN ASCO
horroroso. (CAR-10:179)
The only thing he doesn't do is wash diapers, because it disgusts him
terribly.

¿Estudiar odontología? ¡Ay no! Dientes, bocas, ME DA ASCO.
(SJO-14)
Study dentistry? ¡Oh, no! Teeth, mouths, it disgusts me.

9. Nada: at all

In addition to its basic meaning of "nothing," **nada** at times also conveys
the notion of negative intensification, usually expressed in English as
"not at all," as illustrated in the following sentences:

¿No comes NADA de carne? (LAP-22:216)
Don't you eat any meat at all?

Se habla de escuelas tecnológicas, pero no tienen NADA de
tecnológico. (HAB-26:630)
They talk about technical schools, but they're not technical at all.

No avanza NADA. No ha progresado NADA. (LAP-8:87)
He doesn't advance at all. He hasn't progressed at all.

De Italia me gustó Milano. Roma no me gustó NADA. (LIM-9:137)
In Italy I liked Milan. Rome I didn't like at all.

Atravesar la cordillera de los Andes no es NADA fácil. (BA-8:131)
Crossing the Andes is not at all easy.

Trabajé en un bar. No estuvo NADA mal. (MAD-1:13)
I worked in a bar. It wasn't bad at all.

En absoluto may also be used as a negative intensifier:

No se opone EN ABSOLUTO. (BOG-34:458)
He's not at all opposed.

Eso no me afecta EN ABSOLUTO. (BA-14:216)
That doesn't affect me at all.

No me gustó EN ABSOLUTO. (LIM-10:148)
I didn't like it at all.

No estoy afiliada a nada EN ABSOLUTO. (MAD-4:75)
I'm not a member of anything at all.

No había nada EN ABSOLUTO. (MAD-7:123)
There was nothing at all.

10. Muchísimo: A very long time.

The suffix **-ísimo** when used with **mucho** expresses the notion of "very," since **muy** may not be used to intensify **mucho**. However, generally speaking, **-ísimo** expresses a degree of intensity that is stronger than that implied by "very" in English, and, thus, should be translated with some appropriately strong intensifier, such as "exceedingly," "extremely," etc., as illustrated in the following examples:

Además, escribir diálogo es DIFICILÍSIMO. (SJN-17:352)
Besides, writing dialog is terribly difficult.

Es un poema BELLÍSIMO. (BOG-3:52)
It's an extremely beautiful poem.

Estarían CONTENTÍSIMOS de tener fotos. (BA-22:70)
They would be overjoyed to have some photos.

When **-ísimo** is added to a word ending in **-able**, an extra "i" is inserted between the "b" and the "l":

*Conversar con un grupo de diez o doce alumnos era
AGRADABILÍSIMO.* (LIM-18:243)
Conversing with a group of ten or twelve students was extremely pleasant.

*Se da el caso LAMENTABILÍSIMO del estudiante que trabaja como
un burro y no es capaz de sacar nada. (SEV-21:257)*
*Then you have the terribly sad case of the student who works his head
off and just can't get anything.*

La gente fue AMABILÍSIMA. (CAR-5:82)
The people were extremely kind.

Although **bonísimo** and **fortísimo** exist as superlative forms of **bueno** and **fuerte**, **buenísimo** and **fuertísimo** are more commonly used.

Se casó con una muchacha BUENÍSIMA. (CAR-13:216)
He married an extremely nice girl.

Dicen que llovió FUERTÍSIMO. (SNT-46:329)
They say it rained extremely hard.

Están viviendo un veraneo con emociones FORTÍSIMAS. (MAD-6:110)
They are living through a summer vacation with terribly strong emotions.

11. Asunto: matter

In addition to meaning "matter," **asunto** is also used as an equivalent of "topic," which may also be rendered as **tema** (m.). Although in Spanish America **tópico** is also used with the meaning of "topic," Spaniards tend to restrict the meaning of **tópico** to a hackneyed, trite idea or expression, such as a cliché:

Fue un TEMA ideal que me dieron a desarrollar, pero en realidad era el TÓPICO que a mí me interesaba. (LIM-6:98)
It was an ideal topic that was given to me to develop, but it actually was the topic that I was interested in.

Una vez yo escribí sobre ese ASUNTO. (BA-23:112)
I once wrote on that topic.

Cambiando un poco el TEMA, ¿te gusta Sevilla? (SEV-16:191)
Changing the topic slightly, do you like Seville?

De ahí el hecho este que puede parecer TÓPICO pero quizás cierto. (SEV-2:18)
And so we have this fact that may seem trite but perhaps is true.

12. Respéteme: be considerate of me ("respect me")

Respecto and **respeto** both mean "respect." **Respeto/respetar**, spelled without a "c," refer to "respect" in the sense of "esteem":

El himno nacional, en jardín de infantes, será escuchado por los chicos con RESPETO. (BA-19:290)
The national anthem, in kindergarten, will be listened to by the children with respect.

Es una cosa de RESPETO mutuo; yo RESPETO su tiempo, pero que él RESPETE el mío. (SNT-50:413)
It's a matter of mutual respect; I respect his time as long as he respects mine.

Respecto, with a "c," occurs only in equivalents of "with respect to," the most common of which are **respecto a** and **con respecto a**. **Respecto de** is less common, and **con respecto de** is seldom used:

¿Qué me podrías decir RESPECTO A las funciones que cumple una enfermera universitaria? (SNT-13:219)
What could you tell me with respect to the duties that a university nurse carries out?

Estoy convencido de que no se puede generalizar CON RESPECTO A América Latina. (BA-31:447)
I am convinced that one cannot generalize with respect to Latin America.

Yo quisiera oír su concepto RESPECTO DE esta duda que tengo. (BOG-18:244)
I would like to hear your opinion with respect to this doubt that I have.

Se podría volver, en realidad, a lo que estábamos comentando CON RESPECTO DE eso. (BA-25:274)
We could go back, actually, to the comments we were making with respect to that.

The verb **respectar** is commonly used only in the expression **en (por) lo que respecta a**, meaning "as far as is concerned":

EN LO QUE A MÍ RESPECTA, no concibo un veraneo sin playa.
(SNT-41:225)
As far as I'm concerned, I can't imagine a summer vacation without a beach.

POR LO QUE RESPECTA A mi madre, mi madre es fundamentalmente de familia limeña. (LIM-1:35)
As far as my mother is concerned, my mother's family is basically from Lima.

13. Nunca: ever

Nunca is the equivalent of "ever" in the comparative expression "than ever":

Al contrario, está mejor que NUNCA. (BA-24:201)
On the contrary, it's better than ever.

Los pensadores hispamoamericanos están más que NUNCA interesados en analizar el sentido que tenga. (SJO-31)
Spanish thinkers are more than ever before interested in analyzing the connotation it might have.

Nunca, or, more emphatically, **jamás**, or **nunca jamás**, is also the equivalent of "ever" in negative questions:

¿Tú no has leído NUNCA las crónicas de fútbol? (MAD-4:78)
Haven't you ever read the soccer news on the sports page?

¿Tu mami no ha pensado hacer NUNCA nada con eso? (LAP-23:253)
Hasn't your Mom ever thought about doing anything with that?

¿No se te ocurrió NUNCA JAMÁS? (SJO-2)
Didn't it *ever* occur to you at all?

Alguna vez is "ever" in affirmative questions:

¿ALGUNA VEZ me has oído a mí decir malas palabras? (BA-27:329)
Have you ever heard me use swearwords?

¿Tú la has tratado ALGUNA VEZ? (CAR-4:66)
Have you ever dealt with her?

Jamás or **nunca** also occur in affirmative rhetorical questions when a negative reply is expected:

¿Has escuchado JAMÁS (NUNCA) una opinión tan absurda?
Have you ever heard such an absurd opinion?

¿Ha existido JAMÁS (NUNCA) una persona más extraña?
Has there ever existed a stranger person?

Por siempre jamás is the equivalent of "forever more" or "forever and ever":

Te quedarás sin un centavo POR SIEMPRE JAMÁS.
You'll be penniless forever more.

14. Pegada: glued on, attached

Pegar is one of several verbs that vary in meaning when used with a direct or indirect object:

Los niños compran rápidamente sus figuritas y LAS PEGAN en un album. (SNT-15:249)
The children quickly buy their picture stamps and stick them in an album.
LE PEGUÉ sin querer. (SJO-33)
I hit her without meaning to.

¡Todo esto LO PODEMOS APROVECHAR! (MAD-21:401)
We can take advantage of all of this!
Eso LE HA APROVECHADO muchísimo. (SEV-19:230)
That has done her a lot of good.

LA ENCANTÓ la bruja.
The witch cast a spell on her.
A ella LE ENCANTA cocinar. (LIM-6:101)
She loves to cook.

LO GANARON los húngaros. (HAB-6:160)
The Hungarians won it.
En el torneo de ajedrez LE GANÓ una partida a un ruso. (BA-25:248)
In the chess tournament he beat a Russian in a game.

Hay un deseo de INTERESARLO por lo que está ocurriendo. (SNT-54:494)
There is a wish to interest him in what is happening.
LE INTERESABA la pediatría. (BA-4:83)
Pediatrics interested her.

Que LA SORPRENDAN en esas cosas, para afuera. (SNT-19:319)
Let them catch her in those things, and out she goes.
LES SORPRENDIÓ a los indios ver hombres montados a caballo. (HAB-25:608)
It surprised the Indians to see men on horseback.

15. Resecos: very dry

The prefix **re-** intensifies the meaning of the word to which it is attached. Thus, while **seco** means "dry," **reseco** means "very dry," or "parched," and, while **mojar** means "to wet," **remojar** means "to soak," especially with reference to food:

Es una sopa que tiene pan REMOJADO en aceite de oliva. (MEX-14:180)
It's a soup that has bread soaked in olive oil.

While **reseco** and **remojar/remojo** are words that form part of the basic lexicon, other words are at times formed spontaneously with **re-** to add intensity, especially in colloquial speech. Even greater intensification may be created by the use of **rete-** or **requete-**:

A mí me encanta el gazpacho a la andaluza, y Lucía lo hace REBIÉN. (MEX-14:180)
I love Andalusian-style gazpacho soup, and Lucia makes it really well.

Yo las sé hacer, y me salen REBONITAS. (MEX-18:238)
I know how to make them, and they come out really nice.

La familia de mi padre era REQUETEPACEÑO. (LAP-28:337)
My father's family was as typical of La Paz as you can get.

EXERCISES ON OBSERVATIONS

1. His son, who is six feet tall (express in meters) and weighs 185 pounds (express in kilos), was supporting the weight of a terribly heavy sack of packages of several kinds of fruit. **2.** She rushed to a comfortable piece of furniture and quietly watched the news on television. **3.** Her husband disliked conversations and would say nothing at all on any topic. **4.** The doctor looked at him and calmly said to him, "I don't like this at all. That swelling is about five inches thick and three inches wide (express in centimeters), and your temperature is 101 degrees (express in centigrade)." **5.** The man, extremely worried about the money he needed to support his family, licked his parched lips and said to me, "Shall we change the topic?" **6.** As far as the kitchen is concerned, the four walls that support the ceiling are nine feet tall (express in meters), but have no strength at all. **7.** It surprised her but didn't interest her at all that there was some popcorn and a jar of candy sticking out of the top of the sack. **8.** Be quiet and hurry up; I'm in a terrible hurry. **9.** If the town in which you are going to meet him is thirty miles (express in kilometers) from here, my advice is for you to hurry up and finish your homework so you can leave. **10.** I don't understand how he stood that extremely strong pain so quietly; he never said anything at all. Have you ever heard of such a thing? **11.** She can't stand her husband, but she treats him with respect now that he has more money than ever. Have you ever been in his house? **12.** When he ran into his aunt and told her that he needed more money, that piece of information did not surprise her at all, although it did bother her. **13.** She ran into a great deal of difficulty when she decided to soak the beans, because the stainless steel bowl she needed was missing, but she remained calm. **14.** The topic we need to discuss is the fact that the school lacks funds to hire a person with the necessary scientific knowledge. **15.** Although she told her daughter to be still or she would hit her, the child continued to move more than ever. Have you ever seen such a thing? **16.** With respect to the life that he leads, I would say that it is calm but exceedingly interesting, and he loves it (use *encantar*). **17.** As far as I'm concerned, you are an extremely nice person and I respect your point of view, but I don't share it. **18.** The witch caught her by surprise and cast a spell on her. **19.** "As far as that game is concerned, he won it, but he didn't beat her in the other game," she said, in a voice that was not at all calm. **20.** He made frames from a piece of ashen gray wood, and he glued his diplomas to them. **21.** The sea was quiet as they walked silently along the shore after he realized he couldn't interest her in the topic of his thesis.

AGREEMENT

I.   GENERAL STATEMENT

Every student of Spanish is well acquainted with the basic laws of agreement governing Spanish grammar, such as the fact that plural nouns are modified by plural adjectives, or that a subject agrees with its verb in person and number. The present chapter will, therefore, be limited to a presentation of situations of agreement that are not so easily resolved, such as the rules governing the agreement of a single adjective modifying two or more nouns, or the agreement of an "either . . . or" subject with its verb, or the question of whether in sentences like "The majority of the students left," the verb should be in the singular to agree with "majority" or in the plural to agree with "students."

II.   AGREEMENT OF SINGLE ADJECTIVE WITH TWO OR MORE NOUNS

The agreement of a single adjective that modifies two or more nouns depends on the location of the adjective. If it follows the nouns, it will usually be plural:

Ella es una mujer de APARIENCIA E INTELIGENCIA EXTRAORDINARIAS.
She is a woman of extraordinary appearance and intelligence.

Él tiene UN HIJO Y UNA HIJA HERMOSOS.
He has a beautiful son and daughter.

Though less usual, the adjective following the nouns may be made to agree with the noun closest to it. This is more commonly done with feminine than with masculine nouns, but may be done with either:

Ella es una mujer de APARIENCIA E INTELIGENCIA EXTRAORDINARIA.
She is a woman of extraordinary appearance and intelligence.

A single adjective placed before two or more nouns usually agrees with the nearest noun; this rule is rarely broken:

Es una mujer de EXTRAORDINARIO TALENTO Y BELLEZA.
She is a woman of extraordinary talent and beauty.

Es una mujer de EXTRAORDINARIA BELLEZA Y TALENTO.
She is a woman of extraordinary beauty and talent.

However, if the adjective precedes nouns referring to people or nouns that are proper names, it must be plural:

SUS GUAPOS PADRE Y ABUELO asistieron a la boda.
Her handsome father and grandfather attended the wedding.

LAS BELLAS ELIZABETH TAYLOR Y JANE FONDA estuvieron presentes.
The beautiful Elizabeth Taylor and Jane Fonda were present.

Possessive adjectives (including **cuyo**), demonstrative adjectives and articles are never used in the plural before a singular noun. Thus, it would be incorrect to say *"Sus talento e inteligencia"* or *"Los hombre y mujer."* Note the following examples:

Él contaba la capacidad de nuestra gente de televisión para suplir con SU INGENIO Y SU ESFUERZO muchas deficiencias técnicas.
(BOG-35:483)
He told about our television staff's ability to make up for many technical faults with their ingenuity and effort.

En la esquina vivía don Eduardo con SU HIJA Y SUS NIETOS.
(BOG-30:397)
Don Eduardo lived on the corner with his daughter and grandchildren.

Reconocieron SU VALIDEZ Y OBLIGATORIEDAD. (BOG-7:97)
They recognized its validity and legally binding nature.

Uno ve que EL NOVIO Y LA NOVIA se aman tanto. (SNT-12:206)
One can see that the bride and groom love each other so very much.

Es un problema CUYA IMPORTANCIA Y CUYO OBJETIVO
general no lo conoce. (SNT-27:453)
It's a problem whose importance and general objective he isn't familiar
with.

III. AGREEMENT OF PLURAL NOUN WITH TWO OR MORE SINGULAR ADJECTIVES

When a plural noun is modified by two or more adjectives each of which
applies individually to the noun, the adjectives remain in the singular:

En las figuras hay una integración entre LAS CULTURAS
QUECHUA Y AYMARA. (LAP-10:104)
In the figures there is an integration between the Quechua and Aymara
cultures.

Si esta tesis se sostiene, se separarían LAS CULTURAS
MATEMÁTICO-CIENTÍFICA Y HUMANÍSTICA. (SJN-23:442)
If this thesis is maintained, mathematic-scientific and humanistic
knowledge would be separated.

IV. AGREEMENT OF ADJECTIVES PRECEDED BY *LO*

When preceded by **lo**, adjectives agree with the noun modified:

Sabía decir las cosas con delicadeza, dentro de LO CRUDAS que
pueden ser sus novelas y LO ARRAIGADAS que están en la
realidad. (MAD-17:293)
He knew how to say things tactfully, considering how brutally frank
(raw) his novels can be and how deeply rooted they are in reality.

Se acordaban de LO MALAS que eran las profesoras. (LAP-28:336)
They remembered how bad the teachers were.

In sentences like those above, **lo** is the equivalent of "how." Note,
however, that, when **lo** is used with an adjective to express an aspect or

part of something, the adjective is singular:

Creo que es LO MÁS POSITIVO de esta guerra. (MAD-6:109)
I think it's the most positive aspect of this war.

Eso es LO MÁS BONITO de toda la película. (MEX-30:413)
That's the nicest part of the whole movie.

V. AGREEMENT OF HYPHENATED ADJECTIVES WITH NOUNS

Only the second half of a hyphenated adjective agrees with the noun modified:

SOLIDARIDAD CUBANO-AMERICANA es un grupo al cual me honro en pertenecer. (HAB-37-8:667)
Cuban-American Solidarity is a group I am honored to be a member of.

Me he preocupado mucho sobre las RELACIONES HISTÓRICO-CULTURALES de nuestros pueblos. (LAP-6:68)
I have concerned myself in particular with the historical-cultural relations of our nations.

La novela es calificada por el propio autor como una novela de COSTUMBRES POLÍTICO-SOCIALES. (SNT-55:507)
The novel is classified by the author himself as a novel of political-social customs.

VI. AGREEMENT OF VERB WITH *O. . .O / NI. . . NI* SUBJECT

When an **o . . . o** expression precedes the verb, the verb may be either singular or plural, depending on the sense of the sentence. If both parties are involved in the action of the verb, the verb is usually in the plural:

Se obtiene un título, entonces con eso EL HOMBRE O LA MUJER SE DEDICAN a hacerse de plata de alguna forma. (SNT-37:143)
One gets a diploma and then with that the man or the woman devotes him/herself to getting some money somehow.

Alguno de los Guiraud, O TITO, O ALGÚN AMIGO, IBAN también. (BA-13:203)
One of the Guirauds, or Tito, or some friend, used to go, too.

If only one or the other can apply to the verb, a singular verb is used:

O TRIUNFO O SÁBADO GRÁFICO ES la revista que leo normalmente. (SEV-13:155)
Either *Triunfo* or *Sábado Gráfico* is the magazine I usually read.

When the **o . . . o** expression follows the verb, the verb is usually in the singular, even in those cases in which both parties are involved in the action:

Siempre lo AYUDA O SU PADRE O SU HERMANO.
Either his father or his brother always helps him.

When a **ni . . . ni** expression precedes the verb, the verb is usually in the plural:

NI EL GRECO NI TIZIANO GANARON tanta plata como Picasso. (BOG-36:497)
Neither El Greco nor Titian earned as much money as Picasso.

If the **ni . . . ni** expression follows the verb, the verb may be either singular or plural:

NO TENÍA recursos NI EL INSTITUTO NI ÉL. (BA-33:522)
Neither the institute nor he had financial means.

NO SABÍAN leer NI ÉL NI SU HIJO.
Neither he nor his son knew how to read.

However, if the first **ni** is omitted, the verb is usually singular:

NO ME INTERESA LA PINTURA NI LA ESCULTURA. (BA-1:25)
Neither painting nor sculpture interests me.

When the two subjects differ in number, as in "neither he nor they," or in person, as in "either he or I," the verb must be in a plural form that includes both subjects, or it must be repeated for each subject:

NO QUEREMOS IR NI ÉL NI YO.
NO QUIERE IR ÉL NI QUIERO IR YO.
Neither he nor I want to go.

NO QUIEREN IR NI CARLOS NI ELLOS.
NO QUIERE IR CARLOS NI QUIEREN IR ELLOS.
Neither Carlos nor they want to go.

Siempre VAMOS O ELLA O YO.
Siempre VA ELLA O VOY YO.
Either she or I always go.

Siempre LO HACEN O ÉL O ELLOS.
Siempre LO HACE ÉL O LO HACEN ELLOS.
Either he or they always do it.

VII. AGREEMENT OF VERB WITH SINGULAR COMPOUND NOUN + "DE" + PLURAL NOUN

When the subject is composed of **la mayoría de, el resto de** or an expression including **parte de (la mayor parte de, gran parte de,** etc.) followed by a plural noun, the verb is usually in the plural:

LA MAYORÍA DE LOS MÉDICOS SE QUEDAN aquí en las ciudades. (BOG-3:49)
Most of the doctors remain here in the cities.

LA MAYOR PARTE DE LAS FAMILIAS CUBANAS TIENEN una gran cantidad de niños. (HAB-11:341)
Most of the Cuban families have a large number of children.

Así SE FORMARON GRAN PARTE DE LAS GUERRAS civiles nuestras. (BOG-8:118)
A large part of our civil wars were formed in that way.

EL RESTO DE MIS AMIGOS también SE DIERON cuenta. (LIM-6:94)
The rest of my friends also realized it.

La mayoría, used by itself, is also normally followed by a plural verb:

Usted piensa diferente; pero LA MAYORÍA NO PIENSAN así.
(MEX19:272)
You think diferently; most don't think like that.

Ahora hay maestros que imparten lecciones. LA MAYORÍA SON
mujeres. (SJO-33)
Now there are teachers who give lessons. Most are women.

Grupo de followed by a plural noun usually governs a singular verb:

UN GRUPO DE INVERSIONISTAS ALEMANES INICIÓ esto.
(LAP-11:113)
A group of German investors began this.

EL GRUPO DE BRASILEROS siempre LLAMABA la atención.
(BA-4:79)
The group of Brazilians always attracted attention.

CADA GRUPO DE PERSONAS ELIGE a su propio representante.
(LAP-29:361)
Each group of persons elects its own representative.

However, with all of the above expressions the less common variant, singular or plural, may occur, depending on whether the speaker feels the singular collective noun or the plural noun to be the true subject of the verb:

Durante la guerra LA MAYORÍA DE LOS CHILENOS ERA
proalemán. (SNT-16:257)
During the war most of the Chileans were pro-German.

De hecho LA MAYOR PARTE DE ÉSTOS NO TIENE la más
mínima idea de cómo escribir. (SJN-4:90)
In fact, most of the latter haven't the faintest idea of how to write.

La política debe producir la eliminación de las condiciones
infrahumanas en que VIVE GRAN PARTE DE LOS
VENEZOLANOS. (CAR-6:96)
The policy should produce the elimination of the subhuman conditions under which a large number of Venezuelans live.

Los estudiantes, LA MAYORÍA TRABAJA. (CAR-7:112)
As for the students, most work.

Proximity of the subject to the verb may also influence somewhat the choice of a singular or plural verb. Thus, a singular collective noun that occurs next to the verb, may cause the speaker to use a singular verb:

Es lo que HACÍA LA MAYORÍA DE LOS ESTUDIANTES. (LAP-12:127)
That's what most of the students were doing.

ASISTIÓ GRAN MAYORÍA DE LAS MUJERES. (LIM-22:295)
A great majority of the women attended.

It should be noted, too, that, with reference to a singular noun, **la mayor parte**, not **la mayoría**, is the equivalent for "most":

Ha residido en La Paz LA MAYOR PARTE DE SU VIDA. (LAP-4:49)
He has lived in La Paz most of his life.

LA MAYOR PARTE DE SU TRABAJO lo hace así. (LAP-24:264)
He does most of his work like that.

VIII. AGREEMENT OF VERB WITH EXPRESSIONS LIKE "UNO DE LOS QUE"

The verb that follows an expression like "uno de los que" logically refers to and should agree with "los que" and thus be in the plural:

Era UNO DE LOS QUE más EXPONÍAN. (MAD-24:437)
He is one of those who exhibited the most.

La biografía de Tomás Moro es UNA DE LAS QUE más me HAN GUSTADO. (LIM-23:313)
The biography of Thomas More is one of those that I have liked most.

However, use of a singular verb to agree with "uno" is commonly heard, as is verbal agreement with "one" in the English counterpart of this construction:

Él era UNO DE LOS QUE ESTABA más de acuerdo (LAP-11:118)
He was one of those who was most in agreement.

De todos los lugares ES UNO DE LOS QUE más me AGRADA.
(LIM-10:142)
Of all the places it's one of those that is most to my liking.

Yo era UNO DE LOS QUE ESTABA pálido y callado. (SJO-15)
I was one of those who was pale and quiet.

Ella era UNA DE LAS QUE TENÍA más condiciones. (BA-9:143)
She was one of those who was most qualified.

IX. AGREEMENT OF *NINGUNO*

Ninguno is very seldom used in the plural:

*NINGUNO DE LOS ESCRITORES ARGENTINOS ESTÁ en la
colección.*(BA-33:525)
None of the Argentine writers are in the collection.

*En cuanto a medidas económicas todavía NO HA SALIDO
NINGUNA.* (BOG-2:37)
As far as economic measures are concerned, none have come out yet.

¿No fumaste NINGÚN CIGARRILLO más? (BA-25:260)
You didn't smoke any more cigarettes?

-¿Cuántos deportes practicas? -NINGUNO. (SEV-5:62)
"How many sports do you play?" "None."

Ninguno will, however, be used in the plural when it is modifying a
noun normally used in the plural, as in **ningunas tijeras**, "no scissors," or
ningunas ganas, "no desire". The plural may also occur, but is not
necessary, when, in replying to another person's remark, one repeats a
word used in the plural in that remark:

*Él hace lo que puede dentro de los medios que tiene, pero
prácticamente no tiene MEDIOS NINGUNOS.* (SEV-7:83)
He does what he can within his means, but he has practically no means
at all.

-Yo escuché decir que el avión tenía dificultades.
-No, no tenía NINGUNAS DIFICULTADES. (CAR-6:92)
"I heard the plane had some difficultires."
"No, it didn't have any difficulties."

X. AGREEMENT OF VERB WHEN SUBJECT NOUN AND PREDICATE NOUN DIFFER IN NUMBER

If either the subject or the predicate noun is plural, the verb will is plural:

La base fundamental de la educación SON LOS MAESTROS.
(BOG-9:123)
The fundamental basis for education is the teachers.

ESTAS IDEAS ni siquiera SON mi visión. (SNT-11:197)
These ideas are not even my view.

Lo más importante SON LAS EXPERIENCIAS que tienes en los diferentes trabajos. (MEX-1:19)
The most important thing is the experiences you have on the different jobs.

Durante toda la carrera, LAS MATEMÁTICAS SON lo más importante. (SNT-15:240)
During the whole course of studies, mathematics is the most important thing.

However, if the subject and predicate are distant from each other, the verb may agree with the one that is closer to it:

Muchas preocupaciones, mes tras mes, año tras año, FUE LA ÚNICA RECOMPENSA que recibí.
Lots of worries, month after month, year after year, were the only reward I received.

XI. EXPRESSION OF ALL-INCLUSIVE TERM WITH REFERENCE TO FEMININE SUBJECT

The sentence **Ella fue la mejor pianista de su clase** could mean either

"She was the best pianist in her class," or "She was the best female pianist in her class." To make it clear that she was the best of all the students in her class, a phrase like **la mejor de los pianistas de su clase** could be used. Note the following examples:

Ella es LA ÚNICA DE LOS ALUMNOS que se negó a asistir.
She is the only student who refused to attend.

Alicia de Larrocha es LA MEJOR DE LOS PIANISTAS ESPAÑOLES de este siglo.
Alicia de Larrocha is the best Spanish pianist of this century.

The expression **hijo único (hija única)** means "only child". "The only daughter" / "the only son" is **la única hija / el único hijo**:

Su niña hablaba sola, porque era HIJA ÚNICA. (CAR-36:628)
Their little girl spoke to herself, because she was an only child.

Durante muchos años él fue su ÚNICO HIJO hombre. (LIM-8:125)
For many years he was their only male child.

GRAMMAR EXERCISES

1. My doctor has a laboratory of very efficient methods and equipment. **2.** Is she their only daughter? Yes, she's an only child. **3.** The Aztec and Incan empires were much more modern than most historians recognize. **4.** Either a doctor or a nurse can perform the abdominal puncture and extract the liquid. **5.** The sack and package are on the rug near the front door. **6.** Most of the cupboard was full of pans. **7.** Either my brother or I always rubbed the swelling on my father's back when the pain became unbearable. **8.** The man and woman stood looking at the mirror as if it were the only thing in the room. **9.** Steve is one of those who never do one bit more than necessary. **10.** They carried out the process with extraordinary talent and speed. **11.** My uncle, whose height and weight are the same as my father's, has much larger hands than my father. **12.** The most unbearable aspect of this type of cancer is the headaches. **13.** Susan is the only student who did not lose her spirit, and she is the best pianist in the state. **14.** Half of the bundles remained on the carpet. **15.** Neither he nor his sister has a university diploma. **16.** I didn't realize how tired I was until I collapsed into a chair. **17.** Although most of this Franco-Prussian work is basically sociopolitical, one must take into account its historical-critical aspects. **18.** Either this flourish or that one is part of her husband's signature, but neither she nor her husband will tell me which one it is. **19.** The famous doctor and surgeon were studying the bulky file. **20.** This is what most of the students came here to buy. **21.** Although the most important matter is not the results of the examination, his main interest is those results. **22.** The timid mother and son did not speak when the doctor gave them the results of the laboratory report. **23.** We noticed that only a small number of the glass jars were sticking out of the top of the sack. **24.** "Either Richard or his brothers will help you," Joseph said as he poured the preserves into the jars. **25.** "How many of these bunches of grapes are yours?" he asked me. "None of them," I replied. **26.** Your pan and spoon are in the kitchen. **27.** None of the doctors advised any operations, because the cancer was too advanced. **28.** The most desirable aspect of Barbara's desserts is their aromas, but I think the best thing is their homemade tastes. **29.** After running so much, neither he nor I was able to overcome a feeling of heaviness in our legs. **30.** The charming grandmother and granddaughter smiled as they looked at the grape seeds that appeared on the surface of the water. **31.** Neither Henry nor his parents dried the jars well, and so the humidity spoiled the grape preserves. **32.** Most of these works belong to Spain's romantic and realist periods. **33.** We were amazed at how efficient the technicians were and at how modern their laboratories seemed.

2

EL MILÉSIMO DÍA DE GARCÍA

Alicia Steimberg

Un viernes, por quinta vez esa semana, por décima vez ese mes, por centésima vez ese año, por milésima vez en su vida, la señorita García se presentó puntualmente en la oficina con su maquillaje completo: base de polvos[1] ocre, delineador de párpados negro, pestañas postizas, también negras, sombra para párpados turquesa, lápiz labial y colorete color[2] coral, peinado fijado con spray y uñas cubiertas con esmalte nacarado. Pasó por mesa de entradas y se dirigió a la oficina 212. Como siempre, tuvo la impresión de que[3] las empleadas de mesa de entradas la examinaban y se quedaban hablando de ella.

Por vez número mil, García se sentó ante su escritorio y llenó planillas hasta las doce. A esa hora salió y almorzó sola, como todos los días, sentada en un banco alto junto a un mostrador de un copetín al paso.

De Alicia Steimberg, "El milésimo día de García," *Como todas las mañanas*, Buenos Aires: Editorial Celtia, 1983, págs. 41-43. Con permiso de la autora.

Pidió un sandwich de milanesa, una gaseosa y un flan con crema. Volvió
a la oficina. Como siempre a esa hora, el cafetero[4] andaba por el
15 corredor. Entró en la oficina detrás de García, y le sirvió café en un
vasito de cartón. García miró las uñas negras del cafetero contra el blanco
del vasito, y pensó que seguramente la pulcritud del hombre era sólo
exterior: debajo del guardapolvo almidonado, color canela, la corbata y
los zapatos lustrados, sin duda llevaría andrajos sucios. El cafetero
20 sonrió, como de costumbre, mientras tapaba el termo y guardaba el
dinero. Cuando salió de la oficina, García sacó el rouge y un espejito y se
retocó los labios. Volvió a las planillas.

No estaba previsto que García se levantara de su asiento antes de las
seis de la tarde. Por lo menos eso no había sucedido en los mil días
25 hábiles anteriores. Pero diez minutos después subió un barullo terrible
desde la calle y García fue a mirar[5] por la ventana. Vio al cafetero
peleando con otro cafetero. García no llegaba a entender el motivo de la
pelea. Pasaron algunas personas[6], miraron la escena unos momentos y
siguieron de largo. El cafetero de García dio una trompada en el
30 estómago al otro, que gritó y trató de escapar, pero cayó al suelo y
recibió muchos golpes más[7] sin poder defenderse. García miraba todo
esto tapándose la boca con la mano. Se acercaron algunas personas y
separaron a los cafeteros. El peluquero del local de la planta baja y
algunas clientas con las cabezas llenas de ruleros escucharon la
35 explicación del cafetero agresor. Le habían invadido su jurisdicción.
Según algún acuerdo previo, la peluquería le correspondía al cafetero de
García. Las clientas, que acababan de tomar el café del invasor, hacían
señales de aprobación y simpatía por[8] el ofendido. El castigado trataba de
incorporarse. Tenía un gran rasgón en el guardapolvo y su termo estaba
40 volcado en la vereda.

El peluquero y las cabezas con ruleros desaparecieron dentro de la
peluquería. El cafetero de García empleó el resto de[9] su furia en abollar
con el pie el termo del vencido, quien no bien logró ponerse de pie salió
disparado hacia la esquina. García volvió a su escritorio y tomó la
45 lapicera con una mano transpirada. Un minuto después volvió a
levantarse y a mirar por la ventana. En la vereda ya no había nadie, y la
única huella de lo sucedido era un charco[10] de café que ya no humeaba.
El termo había rodado hasta la alcantarilla. Pasó una mujer con un niño
de la mano. El chico metió un pie en el charco. La madre le dio un tirón
50 del brazo para sacarlo de allí y lo llamó estúpido. Siguieron caminando[11]
y desaparecieron en la esquina.

A las seis de la tarde García terminó la última planilla del día, puso
todo en orden, recogió su cartera y tomó el ascensor. El olor a encierro le

dio náuseas. El ascensorista levantó los ojos de la historieta que estaba
55 leyendo para saludarla. García salió del edificio y tomó un colectivo para
volver a su departamento de Villa Urquiza. Viajó cuarenta minutos de pie
y diez sentada[12]. Caminó dos cuadras y otra vez, al entrar en la casa de
departamentos, sintió[13] un olor que le dio náuseas. Con la cartera todavía
colgada del brazo, fue directamente al baño de su departamento, se
60 inclinó sobre el inodoro, y vomitó.

Vomitó el sandwich de milanesa, entero, la gaseosa con botella y todo,
el flan con su copete de crema, todo su maquillaje, incluido[14] el retoque
de lápiz labial. Vomitó el espejito, los ojos de las empleadas de mesa de
entradas, el número[15] 212, la historieta del ascensorista y el boleto del
65 colectivo. Cuando le parecía que ya no le quedaba nada por vomitar,
vomitó una hoja de almanaque que marcaba su día número mil como
empleada de oficina, un termo de café abollado y una trompada en el
estómago.

CUESTIONARIO

PREGUNTAS SOBRE EL CONTENIDO DE "EL MILÉSIMO DÍA DE GARCÍA"

1. Describa Ud. el maquillaje que usa la señorita García, empleando
    en su descripción las palabras **base, delineador, postizo, sombra,
    labial, colorete, spray** y **esmalte**.

2. Utilizando las palabras **banco, mostrador, copetín** y **paso**,
    describa Ud. la manera en que almuerza la Srta. García.

3. Describa Ud. al cafetero, usando las palabras **almidonado, canela,
    lustrado** y **andrajo**.

4. Empleando las palabras **espejito, retocar** y **planilla**, cuente Ud. lo
    que hizo la Srta. García después de que el cafetero había salido de
    la oficina.

5. Cuente Ud. lo que ocurrió entre los dos cafeteros, utilizando las
    palabras **trompada, suelo, invadir, jurisdicción, peluquería** y
    corresponder.

6.   Describa Ud. al cafetero castigado, empleando en su descripción las palabras **incorporarse, rasgón, termo, volcado** y **vereda**.

7.   Usando las palabras **mano, charco, tirón, llamar, seguir, desaparecer** y **esquina**, describa Ud. a la madre con el chico.

8.   Cuente Ud. cómo llegó a su departamento la Srta. García, utilizando las palabras **pie, sentado** y **cuadra**.

9.   Utilizando las palabras **cartera, inclinarse, inodoro** y **vomitar**, cuente Ud. lo que hizo la Srta. García al llegar a su departamento.

10.   Enumere Ud. algunas de las cosas que vomitó la Srta. García, empleando en su enumeración las palabras **milanesa, gaseosa, copete, retoque, entradas, historieta, ascensorista, colectivo, almanaque** y **abollado**.

PREGUNTAS TEMÁTICAS

1. La Mujer Que Trabaja

La señorita García del cuento "El milésimo día de García" es una mujer que trabaja. ¿Qué opina Ud. sobre el lugar que ocupa (o debe ocupar) la mujer en la fuerza de trabajo del mundo actual?

2. El Aburrimiento

La vida de la Srta. García parece ser una vida basada en actos rutinarios que conducen al aburrimiento. ¿Le parece a Ud. que hay mucha gente aburrida en la sociedad contemporánea? ¿Qué puede hacer uno para no llevar una vida monótona?

3. El Maquillaje

La Srta. García siempre llega a su trabajo con su maquillaje completo. ¿Qué opina Ud. del uso del maquillaje en la sociedad contemporánea? ¿Deben las mujeres usar menos maquillaje del que usan actualmente? ¿Deben los hombres usar más? ¿Por qué será que la mujer usa tanto más maquillaje que el hombre?

OBSERVATIONS

1. Polvos: powder

Pólvora, polvo, and **polvos** are three equivalents for "powder."

Pólvora means "gunpowder":

Los chinos son una raza muy industriosa, con inventos antiguos, tal vez la PÓLVORA. (BOG-22:302)
The Chinese are a very industrious people, with ancient inventions, perhaps gunpowder.

Polvo means either "powder" or "dust" and is used in a general sense to refer to any powdery substance:

Aun en los almacenes, venden leche en POLVO. (SNT-35:105)
Even in department stores they sell powdered milk.

Teníamos que limpiar la sala, acomodar las sillas, quitarles el POLVO y tal. (CAR-21:412)
We had to clean the living room, arrange the chairs, dust them, and things like that.

When referring to specific types of powder, such as those used in medicine or makeup, the plural **polvos** is used:

Creía que eran POLVOS de la cara. (BOG-31:302)
She thought it was face powder.

2. Color: color

Color or **de color** often accompanies the name of a color derived from the name of a plant, flower, fruit, stone or other substance:

Las muchachas salían vestidas con una malla COLOR CARNE. (CAR-20:379)
The girls would come out dressed in a flesh-colored mesh.

Una serie de tablas muestran los diferentes grupos en COLOR NARANJA y EN CAFÉ. (MEX-24:340)
A series of tables show the different groups in orange and in coffee color.

El Partenón está hecho de unos bloques de mármol que tienen unos reflejos COLOR DE ROSA. (MEX-15:202)
The Parthenon is made of blocks of marble that have a rose-colored glint.

Se veía blanca la cúpula, y todo lo demás era COLOR PIEDRA. (SNT-47:362)
The dome looked white, and everything else was stone-colored.

Used alone, **de color** means "all one color but neither black nor white":

Para las cortinas se emplean telas de algodón o seda estampadas DE COLOR entero. (HAB-14:431)
For the curtains cotton or silk print fabrics of a solid color are used.

De colores means "of several colors":

Con unos lápices DE COLORES el niño había empezado a colorear los grabados. (LIM-14:196)
With some colored pencils the little boy had begun to color the drawings.

To refer to color movies, photographs, T.V., etc., one may use **en (a) color** or **en (a) colores**:

Ahora todos están pensando que necesitan un televisor A COLORES, pero podemos vivir sin televisor A COLOR. (LIM-2:43)
Now everyone thinks they need a color T.V. set, but we can live without a color T.V.

Siento yo que acá no haya televisión EN COLORES, porque yo lo vi EN COLORES, y EN COLORES es una belleza. (SNT-47:377)
I'm sorry that there is no color television here, because I saw it in color, and in color it's really beautiful.

La película es EN COLOR. (SEV-1:11)
The movie is in color.

3. La impresión de que: the impression that

When a clause is in apposition with a noun rather than modifying that noun, **de** is used to join the clause to the noun. Note the following contrastive pairs:

Yo tengo la IMPRESIÓN DE QUE el Estado le pone muy poca atención a eso. (BOG-10:136)
I have the impression that the State pays very little attention to that.

Ésa es la IMPRESIÓN QUE yo tengo. (BA-3:63)
That's the impression that I have.

In the first example above the **de que** clause tells what the impression is, and **tengo la impresión de que...** means "I have an impression, namely that...". In the second example, on the other hand, the **que** clause modifies the noun that precedes it and does not state what the impression consists of. Another contrastive pair of sentences follows:

Se crían con la IDEA DE QUE no tienen la menor obligación con el padre. (MEX-30:405)
They're brought up with the idea that they don't have the slightest obligation to their father.

Esa fue la IDEA QUE yo le di a ella. (SJO-25)
That was the idea that I gave her.

4. El cafetero: the coffee man

The **-ero/-era** ending often indicates a person involved with the object designated by the noun that forms the root of the word. Note the following examples:

Recuerdo haber oído el paso de los caballos del LECHERO trayendo la leche, y del PANADERO trayendo el pan. (CAR-13:206)
I remember having heard the milkman's horses going by bringing the milk and the baker's bringing the bread.

Mi papá fue ZAPATERO y mi mamá fue COCINERA en el hospital.
(SJO-24)
My dad was a shoemaker and my mom was a cook at the hospital.

No se ven LIMOSNEROS; todos trabajan. (BOG-45:634)
You don't see beggars (*limosna* = "alms"); everyone works.

Empecé a trabajar de MANDADERO en una joyería. (HAB-6:171)
I began working as an errand boy (*mandado* = "errand") in a jewelry
store.

Cuando yo hablaba con un LIBRERO y pedía un libro de Sábato,
me miraba y me hacía repetir. (BA-33:525)
When I would talk to a bookseller and order a book by Sabato, he
would look at me and make me repeat.

5. Fue a mirar: went to look

Although it is difficult, if not impossible, to formulate all-inclusive rules
indicating which preposition is to be used after a verb followed by an
infinitive, some observations can be useful as an aid in remembering
these prepositions. The preposition **a**, for example, is found after verbs
that mark the beginning or springboard of an action. Thus **a** indicates
moving forward into an action:

A las siete de la mañana, SALES A TRABAJAR, a las tres de la
tarde, llegas a casa CORRIENDO A COMER, a las cuatro, te
vuelves a IR A TRABAJAR. (MEX-19:269)
At 7 a.m. you leave for work, at 3 p.m., you arrive home and rush to
eat, at four you go back to work.

EMPECÉ A APRENDER A NADAR a la edad de dos años. (MEX-
1:11)
I began to learn to swim at the age of two.

Nos ENSEÑÓ A JUGAR tenis. (BOG-29:391)
He taught us to place tennis.

Quería que mi ayudante me VINIERA A AYUDAR A CORREGIR
los exámenes. (LAP-29:350)
I wanted my helper to come and help me correct the exams.

Se asoman a las ventanas pero no SE ATREVEN A SALIR a la calle. (SNT-12:207)
They look out the windows, but they don't dare go outside.

Mi tía prácticamente nos PREPARÓ A MORIRNOS. (BOG-32:430)
My aunt practically prepared us to die.

No creo que la gente SE ARRIESGUE A INVERTIR. (LIM-5:79)
I don't think people will risk investing.

Verbs that indicate an attempt to cause someone to do something usually take **a** before an infinitive:

Nos ANIMÓ A JUGAR ese deporte. (CAR-13:210)
He encouraged us to play that sport.

El presidente INVITÓ a las mujeres de Colombia A DONAR sus sortijas de matrimonio. (BOG-47:659)
The president invited the women of Colombia to donate their wedding rings.

Mi mamá no me FORZÓ A ESTUDIAR. (CAR-21:422)
My mom did not force me to study.

Verbs that indicate that one is submitting or giving in to something also take **a** before an infinitive:

Nos teníamos que SOMETER todos A HACER quinientas horas de psicoanálisis. (LAP-22:223)
We all had to submit to doing 500 hours of psychoanalysis.

Mi mamá de otra forma no SE HUBIERA RESIGNADO A PENSAR eso. (LIM-8:125)
Otherwise my mom would not have resigned herself to thinking that.

6. **Personas**: people

Several Spanish words used to refer to people are invariable in gender. The most common of these are **el ángel, la criatura** ("baby;" "creature"), **la celebridad, la estrella** ("star" of movie, T.V., etc.), **la figura, el genio** ("genius"), **el individuo, la persona, el personaje** ("character" in a story, novel, etc.) and **la víctima**:

> *La madre es la que se responsabiliza de ese niño, de ESA*
> *CRIATURA.* (BOG-19:249)
> The mother is the one who takes on the responsibility for that little
> boy, that baby.

> *En esa época Ricardo Güiraldes, era LA FIGURA máxima de la*
> *literatura hispanoamericana.* (SJN-4:91)
> At that time Ricardo Guiraldes was the top figure in Spanish American
> literature.

> *Mi pobre marido había sido UNA VÍCTIMA mía.* (LAP-28:312)
> My poor husband had been a victim of mine.

> *Él es UNA PERSONA que habla como cinco idiomas con fluidez.*
> (SJN-3:69)
> He is a person who speakes about five languages fluently.

7. Muchos golpes más: many more blows

When **mucho más** or **mucho menos** modifies a noun, **mucho** agrees
with the noun:

> *Yo diría que tiene MUCHA MÁS EXPERIENCIA.* (SJN-17:340)
> I would say that he has much more experience.

> *He notado MUCHA MAYOR AGILIDAD mental.* (BA-23:123)
> I've noticed a much greater mental agility.

> *La otra vez tenías MUCHAS MÁS COSAS de que hablar.* (CAR-
> 16:282)
> The other time you had many more things to talk about.

8. Simpatía por: support for

Por is the equivalent of "for" in expressions of personal involvement like
"to feel love for," "to show hatred for," "to have respect for," "to express
support for," etc.:

En los colegios inculcan un sentido de AMOR POR la patria y POR los que la fundaron. (BOG-13:179)
In the schools they instill a love for the homeland and for those who founded it.

No tienen RESPETO POR ninguna cosa. (SNT-20:349)
They don't have any respect for anything.

Trataron de desahogar su AFECTO POR esos presidentes, su SIMPATÍA POR ellos. besándoles la cara. (HAB-10:282)
They tried to express their affection for those presidents, their support for them, by kissing them on the face.

However, if the noun of personal evolvement is preceded by **por**, the preposition **a** will be used after it in order to avoid repeating the word **por**:

Mi papá dice que cuando él jugaba futbol uno jugaba POR AMOR A la camiseta y que ahora se juega POR AMOR A la plata. (SJO-8)
Me dad says that, when he played soccer, one played out of love for the game (jersey), and that now one plays for love of money.

Leí un libro donde el autor hablaba horrores de España, POR ODIO A Franco. (La Paz M3:47)
I read a book in which the author said terrible things about Spain, because of a hatred for Franco.

Lo hice POR RESPETO A mi hermano. (SNT-40:203)
I did it out of respect for my brother.

9. El resto de: the rest of

Resto, otros and **demás** are three basic equivalents for "rest" meaning "others" or "remaining part."

With reference to a singular noun, **el resto de** is used:

Les mostramos a nuestros niños dónde está Cuba en relación con EL RESTO DEL MUNDO. (HAB-26:619)
We show our children where Cuba is with relation to the rest of the world.

Allí pasé, pues, EL RESTO DE LA GUERRA. (MAD-14:234)
So that's where I spent the rest of the war.

With reference to plural nouns, **el resto de, los otros (las otras)**, or **los demás (las demás)** may be used:

Yo me desesperaba mucho cuando yo no me podía comunicar con EL RESTO DE LAS PERSONAS. (CAR-4:55)
I would become exasperated when I couldn't communicate with the rest of the people.

Él puede enfrentarse a LOS OTROS PROBLEMAS. (CAR-1:13)
He can face the rest of the problems.

Yo creo que sin la profesión del magisterio no pueden subsistir LAS DEMÁS PROFESIONES. (SJN-18:364)
I think that without the teaching profession the other professions cannot survive.

Demás may also be used in the singular, but only with **lo** or with a feminine mass noun (a noun used to refer to something uncountable that may not be preceded by a number), like **ropa, mantequilla**, etc.:

LO DEMÁS no me interesa. (SEV-13:155)
The rest doesn't interest me.

A nadie le importa lo que haga LA DEMÁS GENTE. (SAN-33:63)
No one cares what the rest of the people do.

10. Charco: puddle

A number of Spanish nouns vary in meaning according to whether the noun ends in **-o** or in **-a**. **El charco**, for example, means "puddle," while **la charca**, means "pond," or "pool of water." Some other common examples follow:

barco ship (yacht to ocean liner)
barca boat (rowboat to fishing boat)

canasto basket (tall and narrow, like a clothes hamper)
canasta basket (flat and wide, like a laundry basket)

cesto basket (tall and narrow, like a waste paper basket)
cesta basket (flat and wide, like a sewing basket)

> Note: **Canasto** and **canasta** have handles, while **cesto** and **cesta** do not. However, usage varies from country to country, so that the distinctions given here for different types of baskets may not be made in some areas.

cuchillo knife
cuchilla cleaver; paper cutter

jarro pitcher
jarra jug, large pitcher

gorro cap; bonnet
gorra cap with visor (like baseball cap)

leño log
leña firewood

huerto small vegetable garden, small orchard
huerta large orchard

manto cloak
manta blanket

It will be noted that, with the exception of **barco/barca**, the feminine noun in each of the above pairs indicates larger or broader size (**canasta, cesta, charca, cuchilla, huerta, jarra, manta**), or is more inclusive (**leña**), or has an appendage not found in the masculine form (**gorra**).

11. Siguieron caminando: They continued walking

Only the present participle may follow **seguir** or **continuar**, unlike English, in which either the infinitive or the present participle may be used after the verb "to continue," (e.g., "He continued to speak" / "He continued speaking"):

> *Huyó a San José y desde allí CONTINUÓ ENCABEZANDO la resistencia.* (LAP-5:59)
> He fled to San Jose and from there he continued to head the resistance.

Esa distinción SIGUE SIENDO muy válida. (BOG-11:151)
That distinction continues to be (continues being) very valid.

12. Sentada: sitting

The Spanish present participle always indicates action in progress, unlike the English present participle, which may indicate a state as well as an action:

Lo que estaba COLGADO, eran cuadros. (MEX-23:331)
What was hanging was pictures.

Había un hombre COLGANDO un cuadro.
There was a man hanging a picture.

¿Sabes qué hago yo cuando estoy SENTADA en la mesa? (BA-22:104)
Do you know what I do when I'm sitting at the table?

El muchacho SENTÁNDOSE en el sofá en este momento es su hermano.
The boy just now sitting down on the couch is her brother.

13. Sintió: she sensed, smelled

Sensible means "sensitive":

Las mujeres no somos más SENSIBLES que los hombres. (CAR-10:176)
We women are not more sensitive than men.

Sensitivo, a synonym of **sensible**, is a cultured word generally found only in literary language or in scientific or technical descriptions:

Este pequeño ser tiene una serie de pequeños colchoncitos SENSITIVOS en los dedos. Es extremadamente SENSIBLE a los movimientos y a las vibraciones. (MEX-24:337)
This little creature has a series of small sensitive pads on its fingers. It is extremely sensitive to movements and vibrations.

Sensato or **razonable** are equivalents of "sensible":

> *Tu idea me parece bastante RAZONABLE.* (LAP-24:265)
> Your idea seems quite reasonable to me.

> *Horacio dice cosas muy SENSATAS. Pero se manifiesta menos SENSATO cuando dice que los actos tienen que ser cinco.* (BA-20:301)
> Horace says very sensible things. But he shows himself to be less sensible when he says that the acts must number five.

14. Incluido: including, even

Aun, hasta, incluso and **inclusive** are four basic equivalents of "even."

Aun, hasta, and **incluso** are placed before the word or expression to which they refer:

> *Tienen siempre, AUN en años sin sequía, problema de hambre.* (SNT-35:95)
> They always have, even in years without a drought, a hunger problem.

> *La señorita Rovira se sabía la historia patria HASTA en sus mínimos detalles.* (BOG-13:175)
> Miss Rovira knew the history of her country by heart, even in its smallest details.

> *Constantemente todos estamos cambiando, INCLUSO en nuestras opiniones.*(MAD-4:65)
> We are all constantly changing, even in our opinions.

Inclusive may either precede or follow:

> *Estoy recibiendo llamadas de personas, señoras, INCLUSIVE, que no son amigas mías.* (BOG-12:162)
> I'm receiving calls from people, even women, who are not my friends.

> *INCLUSIVE personas de cultura profesional muy sólida, utilizan el término.* (BOG-27:357)
> Even people with a very solid professional education use the term.

Aun or **hasta** are used to emphasize nouns or pronouns at the beginning of a sentence; **incluso** and **inclusive** are not used in such cases:

AUN eso es relativo. (CAR-3:45)
Even that is realtive.

HASTA las vacas parecen tristes. (BA-2:47)
Even the cows seem sad.

However, when the word following is not a noun or a pronoun, all four Spanish equivalents may be used, even at the beginning of a sentence:

AUN puede surgir un resentimiento. (BOG-15:202)
There can even develop a feeling of resentment.

HASTA cuando estaba en política, yo seguía publicando libros.
(LAP-3:40)
Even when I was in politics, I continued publishing books.

INCLUSIVE han descuidado las iglesias; INCLUSIVE las han derrumbado en el centro. (LIM-7:106)
They've even neglected the churches; they've even torn them down in the center of town.

INCLUSO han hecho exposiciones sumamente interesantes. (SNT-42:236)
They've even had some very interesting exhibitions.

15. **Número**: number

Número is the noun "number":

Con aumentar sencillamente el NÚMERO de hospitales no se lograría nada. (BOG-9:124)
Nothing would be achieved by simply increasing the number of hospitals.

Está en la calle cuarenta y siete, NÚMERO seiscientos veinticinco.
(BA-33:521)
It's on 47th Street, number 625.

Número also means "issue" of a magazine:

NUMERO tras NÚMERO se vende en la calle. (BOG-5:69)
Issue after issue, it sells on the street.

Cifra is commonly used to mean "figure" in the sense of "amount", and is also the word for "digit," and, at times, for "rate":

No sé cómo son las CIFRAS de eso, pero no hay menos de seis millones. (CAR-35:627)
I don't what the figures are on that, but there aren't fewer than 6,000,000.

La CIFRA de la mortalidad infantil alcanzó la pavorosa CIFRA de setenta y nueve coma tres por mil. (SNT-58:550)
The rate of infant mortality reached the horrific figure of 79.3 per thousand.

La diferencia en terminos matemáticos fueron de dos decimales en las dos últimas CIFRAS. (SJO-25)
The difference in mathematical terms was two decimals in the last two digits.

Some commonly used numerical terms are the following:

número par even number

número non (número impar) odd number

en números redondos in round figures

redondear round off

EXERCISES ON OBSERVATIONS

1. The woman filling out the forms began to have the impression that even the employees sitting on the bench were talking about the color of her face powder. **2.** He says that they forced him to dust the furniture in his apartment with his cap. **3.** Have you heard his opinion that his wife should continue to use coral-colored rouge and much more turquoise eye shadow? **4.** The man in the cloak encouraged everyone, even us, to go out to order a soft drink and a custard with cream. **5.** Is that movie in which the coffeeman is the victim in color?. **6.** There was a lot more milk in the thermos than in the pitcher. **7.** The rest of the customers felt great respect for the ship's hairdresser. **8.** I didn't dare tell the mailman there was some blue-gray gunpowder in the gutter. **9.** The shoemaker went to the bathroom and picked up the rest of the tooth powder with a sweaty hand. **10.** The woman with the curlers in the beauty shop on the ground floor is an angel, although she's too sensitive. **11.** I have the idea that they did that out of hatred for the storekeeper, who is a famous figure in that town. **12.** This issue of *Time* magazine gives the impression that the elevator operator's neatness was only on the outside and even says that he was wearing dirty rags under his starched smock. **13.** I decided to teach the baby to read the three digits of a number, and she learned to do it. **14.** Covering her mouth with her hand, she rushed to look out of the window at the colored baloons lying on the sidewalk. **15.** For the fifth time that week that bookseller showed up at our office wearing a colored shirt. **16.** He invited a girl sitting at the counter wearing black eye liner, false eyelashes and stawberry-colored lipstick to have coffee with him. **17.** I tried to encourage him to sit up, but he had already resigned himself to receiving many more blows without defending himself. **18.** She took out a small mirror, and he helped her to touch up her lips, but he felt much more pity than love for her. **19.** Those people continued to buy many more cinnamon-colored shirts. **20.** We had the feeling that the man who was preparing to serve us coffee in a paper cup didn't dare show many more signs of approval for the chastised coal dealer. **21.** With her purse still hanging on her arm, she ran to tell her mother about the firewood lying in the puddle. **22.** All the odd numbers will have three digits if you round them off.

USE OF THE ARTICLES

I.   GENERAL STATEMENT

Although at times English and Spanish usage agree as to the differences in meaning achieved by using or omitting the article in a given expression, the principle governing the presence and absence of articles in Spanish differs from that governing the presence and absence of articles in English. As will be seen in the following discussion, the basic notion that governs the presence and absence of the article in Spanish rests on the contrast between reference to real, existing things (use of article) vs. reference to concepts (absence of article).

II. USE / OMISSION OF ARTICLE WITH NOUN USED AS SUBJECT

Almost invariably, an unmodified noun used as the subject of a sentence in Spanish is preceded by an article. To grasp the reason for this, one must first understand that the article-less noun is conceptual and thus functions primarily as a modifier, in the manner of an adjective, while the article serves to give to the noun, or to an adjective, a substantive quality, a sense of something real and in existence, so that it may then serve as the subject of a verb.

Thus the difference between **el profesor** and **profesor** is basically the same as the difference between **el alto** ("the tall one") and **alto**. **El profesor** and **el alto** refer to something real and in existence, while **profesor** and **alto** serve as conceptual notions, as words that might be used to describe but not as entities that exist on their own. Study the following contrastive examples of Spanish and English usage, noting the need for an article in Spanish where none is required in English:

EL ORO reluce. (SEV-8:98)
Gold shines.

Me interesan LAS PLANTAS. (HAB-8:558)
Plants interest me.

LOS POETAS son sensibles. (CAR-10:176)
Poets are sensitive.

In the above sentences **el oro, las plantas** and **los poetas** all refer to real, existing things. When one says **El oro reluce**, one is referring to the gold that exists in the world, not to the concept of "gold," not to the idea of "gold," not to "gold" used as a word without reference to something real.

Furthermore, it should be noted that the use of article-modified nouns to refer to things that are real and in existence is not limited to reference to physical things. Abstractions such as love, art, beauty and the like are real and in existence and will be modified by articles when reference is to them as they exist in the real world:

EL AMOR es creativo en todos sentidos. (MEX-9:119)
Love is creative in every sense.

LA AMBICIÓN lo lleva a uno a hacer algo. (BOG-28:381)
Ambition leads one into doing something.

LA RIQUEZA es motivo de desunión en la humanidad. (MEX-9:119)
Wealth is a cause of disunity in humanity.

On the other hand, when nouns are used in a purely conceptual manner, as terminology, simply as words, with reference to what is meant by these words, the article will be omitted:

Él puede administrar su donjuanismo, sin medir si es AMOR o no es AMOR. (SNT-55:510)
He can administer his Don Juan aspects, without considering if it is love or is not love.

In the above sentence, the speaker is referring to the meaning of the word **amor**, to the conceptual notions evoked by this word.

The article is, of course, a member of a class of words known as "determiners," or adjectives that are not descriptive, including, in addition to the articles, possessive adjectives ("my," "his", etc.), demonstrative adjectives ("this," "that," etc.), limiting adjectives ("some," "any," "few," "several," "many," etc.), indefinite adjectives ("certain," "such," etc.) and numbers. A noun modified by any determiner is real and in existence. Thus, the cars referred to in the phrase **esos coches** are as real as the cars referred to in the phrase **los coches**.

For this reason phrases like **coches de ese tipo**, although containing an article-less noun, can function as the subject of a verb, since the phrase **de ese tipo**, which modifies **coches**, limiting its reference to a certain type of car, serves as a kind of post-positioned demonstrative, making **coches de ese tipo** similar in meaning to **esos coches**. Further examples of this usage follow; in each of them a modifying element has the value of a demonstrative:

> *MAESTROS DE ESE TIPO realmente deben llegar a la*
> *universidad.* (SNT-40:213)
> Teachers of that kind should really end up at the university.

> *BUENAS ESCUELAS DE ARTE DRAMÁTICO no existen.* (LAP-
> 14:142)
> Good dramatic art schools do not exist.

> *ABOGADOS DE OFICIO no defienden a nadie.* (LIM-2:42)
> Court-appointed lawyers don't defend anyone.

> *NIÑOS DE PRIMARIA O SECUNDARIA fácilmente podrían*
> *dominarla.* (SJN-23:445-446)
> Primary school or high school children could easily master it.

III. USE / OMISSION OF ARTICLE WITH NOUNS USED AS PREDICATE NOMINATIVES

In the sentence "John is a doctor," "doctor" is a predicate nominative, that is to say, a noun that completes the idea of the verb and refers back to the subject. In Spanish the article will be used or omitted with a predicate nominative, depending on whether the noun is meant to be descriptive and serve as a modifier of the subject, in the manner of an adjective, in which case the article will be omitted, or whether the noun is meant to be a real thing and thus serve to identify the subject and function as a noun in itself rather than as the modifier of a noun, in which case the article will be used. Thus, the difference between **Él es médico** and **Él es un médico** is not unlike the difference between **Él es tonto** and **Él es un tonto**. In **Él es médico** and **Él es tonto**, **médico** and **tonto** are descriptive and function as adjectives describing **él**.

In **Él es un médico** and **Él es un rico**, on the other hand, **un médico** and **un rico** function as nouns and serve to identify **él**, telling what he is. If, for example, one were to see a somewhat blurred image in a photograph and not be sure of what the image was, one might say, **Creo que es un médico**, using the article with **médico**, since one would be attempting to identify the object in the photograph.

In the following sentences, the speaker is using a predicate noun to describe, not to identify, the subject of the sentence, and the article is thus omitted:

> *Tienen nueve, siete y tres años y medio. El mayor ES HOMBRE.*(LAP-29:343)
> They are nine, seven and three and a half years old. The oldest is a male.

> *Es casada y natural de La Paz. ES ESTUDIANTE UNIVERSITARIA.* (LAP-26:293)
> She's married and a native of La Paz. She's a university student.

> *No ES MÉDICO, ES SOCIÓLOGO.* (MEX-5:70)
> He's not a doctor, he's a sociologist.

> *ES COMERCIANTE. Su esposa ES PROFESORA DE FILOSOFÍA.* (CAR-7:106)
> He's a business man. His wife is a professor of philosophy.

Each of the predicate nominatives in the above sentences could also be preceded by an article. One might say, for example, **Juana no es una alumna; es una profesora**, in which case the speaker would de identifying Juana, not describing her. If, upon hearing the name "Juana" several times, someone were to ask, **¿Quién es esta Juana de quien todos están hablando?**, asking for an identification, not a description, the answer would most likely be **Es una alumna**.

Predicate nouns modified by adjectives or adjectival phrases may also occur with or without the article, as in **Juan es buen alumno** vs. **Juan es un buen alumno**. If no article is used, the entire phrase **buen alumno** is adjectival and describes the subject. In the sentence **Juan es un buen alumno**, on the other hand, the speaker is saying not only that Juan is a student but that he is a good one. Thus with **un buen alumno** emphasis is on what type of student Juan is, while with **buen alumno** the two words, **buen** and **alumno**, form a single descriptive notion. One might also differentiate between the two sentences by saying that **Juan es un buen alumno** identifies John and tells us who he is, while **Juan es buen alumno** tells us something about what John is like and partially describes him but does not identify him.

Further examples of this type of contrast are given in the sentences below. Note how the article is used when the speaker is defining and telling who or what the subject is and, on the other hand, is omitted when the noun is meant in a descriptive way simply to tell something about the subject, to partly describe the subject:

No soy UN BUEN PADRE; soy MEJOR AMIGO que PADRE.
(SNT-**15:248**)
I'm not a good father; I'm a better friend than a father.

Ahora un chico joven no sabes si es UN OBRERO, o si es UN ESTUDIANTE; no se sabe lo que es, porque van todos iguales.
(MAD-15:254)
Nowadays you don't know if a young man is a worker or if he is a student; you can't tell what he is, because they all dress alike.

Es de dieciocho años, soltera, y es ESTUDIANTE DE SECUNDARIA. (LAP-28:310)
She's eighteen years old, single and is a high school student.

Yo soy UN SACERDOTE y soy UN POETA. Yo soy UN HOMBRE DE PAZ. (LAP-5:60)
I am a priest, and I am a poet. I am a man of peace.

Diego Rivera era antes UN CUBISTA ya importante, AMIGO de Picasso, AMIGO de Bretton, SURREALISTA. (SJO-35:1)
Before that Diego Rivera was already an important cubist, a friend of Picasso, a friend of Bretton, a surrealist.

Similar to the usage of the article with predicate nominatives is its use or omission with nouns used to refer to the object of verbs that can take a double direct object, one a pronoun and the other a noun, verbs like **considerar** or **llamar**, as in the following sentences:

LA CONSIDERÁBAMOS UNA SANTA. (MEX-12:143)
We considered her a saint.

La madre, muy católica, LO CONSIDERA UN PECADOR. (SNT-2:27)
The mother, who's very Catholic, considers him a sinner.

Yo NO ME CONSIDERO ARQUITECTO ni mucho menos. (SNT-26:427)
I don't consider myself an arquitect, not at all.

Realmente yo LO CONSIDERO UN MAESTRO. (SNT-40:210)
I really consider him to be a teacher.

No LO LLAMAN "AGRICULTOR"; LO LLAMAN "HACENDADO". (SNT-16:264)
They don't call him a farmer; they call him a rancher.

Al bus LE DICEN LIEBRE. (BOG-42:592)
The bus they call a hare.

In sentences like these, the ideas given above to explain the use or omission of the article with predicate nominatives apply, if one restates the sentence, changing the object pronoun to a subject pronoun followed by the verb "to be." Thus, **Lo considero UN MAESTRO** is equal to saying **Considero que él es UN MAESTRO** and **No me considero ARQUITECTO** can be restated as **No considero que yo sea ARQUITECTO**, etc.

IV. USE / OMISSION OF ARTICLE WITH NOUN IN APPOSITION

The use or omission of the article with a noun in apposition is also a matter of the contrast between full identification (use of article) and partial description (omission of article), as illustrated in the following examples:

Ahí estaba Pedro Elías Gutiérrez, MÚSICO, y Tito Salas, EL PINTOR. (CAR-14:223)
Pedro Elias Gutierrez, a musician, was there, and also Tito Salas, the painter.

Es increíble Juan Pablo primero, UN HOMBRE sencillo y UN HOMBRE que le ha facilitado la labor a Juan Pablo segundo. (LIM-23:313)
An incredible person is John Paul I, a simple man and a man who has made John Paul II's work easier.

Habíamos traído aquí al museo una serie de animales y don Luis
Benedito, HERMANO menor de don José María Benedito,
ARTISTA fantástico, hacía aves y mamíferos. (MAD-13:217)
We had brought here to the museum a series of animals and don Luis
Benedito, the younger brother of don Jose Maria Benedito, a fantastic
artist, did birds and mammals.

Doña Bernarda, MUJER de medio pelo, VIUDA que tiene que
afrontar el tener que alimentar a sus hijos, aprovecha la posibilidad
de subir un peldaño más en la escala social. (SAN-55:511)
Doña Bernarda, a woman of low social standing, a widow who has to
face having to feed her children, takes advantage of the possibility of
climbing up one more step in the social ladder.

In such cases, the choice between use and omission of the article is
entirely open to the intention of the speaker, since it is a matter of
personal stylistics, and the speaker is always free either to identify a
person by using an article, or to state what (s)he considers to be one or
more of the qualities that describe the person referred to and omit the
article.

V. USE / OMISSION OF ARTICLE WITH NOUN USED AS OBJECT

The use or omission of the article with a noun used as the object of a verb
depends on whether the noun exists as a thing in itself apart from the
verb, in which case the article is used, or as something whose meaning
joins with the meaning of the verb to form a single idea, in which case
the article will be omitted. Thus, in **tengo un coche** "un coche" is
something in and of itself, something that exists apart from "**tengo**" and
the speaker is stating that (s)he has something, namely a car. In **tengo
coche**, on the other hand, "**coche**" is a concept and does not stand apart
from "**tengo**" but rather joins with it to form a single idea, so that **tengo
coche** means "I am a car owner." The word **coche**, with no article, means
"car" in a purely conceptual sense. **Un coche**, on the other hand, refers to
a car that exists. Similarly, **estamos buscando una casa** states what we
are looking for, namely a house, while **estamos buscando casa** states
what we are doing, namely, house-hunting. Further examples follow,
with remarks given in parentheses to explain the flavor of the use or
omission of the article:

Sería bueno que buscara SOLUCIÓN. (SNT-39:194)
It would be good for him to look for a solution (reference is to what he should do, namely, look for a solution).

Habría que buscar UNA SOLUCIÓN. (SJO-8)
It would be necessary to look for a solution (reference is to what should be looked for, namely, a solution).

Hemos estado pidiendo que el liceo tenga DENTISTA. (SNT-36:122)
We've been requesting that the school have a dentist (i.e., that the school be "dentist-equipped").

El alumno estaba provisto de UN MÉDICO y de UN DENTISTA. (LIM-22:294)
The student was provided with a doctor and with a dentist (i.e., the student was provided with two things, namely, a doctor and a dentist).

In expressions formed by **tener** and parts of the body, the article may be used or omitted. Omission of the article permits the concept of **tener** to join with the concept represented by the name of the part of the body, whereas use of the article stresses the fact that the part of the body referred to is the object of the verb, as illustrated in the following examples:

Son blancos, pero TIENEN EL PELO NEGRO. (BA-22:79)
They're white, but they have black hair (their hair is black).

Aterrizó un artefacto extraño, salieron unos seres muy raros, que NO TENÍAN OREJAS. (MAD-3:48)
A strange craft landed, and some very strange beings came out who had no ears (were earless).

The article must be used with parts of the body, however, when reference is to a temporary condition:

Tienes LOS OJOS colorados. (CAR-37:652)
Your eyes are red.

It should also be noted that use of the indefinite article with parts of the body indicates a more subjective, personal attitude on the part of the speaker:

> *Mi abuela TENÍA UNAS RODILLAS PRECIOSAS según mi*
> *abuelo, y me decía: "Mi amor, usted TIENE LAS RODILLAS casi*
> *tan bonitas como ella."* (CAR-10:170)
> My grandmother had very pretty knees, according to my grandfather,
> and he would say to me, "Honey, your knees are almost as pretty as
> hers."

The definite article may not be used with partitive notions, that is to say,
when reference is only to part of the whole. Thus, if words indicating
partial amounts, like "some" or "any," may be used before the English
noun, the definite article will not be used in the Spanish equivalent:

> *Allí no se puede TOMAR CERVEZA.* (HAB-35:647)
> You can't drink beer (any beer) there.

> *¿COMES CARNE?* (LAP-22:216)
> Do you eat meat (any meat)?

> *¿Le ECHAS AZÚCAR?* (SNT-31:17)
> Do you put sugar (some sugar, any sugar) in it?

The reason for the above is that the definite article always refers to the
entirety of the noun it modifies. **El inglés**, for example, with no further
modification, refers to the English language in its entirety, to English as a
language:

> **No quiero decir que me exprese de cierta manera, por una**
> **influencia profunda que haya tenido EL INGLÉS sobre mí. (SJN-**
> **20:394)**
> I don't mean that I express myself in a certain way because of any
> profound influence that English has had on me.

When the name of a language is the object of a verb commonly
associated with languages, verbs like **hablar, leer, escribir, estudiar,
tomar**, etc., the article is normally not used, since in such cases one is
not stressing what it is that one speaks, reads, etc., but rather one is
referring to what it is that one does, so that the verb and the object
combine to form a single notion:

Su lengua es el aymara y con dificultad HABLA ESPAÑOL. (LAP-7:80)
His language is Aymara and he speaks Spanish with difficulty.

Yo ESTUDIÉ INGLÉS en el colegio y saqué una medalla como la mejor, y cuando ESTUDIÉ ALEMÁN también fui la mejor. (BOG-6:82)
I studied English at school and I won a medal for being the best student, and when I studied German I was also the best.

HABLA INGLÉS y LEE FRANCÉS. (CAR-5:71)
He speaks English and reads French.

However, if something should cause the name of the language to stand out as something on its own, so that reference is not to what one does but rather to what it is one speaks, reads, takes, etc., the article will be used before the name of the language:

-Yo estuve en Amsterdam, y me **ENTENDÍAN EL ALEMÁN.**
-A mí me aseguraron que en Holanda no **ENTENDÍAN EL ALEMAN.**
-No no no. A mí me **HAN ENTENDIDO EL ALEMÁN.** Lo que es extraordinario es que los italianos no nos entienden. Vos **HABLÁS EL ESPAÑOL** con un italiano y no te entienden nada. (BA-29:402)
"I was in Amsterdam, and they understood my German."
"I was told that in Holland they don't understand German."
"No, no, no. They did understand my German. What is incredible is that the Italians don't understand us. You speak Spanish with an Italian and they don't understand a thing you say."

Also, when the name of the language is separated from the verb by something other than a subject pronoun, it is usually accompanied by the article, since the phenomenon of two concepts joining to form one, as in **hablar español**, depends strongly on the immediate proximity of the two concepts, and this proximity is weakened by the presence of an intervening word:

LEO CON BASTANTE FACILIDAD EL INGLÉS. LEO CON CIERTA DIFICULTAD EL FRANCÉS. (LIM-1:34)
I read English quite fluently. I read French with some difficulty.

Sólo los académicos de la Real Academia Española HABLAN BIEN EL CASTELLANO. (LAP-21:204)
Only the academicians of the Royal Spanish Academy speak Spanish well.

Since, as mentioned above with reference to languages, the use of the article indicates entirety, it is commonly omitted when the object of a verb is a field of knowledge, and reference is not to the entire field, as illustrated in the following examples:

Me daba lo mismo ESTUDIAR MEDICINA O INGENIERÍA. (SNT-38:170)
It was all the same to me if I studied medicine or engineering.

Recibimos estudiantes DE MEDICINA, y de otra multitud de carreras relacionadas CON LA MEDICINA. (BOG-9:125)
We accept students of medicine and from a large number of fields of study related to medicine.

¿Y qué RAMA DE LA INGENIERÍA es eso, qué RAMA DE INGENIERÍA?
What field of engineering is that, what engineering field?

Note how the speaker in the last example above both uses and omits the article with **ingeniería**. In the first instance, **rama de la ingeniería** , the speaker is referring to a field in the area of engineering, so that engineering is referred to as something in itself and is not modifying **rama**, whereas, in the second instance the concept of **ingeniería** combines with the concept of **de** to form an adjectival phrase that modifies **rama**, so that reference is to an "engineering field" rather that to engineering as something in and of itself.

With reference to games and sports used as the object of the verb **jugar**, two options are possible: 1) omission of the definite article or 2) use of the preposition **a** plus the article. In Spanish America both options are encountered; in Spain only the second option is used:

Nos enseñó a JUGAR TENIS. (BOG-29:391)
He taught us to play tennis.

Hice amigos simplemente de presentarme a un campo con mi guante a buscar con quién JUGAR BEISBOL, y JUGABA BEISBOL. (CAR-5:75)
I made friends simply by showing up at a field with my glove and looking for someone to play baseball, and I would play baseball.

Antes se podía JUGAR FUTBOL en la calle. (SJO-16)
Before, you could play soccer in the street.

Yo lo que menos pensaba era JUGAR A LAS CARTAS. (BA-25:217)
The last thing I had in mind was playing cards.

Hay que tener una afición que sea fácilmente practicable, desde coleccionar sellos, hasta JUGAR AL MUS, JUGAR AL BILLAR, JUGAR AL AJEDREZ, etcétera. (MAD- 10:168)
One should have a hobby that's very practical, from collecting stamps, to playing *mus* (a Spanish card game), playing pool, playing chess, etc.

Los fines de semana JUEGO AL TENIS. (SEV-13:155)
On weekends I play tennis.

GRAMMAR EXERCISES

1. Eye shadow is usually black or blue, eyeliner is black, and rouge and lipstick are red. **2.** Women's nails are not always covered with mother-of-pearl nail polish, and they don't always have hair spray on. **3.** "Turquoise" and "coral" are two different colors. **4.** Custard with such delicious cream topping is not easy to find. **5.** I like to drink tea out of a paper cup, but only when I'm eating a sandwich. **6.** They call her an atheist, but she's really an agnostic. **7.** The elevator operator at the establishment was sitting on a tall bench next to the counter, reading a comic book, when a terrible racket came up from the street. **8.** Each student sat before his desk, with notebook and ballpoint pen, ready for a quiz. **9.** It's true he's blue-eyed and blond, but he's not an American; he's a Mexican. **10.** Paper cups of this color and quality are not common, the coffeeman said, smiling as he put the cap back on the thermos and put away his money. **11.** "She considers herself a doctor, but she doesn't have a degree," his mother said, taking out her lipstick and a small mirror to touch up her lips. **12.** El Greco, a great painter, was not born in Spain. **13.**

Do you want beer or would you prefer a soft drink? **14.** Her eyelids are swollen and she has thrown up twice; she should be examined by a doctor. **15.** As usual, there were two people standing on the corner speaking Portuguese, and one of them punched the other in the stomach. **16.** Erica, an employee at the reception desk, always shows up punctually at 8:15 a.m. and heads for office number 212, where she fills out forms until twelve. **17.** Women with their heads full of curlers are often customers of that coffeeman who is walking along the corridor. **18.** Do you eat custard? Is custard eaten with cream in your country? **19.** The company she works for has no hairdresser, but it does have a doctor in the office behind mine. **20.** He's studying medicine and relaxes by playing checkers. **21.** Some people passed by, looked at the hairdresser, an employee of our company, and went on their way. **22.** The mailman had dirty nails, but he was wearing a tie. **23.** According to some previous agreement, women job hunting had to show up at the establishment in full makeup. **24.** The one who knocked over and dented the thermos is the milkman. **25.** The child's mother yanked him by the arm and called him an idiot.

3

DÁNOSLO HOY

Daniel Salomón

Se detuvo frente al mostrador, los ojos en la punta de las zapatillas arriesgaban miradas hacia la máquina de escribir.

-Le dije que ya se puede retirar. Váyase nomás.

Comenzó a dar patadas leves[1], casi caricias, al cajón de helados. El

5   oficial alejó los dedos de las teclas[2] y lo miró.

-¿No entendés[3] el castellano[4]? Te podés ir, rajá, andáte, se acabó.

-Sí... entiendo. Pero el otro, ése también se va. Eso está mal. Desde la mañana temprano yo sabía que iba a pasar. El no puede irse así, como así, la cárcel merece. Antes que lo dejen ir, lo denuncio.

10 -¡Mirá! Si seguís con lo de la denuncia el que se queda adentro sos vos.

-¿Una denuncia? ¿Qué pasa sargento?

De Daniel Salomón, "Dánoslo hoy," *La Prensa* (Buenos Aires), 11 de septiembre de 1983, Segunda Sección, pág. 4. Con permiso del autor.

En la pregunta se advirtió que conocía la respuesta. Llevaba una sonrisa como algo olvidado en la cara. Consultó el reloj.

15 -Nada señor comisario, es uno de los heladeros detenidos por alterar el orden[5] en la vía pública, pero ya se retira, señor.

-Nada de eso, si el hombre quiere hacer una denuncia, que la haga. Pase a mi despacho, vamos a conversar. ¡Pase le digo! ¿O no me escucha? ¡Deje ese bendito cajón de helados, que aquí nadie se lo va a

20 robar! Bueno, hombre, tráigalo.

La mirada del comisario le ofreció al fin la consistencia que había buscado en las últimas horas, y se encaramó a ella despegando los ojos del suelo. Sólo entonces, como un recuerdo que se presenta de improvisto, sintió el ardor y las puntadas bajo[6] el ojo derecho, el gusto a

25 sangre en la boca. Intentó acercar la mano a la mejilla pero el dolor se la rechazó.

-Linda trompada; un buen pedazo de carne cruda es lo mejor. Ahora decíme qué[7] es eso de la denuncia y que ya lo sabías desde temprano. ¿Recibiste amenazas?

30 -Ni falta hizo la amenaza. Todas las mañanas, después de cargar el cajón con los helados, paso por la virgencita de Luján que está en el ferrocarril para pedirle un buen día. Hoy había mucha gente[8], no llegó o no salió un tren. Traté de acercarme a la virgen y se hacía tarde y no podía acercarme y al final no pude y me fui sin pedirle por el día nuestro,

35 por un buen día, y ya supe que algo malo iba a pasar.

El comisario volvió a mirar el reloj. Se acomodó en el sillón. Había reencontrado la sonrisa olvidada en su rostro.

-¿Entonces el que merece la cárcel es el otro heladero, el ferrocarril o el Malo?

40 -Yo te voy a contar, señor comisario. Yo hago mi venta en la puerta del zoológico porque ya hace calor y ya vienen los colegios a visitar los animales. No está fácil la venta y a veces hay otro en mi puerta. No nos decimos nada, se sabe entre heladeros, no hace falta decirse, nos ponemos cada uno a un costado de la puerta, y cuando llegan o salen los

45 de una escuela no nos movemos, cada uno en su lado grita ¡helado!, ¡palito bombón cucurucho heladooo!

-¡No me grite en la comisaría, hombre! ¡Cálmese!

Del otro lado de la puerta llegaron carcajadas. El comisario se tragó dos burbujas de risa.

50 -Perdón, no fue mi... como decía, sin decirnos nada, gritamos cada uno parado en su lado de la puerta, y los chicos que van para un lado van para un lado, y los que van para el otro van para el otro, así como Dios disponga, y al final del día casi siempre los dos hicimos lo mismo. ¿Pero

vio cómo son estas cosas? Si todos cumplen, es justo, pero si uno solo no
cumple, ése abusa de los otros. Y cuando lo vi venir con su cajón y sin
haberle podido pedir a la virgen, supe que era un mal día, porque él es de
los que no cumplen, todos sabemos que es mala gente. El se paró vamos
a suponer donde está esa bandera y yo donde estoy yo, llega el primer
colegio y yo grito ¡helad... perdóname otra vez[9] señor comisario, grito lo
que gritamos. Y él se pone a gritar ¡helado aquí, que yo lo vendo a la
mitad! Eso gritó, y todos los chicos se fueron para él. Con los segundos
me hace lo mismo y Dios te va a castigar por mentir, yo pensé, si hay un
solo precio. Llega el tercer micro y me para al ladito, ni que la virgencita
me quisiese premiar la paciencia, y los chicos se vinieron todos para mi
lado. ¿Y sabe lo que me hace? Mueve el cajón, eso no se puede, se me
para al lado y grita que a la mitad[10] de precio y me saca los chicos que
me correspondían, mis chicos. Cada uno en su lado, ¡no vale moverse!
¡Todos necesitamos[11]! ¡Eso no se puede! Y cuando se fueron las criaturas
le dije lo que era, y él me dice me acuerdo como si fuera ahora: "¡Si
seguís gritando remato los helados por la mitad hoy, mañana y pasado y
no vendés ni uno[12]!" ¡Eso no se puede! Es como un pacto, ni falta hace
decirlo.

    El comisario se hamacaba en el sillón. Quedó unos instantes en
silencio.

    -¿Y por qué no amenazaste con vender al cuarto o vas a vender a otro
lugar? ¿Vos vendés los mismos helados que el otro?

    -Los mismitos señor, te lo juro por lo que más quiero. Pero no me
entiende señor, ésa es mi puerta, mi lugar de siempre, siempre he vendido
ahí aun con otro sin problemas, pero éste es mala gente, es capaz de
rematarlos en serio, de perder plata por sacarme. Todos los heladeros
sabemos que él es solo[13], si un día no lleva plata no pasa nada, un poco
de hambre nomás, pero yo a la noche tengo seis hambres, señor
comisario. Pensé en esos días, en esas caras de hambre después de un día
de ver hijos de otros comiendo helados, pensé que si uno no cumple no
se puede, pensé en tantas cosas y me le fui encima.

    El comisario consultó el reloj. Frenó la hamaca con brusquedad y se
puso de pie.

    -Bueno, amigo, lo siento pero con lo suyo no se puede hacer nada. Si
alguien puede denunciar es el otro, por agresiones, y no un día, varios
días no va a salir por allí con los helados.

    -Pero él no puede andar suelto. ¡No cumple!

    -Qué le va a hacer, las leyes son las leyes. Usted, amigazo, es otro
acreedor de la justicia. Mucho gusto ya sabe cualquier cosita que
necesite...

95   Lo empujó suavemente fuera de la oficina, olvidando la sonrisa que
permanecía en su cara.

* * *

El mate ya se había lavado hasta perder el gusto. No habían
conversado, ni la mujer preguntó, pero ambos velaron el sueño agitado de
100   sus hijos.
-Suerte, va a apretar el calor.
-Si Dios quiere.
Los dos recordaron la semana en que tuvo que volver a la fábrica por
más helados, comieron tres veces carne. Tomaba mate con el costado
105   izquierdo de la boca, la otra media cara la sentía metida en otra piel, más
estrecha que la suya.
"Si uno no cumple, él no merece estar con los demás. Y es capaz de
volver y rematarlos hoy y mañana, tres días sin venta. Si no cumple, hay
que sacarlo."
110   -Pero, mirá, si has marcado la bombilla con los dientes.
"Y no pudieron dormir de hambre. ¡Hambre y por su culpa! ¡Mala
gente! No puede estar con los demás, tiene que irse, lejos, alguien tiene
que sacarlo como los doctores cuando operan la enfermedad a alguien,
Dios Santo."
115   Se levantó y agarró el cuchillo que usaban en la cocina. La mujer lo
miró.
-Para el hielo, a veces hay que picarlo. Si lo precisás, pedíle a los
vecinos.
Ella, sujetándole los ojos con la mirada, se paró junto a él y le aferró
120   con fuerza la muñeca.
-Ayer te peleaste y no vendiste nada. Pensás y pensás, los dientes has
dejado en la boquilla, las cosas buenas no se piensan. Un día es
suficiente[14], hoy les darán galleta en el colegio, pero si estás en la cárcel
lo de ayer noche va a ser todas las noches.
125   Su mano soltó el cuchillo. Demoró la despedida esperando que la
mujer se distrajera.
"No es justicia, los changos no tienen la culpa. Sin él hubiese vendido,
quizás todo hubiese vendido y flor de comida. Y es capaz de rematar en
serio. Uno nos malogra a todos, alguien tiene que hacer el beneficio. ¡Y
130   si viene a mi puerta!"
Finalmente la mujer le dio la espalda, y él escondió en la camisa un
cuchillo de mango roto, olvidado del uso.
Fue hasta la fábrica y repitió los actos de todos los días.
Con alivio notó la estación de ferrocarril despejada, y cruzó hasta el
135   pequeño altar de cerámica.

Dejó el cajón a un lado, y se arrodilló ante la imagen de la virgen de Luján persignándose.

"Virgencita milagrosa, danos un buen día. El día nuestro de cada día dánoslo hoy. Que haga mucho calor y venda todo, que hay hambre. Y
140   que no me lo encuentre, virgencita, que yo seré pecador, pero los hijos, ellos son bautizados, por ellos que yo no merezco la cárcel. ¡Que no venga a mi puerta, que ellos van a pasar mucha hambre! ¡Que no se venga porque lo hago! Siempre di la otra mejilla pero él no merece. Yo te avisé, virgencita, si viene es señal tuya, de tu justicia. Alguien tiene que
145   hacer el beneficio, no puede andar por ahí como los demás, él no cumple. Si viene será tu justicia."

Al volver a santiguarse[15], sus dedos golpearon el cuchillo bajo la camisa.

CUESTIONARIO

PREGUNTAS SOBRE EL CONTENIDO DE "DÁNOSLO HOY"

1.   Utilizando las palabras **frente, punta, zapatilla, arriesgar, máquina de escribir** y **patada**, describa Ud. al protagonista al comienzo del cuento.

2.   Usando las palabras **detenido, alterar, vía** y **retirarse**, cuente Ud. la descripción del heladero que le hizo el sargento al comisario.

3.   Empleando las palabras **ardor, puntada, sangre, acercar, mejilla** y **rechazar**, describa Ud. las heridas del heladero.

4.   Describa Ud. la manera de pensar del heladero, utilizando en su descripción las palabras **cumplir, justo** y **abusar**.

5.   Cuente Ud. lo que hizo el heladero rival, usando las expresiones **ponerse a, a la mitad, irse para, hacer lo mismo, parar al lado**, y **corresponderle**.

6.   Cuente Ud. lo que el otro heladero le dijo al protagonista, utilizando las palabras **seguir, rematar, mitad, pasado**, y **ni uno**.

7. Utilizando las expresiones **lugar de siempre, ser capaz, perder plata, ser solo, llevar plata** y **a la noche,** cuente Ud. la comparación que hace el protagonista entre él y el otro heladero.

8. Describa Ud. la reacción del comisario ante la queja del heladero, empleando en su descripción las palabras **consultar, frenar, brusquedad, ponerse de pie, lo suyo, denuncia** y **agresión.**

9. Describa Ud. el episodio del cuchillo, empleando las palabras **agarrar, picar, vecino, sujetar, pararse, aferrar, muñeca** y **soltar.**

10. Utilizando las palabras **notar, despejado, cruzar, cerámica, arrodillarse** y **persignarse,** cuente Ud. lo que hizo el heladero en la estación del ferrocarril.

PREGUNTAS TEMÁTICAS

1. La Pena de Muerte

Si el protagonista del cuento "Dánoslo hoy" mata al heladero rival y es llevado a los tribunales y declarado culpable, ¿deberían sentenciarlo a la muerte? ¿Qué opina Ud. de la pena de muerte? ¿Quiénes deben ser sentenciados a morir? ¿Va la pena de muerte en contra del Mandamiento que dice, "No matarás"?

2. El Hambre

Se ve que el protagonista de "Dánoslo hoy" es un hombre muy pobre y que a veces ni tiene suficiente dinero para darles de comer a sus hijos. No hay duda de que en el mundo actual existe gente que muere de hambre mientras otras personas llevan una vida de gran lujo. ¿Le parece a Ud. que se debería hacer algo para cambiar esta situación? ¿Deberían existir más medios para mantener a los pobres?

3. La Desobediencia Civil

El protagonista de "Dánoslo hoy" ha decidido que, puesto que las autoridades no le han hecho justicia, él mismo tendrá que castigar al heladero delincuente. Hay quienes dicen que a veces la desobediencia civil es necesaria, que uno no tiene más remedio que tomar la justicia en sus manos cuando no se consigue justicia por medio de métodos más pacíficos. ¿Qué opina Ud. de esto?

OBSERVATIONS

1. Leves: light

Ligero, **leve** and **liviano** are three basic equivalents of "light."

Ligero has the widest range of meaning and occurs, for example, in **artillería ligera** - "light artillery," **chaqueta ligera** - "light jacket," **maleta ligera** - "light suitcase," **peso ligero** - "light weight," **sueño ligero** - "light sleep," etc. Further examples are the following:

¿Ud. a cualquier COMIDA LIGERA le llama merienda? (HAB-7:204)
Do you call any light meal a *merienda*?

Es algodón, que es una TELA LIGERA. (HAB-44:701)
It's cotton, which is a light material.

Pasamos la peluca a un bloque que es PLÁSTICO MUY LIGERO. (HAB-13:380)
We move the wig over onto a block that's made of very light plastic.

Ligeramente means "slightly," "a bit":

Yo creo que este hombre va a hacer un gobierno CENTRISTA LIGERAMENTE. (BA-26:307)
I think this man is going to set up a slightly centrist government.

Era LIGERAMENTE PELIGROSO que fueran a llegar las señoras llenas de brillantes. (CAR-20:383)
It was a bit dangerous for the ladies to arrive covered with diamonds.

Leve basically means "of very little physical weight" and usually implies a greater amount of lightness and delicacy than does **ligero.** It is also used in a figurative sense, meaning "slight," "not grave or serious," "not intense," etc.:

La chica estaba LEVEMENTE INTOXICADA por la infección que tenía. (BA-14:214)
The girl was slightly poisoned by the infection she had.

No tienen la más LEVE IDEA de por quién van a votar. (CAR-18:340)
They haven't the slightest idea about whom they are going to vote for.

Pienso ir para un lugar en que sea el FRÍO MÁS LEVE. (HAB-12:351)
I plan to go to a place in which the cold is less intense.

Un par de personas resultaron con HERIDAS LEVES. (SJO-15)
A couple of people received light injuries.

Liviano is commonly used in Spanish America in place of **ligero**:

El ESQUÍ no es pesado, es muy LIVIANO. Es una MADERA MUY LIVIANA. (BA-4:80)
The ski isn't heavy, it's very light. It's a very light wood.

Nos daban el TRABAJO LIVIANO. (LAP-2:33)
They gave us the light work.

Estas calles locales están diseñadas para los VEHÍCULOS LIVIANOS. (SJN-10:218)
These local streets are designed for light vehicles.

Me gustan los ESPECTÁCULOS LIVIANOS como son las comedias y las revistas. (BA-2:42)
I like light entertainment, like comedies and variety shows.

2. Teclas: keys

Llave, clave and **tecla** all mean "key."

Llave is used with reference to a physical key, used to open a lock, wind a clock, tune a piano, etc.:

No teníamos LLAVES para entrar en casa. (MAD-24:436)
We didn't have any keys to get into the house.

Le había echado LLAVE al clóset, y tenía todas las LLAVES en un solo llavero. (BOG-19:260)
I had locked the closet, and I had all the keys on a single key ring.

Clave is used only in a figurative sense and refers to a key needed to decipher a code or to explain something puzzling:

¿Tú consideras eso la CLAVE del éxito? (CAR-16:268)
Do you consider that the key to success?

Vuelva usted a la página treinta para encontrar la CLAVE de esto. (LAP-3:45)
Turn to page thirty to find the key to this.

Used following a noun, **clave** is the equivalent of "key" meaning "essential," "fundamental":

Pretenden dominar el Estado, estar en PUESTOS CLAVES. (CAR-19:359)
They attempt to control the State, to be in key positions.

Ése puede ser el PUNTO CLAVE. (LAP-22:221)
That may be the key point.

Clave also refers to a musical key:

La guitarra tenía un álbum y había unas letras y estaban los acordes. Traté de descifrar las CLAVES. (BA-1:23)
The guitar had an album and there were some lyrics and the chords were there. I tried to figure out the keys.

Tecla refers to the key of a piano, organ, typewriter, etc. **Teclado** is "keyboard" and **teclear** is "to type," "to press a key":

Mi mamá optó por vender el piano. Hace diez años, pues, que no toco una sola TECLA. (LIM-8:127)
Mi mom decided to sell the piano, so I haven't touched a single key for ten years.

Me siento a la máquina y me parece que las TECLAS funcionan solas. (LIM-18:25)
I sit down at the typewriter and it seems to me that the keys work by themselves.

Tiene un TECLADO como de máquina de escribir. (MEX-22:311)
It has a keyboard like a typewriter's.

Sólo tengo que TECLEAR "box" y sale directamente el cuadrado. (SJN-23:447)
I just have to type "box" and the square comes right up.

3. Entendés: you understand

Entendés is a **vos** form. The pronoun **vos** is a second person singular familiar form of address that in some countries exists alongside the **tú** form and in other countries is used in place of **tú**. **Voseo**, or the use of **vos**, is especially common in Argentina, Uruguay and Central America, although it exists in very small areas of most of the Spanish American countries. It is not used in Spain.

The **vos** form of the verb occurs only in the present tense, both indicative and subjunctive, and in the imperative mode; for all other tenses the **tú** form of the verb is used.

The **vos** form is created by dropping the **-i** of the **vosotros** form, in the case of **-ar** and **-er** verbs, and by using the **vosotros** form with no change for **-ir** verbs. Thus, the **vos** forms of **hablar, comer** and **vivir** are **hablás, comés** and **vivís** in the indicative, and **hablés, comás** and **vivás** in the subjunctive.

¿PRACTICÁS algún deporte o HACÉS gimnasia nomás? (BA-20)
Do you play some sport or do you just work out?

TENÉS que levantar la pierna en ángulo recto. Además, cuando PROBÁS, si no LEVANTÁS el esquí lo suficiente, ya no PODÉS dar la vuelta y CAÉS al suelo. (BA-4:74)
You have to lift your leg at a right angle. Also, when you try it out, if you don't lift the ski enough, you can't turn around and you fall on the ground.

Cuando VOS DECÍS que SOS irresponsable, lo ESTÁS DICIENDO porque VOS FUISTE un hijo único. (BA-1:26)
When you say that yor are irresponsable, you're saying it because you were an only child.

The affirmative **vos** command form is made by dropping the **-r** of the infinitive; the stress is always on the final vowel. The written accent is retained when pronouns are added. The negative command form is, like all Spanish negative command forms, in the subjunctive:

DECÍME más, pero HABLÁ cosas importantes. NO HABLÉS otras cosas. (BA-25:223)
Tell me more, but talk about important things. Don't talk about other things.

CONTÁME cómo estuvo. (SJO-23)
Tell me what it was like.

Un día me dijo, "MIRÁ, HACÉME el favor y vas a la Facultad y me traés un sobre". (SJO-13)
One day he said to me, "Look, do me a favor and go to the College and bring me an envelope."

The verb **ir** has no **vos** command, but rather uses the **vos** command form for **andar, "andá"**:

ANDÁ y DECÍSELO vos". (BA-22:66)
Go and tell him.

CALLÁTE. ANDÁ, DECÍLES algún disparate. (BA-24:153)
Be quiet. Go ahead, tell them some stupid thing.

In all other tenses the **tú** form of the verb is used.

¿VOS HICISTE la primaria aquí? (SJO-2)
Did you go to grade school here?

¿VOS PODRÍAS vivir sólo de tu pintura? (SJO-2)
Could you live just from your painting?

The pronoun **vos** is used only as a subject pronoun or as object of a preposition. It is never used as object of the verb, the pronoun in such cases being **te**:

> *A VOS TE MANDAN a hacer mandados y VOS LO HACÉS.* (SJO-13)
> They send you to do errands, and you do it.

> *Y bueno, VOS PENSÁ. Una hora conveniente PARA VOS que SOS dormilona, serían de once y media a doce y media. ¿TE PARECE bien? El primer jueves que TENGÁS ganas me DECÍS y vengo.* (BA-29:388)
> So, think about it. A good time for you, sleepyhead that you are, would be from 11:30 to 12:30. Is that OK with you? The first Thursday that you feel like it, you tell me and I'll come by.

4. Castellano: Spanish

Note the following names of countries and their inhabitants:

Austrian
austríaco, austriaco

Guatemalan
guatemalteco

Belgian
belga (Belgium = **Bélgica**)

Honduran
hondureño

Brazilian
brasileño

Hungarian
húngaro (Hungary = **Hungría**)

Canadian
canadiense

Nicaraguan
nicaragüense

Costa Rican
costarricense/costarriqueno

Norwegian
noruego (Norway = **Noruega**)

Chinese
chino

Panamanian
panameño

Czechoslovakian
checoslovaco/checoeslovaco

Polish
polaco/polonés
(Poland = **Polonia**)

Danish	Salvadoran
danés, dinamarqués	**salvadoreño**
(Denmark = **Dinamarca**)	
Dutch	Scottish
holandés (Holland = **Holanda**)	**escosés** (Scotland = **Escocia**)
Ecuadoran	Swedish
ecuatoriano	**sueco** (Sweden = **Suecia**)
Egyptian	Swiss
egipcio (Egypt = **Egipto**)	**suizo** (Switzerland =**Suiza**)
Greek	Turkish
griego (Greece = **Grecia**)	**turco** (Turkey = **Turquía**)

It should be noted that **belga** and the names that end in **-e**, like **canadiense**, have only one form for the masculine and feminine.

5. Por alterar el orden: for disturbing the peace

Orden has two genders. It is feminine when it means "command," or refers to a religious group, or to religious orders:

En esa propiedad fundó LA ORDEN de las Hijas de la Sabiduría. (LAP-28:333)
On that property she founded the order of the Daughters of Wisdom.

LA ORDEN que nos dieron fue que bajáramos a todas las niñas al primer piso. (BOG-32:426)
The orden they gave us was for us to take all the girls down to the first floor.

No recibí LAS ÓRDENES sagradas, sino que simplemente hice los estudios hasta tercero de teología. (MEX-4:55)
I didn't take holy orders, but only completed studies up to the third year of theology.

Otherwise **orden** is masculine:

Está en ORDEN ALFABÉTICO. (CAR-3:52)
It's in alphabetical order.

Los colegios eran fabulosos para la disciplina y para EL ORDEN. (SJO-11:1)
The schools were fantastic for discipline and order.

No es un personaje DE PRIMER ORDEN, históricamente. (BOG-8:107)
He's not a first-rate personnage, historically speaking.

6. Bajo: under

Bajo is "under" in a figurative sense:

No quiere ir a clase BAJO ESAS CONDICIONES. (SJN-2:41)
He doesn't want to go to class under those conditions.

Estaban BAJO LA VIGILANCIA de sus padres. (BOG-40:558)
They were under the supervision of their parents.

Either **debajo de** or **bajo** may be used when "under," ("underneath," "beneath") has a literal meaning, with preference shown for **debajo de** when there is physical contact with what is covered:

A las doce de la noche se levantaban los niños a buscar DEBAJO DE LA ALMOHADA qué les había traído el Niño Dios. (BOG-39:532)
At midnight the children would get up to look under the pillow for what the Christ Child had brought them.

DEBAJO DE LOS ÁRBOLES no hay sino fango. (BOG-8:112)
Under the trees there is nothing but mud.

No hay nada nuevo BAJO EL SOL. (MAD-21:403)
There's nothing new under the sun.

Hay poca comunicación en el mundo; a veces la persona que vive BAJO SU MISMO TECHO, es un extraño. (LAP-2:33)
There is little communciation in the world; sometimes the person living under the same roof with you is a stranger.

7. Qué: what

It is important to distinguish between **qué** and **cuál** as equivalents of "what." **Qué** is used when a definition is sought, when the speaker does not understand the meaning of a word or expression. **Cuál** is used when one specific item is sought, such as a certain phone number, name, address, etc.:

No sé CUÁL FUE EL PROBLEMA. (LAP-18:183)
I don't know what the problem was.

¿CUÁL ES LA DIFERENCIA entre ellos? (BA-16:242)
What's the difference between them?

¿CUÁL ES TU SIGNO? ¿Capricornio? (CAR-16:289)
What's your sign? Capricorn?

¿Cómo definiría usted "emoción"? ¿QUÉ ES LA "EMOCIÓN"?
¿QUÉ ES UN PROBLEMA EMOCIONAL? (MEX-5:76)
How would you define "emotion"? What is "emotion"? What is an emotional problem?

8. Gente: people

Although **gente** is most often used in the singular, it is at times used in the plural in translating "people" in the sense of a group of people who have something in common, as in referring to the inhabitants of a certain area, people of a certain time in history, people of a certain social class, people united for some cause, etc.:

Hubo GENTES DE DISTINTAS PARTES. (LIM-19:259).
There were people from different places.
La conveniencia de tener otro tipo de amistades de GENTES DE OTRAS ACTIVIDADES es también importante. (BOG-28:376)
The advisability of having another type of friends made up of people with other activities is also important.

Es necesario poder manejarse entre GENTES DE DISTINTOS TEMPERAMENTOS. (BA-7:113)
It's necessary to be able to get along with people of different temperaments.

Buscaba todas las oportunidades para que se llegasen por allí
GENTES IMPORTANTES. (MAD-16:273)
He would look for every chance of having important people show up
there.

A mi juicio, son mejores las GENTES DE ANTES. (SNT-20:329)
In my opinion people from earlier times are better.

9. Otra vez: again

Vez, tiempo, época and **hora** all mean "time."

Vez (f.) refers to a specific occasion:

Lo he visto, no sólo UNA VEZ, VARIAS VECES. (LAP-28:315)
I've seen it, not just once but several times.

-¿CUÁNTAS VECES te has examinado tú?
-DOS VECES; a la segunda aprobé. (MAD-19:343)
"How many times have you taken the exam?"
"Twice; the second time I passed."

ESTA VEZ se habló en francés; LA PRÓXIMA VEZ tiene que
hablarse en flamenco. (CAR-19:359)
This time French was spoken; next time Flemish will have to be
spoken.

Tiempo refers to an amount of time:

La corrupción administrativa a veces se supera EN MUY POCO
TIEMPO. A veces tarda MUCHO TIEMPO. (MEX-29:398)
Administrative corruption sometimes is overcome in a very short time.
Sometimes it takes a long time.

Tiempo, **tiempos**, or **época** are used when "time" refers to a specific
period, such as a historical era:

La mujer, EN LOS TIEMPOS QUE ESTAMOS ATRAVESANDO,
ha tomado una importancia única. (LAP-21:213)
Woman, in the times we are going through, has taken on a unique
importance.

*El primer curso abarca la antigüedad hasta LA ÉPOCA
MEDIEVAL, y el segundo presenta el tránsito DEL TIEMPO
MEDIEVAL a LOS TIEMPOS MODERNOS.* (LIM-16:221)
The first course covers ancient times up to the medieval era, and the
second presents the period from medieval times to modern times.

EN AQUELLA ÉPOCA, mi abuela era feliz, y la vida era tranquila.
(CAR-26:540)
At that time, my grandmother was happy and life was peaceful.

Aquí había nada más tres carreras EN AQUEL TIEMPO. (MEX-
9:115)
There were only three courses of study here at that time.

Hora refers to the hour of the day:

*A LA HORA DE LA COMIDA la televisión no está puesta, pero A
LA HORA DE LA CENA sí.* (MAD-4:80)
At dinner time the television is not on, but at supper time it is.

Llegaba de regreso a mi casa A LA HORA DE ACOSTARME.
(CAR-36:629)
I used to get back to my house at bedtime.

*LA HORA que uno llega es LA HORA de cuando uno se baña y
come.* (HAB-14:437)
The time that one arrives is the time when one showers and eats.

10. A la mitad: at half price

La mitad is "half," "a half," "one half," meaning 50% of the whole:

*Me paso LA MITAD DEL AÑO en Europa y LA MITAD DEL AÑO
acá.* (BA-21:27)
I spend half of the year in Europe and half of the year here.

Habrán pagado LA MITAD. Casi siempre se paga LA MITAD. (BA-
27:336)
They must have paid half (a half). One almost always pays half.

Up to and including the tenths, fractions may be formed in Spanish as they are in English, by the use of a cardinal and an ordinal number, except that "half" is **medio** and "third" is **tercio**:

> *Eastman Kodak está a setenta y seis y TRES OCTAVOS.* SJN-8:164)
> Eastman Kodak is at seventy-six and three eighths.

> *En casa ponemos el tocadiscos a UN QUINTO de volumen.* (MAD-18:333)
> At home we play the record player at one fifth of its volume.

> *Está dispuesto a vender a VENTIDÓS Y MEDIO.* (SJN-8:165)
> He's ready to sell at 22½.

> *Lograron que UN TERCIO de los dineros pasaran al congreso.* (SNT-49:395)
> They succeeded in getting one third of the moneys to go to congress.

The use of **partes** with a fraction to indicate a part of the whole is also very common:

> *El partido fue visto y oído por LAS TRES CUARTAS PARTES de la población del mundo.* (SNT-49:401)
> The game was seen and heard by three fourths of the world's population.

> *¡Me hubieras dicho! Yo te las hubiera comprado por LA QUINTA PARTE.* (MEX-14:187)
> You should have told me! I would have bought them for you for a fifth of that.

To form fractions higher than tenths, **-avo** is added to the end of the cardinal number:

> *Cuando se trata de valores de precio muy bajo, se habla de DIECISEISAVOS, y de TRENTIDOSAVOS, de SESENTICUATROAVOS, etcétera, hasta la división más pequeña, que es el DOSCIENTOSCINCUENTIDOSAVOS.* (SJN-8:164)
> When it's a matter of very low price values, one speaks of 16ths, and of 32ths, of 64ths, etc., up to the smallest division, which is 252ths.

11. ¡Todos necesitamos!: We all have our needs.

As explained in Chapter One, both **necesitar** and **hacer falta** mean "to need" in the sense of "to feel / show the need for." **Hacer falta** may also be used as an equivalent of "to miss," meaning to "feel the absence of":

Pasado cierto tiempo, LE HACÍA FALTA SU MADRE. (MEX-25:350)
After a certain amount of time had gone by, he missed his mother.

ME HACÍA FALTA EL AMBIENTE del sitio donde yo vivía. (CAR-8:133)
I missed the environment of the place where I used to live.

Extrañar also means "to miss":

EL NIÑO ME EXTRAÑA y YO LO EXTRAÑO a él. (BOG-24:316)
The child misses me and I miss him.

LO EXTRAÑARON horrores los chicos. (LIM-17:234)
The children missed him terribly.

12. Ni uno: not even one

"Not even" is expressed in Spanish by placing **ni** or **ni siquiera** before the word negated. The shorter form, **ni,** is less emphatic and more commonly used in conversational Spanish:

ÉL NI SIQUIERA SE DESPIDIÓ. (BOG-31:415)
He didn't even say goodbye.

La verdad, NI SE ME OCURRIÓ. (BA-25:225)
To tell you the truth, it didn't even occur to me.

No se me ha planteado NI UN SOLO PROBLEMA, pero NI SIQUIERA UNO solo. (SEV-12:142)
I have not encountered even one problem, not even one.

NI SE PONEN A PENSAR en el significado de la palabra. (SJN-16:317)
They don't even begin to think about the meaning of the word.

13. Es solo: is alone, is by himself

Note the use of **ser solo** to indicate that one is alone, or by oneself, in the sense of not having others in one's life:

> *Cuba tenía que SER SOLA, independiente.* (HAB-17:544)
> Cuba had to be alone, independent.

> *Mi abuelita, como ella ya ERA SOLA, dijo: "Bueno, vámonos a México a vivir."* (MEX-5:66)
> My grandma, since she was now alone, said, "Well, let's go to Mexico City and live there."

Estar solo, on the other hand, is used to indicate that one is unaccompanied at a particular moment:

> *Yo podría dejarlo llorar, y que se acostumbre a ESTAR SOLO, pero no me gusta.* (BOG-6:94)
> I could let him cry and let him get used to being alone, but I don't like that.

> *Ya no podemos creer que ESTAMOS SOLOS en el Universo.* (MAD-3:61)
> We can no longer believe that we are alone in the universe.

14. Suficiente: enough

Bastante and **suficiente** are two common equivalents of "enough." However, since **bastante** has largely taken on the meaning of "very much" or "more than enough," **suficiente** often replaces it when "enough" is meant:

> *Recorrimos como cinco museos, y en eso se va BASTANTE DINERO, porque los museos son caros.* (SNT-10:181)
> We went through about five museums, and you spend a lot of money on that, because museums are expensive.

> *Este año tienen que TRABAJAR BASTANTE; les han mandado un montón de libros para leer.* (MAD-20:389)
> This year they have to work very hard; they've been sent a lot of books to read.

Eso ME IMPRESIONÓ BASTANTE. (BOG-14:192)
That impressed me a great deal.

Creo que es SUFICIENTE POR AHORA. (BOG-29:389)
I think that's enough for now.

Se le niega el DINERO SUFICIENTE como para que pueda vivir.
(SNT-18:296)
He's not allowed enough money to live on.

The verb **bastar** ("to be enough") is also commonly used:

BASTA CON UNA VEZ al día. (SNT-22:370)
Once a day is enough.

Por favor, ¡BASTA! ¡pare! (SNT-12:217)
Please, that's enough! Stop!

The adverbs **suficientemente** and **bastante** meaning "enough" are
sometimes preceded by **lo**; use of **lo**, however, is optional:

Si el Estado fuera SUFICIENTEMENTE EFICIENTE, yo sería la
primera que encauzara a mis hijos a seguir estudios públicos. (CAR-
18:329
If the State were efficient enough, I would be the first in sending my
children to public schools.

Los fiscales no son LO SUFICIENTEMENTE EFICIENTES.
(CAR-18:338)
The public prosecutors are not efficient enough.

15. Al volver a santiguarse: When he made the sign of the cross again

Al is commonly used before an infinitive to express the idea of
"on/upon," "when," "as," "since" or "if," according to the sense of the
sentence:

AL REGRESAR de Estados Unidos entré a trabajar al Ministerio de
Educación. (LIM-15:212)
Upon returning (When I returned) from the United States, I took a job
with the Department of Education.

AL SALIR nosotros del aeropuerto, un montón de chiquitillos se nos acercaron. (SEV-7:85)
As we were leaving (When we were leaving, Upon our leaving) the airport, a lot of small children came up to us.

AL NO TENER otro sitio donde ir, duerme. (MAD-5:98)
Since (If, When) he has nowhere else to go, he sleeps.

EXERCISES ON OBSERVATIONS

(Note: Use the **vos** form for all references to "you.")

1. If you report the Belgian's actions to the police, the penalty won't be light. **2.** Don't you understand Spanish? I gave you an order. You may go. Take off! Go away! **3.** Three fourths of the monks of that order knelt before the image and blessed themselves many times. **4.** "I'll cut the price of the ice-cream in half, and you won't sell even one. There'll be nothing for you!" he shouted. **5.** "That Brazilian's typewriter is not very light," she said, upon picking it up. **6.** Be quiet, child! You've already said enough! **7.** Did you know that we humans belong to the order of the primates? **8.** During this time of the year, two thirds of the mountains are covered with snow. **9.** The love that the Norwegian ice-cream man feels for his kids is the key to his behavior. Not even you can deny that. **10.** Did you leave the house key on the piano keys? **11.** You're the one who put the knife under the flag at the police station. **12.** Tell me, what are some of the differences between Danish and Swedish customs? **13.** The Pope blessed the people at the train stations in Egypt, Hungary and Belgium, according to the order in which they arrived. **14.** Upon approaching the Egyptian student, I saw that he had blood on his cheek, under his left eye. **15.** You know that you are under strict orders to return before lunchtime. **16.** He didn't know that twelve twenty-fourths, or six twelfths, is equal to one half. **17.** "Why didn't you threaten to sell at a quarter of the price?" the man in the light topcoat asked, upon seeing that I was so angry. **18.** I know two of the architectural orders are Doric and Ionic, but what's the third one? **19.** On loading the ice-cream box, do you put in the cones and popsicles in a certain order? **20.** What's the price of Canadian beer in Scotland, Sweden and Switzerland? **21.** Don't tell me that your new Austrian jacket is already missing half its buttons. **22.** It was getting late and he hadn't sold even one fifth of his ice cream at the zoo. **23.** All people, the Greeks, Turks, Scottish, Swiss, Belgians, etc., need to lead a quiet life during certain times. **24.** Tell me, what's this business about an accusation you want to make? **25.** He ate a light meal, rocked in his chair and remained silent for a long time, and then he said, "One month in jail is not long enough for you." **26** Don't ask me that question. I don't even know what an architectural order is. **27.** Do you miss your children? Yes, I miss them very much. **28.** My grandmother is not by herself; she lives with her sister.

USE OF THE ARTICLES
(continued)

VI. ARTICLE BEFORE NOUN USED AS OBJECT OF PREPOSITION

Since suppression of the article gives a conceptual value to the noun, an article-less noun used as the object of a preposition permits the prepositional phrase to be used as a modifier. Thus, **un concepto de filosofía** is a "philosophical concept," while **un concepto de la filosofía** means "a concept found in philosophy." In the expression **un concepto de filosofía** the meaning of **de** combines with the meaning of **filosofía** to produce the concept of "philosophical," which modifies **concepto**. In **de la filosofía**, on the other hand, **la filosofía** is something on its own, something apart from **concepto**.

A similar situation exists with some prepositional phrases in English. If one compares, for example, the phrases "at home / at the home," "in jail / in the jail," "in bed / in the bed," one notes that the article-less nouns in these phrases are conceptual, while the nouns preceded by an article refer to real objects. One could be "at home," for example, in many places, including many types of buildings; one can be "at the home," on the other hand, only if one is at a place considered to be a type of home, such as a home for the aged. Similarly, one can be "in the jail" without being a prisoner, while to be "in jail," on the other hand, is a conceptual notion referring to incarceration. It is this notion of concept (omission of article) vs. existence of a real thing (use of article) that rules the use or omission of the article in all situations in Spanish.

In an English noun phrase composed of two nouns, the first noun is understood to be modifying the second. Thus, a "stone wall" is a type of wall, while a "wall stone" is a type of stone, and a "bath sponge" is a type of sponge, while a "sponge bath" is a type of bath. In Spanish such concepts are produced by the use of a prepositional phrase composed of **de** and an article-less noun, as in the following examples:

De ahí en adelante ha sido un DOLOR DE CABEZA. (SJO-13)
From then on it's been a headache.

Tenían MONEDAS DE ORO. (CAR-38:662)
They had gold coins.

Prefiero una ENSALADA DE TOMATE Y LUCHUGA. (HAB-
21:591)
I prefer a lettuce and tomato salad.

Me preparó una mezcla de ron con JUGO DE MANZANA. (LIM-
12:168)
He prepared me a mixture of rum and apple juice.

At times the Spanish prepositional phrase that serves as the equivalent of an English noun modifying another noun will contain the definite article, as in **la tienda de la esquina** - "the corner store," **animal de la selva** - "jungle animal," or **brisa del mar** - "sea breeze". Usually, the English speaker can determine that the Spanish equivalent of such expressions will contain an article by stating the English expression with a preposition. For example, "corner store" means "store on the corner," not "store on corner." Similarly, "jungle animal" would be paraphrased as "animal from the jungle," not "animal from jungle," and "sea breeze," means "breeze from the sea," not "breeze from sea." "Gold watch," on the other hand means "watch of gold," not "watch of the gold," and, similarly, the Spanish equivalent, **reloj de oro**, has no article.

When the word following the preposition denotes something that consists of several components, as in **laboratorio de idiomas**, which includes several languages, the plural form of the noun must be used after the preposition:

He estudiado TENEDURÍA DE LIBROS. (HAB-16:510)
I've studied book-keeping.

Yo no tengo el TALONARIO DE CHEQUES en mis manos. (SNT-50:405)
I don't have the checkbook in my hands.

No se les ha ocurrido poner una TIENDA DE ANTIGÜEDADES. (LAP-7:79)
It hasn't occurred to them to open an antique shop.

Although the preposition most commonly used to form such expressions is **de**, **para** may be used when **de** could cause amibiguity. For example, **una botella de leche** could mean "a bottle of milk" or "a milk bottle"; **una botella para leche**, on the other hand, could only mean "a milk bottle." This situation applies especially to those nouns used to designate both an object and a quantity, like "glass," "cup," "can," "pitcher," etc.

Occasionally the Spanish equivalent of an English expression formed by one noun modifying another contains neither **de** nor **para**. Two such expressions are the Spanish equivalents for "oil painting" - **pintura (cuadro) al óleo** and "wood carving" - **talla en madera**.

Se restauran CUADROS AL ÓLEO, TALLAS EN MADERA, cerámicas, etcétera. (BOG-20:264)
They restore oil paintings, wood carvings, ceramics, etc.

In the above discussion reference has been made to adjectival prepositional phrases used as modifiers of nouns. Prepositional phrases containing article-less nouns may also be used to modify verbs and adjectives and thus function as adverbial phrases expressing how, in what way, or under what condition something is so:

Lo trágico debe predominar, pero A MANERA DE EVASIÓN, DE DISTENSIÓN, se admitirán escenas no trágicas. (BA-20:302)
The tragic element should predominate, but non-tragic scenes will be admitted as an escape, as an easing of tension.

Una persona tiene distintos roles en distintos momentos del día, COMO PADRE, COMO HIJO, COMO PROFESOR. (SNT-17:277)
A person has differents roles at different moments of the day, as a father, as a son, as a teacher.

Será siempre una persona que yo querré COMO AMIGO. (SNT-26:448)
He will always be a person that I will love as a friend.

Tenía un amigo brasileño, que me servía DE GUÍA. (SNT-7:137)
I had a Brazilian friend who was serving as my guide.

Una salita se está usando COMO OFICINA. (SJN-14:288)
A small room is being used as an office.

COMO RESULTADO de eso yo me decidí a ir a trabajar. (SJN-9:173)
As a result of that, I decided to go to work.

Tienen muy buenas notas EN LENGUA, pero son muy deficientes EN EDUCACIÓN MUSICAL. (CAR-30:579)
They have very good grades in Language, but they are very weak in Musical Education.

El traductor cobra POR HORA. (LAP-23:241)
The translator charges by the hour.

In each of the prepositional phrases that occur in the above sentences, the noun is used in a conceptual way. For example, **amigo** refers to what is understood by the word "friend," and **padre**, **hijo** and **profesor** refer to what is understood by the words "father," "son," and "teacher." Since it is the essence of these words, the concepts that they evoke, that forms the basis for their usage in these sentences, they are used without an article. In a sentence like **Son deficientes en matemáticas** - "They are weak in math," the phrase **en matemáticas** modifies **deficientes** and states that they are weak "math-wise." **Son deficientes en LAS matemáticas**, on the other hand, would mean "They are weak in the field of mathematics."

VII. NOUN MODIFYING NOUN

Although the modification of one noun by another is not a common phenomenon in Spanish, it does exist when the modifying noun is a proper name, as in **la revista Time** - "Time magazine," or when the expression includes a word like **estilo** ("style"), **tamaño** ("size"), **marca** ("brand"), **tipo** ("type"), etc.:

Está a unos cien metros del HOTEL DON QUIJOTE. (MAD-19:348)
It's about 300 feet from the Don Quijote Hotel.

Se vendió la casa de la CALLE INDEPENDENCIA. (BA-13:199)
The house on Independence Street was sold.

La mayor parte de las parejas jóvenes escogen unos muebles ESTILO LUIS QUINCE. (SJN-5:116)
Most of the young couples choose Louis XV-style furniture.

En un almacén TIPO SEARS nos preguntaron: ¿ustedes de dónde son? (BOG-25:340)
In a Sears-type department store, someone asked us, "Where are you from?"

Compound nouns occur in Spanish when the thing or person referred to is considered to be represented by both of the nouns. **Hombre monstruo**, for example, is both a man and a monster, **niño modelo** ("child model") is both a child and a model, and **sofá cama** is both a sofa and a bed. In all such cases the first noun represents the basic notion. **Hombre monstruo**, for example, is primarily a man, **niño modelo** is primarily a child, and **sofá cama** is primarily a sofa and **hombre rana**, "frogman," is a man, not a frog:

Es un PROGRAMA MONSTRUO, que contempla todo lo que es la sociedad. (CAR-2:37)
It's a giant program that looks at everything in society.

Sport, de sport or **estilo sport** are used to mean "sport" or "sporty" with reference to articles of sportswear, as in **saco sport (de sport, estilo sport)**, "sport coat":

Si voy al teatro por la tarde voy con un VESTIDO MÁS SPORT. (HAB-13:391)
If I go to the theater in the afternoon, I go with a more sporty dress.

Él iba en pantalón y una CAMISA SPORT. (SJN-9:176)
He was wearing pants and a sport shirt.

Yo prefiero al hombre que viste con un JERSEY DE SPORT.
(MAD-4:70)
I prefer a man who wears a sporty sweater.

Es una CHAQUETA DE SPORT y no se la va a poner nunca. (SNT-46:350)
It's a sports jacket, and he's never going to wear it.

When the modifying noun designates a fuel or substance by which the primary noun operates, as in "gas stove," both **a** and **de** are used, sometimes interchangeably, as in **estufa a/de gas**, "gas stove," or with only one or the other, as in **olla a presión**, "pressure cooker":

Los aerosoles son RECIPIENTES A PRESIÓN. (MEX-2:27)
Aerosols are containers under pressure.

Es más cómodo rociarte el cabello con AEROSOL DE GAS. (MEX-2:27)
It's more convenient to spray your hair with a gas aerosol.

El laboratorio carece de las facilidades físicas más elementales, tales como AIRE A PRESIÓN y un buen fregadero. (SJN-3:59)
The laboratory lacks the most basic accomodations, like pressurized air and a good sink.

¿Tú tienes alguna ESTUFA DE GAS? (SNT-46:328)
Do you have a gas stove?

VIII. ARTICLE WITH NOUNS IN A SERIES

The use or omission of the article with nouns in a series depends on whether the speaker wishes to present each noun as referring to something in itself, in which case the article will be used with each noun, or wishes to give unity to the nouns and present them as together forming a group, in which case the article will be used only before the first noun in the series and must agree with it in number and gender:

Con un solo golpe el guerrero atravesó la cerca, arbusto y puerta.
With a single blow the warrior went through the fence, hedge and door.

Con un solo golpe el guerrero atravesó la cerca, el arbusto y la puerta.
With a single blow the warrior went through the fence, the hedge and the door.

Me gustan los animales: los perros, gatos, caballos, pájaros, etc.
I like animals: dogs, cats, horses, birds, etc.

Me gustan los perros, los gatos y los pájaros, pero no las culebras.
I like dogs, cats and birds, but not snakes.

Este tipo de calefacción se usa en las escuelas, iglesias y cines, o sea, en los edificios públicos.
This type of heating is used in schools, churches, and theaters, that is to say, in public buildings.

Este tipo de calefacción se usa en las escuelas, las casas, las iglesias, los apartamentos, o sea, en muchos diferentes tipos de edificios.
This type of heating is used in schools, houses, churches, apartments, that is to say, in many different kinds of buildings.

IX. ARTICLE WITH TITLES

In Spanish the definite article is used with a title that accompanies the name of a person **about** whom one is speaking and omitted with a title that accompanies the name of a person **to** whom one is speaking.

El americano es amigo de LA SEÑORA ANDERSON. (BOG-31:414)
The American is a friend of Mrs. Anderson.

En qué otros países estuvo usted, SEÑORA GABRIELA? (SNT-20:327)
What other countries were you in, Mrs. Gabriela?

However, the article is not used with **doña, don** and the religious titles **sor** ("sister"), **fray** ("brother," "friar"), **santa, san** (**santo** before names beginning with "**To...**" or "**Do...**"):

Ella había leído las obras de SOR JUANA INÉS DE LA CRUZ.
She had read the works of Sor Juana Ines de la Cruz.

Damos la bienvenida a estos tres distinguidos educadores: DOÑA
ADELA, DON CARLOS LUIS y DON MARCO TULIO. (SJO-30)
We welcome these three distinguised educators: Doña Adela, Don
Carlos Luis and Don Marco Tulio.

FRAY BARTOLOMÉ DE LAS CASAS defendió a los indios. (HAB-
17:529)
Friar Bartolomé de Las Casas defended the Indians.

Mi padre no se perdía nunca los rosarios en las iglesias de SAN
AGUSTÍN, SANTO DOMINGO, y SANTA ROSA. (LIM-20:272)
My father never missed the rosaries in the churches of Saint
Augustine, Saint Dominic and Saint Rose.

All proper names take the article when modified:

LA POBRE BOCHI está con la novedad de que al marido lo
mandan a la Antártida un año. (BA-32:475)
Poor Bochi has received the news that they're sending her husband to
the Antarctic for a year.

En Madrid radica la verdadera existencia de LA ESPAÑA
ACTUAL. (MAD-10:177)
In Madrid lies the true existence of present-day Spain.

However, when an expression like "Poor Charles!" or "Poor woman!"
occurs by itself in an exclamation, the article is not used when addressing
the person directly and may either be used or omitted when speaking
about the person:

-¡POBRE MUCHACHO! (SJN-9:192)
"You poor boy!"

¡POBRE PAPÁ! Se iba muriendo de la angustia. (BOG-32:426)
Poor Dad! He was dying from worry.

¡LA POBRE MUCHACHA! Ella sufrió muchísimo. (SJN-5:123)
Poor girl! She suffered terribly.

When the definite article forms part of the title of a work (*El Quijote*), the name of a city (**El Cairo**), or a commercial name (**El Flamingo** - a nightclub), the contractions **al** and **del** may or may not be made in writing but are always made in conversation.

> *Asistí a casi todas sus clases, sobre todo la DEL QUIJOTE. Todos los años yo iba a la clase DEL QUIJOTE.* (SJN-15:299)
> I attended almost all his classes, especially the one on the Quijote. I used to go to the class on the Quijote every year.

> *Esas transparencias las compré en el museo DEL CAIRO.* (MEX-15:190)
> I bought those slides in the museum in Cairo.

X. DEFINITE ARTICLE WITH EXPRESSIONS OF TIME

Generally speaking, the definite article occurs in Spanish with expressions of time referring to hours, days, dates, or seasons:

> *Recuerdo aquellas madrugadas, saliendo de mi casa A LAS CUATRO Y MEDIA DE LA MAÑANA para ir a servir de acólito.* (BOG-29:387)
> I remember those early mornings, when I would be leaving my house at 4:30 a.m. to go serve as an acolyte.

> *La fatiga que se siente EL VIERNES es muy diferente a cuando uno empieza a trabajar EL LUNES.* (BOG-28:383)
> The fatigue one feels on Friday is very different from when one begins to work on Monday.

> *Yo estuve en una época de clima un poco malo porque estaba terminando EL OTOÑO y empezando EL INVIERNO.* (BOG-25:331)
> I was there at a time when the weather was a bit bad, because Fall was ending and Winter beginning.

> *Tenía que mantener la familia y pintaba LOS SÁBADOS y LOS DOMINGOS.* (BA-9:142)
> I had to support the family and I painted on Saturdays and Sundays.

Mi mamá nació EL VEINTE DE FEBRERO. (LIM-16:224)
My mother was born on February 20th.

However, the article is commonly omitted in the expression **de . . . a . . .**
("from . . . to . . ."):

Estudiábamos DE SIETE A NUEVE de la mañana y DE CINCO A
SIETE de la noche. (CAR-6:89)
We used to study from 7 to 9 a.m. and from 5 to 7 p.m.

Los vuelos son solamente DE LUNES A VIERNES. (HAB-1:8)
The flights are only from Monday to Friday.

Use of the article gives greater emphasis to the two parts of this
expression:

La carrera militar es para los aventureros DE LOS VEINTE A LOS
TREINTA Y CINCO AÑOS. (MEX-16:217)
The military career is for adventurous people, from twenty years old to
thirty-five years old.

With **en** plus a season of the year the definite article may be either used
or omitted:

En realidad la isla es tranquila EN EL INVIERNO, y muy movida
EN EL VERANO. (LIM-4:64)
Actually, the island is quiet in the winter and very busy in the summer.

-Estuve en Moscú y en Leningrado.
-¿EN INVIERNO o EN VERANO? (MAD-9:153)
"I was in Moscow and Leningrad."
"In winter or in summer?"

Medianoche and **mediodía** may be expressed with or without the
definite article, but, generally speaking, and especially in the equivalents
for "at midnight" and "at noon," the article is usually omitted:

Me acuesto, me duermo y A MEDIANOCHE empiezo a soñar. (SJO-
15)
I go to bed, I fall asleep and at midnight I begin to dream.

A MEDIODÍA hubo una pelea frente al centro de estudiantes. (SJN-1:11)
At noon there was a fight in front of the student center.

Creo que sucedió AL MEDIODÍA. (CAR-15:238)
I think it happened at noon.

The definite article is not ordinarily used with reference to a year:

Es el tratado de MIL NOVECIENTOS CUARENTA Y UNO. (BOG-7:98)
It's the treaty of 1941.

Era MIL NOVECIENTOS CUARENTA Y NUEVE. (MEX-5:68)
It was 1949.

However, when only the last two figures of the year are mentioned, the article is normally used:

Estuve en Estados Unidos EN EL CINCUENTA, DEL CINCUENTA AL CINCUENTA Y DOS. (BA-10:161)
I was in the United States in 50, from 50 to 52.

XI. DEFINTE ARTICLE WITH *TODO*

The definite article is used after **todo** (-a, -os, -as) meaning "all," except as noted in Chapter 4, Observation 12:

Este aparato no necesita ser utilizado por la policía en TODOS LOS CASOS. (BOG-11:159)
This device does not need to be used by the police in all cases.

Ocurre hoy en día en TODOS LOS ASPECTOS de la vida. (SEV-2:19)
It's happening nowadays in all aspects of life.

La guerra siempre ha sido un ideal para la juventud. No TODAS LAS GUERRAS, pero cierta clase de guerras. (SEV-23:283)
War has always been an ideal for youth. Not all wars, but a certain kind of wars.

Estudió TODA LA SEMANA.(SNT-46:327)
He studied all week.

In a few set phrases, however, the article is omitted: **de todos modos (de todas maneras),** "in any event"; **de/en/a/por todas partes** (but, **de/en/a/por todos** *los* **sitios, de/en/a/por todos** *los* **lugares**), "everywhere"; **de todas clases (de todas las clases),** "of all kinds":

DE TODOS MODOS voy a tener que tomar clases. (LIM-8:127)
In any event, I'm going to have to take classes.

Lo ven en el cine, en las revistas, en las historietas, EN TODAS PARTES. (SNT-42:257)
They see it at the movies, in magazines, in comic books, everywhere.

Hay actores buenos y hay actores mediocres EN TODOS LOS SITIOS del mundo. (SJN-17:346)
There are good actors and there are mediocre actors everywhere in the world.

Todo is not followed by **de** and thus differs from English usage, as in "all *of* the men," "all *of* the schools," etc.:

Tengo TODOS LOS SÍNTOMAS. (SEV-15:180)
I have all of the symptoms.

Casi TODOS LOS ESTUDIANTES se manifestaban a favor de una reforma. (SJN-1:9)
Almost all of the students were demonstrating in favor of a reform.

En la frontera tuvimos que declarar TODO EL DINERO que llevábamos. (SEV-7:87)
At the border we had to declare all of the money that we had on us.

Segrega algunas hormonas y casi TODAS ELLAS actúan sobre el riñón. (BA-6:101)
It secretes some hormones, and almost all of them act on the kidney.

XII. DEFINITE ARTICLE WITH INFINITIVES

Used as the subject of a verb, a Spanish infinitive may be expressed with or without the article. Thus, one may say either **Saber nadar es importante** or **El saber nadar es importante**. The difference between the two forms is subtle, but is similar to the difference between the infinitive and the gerund in English, so that the article-less infinitive functions entirely as a verb, and is thus analogous to the English infinitive (**saber** = "to know"), while the infinitive accompanied by the article may function as a noun, and is thus analogous to the English gerund (**el saber** = "knowing").

The infinitive modified by an article, since it is functioning as a noun, may be modified by an adjective. Article-less infinitives, on the other hand, since they are functioning as verbs, cannot be modified by adjectives. Similarly, in English it is the gerund, or verbal noun, and not the infinitive, which permits modification by an adjective:

El constante fumar (not **"Constante fumar"**) **puede hacer daño a la salud.**
Constant smoking (not "constant to smoke") can hurt one's health.

An adverb, on the other hand, can modify either an article-less infinitive or an infinitive accompanied by an article. Similarly, in English an adverb may modify either an infinitive or a gerund:

Fumar (El fumar) constantemente puede hacer daño a la salud.
To smoke (Smoking) constantly can hurt one's health.

When an infinitive is functioning as the object of a verb, it will be accompanied by the article when the subject of the infinitive is different from the subject of the conjugated verb:

ACEPTABAN EL NO HABER ESTUDIADO como una cosa normal. (CAR- 21:423)
They accepted not having studied (one's not having studied) as something normal.

Horacio REPRUEBA EL QUERER crear el ambiente mediante otros medios. (BA-20:I:304)
Horace rebukes one's wanting to create an atmosphere through other means.

La madre le ESTÁ ENSEÑANDO EL TENER sentimientos. (LAP-
14:145)
The mother is teaching him to have feelings.

SE LES ENVIDIA EL PODER romper con muchísimas cosas.
(MAD-6:101)
One envies them their being able to break away from very many
things.

*No se enmendó la regla de procedimiento para PERMITIR EL
DECLARARSE culpable, y no PERMITE EL ALEGAR que uno no
fue quien cometió la transgresión.* (SJN-7:148)
The rule of procedure was not amended to permit declaring oneself
guilty, and it does not permit one's claiming (s)he was not the one who
broke the law.

No se puede IMPEDIR al capital privado EL DESARROLLARLAS.
(SJN-10:211)
One cannot stop private capital from developing them.

When the subject of the conjugated verb and the subject of the infinitive
are the same, the infinitive may be accompanied by the article (but need
not be), provided the gerund is possible in the English equivalent:

Tiene que AFRONTAR EL TENER que alimentar a sus hijos.
(SNT- 55:511)
She has to face having to feed her children.

Hay que ACEPTAR EL NO TENER éxito. (SNT-30:502)
One has to accept not being successful.

Yo DETESTO GUIAR. (SJN- 3:70)
I hate to drive (driving).

Debo EVITAR FUMAR tanto. (MEX-27:370)
I should avoid smoking so much.

Quise INTENTAR EL ESTUDIAR educación física en México.
(Mex-1:15)
I wanted to try studying physical education in Mexico.

Doña Bernarda tiene que AFRONTAR EL TENER que alimentar a sus hijos. (SAN-55:511)
Doña Bernarda has to face having to feed her children.

When a gerund is not possible in English, the article may not accompany the infinitive in the Spanish equivalent:

QUIERO SALIR bastante temprano. (SNT-41:223)
I want to leave (not, "I want leaving") rather early.

NECESITAMOS CONVERSAR. (SJO-20)
We need to talk (not, "We need talking").

XIII. USE OF DEFINITE ARTICLE WITH RATES

In expressions of rate like **setenta y nueve centavos *la* libra** ("seventy-nine cents *a* pound"), Spanish uses the definite article where English uses the indefinte article:

Le cobraron mil quinientos pesos EL KILO. (BA-27:334)
They charged her fifteen hundred pesos a kilo.

Vendían los fósforos antiguamente a cinco centavos LA CAJA. (BOG-37:506)
They used to sell matches for five cents a box in the old days.

Hacemos una rifa de una televisión a diez pesos EL BOLETO. (MEX-7:506)
We're raffling off a TV set at ten pesos a ticket.

XIV. USE OF DEFINITE ARTICLE WITH NAMES OF MEALS

The definite article is used with the names of meals:

Yo le hago EL DESAYUNO. (MEX-30:406)
I make breakfast for her.

Para EL ALMUERZO me gustaría mucho un aguacate. (BOG-38:521)
For lunch I would very much like an avocado.

Mamá hacía chocolate y algún postre y esa era LA CENA. (BOG-
38:521)
Mom would made hot chocolate and some kind of dessert and that
would be supper.

XV. USE OF DEFINITE ARTICLE WITH PRONOUN PLUS NOUN ("WE STUDENTS")

The Spanish equivalents of expressions like "we students," "you
professors," etc., composed of a pronoun and a noun, require the use of
the definite article:

*NOSOTROS LOS MÉDICOS, cuando nos reunimos, acabamos
siempre hablando.* (BOG-28:376)
We doctors, when we get together, always end up talking.

¿Qué piensan USTEDES LAS EDUCADORAS? (SNT-34:679)
What do you educators think?

The subject pronoun **nosotros** may be omitted, since it will be indicated
in the verb ending:

*En realidad TODOS LOS CUBANOS SOMOS descendientes de
españoles.* (HAB-17:540)
Actually, all of us Cubans are descendents of Spaniards.

*LOS ADULTOS NOS ENOJAMOS y sentimos que el niño es
antisocial.* (MEX-25:350)
We adults get angry and feel the child is antisocial.

XVI. OMISSION OF THE INDEFINITE ARTICLE WITH CERTAIN DETERMINERS

The indefinite article is not used with the determiners **ciento, cierto,
medio, mil, otro, ¡qué!, semejante, tal**, all of whose English
equivalents require the indefinite article:

Conocimos a una señora que decía tener CIEN años. (SNT-44:300)
We met a woman who said she was a hundred years old.

Debo haber escrito CIENTO y tantos artículos. (CAR-6:98)
I must have written a hundred some articles.

Trató de dar lo que podía dar hasta CIERTO punto. (BOG-11:152)
He tried to give what he could give, up to a certain point.

Eso se pasó rápido, un mes y MEDIO. (CAR-17:298)
That was over quickly, in a month and a half.

Dura alrededor de unas cinco horas y MEDIA. (BA-18:267)
It lasts about five hours and a half.

La Catedral es OTRO capítulo interesante en la historia artística de Sevilla. (SEV-18:221)
The cathedral is another interesting chapter in the artistic history of Seville.

¡QUÉ cosa tan horrorosa! (CAR-25:496)
What an awful thing!

¿Cómo iba a decir SEMEJANTE cosa? (BA-25:215)
How was I going to say such a thing?

No estamos preparados para TAL sistema. (CAR-16:273)
We're not prepared for such a system.

Un millón, however, does require the article:

En ese entonces había un premio de UN MILLÓN de dólares. (LAP-23:240)
At that time there was a prize of a million dollars.

Un tal or **un cierto** used before the name of a person is the equivalent of "a certain," "somebody by the name of":

Vi hace poco un excepcional Brecht, "UN CIERTO SEÑOR PÚNTILA y su chofer".(BA-2:43)
I saw a little while ago an exceptional Brecht play, "A Certain Mr. Puntila and His Chauffeur".

Sí, hay UN TAL MORELOS por ahí. (MAD-24:444)
Yes, there's someone by the name of Morelos there.

When heavily stressed, **tal** may follow the noun, in which case the indefinite article is retained before the noun:

Para oír contar calamidades, tienes que estar en UN ESTADO TAL de euforia.(BA-32:472)
To hear about disasters, you have to be in a really high state of euforia.

Ya no sabe uno por donde anda, de las leyes nuevas y los cambios; es UN DESCONCIERTO TAL. (SEV-14:170)
One no longer knows where one stands with the new laws and changes; it's such a terrible confusion.

Semejante may be used either before or after the noun. Placed before the noun, it usually has a pejorative connotation. Note that it is only when **semejante** precedes the noun that the indefinite article is dropped:

Me imagino que la gente sepa cuáles son las consecuencias de SEMEJANTE DESTRUCCIÓN. (BOG-43:609)
I suppose people must know what the consecuencias are of such terrible destruction.

Hubo serias oposiciones, de carácter económico, a lo que iba a significar UN PROYECTO SEMEJANTE. (LIM-15:214)
There was serious opposition, of an economical nature, as to what a project like that would mean.

XVII. SUMMARY

Use of the definite or indefinite article (or any determiner) with a noun, then, indicates that the noun refers to a real, existing thing. Conversely, absence of the article (or any other determiner) indicates that the noun is considered as to its meaning, conceptually.

English translations of nouns with or without articles may be open to several interpretations, provided the basic notions of [article-less noun = concept] and [article + noun = existence] are not violated. Thus, for example, **José habla español** might mean "Jose is Spanish-speaking," or "Jose speaks (some) Spanish," and **José habla el español** might mean

"Jose speaks the Spanish language," or "Jose speaks *Spanish* (not some other language)."

It is useful to divide the study of the use/omission of the article with the noun into three categories, depending on whether the noun is the subject of the sentence, object of the verb or object of a preposition. The noun that is most resistant to omission of the article is then seen to be the subject noun, since it is difficult to use a conceptual reference as the subject of the verb, inasmuch as conceptual reference does not lend itself to the independent noun status required of the subject of a sentence.

On the other hand, since omission of the noun permits the noun to take on a conceptual meaning, article-less nouns are well suited to serve as modifiers. They may thus function adverbially and, for example, modify a verb, adding to the scope of the verbal meaning (i.e., **buscar** + **casa** = "to househunt"), or they may function as adjectives and modify nouns, as for example, in **concepto** + **de filosofía** = "a philosophical concept." Keeping in mind that nouns modified by articles have an independence not present in article-less nouns, we may then describe the difference in meaning between **de filosofía** and **de la filosofía**, for example, as the difference between English "philosophical" and "of philosophy."

GRAMMAR EXERCISES

1. The owner of the corner grocery store grabbed the broken-handled kitchen knife and hid it in a large loaf of wheat bread. **2.** He considered himself a sinner and knelt every day, from Monday to Friday, before an image of Saint Thomas and Saint Joseph that was on a ceramic altar, without daring to raise his eyes up off the floor. **3.** "Those beggars standing at the zoo gate with their looks of hunger and their tin cans don't deserve jail; they're not jungle animals," he said, standing up abruptly. **4.** He told me that he would show me a Dali-type oil painting in which there was a gas stove on top of which a gasoline motor served as a pressure cooker. **5.** All of the offices of *Vision* magazine moved in 78 to the Vision Building on Madison Street. **6.** As a police chief Mr. Vargas is not very good, but, in any event, she wants him to consider her as a friend. **7.** We noticed in silence that there was an iced tea pitcher, two teacups, a bottle of wine and a beer bottle on the bookshelf, and books of all kinds everywhere. **8.** "I am another creditor of justice who has a problem without a solution," poor Alberto said, speaking seriously. **9.** Somebody by the name of Roberto Sanchez told me that you ice-cream vendors won't forgive me for taking your customers away from you. **10.** Joseph gave him such a hard punch that he still has the taste of blood in his mouth. **11.** What a surprise! The crackers that you students want for lunch cost only thirty-nine cents a box. **12.** All of them hate having to make accusations at school, but someone has to do it. **13.** He left his checkbook in his sportcoat in the language lab. **14.** We Americans are very good in math, and they gave an American a gold watch as a prize in a math contest here in 90. **15.** I've never seen such a thing! He grabbed Barbara so tightly as a sign of his strength, that he almost broke her arm. **16.** All of you know that that man is making it bad for all of us. **17.** A million dollars is a lot of money, but you have to refuse any offer that comes from such a man. **18.** It had always been a custom to use the dining room as a lecture hall, but in 89 a hundred students protested. **19.** She can't pay the tuition without a scholarship, and even with a scholarship, her parents will have to send her a certain amount of money. **20.** Do they use cartridge-type ribbon in all of the Royal-brand typewriters at the police station? **21.** In the spring we met every afternoon for three hours, from three to six, and on Saturdays we met at noon. **22.** Reporting all types of actions to the police is typical of you old people. **23.** After three sale-less days, they lowered the price of the history books to three dollars a volume and that of the pencils to a dollar and a half a dozen. **24.** I have a physics lab from eight to ten, which means I can't take a Spanish class at nine, so now I'm without a Spanish class. **25.** Spanish is as important to us medical students as it is to you engineering students. **26.** The sergeant, supplied with a pistol, got comfortable in a chair and told the man who worked in the train station as a guard that there was no need to say anything. **27.** He's a bad sort and abuses all of us. **28.** She told him she would turn him in for assault.

4

¿CÓMO SE DELETREA, POR FAVOR?

Marcelino C. Peñuelas

La fiesta seguía en un agradable ambiente de cordialidad y optimismo. Aprovechando un rato en que se encontró sentado en una cómoda butaca, medio oculto en un rincón[1], Fernando pudo reflexionar a sus anchas. Acudieron en tropel a su mente ideas y recuerdos relacionados con la
5 intensa vida llena de sorpresas que llevaba las dos últimas semanas, desde que llegó de México. Sorpresas agradables en su mayoría. Por eso parecerá un tanto extraño que una cuestión de tan poca monta como la de recordar apellidos ingleses lo tuviera tan preocupado. Y así ocurría en efecto. Había llegado a la decepcionante[2] conclusión de que la tarjeta de
10 visita es un trasto inútil en la vida social de los Estados Unidos. Todavía mantenía intactas las varias docenas que se había traído. Con letra clara y agradable rezaban en inglés: "Fernando Bello Montero - Architect - 99

De Marcelino C. Peñuelas, *Mr. Clark No Toma Poca-Cola*, por Peñuelas y Sharp, págs. 59-61. Copyright 1969 por McGraw-Hill, Inc. Reproducido con autorización de McGraw-Hill Book Company.

Veracruz Street - México, D.F."

Habiendo terminado brillantemente la carrera, su familia lo premió
15 con un viaje a Chicago donde vivían unos parientes lejanos. Y cargado de
maletas e ilusiones, tomó un buen día el avión, repleta la cartera de
tarjetas que pregonaban orgullosamente su flamante título. Todavía las
conservaba[3] todas; una docena de ellas en el bolsillo.

Qué cosa más extraña -seguía pensando- que un pueblo[4] de tanto
20 sentido práctico como el norteamericano hubiera decidido[5] prescindir en
la vida social de un instrumento tan útil como la tarjeta de visita. No del
todo, sin embargo. Recordaba haber visto algo que se le parecía un poco.
Unos días antes, al asistir a una junta de arquitectos, le había llamado
poderosamente la atención ver cómo los asistentes a medida que[6] iban
25 llegando pasaban por una mesa donde les entregaban unas tarjetitas con
su nombre escrito a máquina. Luego cuidadosamente las fijaban en la
solapa[7] con un alfiler. Quizá fuera la falta de costumbre, pero no le hizo
ninguna gracia la idea[8]. Lo que es peor, cuando se puso la tarjetita en la
solapa, se sintió un poco hombre-anuncio[9]. La curiosa cartulina
30 anunciando su propio nombre y país le hacía sentirse incómodo. Llegó a
parecerle que aumentaba de tamaño hasta convertirse en un enorme
cartelón que le tenía inquieto y dificultaba sus movimientos. No
consiguió acostumbrarse aquella vez a llevar el cartelito con soltura e
indiferencia. En algunos momentos, cuando más pensaba en ello,
35 experimentaba algo así como una especie de pudor; como si se hubiera
visto obligado a presentarse ante el público en paños menores. Y al ver la
indiferencia y hasta la satisfacción con que todo el mundo lucía las
tarjetitas llegó al convencimiento de que en la curiosa costumbre debía
influir poderosamente la obsesión norteamericana por el anuncio, ante el
40 cual se inclina lo más serio y digno del país.

No tenía más remedio que envidiar la formidable memoria de los que
eran capaces de presentar[10] a una docena de conocidos sin titubear al
decir sus nombres. Eso sí que él no sería nunca capaz de hacer, con lo
fácil y práctico que resulta el decir uno su propio nombre al ser
45 presentado, como se hace en México y en otras partes, evitando
embarazosas situaciones. Convencido estaba de que la vida social en los
Estados Unidos requiere asombrosos ejercicios nemotécnicos.

El inglés también le preocupaba seriamente. Lo había estudiado un
poco en su país, y tenía razón de sentirse optimista cuando podía seguir
50 sin gran esfuerzo las interesantes conversaciones que el profesor
organizaba en clase[11]. Nunca falló contestando preguntas difíciles como
ésta: "Señor Bello, ¿es rojo el lápiz que la señorita Castro tiene en la
mano derecha?" "No, señor, el lápiz que la señorita Castro tiene en la

mano derecha no es rojo; es amarillo." Pero desgraciadamente la cosa
55 resultaba un poco más complicada en Chicago. La primera desilusión la
recibió en un restaurante donde no consiguió que le sirvieran leche sino
después de repetir mil veces la palabrita. Y estuvo a punto de indignarse
al oír al camarero repetir *milk* de forma que a él le sonaba exactamente
como la había estado pronunciando. En todo caso[12] de existir diferencia,
60 había sido ligerísima, despreciable, al pronunciar la "i." ¿Cómo no le
habían entendido? Misterios insondables del inglés... Si en un restaurante
cualquiera de la Ciudad de México un norteamericano pide[13] por ejemplo
"una vasa de lache" tenía la absoluta seguridad que lo entendería hasta el
camarero más bruto.
65   Este fracaso se repetía con frecuencia exasperante. Un día, al llegar al
hotel, para ahorrar tiempo, le dijo al empleado que le preguntaba su
nombre:
-"Bi-i-el-el-o."
El mozo lo miró como si hubiera oído chino y sin pestañear le dijo
70 sonriendo:
-¿Cómo se deletrea, por favor?
Y Fernando también sonrió al recordar el incidente. Acababa de
encender un cigarrillo[14] que trajo a su memoria cómo, recién[15] llegado, le
había resultado casi imposible comprar en una tabaquería una cajetilla de
75 Camels. Después de repetir inútilmente la palabrita por lo menos una
docena de veces, se enfadó de veras y estuvo a punto de llamar bruto y
otras cosas al dueño del establecimiento, quien, nervioso también, acabó
por sacar lápiz y papel con lo que se resolvió satisfactoriamente la
transacción comercial. Fernando acabó por convencerse de que cuando
80 no le entendían la primera vez era mejor no insistir; resultaba un esfuerzo
inútil. Y como lo de los cigarrillos le ocurrió varias veces, para no
complicarse la vida, había optado por fumar Philip Morris. Por una razón
inexplicable para él, al pedir esta marca desaparecía el problema
lingüístico.

CUESTIONARIO

PREGUNTAS SOBRE EL CONTENIDO DE "¿CÓMO SE DELETREA, POR FAVOR?"

1. Usando Ud. las palabras **ambiente, aprovechar, butaca, anchas, tropel** y **sorpresa**, describa la escena con que empieza el cuento.

2.   Explique Ud. la presencia de Fernando en Chicago, utilizando en su explicación las palabras **brillantemente, carrera, premiar, lejano, repleto, pregonar** y **flamante**.

3.   Empleando las palabras **asistente, medida, entregar, tarjetita, máquina, fijar, solapa** y **alfiler**, describa Ud. la cosa que le llamó la atención a Fernando al asistir a una junta de arquitectos.

4.   Describa Ud. la reacción que tuvo Fernando al ponerse la tarjetita en su solapa, usando en su descripción las palabras **llegar, aumentar, cartelón, inquieto, dificultar, conseguir,** y **soltura**.

5.   Describa Ud. lo que experimentó Fernando al pensar más en llevar el cartelito, utilizando en su descripción las palabras **especie, pudor, como si, obligar, presentarse** y **paño**.

6.   ¿Cómo explicó Fernando la indiferencia con la que los americanos utilizaban las tarjetitas? (En su respuesta utilice Ud. las palabras **al ver, lucir, convencimiento, influir, anuncio, inclinarse** y **digno**.)

7.   ¿Qué opinión tenía Fernando de la memoria de los americanos? (En su respuesta utilice Ud. las palabras **remedio, envidiar, capaz, formidable, docena, conocido, titubear** y **al decir**.)

8.   Cuente los detalles de la primera desilusión que recibió Fernando en Chicago en cuanto a su inglés, empleando Ud. las palabras **conseguir, servir, repetir, a punto de, indignarse, camarero, de forma, sonar** y **pronunciar**.

9.   Cuente el episodio que aconteció entre Fernando y el empleado del hotel, usando Ud. las palabras **ahorrar, empleado, como si, chino, pestañear, sonreír** y **deletrear**.

10. Cuente Ud. el episodio que tuvo lugar cuando Fernando trató de comprar cigarros, empleando Ud. las palabras **resultar, tabaquería, cajetilla, repetir, docena, enfadarse, bruto** y **acabar por**.

PREGUNTAS TEMÁTICAS

1. La Influencia Del Anuncio

En su opinión, ¿cual ha sido la influencia del anuncio en la vida del habitante de los Estados Unidos? Cree Ud. que los americanos son influenciados por los comerciales que ven en la televisión? ¿Debe haber más (menos) restricciones en cuanto a los comerciales que se permitan?

2. La Enseñanza De Idiomas En Estados Unidos

¿Que opina Ud. de la enseñanza de idiomas extranjeros en los Estados Unidos? ¿Le parece a Ud. que los cursos de español que ha tomado en EE.UU. le han dado la preparación necesaria para enfrentarse con los problemas lingüísticos con que se encuentra uno al visitar un país de habla española? ¿Qué se podría hacer para mejorar el sistema americano de enseñanza de idiomas?

3. Los Latinos Radicados En Estados Unidos

Por lo general los latinos que radican en los Estados Unidos, como, por ejemplo, los cubanos en Miami, los puertorriqueños en Nueva York o los mexicanos en el Oeste, no han sido bien recibidos por muchos americanos. Comente Ud. esto.

OBSERVATIONS

1. Rincón: corner

Rincón, esquina and **comisura** are three equivalents of "corner."

Rincón (m.) is the corner of a room. It is also "corner" in a figurative sense:

> *No son como señoras que decoran un RINCÓN en una casa.* (BOG-33:448)
> They're not like ladies who decorate a corner in a house.

En un país como el nuestro estamos en un RINCONCITO de Europa. (MAD-4:82)
In a country like ours, we are in a little corner of Europe.

El material educativo de nosotros llega a todos los RINCONES del mundo. (SJN-22:433)
Our educational material reaches all corners of the world.

Esquina is a street corner, or the corner of any flat surface, such as a corner of a page, napkin, table, etc.:

En casi todas las ESQUINAS de las calles, había un cafetín. (HAB-43:682)
On almost every corner of the streets there was a small coffee shop.

Recordándome el monito de la ESQUINA a la derecha en la página me acordaba de todas las frases que había. (SNT-27:454)
By recalling the drawing in the corner on the right side of the page, I could remember all the sentences that there were there.

Comisura refers to the corner of the mouth or lips:

Tienes migajas en las COMISURAS de la boca.
You have some crumbs on the corners of your mouth.

De reojo, de soslayo, or **con el rabillo del ojo** are equivalents of "out of the corner of one's eye":

La miró con el rabillo del ojo (la miró de reojo, la miró de soslayo).
He looked at her out of the corner of his eye.

2. Decepcionante: disappointing

Decepción is a false cognate in Spanish since it means "disappointment" rather than "deception." The corresponding verb is **decepcionar**:

Cuando entras en el país, se ve la pobreza, y a mí ME DECEPCIONÓ bastante. (SEV-7:83)
When you enter the country, you see the poverty, and I was quite disappointed.

Fue una DECEPCIÓN ese congreso. (La Paz M29:354)
That conference was a disappointment.

Engaño is "deception," and the corresponding verb is **engañar**, "to deceive," "fool," "cheat," etc. **Engañoso** is "deceptive", "misleading":

El matrimonio es un contrato y hubo ENGAÑO, ella lo ENGAÑÓ.
(SJN-9:189)
Marriage is a contract and there was deceit, she deceived him.

Los maridos somos totalmente fieles, que ninguno ENGAÑA A SU MUJER. (CAR-19:372)
We husbands are completely faithful, and no one cheats on his wife.

Los resultados de las elecciones son ENGAÑOSOS. (BOG-50:687)
The results of the election are misleading.

3. Conservaba: saved, kept

Ahorrar, salvar, conservar, and **coleccionar** are four basic equivalents of "to save."

Ahorrar means "to save" in the sense of economizing and is used especially with reference to money and time:

ESTÁ AHORRANDO todo lo que pueda para poder volver a tener esas vacaciones. (BOG-35:474)
She's saving all that she can in order to be able to have that vacation again.

Eso me AHORRA mucho tiempo.
That saves me a lot of time.

Salvar means "to save" in the sense of "to rescue," or "to save from destruction":

Si tuvieras que SALVAR sólo una de las imágenes de la destrucción, ¿por cúal te decidirías? (SEV-10:121)
If you had to decide on saving only one of the images from destruction, which one would you decide on?

En el paracaidismo el cuidado de tu equipo es lo que TE SALVA a ti la vida. (CAR-15:247)
In parachuting, the care of your equipment is what saves your life.

Salvar is also used in computer language with reference to saving a document:

Las entradas del glosario son temporales a menos que SE HAYAN SALVADO específicamente.
Glossary entries are temporary unless they have been specifically saved.

Conservar is "to save" in the sense of "to retain," "to keep":

Estuve una semana yendo al museo con libros guías, que CONSERVO. (SNT-36:131)
I spent a week going to the museum with guide books, which I'm saving.

Coleccionar is "to save" in a deliberate and systematic manner, as in collecting stamps, coins, etc.

¿Vos COLECCIONASTE alguna vez discos? (BA-1:25)
Did you ever collect records?

4. Pueblo: people

Gente, personas, or **pueblo** are all common equivalents of "people."

Gente is used in speaking of people as a whole, rather than as specific individuals. All references to **gente** are in the singular:

En los sitios turísticos, LA GENTE compra esa revista muchísimo, porque tiene tiempo para leerla.(BOG-5:73)
In tourist areas people buy that magazine a lot, because they have time to read it.

Personas is used to refer to people as individuals, or when reference is to a specific number of people:

Yo estaba rodeada por una veintena de PERSONAS. (BA-24:189)
I was surrounded by about twenty people.

Estoy recibiendo llamadas de PERSONAS, señoras inclusive, que no son amigas mías. (BOG-12:162)
I'm getting calls from people, ladies even, who are not friends of mine.

Pueblo refers to "people" as a nation:

Se trata de hacerle ver al PUEBLO MEXICANO qué es, de dónde viene, por qué es PUEBLO. (MEX-29:396)
It's a question of making the Mexican people see what they are, where they come from, why they are a people.

Se dice or **dicen** mean "people say" or "it is said":

DICEN QUE, después de eso, Miguel Angel no puso nunca más las manos en un pincel. (SNT-47:379)
They say (It is said) that, after that, Michelangelo never again took a brush into his hands.

SE DICE QUE cuando era presidente, accedió a este proceso. (LAP-17:175)
They say that, when he was president, he gave in to this process.

5. Decidido: chosen

Escoger, elegir, seleccionar, optar por and **decidir** are five basic equivalents of "to choose."

Of the five the most general in meaning is **escoger**:

La democracia es el sistema que permite al ciudadano ESCOGER entre varias alternativas. (BOG-50:687)
Democracy is the system that permits the citizen to choose from among several alternatives.

Me gusta la literatura, y por eso la ESCOGÍ. (CAR-4:63)
I like literature, and that's why I chose it.

Elegir is somewhat more formal in tone than **escoger** and usually indicates a definite personal preference for the object chosen:

> *Me considero una persona baja de estatura, y por eso muchas veces*
> *ELIJO los tacones más altos que encuentre.*(LAP-14:151)
> I consider myself to be a short person, and for that reason I often
> choose the highest heels I can find.

> *En cuanto a la profesión, ¿cuál es la causa íntima por la que uno la*
> *ELIGE?* (BA-23 B:112)
> As far as a profession is concerned, what is the personal reason for
> which one chooses it?

Seleccionar is used as an equivalent of "to choose" meaning "to select,"
and is particularly used in picking out something or someone to serve a
specific purpose:

> *Vamos a SELECCIONAR personas, para hacer trabajos manuales.*
> (CAR-16:266)
> We are going to choose people to do manual labor.

> *El campesino tradicionalmente SELECCIONA como semilla las*
> *papas pequeñas.* (LIM-1:34)
> The farmer traditionally chooses the small potatoes for seed.

When "to choose" is followed by a verb, **optar por** or **decidir** is the
usual Spanish equivalent:

> *Muy bien podía OPTAR POR no casarme.* (LIM-8:120)
> I could very well have chosen not to get married.

> *Él no estudió y OPTÓ POR trabajar.* (SJO-8)
> He didn't study but chose to go to work.

Optar por may also be used with nouns, and is especially found when
the choice involves following a certain line of action or behavior:

> *Me dieron tres horas de cátedra, pero era una estabilidad tan dudosa*
> *que al final OPTÉ POR un empleo en una oficina.* (BA-12:185)
> They gave me three hours of teaching, but it was of such doubtful
> stability that I finally chose a job in an office.

6. A medida que: as

A medida que, como, ya que, puesto que and **mientras** are common equivalents of "as."

A medida que indicates that one thing is occurring in conjunction with, or at the same rate as, another:

> *A MEDIDA QUE van pasando los años, uno se va endureciendo.* (SNT-13:219)
> As the years go by, one gradually becomes harsher.

Como is "as" in the sense of "like":

> *Mi padre, COMO te dije, fue diplomático.* (LIM-1:35)
> My father, as I told you, was a diplomat.

Como, ya que, or **puesto que** mean "as" in the sense of "since":

> *COMO yo ya no tenía beca, yo me vine aquí.* (SJO-25)
> As (Since) I no longer had a scholarship, I came here.

> *YA QUE no tiene otro sitio donde ir, viene aquí y estudia o duerme.* (MAD-5:98)
> As (Since) he has nowhere else to go, he comes here and studies or sleeps.

> *Isabelita no ha podido responder como una verdadera mandataria, PUESTO QUE no tiene los conocimientos ni una trayectoria.* (BOG-25:337)
> Isabelita hasn't been able to perform as a true head of state, since (inasmuch as) she doesn't have the knowledge or experience.

Mientras is "as" meaning "while":

> *Tienen los medios para subsistir MIENTRAS ellos estudian.* (LAP-12:131)
> They have the means to support themselves as (while) they're studying.

7. Solapa: lapel

Note the use of the singular for what would be expressed with a plural in English. Generally speaking, and especially with reference to parts of the body or clothing, a singular noun is used in Spanish to refer to an item possessed by members of a group when each member of that group has or uses only one:

> *Los hombres sí usan SOMBRERO.* (HAB-12:349)
> The men do wear hats.

> *Los niños siempre tienen el ¿por qué? en LA BOCA.* (HAB-44:706)
> Children always have a "Why?" in their mouths.

When reference is not to clothing or the body, either a singular or a plural noun may be used if the use of the plural form would not lead to a misunderstanding as to how many of the items referred to were in use. For example, in the sentence **Todos los alumnos abrieron sus libros (su libro)**, "All the students opened their books," each student would not have opened more than one book.

8. No le hizo ninguna gracia la idea: he didn't care for the idea at all.

Gracia basically means "wit" or "humor":

> *A mí me causa mucha GRACIA.* (BA-21:8)
> I find it very funny.

> *¿Eso te molesta? ¡je, je!, ¡qué GRACIA!* (MAD-18:334)
> That bothers you? Hee, hee, how funny!

Gracia may also mean "grace" or "charm":

> *En la venta entran una serie de factores como la simpatía, la GRACIA, y el aspecto personal.* (BA-10:160)
> In sales a series of factors enter in, like a nice personality, charm and personal appearance.

> *¡Qué voz más linda tenía! Leía con GRACIA y con gusto.* (SJO-30)
> What a beautiful voice she had! She read with grace and taste.

Gracia may also be used to indicate a quality of being pleasant or fun to do, particularly in negative expressions:

No conocíamos chilenos en Santiago ni tuvimos oportunidad de conocerlos. Entonces NO TENÍA NINGUNA GRACIA. (BA-22:80)
We didn't know any Chileans in Santiago nor did we have a chance to meet any, so it wasn't much fun.

Nos levantamos a las siete y media de la mañana, y NO TE HACE NINGUNA GRACIA dormir tan poco. (MAD-7:126)
We get up at 7:30 a.m., and it's no fun sleeping so little.

Gracioso usually means "funny," "amusing," unless context makes it evident that "gracious" is meant:

Tienen un modo tan GRACIOSO de decir las cosas. (BOG-37:502)
They have such a funny (amusing) way of saying things.

Un día llegó un amigo mío, que es muy GRACIOSO y muy exagerado. (BA-28:374)
One day a friend of mine arrived who's very funny and theatrical.

Lo menos que podían haberme hecho es llamarnos a nosotros. Es la forma más GRACIOSA. (BA-33:504)
The least they could have done was call us. It's the gracious thing to do.

9. Hombre-anuncio: sandwich-board man

Compound nouns like **hombre anuncio** are rather uncommon in Spanish. They are most often not hyphenated, and their plurals are usually formed by making the first noun plural, though at times one encounters both nouns pluralized: **coches comedor (coches comedores)**, dining cars; **escuelas modelo (escuelas modelos)**, model schools; **hombres anuncio (hombres anuncios)**, sandwich-board men:

Había necesidad de un centro de entrenamiento, y de MATERIALES PILOTO. (LIM-15:213)
There was need for a training center and for pilot materials.

Es una especie de chequeo que hacen de ciertos DOCUMENTOS CLAVE. (SNT-28:478)
It's a kind of check they do on certain key documents.

Pretenden dominar el Estado, estar en PUESTOS CLAVES. (CAR-19:359)
They try to control the State, to be in key positions.

In all the Spanish compound nouns given above, the second noun is functioning as an adjective. If the first noun has an adjectival value, both nouns are pluralized, as in **madres patrias**, "mother countries," or **niños modelos**, "child models."

10. Presentar: to introduce

Presentar is used with reference to introducing one person to another. If the two people involved are represented as a pronoun and a noun, the pronoun is an indirect object and the noun, a direct object, whereas in English the opposite is usually the case, so that both "I introduced Jose to her" and "I introduced her to Jose" will normally be rendered in Spanish as **Le presenté a José**:

ME PRESENTÓ A CARLOS. (SNT-1:22)
He introduced me to Carlos.

Si él no tiene tiempo, yo lo hago, pero que por lo menos ME PRESENTE A LA GENTE. (SNT-50:411)
If he doesn't have the time, I'll do it, but let him at least introduce me to the people.

De todas maneras yo TE VOY A PRESENTAR A JORGE. (CAR-17:319)
In any case, I'm going to introduce you to Jorge.

La llevé allá, y LE PRESENTÉ AL SUBDIRECTOR. (CAR-17:320)
I took her there and introduced her to the assistant director.

Yo LES VOY A PRESENTAR aquí A LA SEÑORITA ALICIA RODRÍGUEZ. (SJN-23:447)
I shall now introduce Miss Alicia Rodriguez to you.

If both objects are pronouns, normal Spanish pronoun order prevails:

Ella ME LA PRESENTÓ. (MEX-31:432)
She introduced her to me.

El profesor Bermúdez SE ME PRESENTÓ. (SJN-9: 184)
Professor Bermudez introduced himself to me.

TE LO VOY A PRESENTAR porque es un encanto de tipo. (BA-21:45)
I'm going to introduce you to him because he's a really great guy.

Le he prohibido que ME LO PRESENTE. (BA-21:51)
I've forbidden him to introduce him to me.

En este momento no voy a tener el gusto de PRESENTÁRSELO, porque está en Nicaragua. (CAR-11:188).
I'm not going to have the pleasure of introducing him to you right now because he's in Nicaragua.

Though less common and somewhat censured by grammarians, **presentar con** is also used:

Tengo muchas ganas de PRESENTARTE CON ELLOS. (MEX-11:131)
I'm very eager to introduce you to them.

When both objects are nouns, the preposition **a** may be either used or omitted before the direct object:

Ana PRESENTÓ (A) ALBERTO A SU MADRE.
Ana introduced Alberto to her mother.

La profesora PRESENTÓ (A) SUS ALUMNOS A SU ESPOSO.
The professor introduced her students to her husband.

Omission of the preposition **a** before the direct object is particularly common with indefinte nouns:

Me quisieron PRESENTAR MUCHAS PERSONAS. (MEX-6:83)
They made an effort to introduce a lot of people to me.

Cada vez que venía alguien, teníamos que entretenerlo, y
PRESENTARLE GENTE. (SJN-3:61)
Each time someone would come, we would have to entertain him and
introduce people to him.

Introducir is used with people as its object in the sense of placing
someone within a certain group or area or of giving someone access to
something:

Allá ellos pueden INTRODUCIRLA A LOS HOSPITALES o
clínicas, para que ella pueda ver en qué quiere especializarse. (BOG-
44:615)
There they can put her in touch with hospitals and clinics so that she
can see what she wants to specialize in.

Eso NOS VA A INTRODUCIR AL MUNDO DE LAS SELVAS.
(CAR-1:21)
That is going to introduce us to the world of the jungle.

No se debe de llamar a un santo para INTRODUCIRLO EN ALGO
MATERIAL. (HAB-43:693)
One should not call on a saint and introduce him into something
material.

LES INTRODUCE UNO A ELLOS UNA MANERA DE VER LAS
ARTES Plásticas diferente. (SJO-35:1)
One introduces them to a different way of seeing the Plastic Arts.

11. En clase: in class

The use of the definite article after the prepositions **a** and **en** before
nouns referring to social institutions like school, church, home, class, jail,
etc. is more common in Spanish than in English. The article is always
used with **cárcel, escuela**, and **iglesia**:

Los cogen y los meten EN LA CÁRCEL. (SEV-7:87)
They grab them and put them in jail.

Cometió un delito, lo agarraron, y va A LA CÁRCEL. (CAR-26:528)
He committed a crime, they caught him and he's going to jail.

Parecen las pinturitas que hacen los chiquitos EN LA ESCUELA.
(SJO-2)
They look like the little paintings children do at school.

¿En qué lugar asististe A LA ESCUELA PRIMARIA? (SEV-7:79)
Where did you attend grade school?

EN LA IGLESIA casi nunca he cantado sola. (HAB-14:444)
At church I've almost never sung alone.

*Cuando yo era chiquilla, si no se iba A LA IGLESIA todo el mundo
la miraba mal.* (SNT-9:163)
When I was a little girl, if you didn't to to church, everyone
disapproved of you.

With some such nouns, meaning varies according to whether the article is
used or omitted. **En casa**, for example, without the article, means
"home," "at home", while **en la casa** means "in the house" or "at home"
with reference more to the physical structure than to the social institution.
Likewise, **ir a casa** means "to go home" and **ir a la casa** means "to go to
the house" or "to go home":

Prefiero quedarme EN CASA. (BA-1:22)
I prefer to stay home.

*La mamá le exigía quedarse EN LA CASA cuidando unos
hermanitos, mientras ella iba a trabajar.* (SJO-33)
Her mom would make her stay in the house taking care of her little
brothers and sisters while she went to work.

Salgo del trabajo y llego A CASA a las cinco. (HAB-13:396)
I leave work and get home at five.

Teníamos dos horas para ir A LA CASA, almorzar y regresar.
(HAB-9:260)
We had two hours to go home (go to the house), have lunch and
return.

Similarly, **en cama** means "sick in bed", "confined to bed", "bedridden,"
while **en la cama** is used to refer to someone who is merely in bed
sleeping, reading, etc.:

Normalmente trasnochaba y a la mañana me levantaba a las nueve, diez, y leía EN LA CAMA. (BA-1:19)
Normally I would stay up until very late, and in the morning I would get up at nine or ten and read in bed.

Ella está ahorita pero muy mala; estuvo quince días EN CAMA. (MEX-13:163)
She's really very sick right now; she spent two weeks in bed (bedridden).

With **clase** the article may be used or omitted, with no difference in meaning:

Estudiábamos exactamente lo que el profesor nos enseñaba EN CLASE. (BOG-4:61)
We would study exactly what the professor taught us in class.

Se estudiaba sobre la base de lo que el profesor nos había enseñado EN LA CLASE. (BOG-4:61)
One would study according to what the professor had taught us in class.

12. En todo caso: in any case

Todo, todos los or **cada (cada uno de)** are equivalents of "all" or "every".

Todo, without an article and in the singular, is used when a member of a class is described as the theoretical representative of that class, as in "Every good citizen obeys the law," **Todo buen ciudadano obedece las leyes**. The **ciudadano** in this case is no one person in particular but is, rather, the generic "good citizen."

Esa es la ley, que TODO CIUDADANO que viva en Puerto Rico va a tener derecho a recibir servicios de salud de calidad. (SJN-22:435)
That's the law, that every citizen that lives in Puerto Rico will have the right to receive quality medical care.

TODO BUEN MAESTRO debe de sentir alma adentro lo que se está enseñando. (SJN-18:354)
Every good teacher should feel in his heart what is being taught.

Todos los is used when the speaker is referring specifically to certain, real people or things:

Se reunieron TODOS LOS ALUMNOS y el papá de Luciano prestó la casa para hacer la fiesta. (SNT-25:403)
All the students got together and Luciano's dad let them use his house to have the party.

Cada or **cada uno de** stress the individuality of each person in the group:

La última etapa es la individualización de la enseñanza, dirigir a CADA ESTUDIANTE para que se autodirija. (SJN-18:362)
The last stage is the individualization of teaching, directing each student so that he/she directs him/herself.

Esto nos exige un respeto para CADA UNA DE LAS COSTUMBRES culturales de CADA GRUPO. (MEX-25:347)
This demands respect from us for each and every one of the cultural customs of each group.

13. Pide: orders

Pedir, encargar, mandar and **ordenar** all mean "to order."

Pedir is the verb ordinarily used with reference to ordering food in a restaurant:

Entras a cualquier cafetería, PIDES UN VINO o PIDES UN CAFÉ o lo que tú quieras a cualquier hora. (BOG-25:335)
You can go to any cafeteria and order a glass of wine or a coffee or whatever you want at any time of day.

Pedir may be used as a general verb for ordering merchandise:

Yo PEDÍ UN MODEM y la tarjeta para conectarme con la central del computador. (SJO-6)
I ordered a modem and the card to connect me to the computer network.

Encargar may also be used when ordering merchandise. It differs from **pedir** in that it implies a more involved transaction, such as placing an order, having something made to order, or setting up certain arrangements:

HABÍAMOS ENCARGADO UN JUEGO DE PLATOS que le regalábamos. (BA-27:350)
We had ordered a set of dishes that we were giving her as a gift.

Mandar and **hacer** are commonly used with an infinitive to indicate that one is having something done:

Incluso yo MANDÉ ARREGLAR un par de zapatos. (SNT-10:174)
I even had a pair of shoes repaired.

Le voy a HACER LLEGAR un ejemplar del libro. (BA-33:512)
I'm going to have a copy of the book sent to you.

Mandar and, less commonly (except in military language), **ordenar** are the Spanish equivalents of "to order" meaning "to command":

Va a haber que MANDARLE ARREGLAR esa bomba que está funcionando muy mal. (BOG-27:365)
It's going to be necessary to order him to fix that pump that's working so badly.

El presidente ORDENÓ QUE SE NACIONALIZARA el colegio. (LIM-22:292)
The president ordered that the school be nationalized.

14. Cigarrillo: cigarette

Cigarrillo and **cigarro** are the most common equivalents of "cigarette" in Spanish America, the word for "cigar" being **puro**. In Spain **pitillo** is the usual word for "cigarette." "Pack of cigarettes" is **cajetilla de cigarros**:

Voy a encender un CIGARRILLO. (BA-24:137)
I'm going to light a cigarette.

Las CAJETILLAS DE CIGARROS eran con unas tarjetas postales, con artistas de cine. (CAR-21:420)
The cigarette packs came with post cards with movie stars on them.

Todo mundo me ofrecía sus elegantes CIGARROS, que para mí no son tan elegantes. (MEX-6:85)
Everybody was offering me their elegant cigarettes, which to me are not so elegant.

15. Recién: recently

Recién, a shortened form of **reciente**, "recent," is used before past participles with the meaning of "recently," "newly" or "new":

Les sale como un viaje de RECIÉN CASADOS a los dos. (SNT-44:292)
It's like a trip for newlyweds, for both of them.

Me encontré con cosas curiosas, RECIÉN LLEGADO yo. (SNT-49:393)
I came across some curious things as a newcomer.

Es un hospital nuevo, RECIÉN PINTADO. (SNT-19:305)
It's a new, recently painted hospital.

Es una decisión RECIENTE. (LAP-25:282)
It's a recent decision.

In Spanish America **recién** is commonly used before verbs to express the idea of having just done something:

RECIÉN este año VOLVÍ. (LAP-26:299)
I just came back this year.

Yo RECIÉN HE CAMBIADO de domicilio. (LIM-1:30)
I've just moved.

RECIÉN ME HABÍA ACOSTADO. (SNT-45:324)
I had just gone to bed.

EXERCISES ON OBSERVATIONS

1. As he sat in a corner of the room, looking at several people out of the corner of his eye, he remembered all of the disappointments he had just had. **2.** It was love for his people that made him choose that solution. **3.** If, as you say, all Americans love truth, and they are a people with a great deal of common sense, it seems a bit strange that your cousins, who are Americans, were deceived by such an announcement. **4.** Before returning to school, I'm going to order a new suit from that tailor. **5.** We had chosen a newly opened church as our church when the government ordered all churches closed, and we were very disappointed. **6.** In a little out-of-the-way corner of the town there is a newly built restaurant where he can reflect at ease. **7.** She has chosen to save herself from going to jail by saving most of the money she earns. **8.** "Have you students made up your minds?" I asked. "Yes," they answered. "As we told the dean, we will order the other students not to strike." 9. As she ate, she wiped the corners of her mouth with the lower left-hand corner of her napkin and then lit a cigarette. **10.** As my nephew saved all kinds of cards, and I still had several dozen of my calling cards in my pocket, I chose to save them for him. **11.** The way he dances is funny; not entirely, however, because he does it very gracefully. **12.** As each of us knows, cigarettes may cause cancer, but many people seem to be influenced by a powerful obsession to smoke. **13.** The suit that my aunt chose for her husband had wide lapels. **14.** As the students passed by a table, two people handed them little cards and ordered them to pin them on their lapels. **15.** In any case, in jail you won't be able to stay in bed until noon or order suits made every three months. **16.** The newcomer went into a restaurant, sat in a corner and ordered a glass of milk. **17.** As my friend and I walked through the house, I introduced him to a dozen people without faltering once. **18.** The newlyweds save time and money by ordering their sandwiches at the restaurant on the corner. **19.** Every one of the model students had four typed copies of their compositions. **20.** I thought the story your uncle told at church about the frogmen was very funny, but it didn't strike the others as being funny at all. **21.** When some people at school referred to the dangers of cigarette smoking, every smoker became angry. **22.** They say that when he arrived at the disappointing conclusion that all those people had deceived him, he became sick and had to stay in bed for a month. **23.** I ordered a pack of cigarettes and some cigars half an hour ago, but the waiter hasn't brought them yet. **24.** We chose five whites and five blacks to serve as members of the conference. **25.** As three people called me stupid, I chose to remain seated in a chair in a corner of the room.

POR VS. PARA

I.   GENERAL STATEMENT

One of the areas in Spanish grammar requiring special attention on the part of non-native Spanish speakers is that of the contrast between the uses of **por** and **para**. When "for" is not the English equivalent of **por** or **para** and each of the two prepositions has its own distinct English equivalents, the differences between these two prepositions is reduced to memorization of vocabulary items. This is true, for example, when **por** is the Spanish equivalent of English prepositions which indicate movement through space, like "through," "along," "by," "around," "throughout," "about," etc., as illustrated in the following sentences:

Uno de los rehenes había logrado escaparse POR UNA VENTANA.
(CAR-15-238)
One of the hostages had succeeded in escaping through a window.

Al irse para el colegio, pasó POR UN CAFÉ. (BOG-32:434)
When he was on his way to the school, he passed by a cafe.

Él está POR AQUÍ. (HAB-1:18)
He's around here.

Ha viajado extensamente POR EL CAMPO. (LAP-28:310)
He's traveled extensively about the countryside.

Hicimos una gira POR TODO EL TERRITORIO. (LAP-32:392)
We went on a tour throughout the territory.

In the above examples English equivalents of **por** make it obvious to the English speaker that **por**, not **para**, is required in Spanish. There are many cases, however, in which the distinction between **por** and **para** may not be resolved by their English equivalents, which is often "for" for both Spanish prepositions. It is these cases with which the present grammar lesson will be primarily concerned.

II.   *PARA:* DIRECTION TOWARD

Para basically indicates direction toward something and thus is used to express notions of destination, use or purpose:

Esto es PARA LA GENTE que necesita del material teórico. (BA-31:449)
This is for people who need theoretical material.

Él acabó diciéndome que la Filosofía NO SERVÍA PARA NADA. (MAD-2:36)
He ended up telling me that Philosophy was no good for anything.

ÍBAMOS PARA LA ARGENTINA. (BOG-42:592)
We were headed for Argentina.

La Universidad compró una IBM cuarenta y tres ochenta y uno, que es una MÁQUINA exclusivamente PARA INVESTIGACIÓN. (SJO-6)
The University bought an IBM 4381, which is a machine exclusively for research.

Yo le dije que tenía OBLIGACIONES docentes PARA EL PRÓXIMO AÑO. (CAR-9:144)
I told him I had teaching obligations for next year.

Yo quisiera que hubiese SUFICIENTE TRABAJO PARA TODOS ellos. (SJN-17:331)
I wish there were enough work for all of them.

Mi mujer me decía: "Tú HAS NACIDO PARA POETA. Esa es tu vida". (LAP-3:40)
My wife used to say to me, "You were born to be a poet. That's your life."

Iba a ESTUDIAR PARA INGENIERO. (MEX-1:15)
I was going to study to be an engineer.

¿Podrías citarlo PARA EL SÁBADO? (SNT-50:423)
Could you make an appointment with him for Saturday?

The destination indicated by **para** may be temporal, as in stating, for example, that something is needed for a certain day, with reference to a future termination point or deadline. English often uses "by" in such sentences, although "for" is also found:

Ya PARA EL MES ENTRANTE veremos la vegetación reverdecer.
(MEX-9:112)
By next month already, we'll see the vegetation turning green.

Regresará PARA MEDIADOS DEL MES PRÓXIMO. (MEX-10:128)
He'll be back by the middle of next month.

Están preparándose PARA CUANDO surjan estos problemas.
(HAB-47:721)
They're getting ready for when these problems arise.

Para con may be used with people as its object to show a kind of figurative destination toward which one directs one's feelings:

¿Cómo se muestra RESPETO PARA CON LOS HIJOS? (SJO-1)
How does one show respect for one's children?

Fue una muestra de su GENEROSIDAD PARA CONMIGO. (BOG-16:222)
It was a sign of his generosity towards me.

Para may also be used to indicate the way in which a word or term is to be understood. It thus modifies the basic meaning of a word or expression by limiting consideration of this meaning to a particular reference, so that it is within the context of this reference, or with this "destination" in mind, that the word or expression is to be understood:

La niña estaba MUY CHIQUITA PARA LLEGAR a esa conclusión.
(BOG-26:343)
The little girl was very young to be arriving at that conclusion.

Están desarrollando cosas DEMASIADO SOFISTICADAS PARA LO QUE realmente el país requiere. (CAR-2:34)
They're developing things that are too sophisticated for what the country really needs.

Verdaderamente es un nombre DEMASIADO GRANDE PARA LO QUE ES. (SJN-6:135)
Actually it's too big a name for what it really is.

Avanza bastante BIEN PARA SU EDAD. (MEX-13:162)
He's advancing quite well, for his age.

Notice that in all the above examples, a basic notion has been modified by the use of a phrase beginning with **para**. In a sentence like **Ella habla español muy bien para una americana**, for example, one is not saying that she speaks Spanish very well, but that she speaks it very well when one considers that she is an American. Thus, the idea of **muy bien** is to be understood within the context of **una americana.**

At times the English equivalent of this use of **para** is "to":

Fue muy interesante PARA MÍ. (SNT-53:482)
It was very interesting to me.

PARA ELLOS es como una imposición. (MAD-20:379)
To them it's like an imposition.

In the first sentence above the speaker is not saying that it was very interesting, but that it struck him as being very interesting, that it is his opinion that it was very interesting. Thus, the notion of **Fue muy interesante** is to be understood within the context of **mí**, that is to say, within the context of the speaker's interpretation. Similarly, in the second sentence above, the notion of **es como una imposición** is to be understood within the context of **ellos.**

A further extension of this usage of **para** to indicate the context within which something is to be understood is found in sentences of the following type:

PARA UNA VEZ que ella me ha escrito a mí, yo le he escrito a ella cien veces.
For the one time she's written me, I've written her a hundred times.

PARA CADA ÉXITO que ha tenido, ella ha tenido mil fracasos.
For each one of her successes, she's had a thousand failures.

The first sentence above means that the number of times I have written her is great in comparison to, or within the context of, the one time she has written me and that, thus, the one time she has written to me is of little significance. Such sentences are not, then, to be taken literally as a statement of a balanced rate, as, for example, in speaking of 1 to 100, 2 to 200, 3 to 300, etc., which would require the use of **por**, but rather as an indication of imbalance shown by contrasting the quantity of the object of **para** with a disproportionately larger amount.

The use of **para** to modify a basic notion is also present in the expression **estar para** meaning "to be in the mood for" or "to be ready for" or "to be in condition for," as illustrated in the following examples:

No ESTOY PARA BROMAS.
I'm in no mood for jokes.

Estos zapatos viejos ESTÁN PARA ECHARLOS a la basura.
These old shoes are ready to be thrown into the garbage.

Este coche NO ESTÁ PARA UN VIAJE tan largo.
This car is in no condition for such a long trip.

Ese sumario ya ESTÁ PARA PASARLO a la Audiencia Provincial.
(SEV-12:145)
That summary is now ready to be sent to the Provincial High Court.

In each of the above sentences the meaning of **estar** is modified by **para** plus its object and is to be understood within the context of that object. Thus, for example, **No estoy para bromas** does not mean "I am not in the mood (ready, etc.)" in a general sense, but only with respect to jokes. The notion of suitablility is thus channeled, as it were, in the direction of the object of **para** and is to be understood with this "destination" in mind.

III. *POR*: PASSAGE THROUGH

In contrast to the basic notion of "direction toward" expressed by **para**, **por** presents the notion of "passage through." The meanings of **por** mentioned earlier, i.e., "through," "along," "around," "throughout," etc., are all variations of the basic notion of passage through space.

Used conceptually, this notion of passage through space becomes one of causative agent. Thus, for example, the sentence **El libro fue escrito por mi tía** indicates that it was "through my aunt" that the book came to be written. My aunt was, then, the cause or agent of the writing of the book.

The English translation of this sentence can be anything which indicates that my aunt caused the book to be written and would include such translations as "The book was written by my aunt," "The book was written because of my aunt," "The book was written on account of my aunt," etc.

Thus, while the object of **para** is the recipient of an object or an action, the object of **por** is the producer of an action or situation. In the sentence **Daniel trabaja por su madre,** for example, it is Daniel's mother who causes or produces the situation of Daniel working. English translations of this sentence would include, "Daniel works because of his mother," "Daniel works for his mother's sake," and "Daniel works on account of his mother," etc.:

> *Es una mujer que ha entregado todo POR SUS HIJOS.* (SNT-2:27)
> She's a woman who has given up everything for her children.

> *Yo no habría tenido acceso a estas fórmulas SI NO HUBIERA SIDO POR ÉL.* (SNT-47:371)
> I wouldn't have had access to these formulas, if it hadn't been for (on account of) him.

The use of **por** to present an agent is also found in the expression **ir por,** "to go for," "to go get," "to fetch," etc., or, similarly, in **venir por, mandar por, volver por,** etc., as in **Mandaron por un cura,** "They sent for a priest," **Volveré por mis libros,** "I will return for my books," etc., in which the object of **por** is the cause of the action represented by the main verb of the sentence:

> *Si no tiene quien VAYA POR LOS NIÑOS, entonces VOY YO POR ELLOS.* (MEX-18:226)
> If he doesn't have anyone to go for the children (to go get the children), then I will go for them.

> *¿Y usted en calidad de qué VIENE POR ESTOS DOCUMENTOS?* (SJO-13)
> And in what capacity are you coming here for these documents?

> *Solamente cuando PREGUNTAN POR ÉL, le hablo.* (MEX-20:283)
> Only when someone asks for him, do I talk to him.

The agentive value of **por** also leads to the possibility of the meaning of "substitution," or "exchange," as in the sentence **Juan trabajó por María**, "Juan worked for (as a substitute for) Maria," which indicates that María caused the situation of Juan working. Other examples of **por** with the interpretation of "as a substitute for," "in place of," or "in exchange for" are the following:

Sabía que, si no aprendiera inglés, iba a necesitar de otra persona que HABLARA POR MÍ. (BOG-31:419)
I knew that, if I didn't learn English, I was going to need someone else to speak for me.

Estoy haciendo DOS TRABAJOS POR UNO. (LAP-13:138)
I'm doing two jobs in place of one.

Los niños llegan a una edad en que ya NO RESUELVE UNO POR ELLOS. (MEX-20:419)
Children reach an age at which one no longer decides things for them.

El tipo de cambio aquí es CUARENTA PESOS POR DÓLAR. (LAP-4:53)
The rate of exchange here is forty pesos per dollar.

Gané un premio de DOSCIENTOS CINCUENTA DÓLARES POR EL TRABAJO que había presentado. (SNT-53:485)
I won a prize of $250 for the work I had presented.

GRACIAS POR EL CUMPLIDO. (HAB-14:418)
Thanks for the compliment (thanks given in exchange for the compliment).

Quiero empezar a TRABAJAR POR DINERO. (SEV-6:74)
I want to start working for money.

HE COMIDO POR TRES.
I've eaten for three people (I've eaten as if I were three people).

The use of **por** to indicate the notion of "in place of" is also found when reference is to setting one thing against another, or in showing a correspondence of one thing to another:

Transcribo las respuestas PALABRA POR PALABRA. (BA-14:212)
I transcribe the answers word for word.

Van construyendo el muñeco PARTE POR PARTE. (BOG-11:148)
They are gradually building the doll bit by bit.

Likewise, in indicating a balanced contrast, on a one-to-one basis, or with reference to rate, **por** is used:

Dijo que POR CADA SONETO que recitara el otro hombre, él RECITARÍA DOS. (BOG-36:488)
He said that for each sonnet the other man recited, he would recite two.

Le echas DOS TAZAS DE AGUA hirviendo POR CADA TAZA DE ARROZ. (SNT-41:227)
You add two cups of boiling water for each cup of rice.

Yo pasaba como a SESENTA KILÓMETROS POR HORA. (LIM-12:171)
I was going by at about 35 miles an hour.

An extension of the use of **por** to indicate equality or balance is found in sentences in which reference is to one thing serving "as" or "in the manner of" another, as in the following examples:

Parece que a uno LO TOMAN POR IDIOTA. (BA-27:351)
It looks like they're taking me for an idiot.

Un agente secreto hacía PASARSE POR ESTUDIANTE. (MEX-16:211)
A secret agent was passing himself off as a student.

DOY POR SENTADO que tiene que haber variaciones de pronunciación. (LAP-15:161)
I take it for granted that there have to be variations in pronunciation.

Vistiéndolos igual, tú ya LO DAS POR HECHO el que los dos tienen que tener la misma personalidad. (MAD-19:369)
By dressing them the same, you are taking it as a fact that the two of them have to have the same personality.

Un indivíduo está acusado de robo de una joya, y que el valor sea de veinticinco mil pesetas, pongamos POR CASO. (SEV-12:144).
An individual is accused of robbery of a jewel, whose value is 25,000 pesetas, let's say, as an example.

It should be obvious from the above description of the uses of **por** that at times **por** will have several possible English equivalents and that its meaning will be clear only through context. Note, for example, the possible translations of the following sentences:

Trabajo por mi hermano.
I work for my brother's sake.
I work because of my brother.
I work in place of my brother.

Fui por mi hermano.
I went in place of my brother.
I went to get my brother.
I went because of my brother.

GRAMMAR EXERCISES

1. None of these easy chairs that are around here can be used for the party. **2.** They gave me enough ice cream for five people, and I've eaten enough for three. **3.** He went for his suitcase, but by then he will have returned. **4.** When do you need the placard by? I can have it for you by Saturday. **5.** She came in through that door, walked by those tables, asked for you and left. **6.** He came to the disappointing conclusion that he hadn't been born to be an architect. **7.** If you haven't decided by then, I won't be able to do anything for you. **8.** She was traveling almost 80 miles an hour in a car that was in no condition for such a trip, and she was punished for doing such a thing. **9.** My uncle sells men's clothing and I work for him. **10.** I can't get used to the weather around here. It's too cold for June. **11.** It's a strange custom for a people who are so strongly influenced by advertising. **12.** To his family my cousin is a real genius, and there are several women who would like to have him for a husband. **13.** She has a lot of money for a person of her age, and she's saved it all for a trip to Mexico. **14.** His father invented a machine for making pencils, and the company he works for rewarded him for making it. **15.** We sent the waiter for a pack of cigarettes, and, to save time, we spelled the name of the brand for him. **16.** By tomorrow he may see his mistake, but he is convinced that the situation was embarrassing for all those who attended the conference. **17.** He's come for his children. He's always very good to them, which, to me, is proof that he's not the worst person they could have for a father. **18.** Everything has been very difficult for us, and we're in no mood for jokes. **19.** I know you didn't want to send for a priest, and that you only did it for me. Thanks for being so good to me. **20.** The only thing they gave me for an answer was that the plane was headed for Chicago and that it was all an unfathomable mystery to them. **21.** We ended up by convincing them that by next year we would know Spanish so well that we would be taken for Mexicans. **22.** She is not really so intelligent when one considers that for that one time she was so successful, she's had a thousand failures. **23.** Linguistic problems have a strange fascination for him, which, to me, is a bit odd. **24.** Calling cards are useful to students throughout the Hispanic world. To them, the American custom of memorizing names is a strange thing. **25.** Do you take me for a fool? I know these pins are for holding the card on your lapel. **26.** Will you order for me, too, please? **27.** She lives for her mother alone; for her she works very hard at the company for which she works. **28.** Book for book, she prefers this one, but, for some reason which is unexplainable to me, she won't pay five dollars for it. **29.** My brother studied for the ministry and then left it for something else that required less effort for a man like him. **30.** For each meal we had to pay at least five dollars each, so we ended up spending about two hundred dollars for twenty meals for the two of us.

5

JESSE JAMES EN MÉXICO

Luis Manuel Ortiz T.

$\mathbf{E}$n un pueblo cercano a[1] Matamoros, Tamaulipas, se celebraba la fiesta regional más rumbosa de 1876. Había un baile muy concurrido al que entraron de pronto dos norteamericanos sucios, barbones[2] y con el polvo de varios días de cabalgata. La alegría reinante pareció contagiarlos, pues
5 decidieron participar en el bullicio e invitaron a bailar a un par de muchachas mexicanas.

Divertidas, las jóvenes aceptaron la invitación reprimiendo la risa, desviando el rostro para no sentir el desagradable olor[3] que despedían los forasteros[4] y cuidándose de sus pisotones. Poco a poco las risillas fueron
10 subiendo de volumen hasta estallar en un torrente de carcajadas. Lleno de ira, uno de los forasteros propinó un puñetazo a uno de los mexicanos burlones, al tiempo que su compañero sacaba la pistola para matar a otro.

De Luis Manuel Ortiz T., "Jesse James en México," *Contenido* (México, D.F.), marzo de 1970, págs. 41-44. Con permiso de *Contenido*.

Se produjo entonces una confusión endiablada que los forasteros aprovecharon para huir, dejando sobre la pista de baile[5] cinco muertos y
15 varios heridos.

Jesse y Frank James, los legendarios pistoleros norteamericanos, habían escenificado el primero de una larga serie de episodios sangrientos en México.

Desde 1863 los James habían venido sembrando el terror en la Unión
20 Americana . En 1876 habían sufrido uno de los pocos fracasos de su carrera, al asaltar[6] el Minnesota Bank de Northfield, en el estado norteño[7] de Minnesota. Huyendo llegaron finalmente a Tejas, a un sitio llamado Rancho del Descanso. No les convenía revelar su presencia en Tejas, y por lo tanto decidieron pasar a México y tranquilamente cometer allí sus
25 fechorías.

Hacia 1877 aparecieron en el norte de Chihuahua, en las cercanías de un mineral. Se habían avecindado en un rancho y la gente del rumbo les tomó confianza. Una mañana de mayo pasaron por allí seis atajos de mulas con setenta y cinco kilos de barras de plata cada una y custodiadas
30 por un destacamento de dieciocho hombres con pistola. Jesse, Frank y tres malhechores que se les habían unido[8] pidieron a los arrieros que les permitieran acompañarlos, ya que el trayecto a Chihuahua estaba infestado de indios hostiles. El jefe de los arrieros aceptó la compañía, pensando que el viaje sería más seguro cuanto más numeroso fuera su
35 grupo.

Al quinto día del viaje los arrieros cayeron rendidos de cansancio y se entregaron al sueño. De guardia quedaron solamente dos, a quienes los James[9] y sus cómplices asesinaron silenciosamente y a traición. Después desarmaron al resto de los arrieros y los ataron a unos árboles. En Tejas
40 se repartieron el botín.

Tan fructífera resultó esta incursión que, tras pasar unos días en el Rancho del Descanso, los James decidieron caer sobre Piedras Negras, Coahuila. Esta vez el tiro les salió por la culata[10], ya que fueron asaltados por una gavilla de bandidos mexicanos. En la balacera resultante, Jesse
45 sufrió una herida en un brazo.

Los James cabalgaron entonces rumbo a Monclova, donde encontraron a un antiguo bandolero que en tiempos pasados había trabajado con ellos en la banda del despiadado William C. Quantrill y se había convertido en respetable hombre de negocios casado con una mexicana. Para celebrar el
50 encuentro, el viejo merodeador les brindó una fiesta en su casa.

Entre copa y copa, Jesse observó que un teniente del ejército mexicano lo miraba con insistencia. Comentó el asunto con su hermano, pero éste no le dio importancia. Poco después, Jesse comprobó que sus inquietudes

estaban bien fundadas: al asomarse por una ventana vio que un grupo de
55 soldados rodeaba la casa. De pronto los sitiadores derribaron a golpes las
puertas y el oficial conminó a los James a rendirse.

-Dejen salir primero a las mujeres y nos arreglamos, propuso Jesse. El
teniente aceptó. Ordenó a las mujeres retirarse y anunció: -No hay
posibilidad de escape. Entreguen sus pistolas. Pero los James
60 respondieron a balazos[11] Dejaron la casa a oscuras, saltaron por una
ventana y al amparo de la oscuridad lograron escapar.

Una vez más se refugiaron en el Rancho del Descanso. Los tiempos
eran difíciles y los James decidieron probar una nueva vida. Dedicaron
todo su tiempo a trabajar en el rancho y hasta reunieron una pequeña
65 partida de ganado. Entonces un bandido mexicano, Juan Fernando
Palacios, decidió corresponderles las visitas que ellos habían hecho a
México, y una noche oscura arreó con el poco ganado de los ahora
honorables rancheros.

A los James no les hizo ninguna gracia verse robados y emprendieron,
70 solos, la persecución. En una hondonada cerca de El Paso, Tejas,
encontraron descansando a los abigeos. Disparando desde lugares ocultos
y cambiando constantemente de posición, hicieron creer a los mexicanos
que eran un grupo numeroso y los obligaron a huir. Nerviosos ante la
amenaza de un contraataque, los James emprendieron el regreso llevando
75 sus vacas por delante y, en efecto, no tardaron en verse perseguidos a su
vez, ya que los bandidos mexicanos habían descubierto el engaño.

Nuevamente brilló la buena estrella de los hermanos James. Cuando
estaban a punto de ser alcanzados, surgió a lo lejos una columna de
soldados norteamericanos quienes ignoraban su identidad y los
80 protegieron. En tan buena compañía llegaron a su rancho.

Allí transcurrió su existencia entre épocas de paz, en que guardaban
las apariencias y parecían ejemplos de honradez, e intermitentes
ausencias durante las cuales cometían toda clase de fechorías lejos de la
comarca.

85 Al regresar de una de sus tantas correrías, según la leyenda que circula
en Estados Unidos, se enteraron de que un bandido mexicano llamado
Bustendo, había asolado los ranchos de la región y había raptado[12] a
Alicia Gordon, hija de un ranchero.

De inmediato los James asumieron el papel de justicieros y,
90 acompañados por seis hombres, se lanzaron al rescate. Al tercer día
alcanzaron a los mexicanos. Jesse atacó con su demoledora táctica de la
sorpresa y, en cuestión de[13] minutos, casi todos los bandidos quedaron
muertos y el propio Bustendo atravesado por una bala. Esta hazaña valió
a los James la estimación de toda la comarca. Pero el crimen ya era parte

95 de su vida y un buen día decidieron marcharse para perpetrar nuevas
fechorías.

Esto es, al menos, lo que se cuenta en Estados Unidos, donde una
legión de escritores racistas han llegado al extremo de aplicar la leyenda
del gringo bueno y el mexicano malo a las andanzas de los James. Por lo
100 que respecta a México, las fuentes históricas sólo mencionan a los James
como otro par de bandoleros más, que se crecían cuando se sentían
fuertes y huían en cuanto se topaban con un grupo de hombres capaces de
enfrentárseles.

Sea lo que fuere[14], el 7 de septiembre de 1881 los James realizaron su
105 último asalto. El objetivo fue un tren; el lugar escogido, las proximidades
de Glendale, Misuri. Jesse contaba apenas treinta y cuatro años, pero ya
llevaba veinte de bandolero[15]. Tras del asalto decidió retirarse
definitivamente y se radicó con su esposa Zerelda en San José, Misuri,
usando el falso nombre de Thomas Howard. Pero su cabeza seguía
110 teniendo precio: 10.000 dólares de recompensa a quien la entregara, y
para este fin un antiguo compañero de correrías, Bob Ford, le dio un tiro
por la espalda.

Viéndose solo y acosado, Frank se entregó a las autoridades. De algún
modo, probablemente tortuoso, logró ser absuelto y vivió muchos años.
115 Murió ya anciano en 1915, en su granja de Excelsior Springs, Misuri,
donde a menudo había relatado sus correrías mexicanas adjudicándose un
papel muy similar al de los vaqueros de Hollywood.

CUESTIONARIO

PREGUNTAS SOBRE EL CONTENIDO DE "JESSE JAMES EN MÉXICO"

1. Usando las palabras **cercano, rumboso, concurrido, barbón, cabalgata, bullicio** y **par**, cuente usted el comienzo de este artículo.

2. Explique usted cómo fue que los forasteros dejaron cinco muertos y varios heridos en la pista de baile, utilizando en su explicación las palabras **reprimir, desviar, olor, despedir, pisotón, risilla, estallar, torrente, puñetazo** y **pistola**.

3. Refiriéndose usted a los años de 1863 y 1876, explique la presencia de los James en México, empleando en su explicación las palabras **sembrar, fracaso, asaltar, huir, convenir, cometer** y **fechoría**.

4. Cuente usted el episodio de los James y unos arrieros, utilizando en su relato las palabras **avecindarse, atajo, destacamento, trayecto, cansancio, atar** y **botín**.

5. Cuente Ud. lo que les pasó a los James en Piedras Negras, Coahuila, usando las palabras **fructífero, incursión, caer, culata, ya que, asaltar, gavilla, balacera** y **herida**.

6. ¿Por qué se quedaron los James en Monclova? ¿Qué les ocurrió allí? (En su respuesta, utilice Ud. las palabras **cabalgar, rumbo, antiguo, banda, despiadado, convertir, merodeador** y **brindar**.)

7. Cuente usted lo que pasó entre los James y Juan Palacios, empleando las palabras **corresponder, arrear, ganado, gracia, robar, persecución, hondonada, abigeo, disparar, oculto, obligar** y **huir**.

8. Resuma usted la hazaña que valió a los James la estimación de toda la comarca en que residían, usando en su resumen las palabras **raptar, asumir, justiciero, lanzar, rescate, alcanzar, atacar, demoleador, cuestión, propio, atravesar** y **bala**.

9. Describa Ud. algunas de las diferencias que hay entre las leyendas americanas y las fuentes históricas sobre los James, utilizando en su descripción las palabras **legión, racista, extremo, gringo, andanza, respectar, par, crecerse, topar** y **enfrentar**.

10. Cuente Ud. cómo fue que murió Jesse James, empleando en su relato las palabras **radicar, falso, recompensa, entregar, correría, tiro** y **espalda**.

PREGUNTAS TEMÁTICAS

1. La Persecución De Los Criminales

En este artículo el autor se refiere a un antiguo bandolero que, después de haberse convertido en respetable hombre de negocios, vivió tranquilo con su familia. ¿Le parece bien esto, o cree usted que las autoridades deben perseguir a un hombre así para llevarlo ante la justicia aunque hayan pasado años desde que cometió sus crímenes? Explique su opinión.

2. La Historia Vs. La Leyenda

Según el autor de este artículo, hay una gran diferencia entre los James históricos y los James de las leyendas americanas. ¿Qué otros casos conoce usted de leyendas exageradas o llenas de romanticismo basadas en la vida de personajes célebres? ¿Diría usted que a los americanos les gustan las leyendas basadas en las vidas de personas famosas? Explíquese usted.

3. La Vida Del "Viejo Oeste"

La vida del "viejo oeste" tal como se presenta en las películas de Hollywood siempre parece muy romántica. ¿Le gustaría a usted haber vivido en esa época? ¿Por qué?

OBSERVATIONS

1. Cercano a: close to

While **cerca** takes **de**, **cercano** takes **a**. **Junto** and **próximo** also take **a**.

Junto a means "next to", "very close to", "close by" and is used only with reference to space.

> *Mandé tumbar todas las matas que había ahí JUNTO A LA CASA.* (BOG-40:557)
> I had all the bushes that were there next to the house cut down.

> *La costumbre era tirar serpentina a cualquier persona que pasara JUNTO A UNO que le simpatizara.* (HAB-3:76)
> It was the custom to throw a streamer at anyone who passed close by you that you liked.

Cerca de, cercano a and **próximo a** may be used with reference both to time and space:

Esa universidad está CERCA DE LONDRES. (SNT-7:132)
That college is close to London.

Está muy CERCA DE TERMINAR la carrera universitaria. (LAP-28:310)
He's very close to finishing his university studies.

Ellos viven en una ciudad CERCANA A BRUSELAS. (BOG-40:544)
They live in a city near Brussels.

Pienso yo que ESTÁ CERCANO ESE DÍA. (BOG-48:668)
I think that day is close.

Pienso adquirirlo EN UN FUTURO PRÓXIMO. (SEV-1:9)
I plan to get it in the near future.

El libro destaca la población de LAS TIERRAS MÁS PRÓXIMAS A NOSOTROS. (HAB-26:620)
The book points out the population of the lands closest to us.

While **junto** and **cerca** are adverbs and are thus invariable in form, **cercano** and **próximo** are adjectives and agree with the nouns they modify.

Cerca de is also used to indicate proximity to a number:

Costó CERCA DE CUARENTA Y DOS MILLONES DE PESOS.
(BA-8:123)
It cost close to forty-two million pesos.

Ya eran CERCA DE LAS OCHO. (SNT-31:22)
It was already close to eight o'clock.

Las estadísticas dicen que hay CERCA DE MEDIO MILLÓN DE PERSONAS que viven en los cerros. (CAR-5:71)
Statistics say there are close to half a million people living on the hills.

Mi niñita tiene CERCA DE DOS AÑOS. (SNT-36:128)
My little girl is almost two years old.

Cercano may be used to describe a close relationship:

¿Quién es LA PERSONA que tú crees MÁS CERCANA A TI?
(LAP-14:146)
Who do you feel is the person closest to you?

Los padres desearían un CONTACTO MÁS CERCANO con la autoridad del colegio. (CAR-9:145)
The parents would like to have closer contact with the school authorities.

Los grandes simios son los PARIENTES MÁS CERCANOS del hombre. (MEX-24:336)
The large apes are man's closest relatives.

Por ser el italiano UN IDIOMA que era tan CERCANO AL NUESTRO, cometíamos errores. (LIM-8:117)
Because of Italian being a language that was so close to ours, we committed errors.

2. Barbones: heavily bearded

The most commonly used Spanish augmentative is **-ón (-ona)**, which usually indicates largeness, as in **cucharón** (m.), ladle, **hombrón,** big, husky man, **zapatón** (m.), very big shoe, etc.:

Había resuelto ir al Automóvil Club, sentarme en un SILLÓN y esperar. (BA-26:304)
I had decided to go to the Automobile Club, sit in an easy chair and wait.

En esa novela, si estabas en CAMISÓN la noche de la muerte, quedás en CAMISÓN por toda la eternidad. (BA-30:419)
In that novel, if you were in a nightshirt the night of your death, you remain in a nightshirt for all eternity.

Eso era un FIESTÓN. (CAR-8:131)
That was a really big celebration.

Me obsequiaron un PLATÓN muy bonito. (LIM-22:298)
They gave me a very pretty platter as a gift.

Han sido un PROBLEMÓN acá en Bolivia. (LAP-25:288)
They've been a big problem here in Bolivia.

The **-ón** ending is often derogatory in meaning:

En la esquina estaba el CASERÓN antiguo. (LIM-18:244)
On the corner there used to be that big, old tumble-down house.

*Si pintan con pinturas que tiran a la tela, entonces no veo cómo
pueden componer sino que un MANCHÓN.* (SNT-42:246)
If they paint with paints that they throw at the convas, then I don't see
how they can compose anything but a big stain.

*Ya la mujer que no se casa no es una mujer frustrada. Las
SOLTERONAS han pasado a la historia.* (BOG-18:239)
Now the woman who does not get married is not a frustrated woman.
Old maids are a thing of the past.

Note that nouns with the **-ón** suffix are masculine, even those derived
from feminine nouns, as in **la cuchara: el cucharón; la silla: el sillón;
la casa: el caserón; la mancha: el manchón**, etc.

When referring to parts of the body, **-ón** words may function either as
nouns or as adjectives, as in **un cabezón**, a large head; **cabezón (-ona)**,
bigheaded; **un narigón**, a large nose; **narigón (-ona), narizón (-ona)**,
big-nosed, etc.:

*Él siempre tenía una preocupación enorme de no engordar mucho,
de no estar BARRIGÓN.* (CAR-36:639)
He was always extremely worried about not getting too fat, not being
pot-bellied (**barriga** = "belly").

In a few cases **-ón** serves as a diminutive suffix indicating a lack of
quantity, size or strength, as, for example, in **cascarón** (m.), "eggshell"
(**cáscara** = "shell," "peel") and **torreón** (m.), "turret" (**torre** [f.] =
"tower"):

Yo creo que el muchacho actualmente está en un CALLEJÓN sin salida. (CAR-1:11)
I think the boy is presently in a blind alley.

Es una vieja leyenda que dice que los montes iban a dar a luz algo y luego lo que nació fue un RATÓN. (BA-20:301)
It's an old legend that says that the mountains were going to give birth to something and then what was born was a mouse.

3. Sentir el desagradable olor: to smell the offensive odor

Sentir has a wide range of meaning and is an equivalent not only of the general verbs of sense, such as "to feel," "to sense," "to be aware of," but also of two of the more specific verbs of sense, "to hear" and "to smell":

Podemos SENTIR SU PRESENCIA como si estuviera con nosotros. (LIM-8:126)
We can feel his presence as if he were with us.

Uno podía SENTIR EL OLOR del ajo. (SJN-2:48)
You could smell the garlic.

En esa casa, SE SIENTEN COSAS muy raras. Por ejemplo, mis tías a media noche SENTÍAN UNOS PASOS. (CAR-14:233)
In that house you can hear some very strange things. For example, my aunts at midnight used to hear footsteps.

When the word **olor** is not used, "to smell" is usually expressed as **oler** (**ue**), which is both transitive and intransitive; "to smell like" or "to smell of" is **oler a**:

Metían una cosa de hierro en los jamones, LOS OLÍAN, y por fin elegían uno. (BA-32:480)
They would put a metal thing in the hams, smell them, and finally choose one.

Oye, abre un poco una ventana, porque HUELE toda la casa A REPOLLO. (MAD-14:239)
Hey, open a window a little bit, because the whole house smells like cabbage.

4. Forasteros: strangers

Forastero means "stranger" in the sense of an "outsider," or one who is not from a certain area or locale:

> *Me encontré con una gente un poco fría; al FORASTERO poco lo atienden.* (SNT-36:131)
> I found myself among people who were a little cold; they don't pay much attention to the outsider.

Extraño or **desconocido** is "stranger":

> *Que la madre sea quien críe al niño, no los EXTRAÑOS.* (BOG-19:249)
> Let the mother be the one who brings up the child, not strangers.

> *Las alegrías las recibo más de DESCONOCIDOS que de amigos.* (MAD-4:74)
> I have more happy moments with strangers than with friends.

Extranjero means "foreigner", "foreign," or "of another country":

> *Siempre encontraba EXTRANJEROS en los museos.* (SNT-47:365)
> I would always find foreigners in the museums.

The expression **el extranjero**, used with an appropriate preposition (**en, a, por,** etc.) is the Spanish equivalent of "abroad," "overseas":

> *¿Usted ha salido AL EXTRANJERO alguna vez?* (MAD-42:253)
> Have you ever gone abroad?

> *Yo creo que Gabriela Mistral es más conocida EN EL EXTRANJERO que en Chile.* (SNT-42:253)
> I think Gabriela Mistral is better known abroad than in Chile.

> *He viajado por el Perú, POR EL EXTRANJERO, no.* (LIM-2:44)
> I've traveled around Peru but not abroad.

5. Pista de baile: dance floor

Pista means "floor" only in the expression **pista de baile**. **Piso** and **suelo**

are the two most common words for "floor".

Piso or **suelo** refer to the floor on which one walks. **Piso** is also the story of a building:

> *De pronto el señor se cayó al SUELO.* (BA-27:344)
> The man suddenly fell to the floor (fell down on the floor).

> *Mi mamá le decía a la empleada, "No limpies EL PISO, porque se gasta la madera."* (LAP-8:89)
> My mom used to tell the maid, "Don't clean the floor, because the wood will wear out."

> *La casa de mi abuela era de dos PISOS.* (BOG-30:395)
> My grandmother's house was two stories tall.

Palabra is "floor" meaning the right to speak in an assembly:

> *Usted TIENE LA PALABRA.* (CAR-30:577)
> You have the floor.

> *TOMÓ LA PALABRA el decano.* (BOG-12:165)
> The dean took the floor.

> *Una señora PIDIÓ LA PALABRA.* (BOG-17:233)
> A woman asked for the floor (asked to be allowed to speak).

Fondo del mar is "ocean floor":

> *Siempre que veo al actor del «Viaje al FONDO DEL MAR», me acuerdo de «Cinco dedos».* (MAD-11:194)
> Whenever I see the actor from "Voyage to the Bottom of the Sea," I remember "Five Fingers."

6. Al asaltar: when they held up (robbed)

Asaltar means "to hold up" a place or person:

> *A usted la agarran y le ponen un cuchillo en el cuello y LA ASALTAN.* (SJO-7)
> They grab you and put a knife at your neck and hold you up.

Robar algo a alguien is "to rob a person of something" or "to steal something from someone":

LE ROBARON LA BILLETERA con ocho mil pesos. (BA-27:349)
They stole his wallet with 8,000 pesos in it.

7. Norteño: northern

Norte and **sur** have correponding adjectives, **norteño** and **sureño**, which mean both "northern," "southern," and "northerner," "southerner," respectively:

Es como el frío en los ESTADOS NORTEÑOS. (HAB-12:350)
It's like the cold in the northern states.

Él es UN NORTEÑO, y su esposa es UNA SUREÑA.
He's a northerner and his wife is a southerner.

The nouns **este** and **oeste** do not have corresponding adjectives, the equivalents of "eastern" and "western" being **oriental** and **occidental**:

Se nota la diferencia entre LA PARTE ORIENTAL de Europa y LA OCCIDENTAL. (SEV-7:86)
One notices the difference between the eastern part of Europe and the western.

¿Estás hablando de ALEMANIA ORIENTAL u OCCIDENTAL?
(LAP-16:163)
Are you talking about Eastern or Western Germany?

Norte, sur, este, and **oeste** may all be used as adjectives to modify a singular noun denoting a section, zone, area, etc. of a region:

En mi segundo viaje recorrí LA COSTA OESTE. (BA-10:161)
On my second trip I covered the west coast.

LA REGIÓN ESTE tiene tres educadores en salud, en LA REGIÓN SUR tenemos seis, y LA REGIÓN NORTE tiene tres. (SJN-22:424)
The eastern region has three health educators, in the southern region we have six and the northern region has three.

Phrases like those given above can also, of course, be stated with the corresponding ajective, as **región oriental**, **región sureña**, **región norteña**, **costa occidental**, etc. With reference to the North and South Poles, however, in Spanish, as in English, only the nouns **norte** and **sur** are used:

> *Si observamos en direcciones hacia EL POLO SUR o hacia EL*
> *POLO NORTE, no encontramos este tipo de estrellas.* (MEX-26:355)
> If we look in the direction of the South Pole or the North Pole, we
> don't find this type of stars.

8. Se les habían unido: had joined them

Unirse a (con) or **juntarse a (con)** mean "to join" in the sense of "to get together with":

> *Dos chicas paraguayas SE UNIERON AL GRUPO NUESTRO.*
> (SNT-20:328)
> Two Paraguayan girls joined our group.

> *¿Por qué no NOS JUNTAMOS todos CON ANÍBAL?*
> *JUNTÉMONOS CON ANÍBAL y discutamos ese asunto.* (SNT-
> 50:422)
> Why don't we all join Anibal? Let's get together with Anibal and
> discuss that matter.

Unirse and **juntarse** may also be used to refer to things coming together:

> *Todas las calles transversales SE UNEN CON AVENIDAS*
> *principales.* (BOG-45:628)
> All the cross streets join main avenues.

Hacerse socio (socia) de is "to join" in the sense of "to become a member" of an organization:

> *Para jugar al tenis o para hacer casi todo, tienes que HACERTE*
> *SOCIO DE UN CLUB.* (MAD-17:311)
> To play tennis or to do almost anything, you have to join a club.

Alistarse en is used with reference to joining the military service:

Hay dos o tres que ESTÁN ALISTADOS EN LA MARINA.
(MAD-3:54)
There are two or three who have joined the navy.

Acompañar is used when "to join" simply means "to accompany":

ME HA ACOMPAÑADO mi esposa en muchos viajes. (LIM-14:201)
My wife has joined me on many trips.

9. Los James: the Jameses

A Spanish family name is not pluralized if the final syllable of the name is unstressed and ends in **z**, as in **los Díaz, los Sánchez**, or if it is a compound name, like **los Valbuena-Prat, los Pardo-Bazán**, or if it is preceded by the word **hermanos (hermanas)**, as in **las hermanas García**:

Muchos años vivieron LOS RODRÍGUEZ ahí. (SJN-11:243)
The Rodriguezes lived there for many years.

*Ayer en **La Nación**, ¿viste?, estaban todos LOS LÓPEZ.* (BA-26:291)
Yesterday - did you see it? - all the Lopezes were in *La Nación*.

Un día, gobernando LOS HERMANOS TINOCO, venía un grupo de Policía Montada. (SJO-30)
One day, when the Tinoco brothers were in power, a group of mounted police came by.

La Feria de Sevilla tiene sus horas, como dicen LOS HERMANOS CUEVAS. (SEV-18:217)
The Seville Fair has its hours, as the Cuevas brothers say.

All other family names may be pluralized. However, the tendency today is not to pluralize even those names that permit pluralization, so that **los García, los Pardo, los Muñoz, los Ruiz**, etc., are more commonly heard than **los Garcías, los Pardos, los Muñoces, los Ruices**, etc.

A family name used generically, as with reference to a royal dynasty or a certain type of writer, is pluralized, provided it is not a type of name pointed out above as invariable in form:

¿Dónde están hoy los grandes escritores, LOS CERVANTES, y LOS QUEVEDOS?
Where are the great writers today, the Cervantes and the Quevedos?

Hubo cambio de dinastía en España, en que cayeron LOS HABSBURGOS y subieron LOS BORBONES. (BOG-22:297)
There was a change in dynasty in Spain, when the Hapsburgs fell and the Bourbons rose to power.

10. El tiro les salió por la culata: the scheme backfired on them

The Spanish indirect object may be translated with a variety of prepositions, such as "to," "for," "on," "from," "at," etc., according to the meaning of the sentence:

Uno de los ingenieros ME MOSTRÓ una hélice. (BOG-43:600)
One of the engineers showed a propeller to me.

Compró un huevo, y LE PUSO sal. (BA-19:287)
He bought an egg and put salt on it.

El niño LE QUITÓ la manzana. (HAB-7:207)
The child took the apple from him.

LES HICE una serie de demostraciones. (BOG-20:266)
I did a series of demonstrations for them.

Ves a la plebe enfrente tuyo, que TE SONRÍE. (MAD-7:112)
You see the common people before you, smiling at you.

Yo LE PEDÍ un favor. (BOG-32:435)
I asked a favor of him.

11. A balazos: by shooting; with bullets

Dar / pegar / tirar / disparar un tiro / un balazo means "to fire a shot," "to shoot." If context makes it clear that one is speaking about shooting, **tirar** or **disparar** may be used alone, without **tiro** or **balazo**:

Este hombre LE DISPARÓ UN BALAZO a la señora. (SNT-24:396)
This man shot the lady.

El Brasil resultó victorioso sin que NUNCA SE HUBIERA DISPARADO UN TIRO. (BOG-7:102)
Brazil ended up victorious without a shot ever being fired.

Quisieron matar al comandante en jefe del ejército, y LE TIRARON OCHO TIROS. LE PEGARON en el cuello y en el tórax. Fueron varios los que TIRARON, y TIRARON como OCHO TIROS dentro del automóvil. (BA-27:320)
They attempted to kill the commander-in-chief of the army, and shot him eight times. They shot him in the neck and in the chest. There were several people involved in theshooting, and they fired about eight shots into the car.

La iglesia sufrió la destrucción de su torre. Desde allá hubo algunos amotinados que DISPARARON, y la policía destruyó una parte de la torre. (BOG-17:225)
The church suffered the destruction of its tower. There were some rioters who fired shots from there, and the police destroyed part of the tower.

¡Mataron a mi jefe! Una persona que venía detrás, LE DISPARÓ tranquilamente y lo mató. (BOG-32:432)
They killed my boss! Somebody who was in back of him just calmly shot him and killed him.

Matar a balazos / a tiros is "to shoot to death":

Lo MATARON A BALAZOS (A TIROS).
They shot him to death.

Matar de un balazo (de un tiro) is "to shoot and kill":

Sería más económico, porque SE MATAN DOS PÁJAROS DE UN TIRO. (SNT-50:420
It would be more economical, because you're killing two birds with one stone ("with one shot").

Lo MATÓ DE UN BALAZO (DE UN TIRO).
He shot and killed him.

Disparar una pistola / un fusil / una flecha / una bala is "to shoot/fire a pistol / rifle / arrow / bullet," etc.:

> *El policía tiene un lanzabombas; es como un fusil que DISPARA LA*
> *BOMBA.* (CAR-4:62)
> The policeman has a bomb-launcher; it's like a rifle that fires the
> bomb.

Dispararse is used with reference to the weapon going off by itself:

> *SE DISPARÓ UN ARMA, y mató a un cabo.* (MEX-16:208)
> A weapon fired (went off) and killed a corporal.

12. Raptado: abducted, carried off

Raptar does not mean "to rape" but "to abduct" or "to kidnap":

> *Un niño ha desaparecido, y no se sabe si HA SIDO RAPTADO o*
> *qué.* (MAD-3:49)
> A child has disappeared, and it is not known whether he has been
> kidnapped or what.

Violar is "to rape":

> *También se dio el caso de MUJERES VIOLADAS.* (LAP-5:58)
> There were also cases of women being raped.

13. En cuestión de: in a question of, in a matter of

Cuestión means "question" only in the sense of an issue or point to be discussed:

> *Es CUESTIÓN de tiempo.* (BOG-27:364)
> It's a question of time.

> *Yo creo que la CUESTIÓN de prejuicios sociales no tiene solución.*
> (SNT-32:41)
> I don't think the question of social prejudices has a solution.

Pregunta is "question" in the sense of a request for information. **Hacer una pregunta** is "to ask a question":

¿Cuál era su PREGUNTA? (LAP-28:320)
What was your question?

Yo te quiero HACER DOS PREGUNTAS. (CAR-21-421)
I want to ask you two questions.

14. Sea lo que fuere: Be it as it may

The future subjunctive is formed like the *-ra* past subjunctive, but replacing the *a* with *e*. Except for official and very formal documents, or an occasional appearance in colloquial speech, the future subjunctive is normally found in modern Spanish only in a few fixed expressions:

Sea lo que FUERE, son dos obras fundamentales dentro de la historia. (BA-20:300)
Be that as it may, they are two basic works in history.

Adonde FUERES, haz lo que VIERES.
When in Rome, do as the Romans do ("Wherever you may go, do whatever you may see").

Venga lo que VINIERE, no saldré de aquí.
Come what may, I won't leave here.

However, use of the future subjunctive is disappearing even in such fixed expressions, and one more commonly encounters **sea lo que sea; adonde vayas, haz lo que veas; venga lo que venga**, etc.

The form **fuere** is occasionally encountered outside of the fixed expression **sea lo que fuere**:

Te daban un determinado tema, y tenías que subir al escenario y representarlo, sea el que FUERE. (LAP-14:143)
They would give you a certain topic, and you would have to go up on the stage and act it out, whatever it might be.

Trataré de utilizar el estilo más conveniente para el caso que FUERE. (SJN-23:450)}
I will try to use the style most appropirate for whatever the case may be.

Habitualmente en libros extranjeros o lo que FUERE uno encuentra las respuestas. (BA-14:212)
Habitually, in foreign books or whatever it may be, one finds the answers.

Todo contrato se forma en un instante, sea cual FUERE el contrato. (CAR-29:570)
Every contract is formed instantly, no matter what the contract be.

Está dispuesto el Gobierno Nacional a analizar las situaciones de posible irregularidad para adoptar, si FUERE el caso, aquellos mecanismos que garanticen la erradicación de cualquier intento de fraude. (BOG-48:671)
The National Government is prepared to analyze any possible irregularities and to adopt, if such be the case, those mechanisms that will guarantee the eradication of any attempt at fraud.

15. Llevaba 20 de bandolero: he had been a bandit for 20 years

Llevar is commonly used to indicate how long something has been going on:

¿LLEVA MUCHO TIEMPO aquí trabajando? (SEV-13:153)
Have you been working here very long?

¿Cuántos años LLEVAS ENSEÑANDO? (SNT-32:26)
How long have you been teaching?

Ella LLEVABA con mis tías MÁS DE CUARENTA AÑOS. (BOG-32:427)
She had been with my aunts more than forty years.

LLEVAMOS DOS MESES de lluvia. (HAB-6:164)
We've been having rain for two months now.

EXERCISES ON OBSERVATIONS

1. When we heard the sound of gunshots, it was close to 7 p.m., and the heavily bearded strangers had just arrived from the East Coast. **2.** The two strangers drew their guns, stole everyone's money and left several people wounded on the dance floor. **3.** The James joined a group of northerners on some of the ranches in the western states, especially in the southern sector. **4.** He smiled at me and said he had not joined a fraternity for the same reason that he had not joined the army and that he had taken up residence on the outskirts of a town in the western part of the state. **5.** Be that as it may, it is still a question of firing from hidden places only after being held up by a gang of bandits. **6.** When in Rome, do as the Romans do. If the foreign girls accept invitations to dance with those strangers, you and all the other American girls should also accept them. **7.** If they smell bad, don't turn your face in order not to smell the odor, because they might shoot you. **8.** Smell those flowers next to that big tumbledown house and tell me what they smell like to you; they came from the ocean floor originally. **9.** It seems to me that the bank the foreigners robbed was a three-story building in the northern part of town. **10.** The four men who had joined the Sanchezes in that eastern town were the Jaramillo brothers, and the six of them warned the Jameses to surrender. **11.** An out-of-towner, by constantly changing position and shooting from several places, stole their cattle from them and carried off the daughter of one of the ranchers. **12.** According to some close friends of the Garcias, the Lopezes had been traveling for close to two days when the Muñozes overtook them in a ravine and, in a question of minutes, shot them all to death. **13.** He has been living for six months now with his closest relative, a southerner, who is one of the Alfaro sisters. **14.** It's a question of not wanting to join anything or anyone. He has no close friends and no close relatives. **15.** They are not strangers but relatives, although not close relatives, and they are not foreigners, although they have traveled abroad a lot. **16.** His plan was to shoot and kill the senator when he asked for the floor to talk about the question of the South Pole. **17.** Since there were so many hostile Indians in the southern area, the head of the muleteers asked the Garcias to join him. **18.** The lieutenant, a man with a big, ugly nose who smelled strongly of aftershave lotion, ordered the bandits who had robbed a filling station in the eastern sector of town to hand over their guns. **19.** He pulled the trigger of his gun but it didn't go off. **20.** In the fairy tale a bigheaded giant is tied to a tree by the mice who live in a nearby turret. **21.** The question I asked the Machado brothers was why, on finding themselves robbed, they had not set out after the bandits. **22.** The scheme backfired on him when a former companion shot him in the back, killing him treacherously.

POR VS. PARA
(Continued)

IV. *POR* VS. *PARA*: MOTIVATING FORCE VS. RECIPIENT

In explaining the basic difference between **por** and **para**, one might say that **para** indicates a kind of "one-way street," pointing only in the direction of its object, while **por**, on the other hand, points in two directions, indicating a motivating connection between the object of **por** and the action performed by the subject of the verb. In the sentence **Juan lo hizo por su madre** - "Juan did it for (out of consideration for) his mother," for example, the use of **por** indicates that Juan was motivated to do what he did. The sentence **Juan lo hizo para su madre**, on the other hand, shows no such motivating force and indicates only that Juan's mother received the effect of what Juan did. Note the following further examples of the use of **por** to indicate a motivating force:

> *Uno le puede escribir a su senador y decirle: "VOTÉ POR USTED y usted está haciendo tal y tal"* (LAP-29:361)
> You can write to your senator and tell him/her: "I voted for you, and you are doing such and such."

> *Muchas veces TRABAJO, no POR DINERO, TRABAJO POR CARIÑO, POR LA GENTE, porque la estimo, porque la quiero.* (BOG- 14:186)
> Often I work, not for money, I work out of love, for the people, because I respect them, because I love them.

> *La gente está ANSIOSA POR SABER.* (BOG-12:173)
> The people are anxious to know.

> *Los otros libros insinúan ya su AMOR POR LA ANTIGÜEDAD.* (SNT-18:293)
> The other books already have signs of his love for Antiquity.

> *Tenemos que LUCHAR POR LA IGUALDAD.* (CAR-15:259)
> We have to fight for equality.

V. *POR* VS. *PARA* WITH INFINITIVES

Although **para** is used much more commonly than **por** before infinitives, if a speaker wishes to stress the idea of motivation, **por** may be used before an infinitive:

Él se graduó de ingeniero, POR COMPLACER A SU PADRE.
(CAR-12:195)
He got a degree in engineering, to please (in order to please) his father.

Tenía su negocio establecido aquí, y yo no iba a pretender que él lo dejara POR SEGUIRME a mí. (SJN-22:420)
He had a business established here, and I wasn't expecting him to leave it to follow (in order to follow) me.

No es solamente educar a la gente POR DARLE EDUCACIÓN.
(BOG-10:141)
It's not a matter of educating people just to give (in order to give) them an education.

Leo todo lo último que sale. Me rompo todo POR MANTENERME AL DÍA. (BA-21:24)
I read all the latest things that come out. I'm making every effort to keep (in order to keep) myself updated.

No es tirar la puerta por la ventana, como muchas veces hacen algunas instituciones POR CREAR una opinión pública. (BOG-1:32)
It's not a question of really going overboard, as many institutions often do to create (in order to create) a public image.

This construction is especially common in the negative with expressions that indicate a desire to maintain norms of courtesy or appropriate social behavior:

Muchas veces nos privábamos de decir una cosa que pensábamos POR NO HERIR. (BOG-18:246)
We often kept from saying something that we were thinking in order not to hurt anyone.

La madre no habla POR NO MOLESTAR. (SEV-10:240)
The mother doesn't say anything so as not to cause any problem.

La mayoría de los abogados son poco escrupulosos, POR NO DECIR una palabra un poco más fuerte. (SEV-12:141)
Most lawyers are unscrupulous, not to say something stronger.

Sentences like those above could also be expressed with **para**, in which case the notion of motivating force or personal involvement would be much weaker or completely absent:

Ella, PARA NO ASUSTAR A LA MAMÁ, no gritó. (CAR-20:392)
In order not to frighten her, she didn't shout.

Yo ponía la cara más seria posible PARA NO REÍRME (LIM-18:240)
I would keep as serious a face as I could, so as not to laugh.

Yo les economizo otras cosas, PARA NO HABLAR DEMASIADO LARGO. (CAR-32:592)
I'm sparing you some other things, so as not to talk too long.

The **para** phrase in each of the above three sentences simply points out the reason for which the subject of the sentence did what she/he did. The first sentence, for example, does not explicitly indicate a desire on the part of the woman not to frighten her mother, nor does the second sentence explicitly indicate a desire to keep from laughing. Such a desire might well be implied in such sentences, but there is no overt, explicit statement made that such is the case.

Similarly, one might contrast the following two sentences: **Luchaba para no dejarme vencer** ("I was struggling so as not to be overcome") and **Luchaba por no dejarme vencer** ("I was trying hard not to be overcome"). Sentences like these and others using verbs that indicate an effort to do something, when expressed with **por**, indicate a strong desire on the part of the subject to achieve the action expressed by the infinitive following **por**. The same sentences expressed with **para**, on the other hand, merely indicate the reason for the struggle, without expressing the strong personal desire indicated by the use of **por**. Note this use of **por/para** in the following sentences, in which either **por** or **para** could be used, with **por** indicating an active, determined struggle and **para** simply indicating the reason for the struggle:

> *Hay que LUCHAR PARA TENER las cosas en la vida.* (MEX-30:404)
> You have to struggle in order to get things in life.

> *Yo LUCHABA PARA LOGRAR alguna reivindicación.* (CAR-16:273)
> I was struggling in order to achieve some kind of rehabilitation.

> *Los forjadores de nuestra patria LUCHARON POR DARLE la libertad.* (HAB-26:621)
> The founders of our nation fought hard to give it freedom.

> *La Organización de Estados Americanos LUCHABA POR ELIMINAR toda suerte de discriminaciones.* (BOG-49:678)
> The Organization of American States was trying hard to eliminate all kinds of discrimination.

A **por/para** contrast with infinitives can also be seen in sentences like **Esta COMIDA todavía está POR COMER** ("This food is yet to be eaten") vs. **Ésta es COMIDA PARA COMER** ("This is food to eat"), in which **por** indicates that something is "to be done," while **para** simply points out what something is for. Further examples follow:

> *Les han mandado un montón de LIBROS PARA LEER.* (MAD-20:389)
> They've sent them a lot of books to read (that they can read).
> *Hay una serie de AUTORES que me quedan POR ESTUDIAR.* (SEV-15:179)
> There's a series of authors that I still have left to study.

> *Para que des un diagnóstico, tienes cualquier cantidad de COSAS PARA HACER.* (LAP-25:285)
> In order for you to make a diagnosis, you have any number of things to do (that you can do).
> *Me considero joven; todavía tengo muchas COSAS POR HACER.* (MAD-11:188)
> I consider myself young; I still have lots of things to do (to be done, that I have to do).

VI.   *POR* VS. *PARA* IN TIME EXPRESSIONS

As mentioned earlier, **para** occurs with time expressions with reference to a future deadline or a point in time for which something is planned, as in stating that something will be ready by a certain time or that something is planned for a certain time. When, on the other hand, duration of time is expressed, or with an expression involving **vez**, "time," "occasion," **por** is used as the equivalent of "for," as illustrated in the following examples:

> *Residió POR UN AÑO en España.* (CAR-24:468)
> She lived in Spain for a year.

> *No volvió a salir del susto POR VARIOS DÍAS.* (BOG-32:428)
> She didn't recover from her fright for several days.

> *Es bueno tener otra actividad, algo que nos saque POR UN RATO, POR UN TIEMPO, POR UNAS HORAS.* (BOG-28:376)
> It's good to have another activity, something that gets us away from it all for a little while, for a certain amount of time, for a few hours.

> *A mí me impresionó muchísimo cuando lo leí POR PRIMERA VEZ.* (SNT-12:208)
> I was very deeply impressed by it when I read it for the first time.

VII.   *PARA SIEMPRE* VS. *POR SIEMPRE JAMÁS*

Para siempre (less commonly, **por siempre**), and **por siempre jamás** mean "forever" and "forever more," respectively. In **para siempre** the speaker envisualizes **siempre** as a block of time, namely eternity, for which an event is set up or planned. When using **por siempre jamás** (or **por siempre**), on the other hand, the speaker focuses on duration of time and envisions **siempre** as an amount of time through which one passes:

> *No me voy a ir al extranjero PARA SIEMPRE.* (SNT-5:100)
> I'm not going to go abroad forever.

> *Aquel pintor se encuentra solo POR SIEMPRE.* (SJN-4:105)
> That painter finds himself alone forever.

Le dijo que la amaría POR SIEMPRE JAMÁS.
He told her that he would love her forever more (forever and ever).

VIII. *POR MÍ . . . VS. PARA MÍ . . .*

Por may be used with a pronoun or a noun referring to a person at the beginning of a sentence, as in the following examples:

POR MÍ no hay ningún problema; yo te podría dar ese nombramiento hoy mismo. (CAR-17:318)
As far as I'm concerned, there's no problem; I could name you to that position this very day.

-POR TI, que siga Isabelita, ¿no?.
-Sí, POR MÍ, que siga Isabelita. (BOG-25:335)
As far as you're concerned, let Isabelita stay on, right?.
Yes, as far as I'm concerned, let Isabelita stay.

POR MÍ tendría no los tres hijos que tengo, sino doce. (BOG-28:380)
If it were up to me, I'd not only have the three children I have, but twelve.

In such sentences the object of **por** is playing an active role. Thus, **Por mí, usted puede hacer lo que quiera** means "As far as I am involved in this, you can do whatever you wish," implying, "I will not interfere," or "I don't care," etc.

If sentences of this type are expressed with **para**, on the other hand, the speaker is merely expressing an opinion, stating that something strikes him/her in a certain way. English normally uses "to":

PARA NOSOTROS y muy especialmente PARA MÍ, San Martín, independizó la patria. (LIM-22:296)
To us, and to me especially, San Martin freed the country.

PARA MÍ la solución es que le demos al sacerdocio su verdadera significación. (SNT-30:499)
To me (In my opinion), the solution is for us to give the priesthood its real significance.

PARA MÍ ése es el ideal. (BOG-6:80)
To me, that's the ideal.

IX. *POR* VS. *PARA*: CAUSE VS. PURPOSE

Since **por** introduces an agent, phrases expressing the reason or cause for
something are expressed with **por**:

Fue rechazado ese proyecto POR SER DEMASIADO
EXTRAVAGANTE. (BA-21:32)
That project was rejected for being too odd.

Todo se realizaba POR GUSTO, POR DIVERSIÓN, POR
AMISTAD. (MEX-1:11)
Everything was carried out for pleasure, for fun, for friendship.

Los políticos no pelean POR AMOR sino POR ODIO. (SNT-30:501)
Politicians don't fight because of love but because of hate.

SI NO FUERA POR NOSOTROS, sería muy problemático. (SJO-27)
If it weren't for us, it would be a real problem.

Since **para**, on the other hand, expresses a recipient, phrases indicating
future purpose are expressed with **para**:

Está haciendo un ahorro PARA PODER REPONER SU
AUTOMÓVIL en el futuro. (BOG-10:131)
He's putting money aside to be able to replace his car in the future.

Es un péndulo PARA VER QUÉ PASA en el futuro. (LAP-17:174)
It's a pendulum to see what happens in the future.

Voy a planificar PARA TRABAJAR MEJOR. (BOG-28:383)
I'm going to make a plan in order to work better.

Nuestra legislatura va a pedir dinero PARA HACER UN PARQUE.
(SJN-11:233)
Our legislature is going to ask for money to create a park.

At times the distinction between cause and purpose is not clear in
English, so that the same English sentence may have two Spanish

equivalents, one with **por** and the other with **para**, according to the meaning intended. **Por** in such sentences indicates cause and thus refers to the reason for the present situation and brings one from the past to the present. **Para**, on the other hand, indicates a purpose and takes one from the present into the future:

> *No lo toleran POR ALGO.* (BOG-18:240)
> They don't tolerate it for a reason (something in the past causes them not to tolerate it now).

> *PARA ALGO tenemos estas leyes.* (LAP-21:208)
> We have these laws for a reason (i.e., to follow them in the future).

> *¿POR QUÉ lo has dejado?* (LIM-10:149)
> Why have you left it (what reason from the past causes you to to have left it)?

> *¿PARA QUÉ lo quieres?* (MAD- 18:321)
> What do you want it for (what are you going to do with it)?

X.　*POR* VS. *PARA*: "TO BE ABOUT TO"

Although everything said thus far with respect to **por** and **para** describes the **por/para** contrast as it exists in the entire Spanish-speaking world, there is one usage of **por** and **para** that differs in the two hemispheres. In Spain the equivalent of "to be about to" is **estar para**, while in Spanish America it is **estar por**:

> *Cuando yo ESTABA YA POR LLEGAR a la casa, Fernando llamó.* (LAP-16:170)
> Just when I was about to arrive at the house, Fernando called.
> **Ellos ESTABAN PARA SALIR cuando yo llegué.**
> They were about to leave when I arrived (Spanish peninsular usage).

> **Me parece que ESTÁ POR LLOVER.**
> I think it's about to rain. (Spanish America)
> **Me parece que ESTÁ PARA LLOVER.**
> I think it's about to rain. (Spain)

GRAMMAR EXERCISES

1. For the muleteers, the Jameses and their accomplices meant betrayal and murder. **2.** For fear of wounding the women, the lieutenant allowed the bandits to escape. **3.** To escape more easily, the criminals jumped through a window, after which they rode for several days before going into hiding at Rest Ranch. **4.** She turned her face for a few moments, so as not to smell the unpleasant odor of the stranger she was dancing with. **5.** "Do you take me for a fool?" he shouted. "These mules are in no condition to carry all those bars of silver for such a long time!" **6.** He abducted the rancher's daughter, for the ransom money, not out of love for her, and the James brothers rushed to the rescue, winning for themselves the esteem of the whole area. **7.** They are in favor of giving up; they're in no mood for more wounds and deaths for so little money. They've decided to try a new life, at least, for a while. **8.** A Mexican bandit decided to pay them back, visit for visit, for what they had done in Mexico. **9.** This dance floor is too crowded for such a hot day; I wouldn't dance here for a thousand dollars. **10.** Times were hard for the James; for each cow they had stolen from the Mexicans, the Mexicans had stolen three from them. **11.** I think you're right. They're here for something; they didn't come here just to settle down in Missouri. **12.** They went to Texas to attend a party that some friends gave for them. **13.** For now, in order not to offend her, I'll say nothing; I'm in no mood for arguments. **14.** A column of American soldiers took the James for honest citizens and protected them when they were about to get caught by the Mexican bandits who had been chasing them. **15.** Since to you this matter is of no importance, I shall give you as an example, and in order to convince you, several cases in which these men kept up appearances only in order to commit all kinds of misdeeds. **16.** All the ranchers of the region gave $10,000 for a reward that would be paid for the head of Jesse James, and to this end a former companion shot him in the back. **17.** The James Brothers' series of bloody episodes is pretty long for just two men. **18.** For trusting the Martinezes, the muleteers were either murdered or left for dead. **19.** My brother isn't a lieutenant for nothing; he's a lieutenant because he's strong and brave, and I know he'll do anything for us. **20.** I'm telling you for the third and last time that I did it for love, not out of spite. **21.** There's still the loot to be split and one more bank to be robbed before I leave the bandit's life for that of a respectable businessman. **22.** To me they're just a gang of thugs who pass for respectable farmers, but that won't last forever; some day they'll pay for what they've done. **23.** She was about to comment on the matter when one of the gunfighters looked out of the window. **24.** For each foray that he undertook, he lost about fifteen men, so he wasn't very anxious to carry out another holdup, but he did it for his younger brother, for whom he felt a true affection. **25.** She's crazy about this kind of life, and she feels great respect for the Mexicans and a certain love for their country, but her husband is for leaving for the States as soon as possible. **26.** She had a curious fascination for jewels, except for diamonds, which held no interest for her. **27.** For many years they felt an intense hatred for the bandits who had stolen their cattle. **28.** "As far as I'm concerned, you can leave for Mexico tomorrow and stay there forever more," she said to her daughter, trying hard not to reveal the terror she felt. 29. To my way of thinking, those men were just a couple of bandits who were hired to steal and who were killed for committing terrible crimes; I feel no compassion for them. **30.** "Are these enough for tomorrow, or will you need some more?" she asked, speaking softly in order not to wake her son, who had finally fallen asleep after crying for candy for an hour.

6

EL CUCHILLO

Edmundo Valadés

El cuchillo era solingen de mango dorado y hermosos arabescos.
Macizo, largo, con escalofriante y filosa punta. En la mano, sugería[1]
inventar una muerte o un asesinato, felizmente improbables. Lo dejé
olvidado mucho tiempo en un cajón del armario.

5   En ese entonces caí en una crisis[2] de dolorosa misantropía. Me sentí en
fatigoso desajuste con los demás y conmigo mismo, como si estuviera en
una desolada orilla del mundo.

En las mañanas, al despertar, mis párpados tenían arenillas de un
sueño negro y pesado. Me levantaba como si fuera a empezar a vivir por
10 primera vez, como si tuviera que aprender a caminar, a hablarles a los
demás, víctima de angustiosa incertidumbre, con enfermizo temor de
enfrentarme a los clientes.

De Edmundo Valadés, "El cuchillo," *El Cuento* (México, D.F.), septiembre
1977 - marzo 1978, págs. 597-599. Con permiso del autor.

Era vendedor de artículos para el hogar y tenía que ir de puerta en puerta, solicitando[3] que me dejaran entrar a mostrarlos. Había logrado
15   éxito, porque me sentía seguro, dueño de mí, y me sobraban argumentos para convencer a las amas de casa sobre las ventajas de comprar una enceradora, en cómodos abonos. Sabía insistir y persuadir[4] para realizar buenas ventas.

Regresaba a casa, contento de que me esperaría una sabrosa comida y
20   satisfecho de poder[5] contarle a mi mujer todas las incidencias d mi trabajo, que yo había hecho favorables. Sin embargo, de pronto me empezó a doblegar un gran cansancio, la sensación aplastante de que no me movía del mismo sitio. Me volví inseguro. Las comisiones que percibía como agente descendieron y sufrimos estrecheces en casa. Mi
25   esposa, que tenía un carácter[6] violento, me reprochaba airada que lo del gasto era poco, insuficiente, con fastidio injurioso de tener que entenderse ella sola con la cocina y la limpieza, pues no teníamos criada. Habíamos, antes, decidido ahorrar todo lo posible para poder pagar[7] las mensualidades del carro indispensable para mi trabajo.
30   Algo se rompió entre nosotros. Comprendí que habíamos vivido como en un pacto forzoso de sobrellevar la vida, soslayando la falta de hijos y nuestra incapacidad para despertar un interés mutuo que nos apasionara en algo distinto a la rutina de días exactamente iguales, en los que la novedad no pasaba de una que otra salida al cine, un modesto o solitario
35   día de campo o ver televisión. Eramos ya como dos seres obligados a vivir juntos por compromiso y no por gusto, y eso nos separaba imprevistamente, como si nuestro amor hubiera sido ajeno o prestado.

La satisfacción[8] de salir adelante en el trabajo dejó de estimularme y se volvió un sacrificio. Salía a vender en deplorable estado de ánimo[9],
40   esperando el fracaso[10]. Y al ocurrir así, el sentimiento[11] de derrota se ahondaba. Antes de llamar a cualquier puerta, necesitaba de un enorme esfuerzo de voluntad para vencer la resistencia íntima que me anticipaba que todo resultaría inútil, que no me comprarían nada, que después de todo para qué servían las enceradoras y que además, eran muy caras.
45   Tuve varios tropiezos que me causaron mucho daño. Una de esas veces de extenuante decisión, había animado a una señora a recibirme, a pesar de que ella insistía en que la visitara más adelante. Coloqué la enceradora lista a probarla, pero seguramente unos sobrinos que habían ido a casa, muy traviesos, tuvieron la ocurrencia de llenar con tinta el
50   depósito de cera. Jalé la manija y sobre el piso de madera se extendieron inoportunas manchas negras.

La señora, al verlas, se irritó terriblemente, lanzando improperios y acusándome de que yo era un estúpido que no sabía[12] manejar los

aparatos que proponía en venta; que le había estropeado su piso y que
55 ello[13] no se quedaría así, pues bastante trabajo le costaba tenerlo limpio.

A pesar de darle mis excusas y ofrecerle que con la misma enceradora
yo le dejaría su piso como nuevo, se enojó más y me trató peor,
gritándome que se pasaba el día aseando su casa para que yo fuera a
ensuciarla con mi cochina máquina, y otras cosas por el estilo de tono
60 más áspero.

Estaba yo avergonzado, confuso, sintiéndome muy tonto e inútil para
suavizar su cólera. Acabó por correrme entre léperos insultos y arrojando
a la calle las cajas en que guardaba mi mercancía. Salí como un imbécil,
con deseos de abandonarlo[14] todo, sin saber a dónde ir o qué hacer. Me
65 pareció que era yo un hombre de más en la vida, que nada valía la pena y
que lo mejor era morirme.

En casa, habían ido por el abono del carro y mi esposa me reclamó con
insólito desprecio, que ya le daba pena estar sacando la cara por mí,
teniendo que decir al cobrador mentira tras mentira; que si yo me había
70 echado ese compromiso, que fuera hombre para cumplirlo o que me
enfrentara al cobrador y yo le dijera que no había dinero para pagar la
letra. Tuvimos un altercado y yo acabé por proferir las palabras que
hubiera querido gritarle a la señora que me había humillado.

Me encerré en la sala, con impulsos de matar o de que me mataran. Y
75 pensando que si no me distraía, podría ser capaz de cometer una locura,
tomé un libro al alcance de mi mano. El libro estaba aún sin sus páginas
abiertas y me acordé del cortapapel de mango dorado y arabescos,
olvidado en un cajón.

Busqué el cuchillo y, al portarlo, supuse que por vez primera en
80 mucho tiempo, volvía a apretar una certeza. Estando la hoja metálica en
mi mano, al considerar su categórico filo, calculé que enterrándolo en mi
carne pondría término a la desesperación que me embargaba. Mi
pensamiento fue tan real, porque estaba sintiendo toda la acción de
levantarlo y clavarlo de un golpe seco y preciso entre mi corazón -lo que
85 sería fácil y simple-, que me detuve, disolviendo la fascinación de mi
extravío.

Mas el cuchillo, ante mis ojos, adquirió tal vida, vida insinuante que
latía seduciéndome a usarlo, que de nuevo me sentí deslizado hacia un
vértigo que me alejaba de las fuerzas interiores que se oponían[15] a ceder a
90 tan desesperada tentación. Me acerqué tanto al abismo entreabierto por el
cuchillo, que abrí la ventana y lo arrojé como se arroja un maleficio, a
una callecita que daba a espaldas de mi casa.

En la semioscuridad, al caerle un hilo de luz, me quedé con la mirada
puesta en el brillo que desprendía del arma, como si contemplara un

95 peligro en reposo. Pasó un rato de esos que nunca podemos medir ni saber qué tan breves o eternos fueron, cuando vi la sombra de un hombre que se detenía, agachándose, a recogerlo. El hombre, como si lo hubiera estado buscando, lo elevó a la altura del cielo, y con rapidez insólita -yo pude ver al cuchillo descender como bólido-, lo hizo penetrar de un golpe

100 certero en todo lo que era su vida.

Nadie, ni yo, sabe si ese hombre era la sombra de un hombre o yo mismo.

CUESTIONARIO

PREGUNTAS SOBRE EL CONTENIDO DE "EL CUCHILLO"

1. Describa Ud. al protagonista tal como está al despertar en las mañanas, utilizando Ud. las palabras **arenilla, pesado, incertidumbre, enfermizo, enfrentar** y **cliente**.

2. Usando las palabras **hogar, puerta, solicitar, convencer, ama de casa, ventaja, enceradora** y **abono**, describa Ud. el empleo del protagonista.

3. Cuente Ud. cómo fue el cambio que hubo en la vida del protagonista, empleando Ud. las palabras **de pronto, doblegar, cansancio, aplastante, sitio, inseguro, comisión, percibir** y **estrechez**.

4. ¿Cómo era la esposa del protagonista? (En su respuesta emplee Ud. las palabras **carácter, reprochar, gasto, fastidio, entenderse, cocina, limpieza, ahorrar** y **mensualidad**.)

5. ¿Cómo era la vida que llevaban juntos el protagonista y su esposa? (En su respuesta emplee Ud. las palabras **pacto, sobrellevar, soslayar, falta, incapacidad, rutina, novedad, salida** y **compromiso**.)

6. Describa Ud. el nuevo estado de ánimo que tenía el protagonista al salir a vender. (En su respuesta utilice Ud. las palabras **fracaso,**

derrota, ahondar, llamar, esfuerzo, vencer, anticipar e **inútil**.)

7. Cuente Ud. lo que le pasó un día al protagonista, usando Ud. las palabras **colocar, probar, travieso, ocurrencia, tinta, depósito, cera, jalar, manija, piso** y **mancha**.

8. Cuente Ud. cómo fue la reacción de la señora, empleando Ud. las palabras **improperio, acusar, aparato, venta, estropear, ello** y **costar**.

9. ¿Qué le dijo al protagonista su esposa en cuanto al abono del carro? (En su respuesta use Ud. las palabras **pena, cara, cobrador, mentira, echar, compromiso, cumplir, enfrentar** y **letra**.)

10. Cuente Ud. lo que hizo el protagonista después del altercado que tuvo con su esposa, utilizando Ud. en su relato las palabras **encerrar, impulso, distraer, locura, alcance, cortapapel, mango** y **cajón**.

PREGUNTAS TEMÁTICAS

1. La Vida Conyugal

¿Qué diría Ud. de la vida conyugal que llevan el matrimonio del cuento "El cuchillo"? ¿Cómo podrían ellos mejorar esa vida? Describa Ud. la vida conyugal que a su parecer sería ideal.

2. Los Niños Traviesos

¿Qué opina Ud. de la travesura de los sobrinos del protagonista del cuento "El cuchillo"? ¿Deberían los padres castigar a sus hijos cuando hacen travesuras? ¿En qué debe consistir el castigo? ¿Conoce Ud. a algún niño (alguna niña) travieso (-a)? ¿Qué travesuras hizo Ud. cuando era niño (-a)?

3. La Depresión

El protagonista del cuento "El cuchillo" llega a un estado alarmante de depresión, debido a las dificultades que experimenta en su trabajo y en su vida conyugal, y aun llega al punto de considerar el suicidio como posible resolución de su problema. ¿Cómo puede uno enfrentarse a los momentos de depresión? ¿Qué se puede hacer para evitar esos momentos? A juzgar por la cantidad astronómica de tranquilizantes que se venden en EE.UU., la depresión debe ser un problema de mayores proporciones en este país. ¿Qué opina Ud. de esto?

OBSERVATIONS

1. Sugería: it was suggestive of

Sugestión and **sugerencia** are equivalents of "suggestion;" the corresponding verbs are **sugestionar** and **sugerir (ie, i)**.

Sugestión and **sugestionar** are used when reference is to the use of the power of suggestion to control the will or mind of another:

> *En algunos sitios se da la anestesia nada más que por una SUGESTIÓN sobre el enfermo de que está superior al dolor.* (SEV-9:108)
> In some places anesthesia is given only through a suggestion to the patient that pain doesn't affect him.

> *Iba mucha gente a ver a los curanderos, pero no era eficaz. Era más bien la SUGESTIÓN.* (HAB-15:488)
> A lot of people would go to see witch doctors, but it wasn't effective. It was more a power of suggestion.

> *Uno psicológicamente trata de SUGESTIONAR AL JUEZ de que los razonamientos de uno son verdaderos.* (BOG-14:189)
> You psychologically try to put the thought in the judge's head that your arguments are right.

Otherwise, **sugerencia** and **sugerir** are used:

> *SE LE SUGIERE siempre que esté continuamente leyendo.* (SJN-18:365)
> It's always being suggested to him that he be constantly reading.

Otras investigaciones previas le SUGIRIERON esa idea. (BA-6:103)
Other previous research suggested that idea to him.

Son SUGERENCIAS nada más; no es ninguna imposición. (CAR-30:574)
They're just suggestions; no one's trying to force you.

2. Crisis: critical state

Crisis is feminine in gender. Spanish words ending in **-sis** or **-tis** are almost always feminine; many of these words are names of medical ailments:

LA TUBERCULOSIS hoy se cura, pero en aquella época era como hoy en día el cáncer o LA SÍFILIS (CAR-11:186)
Tuberculosis is curable today, but at that time it was like cancer or syphilis nowadays.

Me quedé allí dos años haciendo LA TESIS. (SEV-21:251)
I stayed there two years doing my thesis.

Él tenía UNA PARÁLISIS en una pierna. (BOG-31:415)
He was paralyzed in one leg.

Si no hubiera tenido LA HEPATITIS que tuve, en este momento las cosas son muy diferentes. (BA-30:431)
If I hadn't had the hepatitis that I had, things would be very different now.

Hace mucho tiempo me molesta LA ARTRITIS en los dedos. (SJO-14)
I've been bothered by arthritis in my fingers for a long time.

Some common masculine words ending in **-sis** / **-tis** are the following:

EL SICOANÁLISIS ha puesto EL ÉNFASIS en lo inconsciente. (SNT-17:268)
Psychoanalysis has placed emphasis on the unconscious aspect.

Eso se lo echaban a LOS ESPAGUETIS. (CAR- 4:57)
They put that on the spaghetti.

Con todos LOS ANÁLISIS estadísticos se demostró que no eran significativos. (SJO-25)
With all the statistical analyses, it was shown that they were not significant.

La moda era tener EL CUTIS muy blanco. (MAD-15:261)
The style was to have a very pale complexion.

3. Solicitando: requesting

Solicitar is "to request" when permission is sought to do something. It is also "to apply" in the sense of applying for a position, for admission to a university, etc.; the noun is **solicitud** (f.):

Iba a SOLICITAR que se me pagara sobresueldo. (SJO-9)
I was going to request that I be paid a bonus.

SOLICITÉ LA BECA y la obtuve. (BOG-4:58)
I applied for the scholarship and I got it.

Ya hice la SOLICITUD para entrar como alumna regular. (BOG-20:271)
I've already submitted an application to enter as a regular student.

Aplicar is used for all other meanings of "apply", as in putting something into effect, bringing two things into contact with each other, etc.; the noun is **aplicación**:

Sería bien difícil APLICAR los conocimientos que hemos adquirido acá. (SNT-38:158)
It would be very difficult to apply the knowledge we have acquired here.

¿No se podría APLICAR ese capital a solucionar el problema? (BOG-22:293)
Couldn't that money be applied to solving the problem?

Es el primer caso que se conoce de APLICACIÓN de la pena de muerte. (SJO-32)
It's the first known case of application of the death penalty.

Although censured as an Anglicism by some authorities, **aplicar** and **aplicación** are at times encountered with the meanings of **solicitar** and **solicitud** given above:

A veces APLICAN PARA OBTENER UNA VISA de residente aquí en los Estados Unidos. (HAB-1:9)
Sometimes they apply to get a resident visa here in the United States.

Envié una APLICACIÓN DE EMPLEO a la compañía.
I sent a job application to the company.

4. Persuadir: persuade, influence

Influir and **influenciar** are the most commonly used equivalents of "to influence." **Influir** is followed by **en** or **sobre**; **influenciar** takes a direct object:

Hay otros factores que INFLUYEN EN ESTO. (SNT-19:317)
There are other factors that influence this.

Mi profesor INFLUYÓ MUCHO EN MÍ. (SNT-53:473)
My professor influenced me a lot.

Al padre le gusta INFLUIR SOBRE SU HIJO. (SNT-40:202)
The father likes to influence his son.

Yo diría que nuestro español ESTÁ MUY INFLUIDO por el idioma inglés. (SJN-20:396)
I would say that our Spanish is very much influenced by the English language.

¿Qué autores TE HAN INFLUENCIADO, HAN INFLUENCIADO TU OBRA? (LAP-9:98)
What authors have influenced you, have influenced your work?

Él nunca INFLUENCIÓ A SUS HIJOS a estudiar ninguna carrera específica. (CAR-13:213)
He never tried to influence his children into studying for any particular career.

*Las ciudades mayores HAN SIDO INFLUENCIADAS por la
arquitetura moderna.* (HAB-18:571)
The bigger cities have been influenced by modern arquitecture.

5. Satisfecho de poder: content to be able

The question may arise as to whether **de** should be used between an
adjective and an infinitive, as in **Esto es fácil de hacer** ("This is easy to
do"), or omitted, as in **Es fácil hacer esto** ("It's easy to do this").

De is not used when the infinitive is functioning as the subject of the
verb. **Es fácil hacer eso** is equal to saying **Hacer eso es fácil**. In **Esto es
fácil de hacer**, on the other hand, the subject of **es** is **esto**. Further
examples follow:

La distancia ES FÁCIL DE CALCULAR. (LAP-23:260)
The distance is easy to calculate.
ES FÁCIL ENCONTRAR trabajo. (LIM-8:120)
It's easy to find work.

Ése es un problema que ES IMPOSIBLE DE SOLUCIONAR.
(SNT-31:21)
That's a problem that is impossible to solve.
ES IMPOSIBLE SABER lo que va a pasar. (BOG-22:298)
It's impossible to know what is going to happen.

Es una cosa que ES INTERESANTE DE VER. (SNT-42:236)
It's something that is interesting to see.
ES INTERESANTE VER eso. (SNT-55:506)
It's interesting to see that.

6. Carácter: character

Carácter (m.), **espécimen** (m.) and **régimen** (m.) shift their stress in the
plural to **caracteres, especímenes** and **regímenes**, respectively:

Mi hermano y yo tenemos distintísimos CARACTERES. (CAR-
14:218)
My brother and I have extremely different characters.

Así te harás una idea de los ESPECÍMENES que teníamos allí.
(LIM-8:115)
This will give you some idea of the specimens we had there.

La ciega lealtad a un partido es propia de REGÍMENES totalitarios.
(BOG-50:687)
Blind loyalty to a party is typical of totalitarian regimes.

7. **Pagar**: to pay

Paga means "pay" in the sense of wages received for work done:

Tienen un compromiso laboral en términos de algo que deben hacer por una PAGA que reciben. (CAR-18:331)
They have a labor agreement in terms of something they must do for a pay that they receive.

Pago means "payment"; "payment for" is **pago de**:

Se podrían proveer los materiales a un costo bajo, con facilidades de PAGO. (SNT-23:378)
The materials could be made available at a low cost, with easy payments.

Las becas no eran de una capacidad muy grande. Había simplemente el PAGO DE un viaje. (SNT-29:486)
The scholarships didn't cover much. There was only payment for a trip.

Salario is "wage," the money paid to a member of the working class.

La mujer se discrimina cuando acepta un SALARIO inferior al del hombre por el mismo trabajo. (BOG-49:680)
The woman discriminates against herself when she accepts a wage lower than the man's for the same work.

Sueldo is "salary":

El personal administrativo generalmente tiene un SUELDO por año.
(BOG-21:287)
The administrative personnel usually have a yearly salary.

Honorarios (m., pl.), used only in the plural, is "fee":

> *Trató de tomar los servicios de un profesional, pero cobró demasiado altos los HONORARIOS.* (BOG-14:197)
> She tried to hire a professional, but his fee was too high.

8. Satisfacción: satisfaction

Although the use of a double "c" in **satisfacción** would seem to constitute an example of the use of double letters, a rare phenomenon in Spanish, such is not the case, inasmuch as each of the two c's in **satisfacción** represents a different sound.

Spanish does, however, have a number of words written with a double "n," many of which are words that begin with the prefixes **in-** or **en-**:

> *Es INNEGABLE que ha contribuido en el progreso del país.* (BOG-47:661
> It is undeniable that it has contributed to the country's progress.

> *Son INNUMERABLES cuentos de un contenido poético extraordinario.* (SNT- 59:562)
> They are innumerable stories with a poetic content.

> *Una niñita que ingresa al Ballet tiene que tener talento INNATO.* (SNT-51:425)
> A little girl who goes into Ballet has to have an innate talent.

Four other commonly used words in which a double "n" occurs are **connotación**, **innovación**, **perenne** (perennial) and **sinnúmero** (huge number):

> *Hacer una INNOVACIÓN es muy difícil. El que INNOVA es uno por generación, prácticamente.* (BOG-11:158)
> To make an innovation is very difficult. The person who innovates is one in a generation, practically.

> *La juventud actual tiene un SINNÚMERO de actividades.* (MEX-9:116)
> Present-day youth has a countless number of activities.

A double "n" will also occur when the pronoun **nos** is attached to the end of a verb form ending in "n":

MÁNDENNOS un cuento que se pueda dar en televisión, para niños chicos. (SNT-33:53)
Send us a story that can be shown on television for small children.

PROPÓNGANNOS fórmulas concretas. (SNT-30:510)
Propose some concrete formulas to us.

The double "n" in such verb forms is necessary, since reduction to a single "n" would produce a different meaning (e.g., **mándenos Ud.** vs. **mándennos Uds.**). When a combination of a pronoun and a verb would produce a double "s," on the other hand, only one "s" is written, since there is no need to preserve the double "s" for the sake of meaning:

-¿Les damos el libro? -Sí, DÉMOSELO.
"Shall we give them the book?" "Yes, let's give it to them."

9. Estado de ánimo: state of mind, mood

Humor is a common equivalent of "mood":

Me llena de alegría y de BUEN HUMOR. (BA-7:118)
It fills me with happiness and puts me in a good mood.

Todo el grupo esperaba, DE MAL HUMOR. (BOG-45:632)
The whole group was waiting, in a bad mood.

Humor may also be used as an equivalent of "humor" in the sense of "something funny," although some authorities feel that "humor" in this sense is more properly translated as **humorismo** or **comicidad**:

Hay mucho de HUMOR en la manera como Cortázar presenta los cuentos. (SNT-12:205)
There's a lot of humor in the way in which Cortazar presents his stories.

Tienen un gran SENTIDO DEL HUMOR. (SNT-42:246)
They have a great sense of humor.

Revela su inquietud social a través del HUMORISMO. (SJO-26)
He reveals his social concern through humor.

La comedia puede alguna vez presentar acciones no necesariamente
destinadas a provocar LA COMICIDAD o la risa. (BA-20:302).
Comedy can at times present actions not necessarily meant to provoke
humor or laughter.

10. Fracaso: failure

Fallar, desaprobar (reprobar), fracasar and **dejar de** are some
common equivalents of "to fail."

Fallar means "to fail" in the sense of "not to make the grade," "not to
turn out well," "to break down", "to let someone down," etc.:

FALLARON COMO CONCERTISTAS. (BOG-6:77)
They failed (didn't make it) as concert artists.

HAN FALLADO ESAS ACTIVIDADES extras por culpa de las
alumnas. (SNT-10:183)
Those extra activities have failed (haven't turned out well) because of
the students.

A uno hasta LA MENTE SE LE VA FALLANDO. (HAB-49:743)
Even one's mind starts failing (breaking down).

No hay que FALLARLES A LOS ALUMNOS. (LAP-27:309)
One musn't let the students down.

¿No crees que NUESTRA ECONOMÍA VA FALLANDO? (MAD-
11:197)
Don't you think our economy is starting to fail?

Bueno, espero que esta vez no te HAYA FALLADO EL EQUIPO.
(BOG-15:216)
Well, I hope that this time the equipment hasn't broken down on you.

Desaprobar, no aprobar, or, in parts of Spanish America, **reprobar** is
"to fail" in school, with reference to failing courses, tests, etc.. In Spain,
suspender is used. All of these verbs are used with reference both to

professors failing students and to students failing tests and courses:

Los profesores REPROBABAN BASTANTE LOS EXÁMENES, es decir, los porcentajes de REPROBADOS eran muy altos. (BA-1:14)
The professors gave failing grades to lots of exams, that is to say, the percentages of failures was very high.

Si el alumno NO APRUEBA LA MATERIA, pero aprueba la mayoría de las unidades, entonces debe presentar un examen de recuperación de esas unidades que NO APROBÓ. (CAR-19:355)
If the student fails the subject but passes the majority of the units, then he should take a makeup exam in those units that he failed.

Si el alumno ha aprobado el examen, no hay ningún problema; si HA SIDO REPROBADO, tiene opción a una segunda fecha. (LAP-26:300)
If the student passed the exam, there's no problem; if they failed him, he has the option of setting a date for a second exam.

Tuve problemas en la escuela. REPROBÉ DOS MATERIAS. (MEX-1:19)
I had problems at school. I failed two subjects.

No merecía la pena porque ME SUSPENDIÓ. (MAD-18:331)
It wasn't worth the trouble, because he failed me.

Aprobé primero menos Arte, no porque ME SUSPENDIERAN, sino porque me marché del tribunal. (SEV-17:204)
I passed the first year except for Art, not because they failed me, but because I walked out on the examining committee.

Fracasar means "to fail" in the sense of "to be unsuccessful":

Todas las cosas que hemos tratado de hacer aquí gratuitamente siempre HAN FRACASADO. (BOG-41:573)
All the things we've tried to do free here have always failed.

Eran terratenientes que HABÍAN FRACASADO en sus negocios. (HAB-25:615)
They were landowners who had failed in their businesses.

Una mujer doctor en el matrimonio tiene un ochenta por ciento de posibilidades de FRACASAR. (MEX-19:263)
A female doctor has an 80% chance of failing in a marriage.

Dejar de is the equivalent of "to fail" followed by a verb; it is more commonly used in the negative:

Era un elemento que NO SE PODÍA DEJAR DE TENER en cuenta. (BOG-7:100)
It was an element that one couldn't fail to notice.

NO DEJA DE SER un poco molesto. (BOG-33:442)
It doesn't fail to be a little bothersome.

En el viaje a Jerusalén NO DEJÉ DE IR a ningún sitio de los bíblicos. (BOG-14:192)
On the trip to Jerusalem I didn't fail to go to any of the biblical sites.

Les dan otra gratificación a las que NO DEJARON DE ENTREGAR su récord. (MEX-22:313)
They give another bonus to those who didn't fail to hand in the expected quota.

11. Sentimiento: feeling

Sensación, sentimiento, presentimiento, sensibilidad, parecer, and **emoción** are the principal equivalents of "feeling."

Sensación (f.) means "feeling" in the sense of "sensation," or the impression, either physical or emotional, one receives from a given stimulus:

El automóvil produce cierta SENSACIÓN DE LIBERTAD, de independencia. (BOG-10:134)
The automobile produces a certain feeling of liberty, of independence.

Cuando uno consigue que la computadora haga lo que uno quería que hiciera, logra una SENSACIÓN DE PODER, de dominio.
When you get the computer to do what you wanted it to do, you achieve a feeling of power, of control.

Sentimiento is personal feeling, emotional or psychological. It describes a feeling produced from within oneself:

Hay una computadora en la película que incluso TIENE SENTIMIENTOS y sufre. (SNT-47:374)
There's a computor in the movie that even has feelings and suffers.

¿Te interesa más la Semana Santa, como artista, o como SENTIMIENTO RELIGIOSO? (SEV-10:121)
Does Holy Week interest you more as an artist or as a religious feeling?

El SENTIMIENTO DE AMISTAD existe, al menos de mi parte. (BA-1:28)
The feeling of friendship exists, at least on my part.

No va a poder hacerlo sin tener el SENTIMIENTO DE CULPA. (SNT-8:144)
He's not going to be able to do it without having a feeling of guilt.

Presentimiento is a premonition, a hunch, a feeling that something is going to happen or has happened:

Se le ocurrió una serie de PRESENTIMIENTOS así medio raros de que mi mamá iba a permanecer en cama. (SNT-10:180)
She had a series of rather strange feelings that my mother was going to end up bedridden.

Sensibilidad (f.) is feeling with respect to one's sensitivity to something, especially in artistic areas:

El objetivo principal que tendremos en cuenta respecto a la poesía es afinar LA SENSIBILIDAD ESTÉTICA. (BA-19:282)
The principal goal we will have with respect to poetry is to refine esthetic feeling.

Un arquitecto tiene que ser una persona de mucha SENSIBILIDAD SOCIAL. (SNT-26:435)
An architect has to be a person with a lot of social feeling (sensitivity).

Opinión (f.) or **parecer** (m.) translate "feeling" in the sense of "opinion":

Dime tú tu OPINIÓN respecto a eso. (CAR-16:272)
Tell me your feelings (opinion) with respect to that.

El concepto es erróneo, A MI PARECER. (MEX-4:62)
The concept is erroneous, in my opinion (to my way of thinking).

Emoción (f.) is "feeling" in the sense of "emotion." It differs from **sentimiento** in that **sentimiento** has a broader range of meaning, which includes, but is not restricted to, feelings of emotion:

Fue UNA EMOCIÓN INMENSA; se me saltaron las lágrimas. (BA-15:234)
It was a very deep feeling; tears came to my eyes.

Trataron de desahogar su EMOCIÓN besándoles la cara. (HAB-10:282)
They tried to release their feelings by kissing them on the face.

12. No sabía: didn't know how

Ignorar, "to be unaware (ignorant) of," is a synonym of **no saber**:

Él IGNORABA el valor de aquel piano. (CAR-29:568)
He was unaware of the value of that piano.

Muchas cosas que IGNORÁBAMOS, las hemos aprendido. (SJN-11:235)
Many things that we didn't know, we've learned.

For some Spanish speakers, however, **ignorar** is also "to ignore," so that it is not uncommon to hear sentences like the following:

Siempre hay habladurías, pero LO IGNORAMOS completamente. (LAP-25:283)
There is always gossip, but we completely ignore it.

Si uno se dirige a ellos en francés, tratan de IGNORAR el francés y no te contestan. (CAR-19:360)
If you talk to them in French, they try to ignore the French and they don't answer you.

"To ignore" is more properly rendered in Spanish, however, by **no hacer caso de**, when reference is to things, and by **no hacer caso a**, when reference is to people:

> *NO HACE CASO DE las alusiones que le hacen las mujeres.* (SNT-10:179)
> He ignores the insinuating remarks that women make to him.

> *NO LE HACÍAN CASO A la policía.* (CAR-20:385)
> They ignored the police.

13. Ello: the matter, it

Ello means "it" only with reference to something neuter, such as a happening, an issue, an idea, etc. It occurs most commonly as the object of a preposition. As the subject of a verb, its use is very formal and rather uncommon in speech, with **esto** being more normally employed:

> *El matrimonio es una cosa muy sana, estoy convencido DE ELLO.* (MAD-2:33)
> Marriage is a very healthy thing, I'm convinced of it.

> *Es algo con lo que no cuento. No cuento para nada CON ELLO.* (SEV-4:47)
> It's something I don't count on. I don't count on it at all.

> *Se necesita una librería lo más completa posible con todos los servicios que ELLO conlleva.* (BOG-9:125)
> The most complete bookstore possible is needed, with all the services that this implies.

Ello es que means "the fact is that":

> *ELLO ES QUE tenemos hoy día doctoras en medicina y en derecho.* (LIM-20:271)
> The fact is that nowadays we have female doctors in medicine and in law.

14. Abandonarlo: drop it, give it up

Dejar caer, caérsele, dejar and **suprimir** are several equivalents of "to drop."

Dejar caer means to drop something intentionally:

>*Le DEJAS CAER poco a poco el almíbar.* (SNT-31:17)
>You drop the syrup into it little by little.

Caérsele refers to dropping something by accident:

>*SE LE CAYÓ EL GUANTE y fue a buscarlo.* (MEX-10:125)
>He dropped his glove and went to look for it.

Dejar is used with reference to dropping a course:

>*Yo DEJÉ EL CURSO, básicamente por razones de trabajo.* (LIM-12:175)
>I dropped the course, mainly because of a job.

Suprimir is the equivalent of "to drop" in the sense of eliminating or cutting something:

>*Se SUPRIMEN las escenas incoherentes.* (BA- 20:302)
>They drop (cut) the incoherent scenes.

>*Se SUPRIMIERON fuertes sumas del presupuesto.* (SNT- 23:376)
>They dropped some large amounts from the budget.

15. Se oponían: refused

Oponerse a, in addition to meaning "to refuse," can also mean "to object to," "to be opposed to":

>*Mi esposo estuvo siempre de acuerdo. Nunca SE OPUSO A que yo estudiara.* (MEX-17:222)
>My husband was always in agreement. He never objected to my studying.

>*Yo ME OPONGO A todo eso; yo no creo que debe ser.* (SJN-1:26)
>I object to all that; I don't think it should be.

Objetar means "to object" in the sense of "to protest orally," "to state an objection verbally" to someone:

*Había un norteamericano que LES OBJETABA, pero se
defendieron muy bien.* (SNT-43:279)
There was an American who was stating objections to them, but they
defended themselves very well.

OBSERVATION EXERCISES

1. I protested to him that the sharp-pointed knife suggested murder and
that it would be necessary to investigate, but he objected to my idea. **2.**
The fact is that he had a morbid fear of facing customers, even though he
was not unaware that his life depended on it. **3.** I have the feeling that
you will be successful in applying for that position, because you have a
good sense of humor. **4.** I suggest you talk about the innovations of this
waxer and use your innate ability to influence people. **5.** When the
hypnotist suggested to her that she felt a great fatigue, the suggestion
gave her the feeling that she couldn't move, which is easy to understand.
6. My feeling is that the commissions you are making as an agent are
insufficient and that you should apply for a position that will pay a higher
salary. **7.** He applied for a job, but the company ignored his application.
8. He was able to make the monthly payments on the car, but it was easy
to see that his feeling of failure was getting deeper. **9.** He was in a very
good mood thinking about the fee he would charge in payment for his
services. **10.** When the pump broke down, many people were unaware of
it, but I realized it immediately. **11.** She did not fail to give in to the
hypnotist's suggestion that she drop the letter opener. **12.** The idea that
the power of suggestion has important connotations for a door-to-door
salesman is not difficult to believe. **13.** Infantile paralysis and polio are
no longer a crisis there, but tuberculosis is, and for this reason much
emphasis has been placed on an analysis of the latter. **14.** My doctor's
thesis that X-rays have to be applied to all cancerous cells has not
influenced many people. **15.** She suggested to the housewives that the
application of more wax would leave the floor like new. **16.** But they
weren't convinced of it, and they said they were in no mood to try out her
merchandise. **17.** It's easy to see that those two butterflies that you and
your friend have are excellent specimens; give them to us. **18.** The fact is
that the men who were in power during those regimes all had different
characters. **19.** They were all in a good mood and influenced the people

in positive ways. **20.** The maid, who was in a very bad mood, placed her pay on the table, suggesting that she be paid more. **21.** The innumerable fees she receives in payment for the advice she gives as a consultant are more than her salary; I'm sure of it. **22.** The doctor said that such actions were unnecessary and could blacken her reputation, as he applied a bandage to her wound. **23.** I hope my suggestions will not fail to influence you. **24.** "What are your feelings in this matter?" he asked her. "Should we drop one of the s's in the sentence 'Let's give it to them'?" **25.** When she failed her chemistry exam, her father suggested that she drop the class, and she won't fail to obey him. **26.** She couldn't overcome the feeling that she had failed her parents when she failed as a saleslady. **27.** With deep feeling, he said that it would embarrass him to have to stand up for her and that he was opposed to it. **28.** In spite of the fact that I had protested that it was an accident, the housewife ignored what I said and threw me out of the house.

PRONOUNS

I.   GENERAL STATEMENT

Although the use of pronouns in Spanish is basically a rather simple matter of memorization of forms (**me, te, lo, le**, etc.) and position (before a conjugated verb, after an infinitive, etc.), there are a few situations that can present problems and thus merit more serious study. The present grammar lesson assumes a knowledge of the forms and basic uses of the Spanish pronouns and will focus attention on those aspects of usage that perhaps are not yet sufficiently clear even to the advanced student.

II.   *LEÍSMO* VS. *LOÍSMO*

The direct object pronoun used to refer to a human male may be either **lo** or **le**, so that "I saw him" may be either **Lo vi** or **Le vi**. This use of **lo** is called **loísmo** and those who use it are called **loístas**. Similarly, this use of **le** is called **leísmo** and those who use it are called **leístas**. Spanish Americans are **loístas**, while many Spaniards, particularly those from Madrid and the central regions of Spain, are **leístas**. With reference to things, only **lo** is used: "I saw it"- **Lo vi**.

Leísmo is seldom found in the plural, so that even **leístas** usually refer to human males in the plural with **los**: **A mis primos los vi ayer** - "I saw my cousins yesterday."

The following are examples of **leísmo**:

Si un señor dice que existen los extraterrestres pero no tiene unas pruebas palpables, LE tomarían por loco. (MAD-3:61)
If a man says that extraterrestrials exist but he has no palpable proof, he'd be taken for a madman.

Él no es lo suficientemente pobre para que LE admitan en un hospital de beneficencia. (MAD-8:137)
He's not poor enough for them to admit him to a public welfare hospital.

A mi marido no LE vi en todo el día. (MAD-12:208)
I didn't see my husband all day long.

A don José María Benedito todo el mundo LE conoce como especialista en aves. (MAD-13:218)
Everyone knows Jose Maria Benedito as a specialist in birds.

El nieto iba para allá. Fuimos a la casa a esperarLE y nos fuimos al aeropuerto a recibirLE; LE recibimos todos con aplausos, y LE encontramos bastante despejado. (MAD-14:234)
The nephew was going there. We went to the house to wait for him and we went to the airport to meet him, and we all received him with applause, and we found him to be quite bright.

Since the above examples are all from Madrid, the use of **leísmo** is expected. The following are examples of **loísmo**:

Los carabineros LO tomaron y se LO llevaron a la comisaría. (SNT-24:395)
The policemen grabbed him and took him to the police station.

Él vino con la intención de seguir estudiando odontología, pero no LO admitieron. (SNT-1:22)
He came with the intention of continuing his studies in dentistry, but they didn't accept him.

Al profesor no LO vi, porque no estaba. (BA-33:527
I didn't see the professor, because he wasn't there.

A mi padre no LO conocí. Se murió el mismo año que yo nací.
(MEX-12:143)
I didn't know my father. He died the same year I was born.

Se preocupaba por que viniera el artista y que hubiese alguien para recibirLO. (SJN-14:279)
He was worried about the artist coming and about whether there would be someone to pick him up.

III. *LAÍSMO*

The indirect object pronoun has only one form, **le(s).** However, in some parts of Spain, notably in Madrid, **la** is sometimes used rather than **le** as the feminine indirect object. Since this use of **la**, called **laísmo**, is not part of educated speech in most Spanish-speaking areas, it should be avoided by the student. The following sentences, taken from speech samples of natives of Madrid, are examples of **laísmo:**

A veces iba a casa a las tres de la mañana sabiendo que a mi madre no LA gusta. (MAD-1:19)
Sometimes I would go home at three o'clock in the morning, knowing that my mother doesn't like that.

Yo LA he preguntado lo que ella hacía allí. (MAD-8:140)
I've asked her what she was doing there.

Tiene una secretaria, y él siempre LA da muchos permisos y cosas de ésas. (MAD-19:349)
He has a secretary, and he always gives her lots of permissions and things like that.

IV. USE OF PREPOSITIONAL PHRASE (*A MI, A TI, A ÉL*, ETC.) IN PLACE OF OBJECT PRONOUN (*ME, TE, LE*, ETC.)

Normally, prepositional phrases like **a él, a ella, a mí**, etc. occur with a corresponding object pronoun. Thus, for example, one may say **Le hablé** ("I spoke to him / her"), or **Le hablé a él / Le hablé a ella**, but not *Hablé* *a él / Hablé a ella.*

However, if no verb is present, **a mí, a ti, a él**, etc. will occur without the corresponing **me, te, le, lo**, etc.:

-¿A quién se lo cuento?
-A MÍ. (MAD- 3:51)
Whom shall I tell it to?
To me.

-Muchas gracias, doña.
-A USTED. (BOG-19:262)
Thank you very much Ma'am.
Thank *you*.

Paso, ¿eh? Ahora A USTED. (BA-25:227)
I pass, huh? Now it's your turn.

A mí es el queso que más me gusta.
A MÍ también. (BA-32:481)
It's the cheese I like most.
Me, too.

Yo le veía vocación a Carmela, y a otra amiga, pero A ELLA, no.
(MEX-11:139)
I could see a vocation in Carmela and in another friend, but not in her.

The prepositional phrase **a mí, a ti, a él**, etc. is also used to add emphasis to the object pronouns **me, te, le, lo**. Note, however, that the prepositional phrase in such sentences does not replace the object pronoun but is used in addition to the object pronoun:

La mujer también puede llegar a casa cansada y exigir que el hombre LA CHIQUEE A ELLA. (MEX-19:259)
The woman can also get home tired and demand that the man pamper *her*.

Me encantaría que hablaras de una cosa que TE FASCINABA A TI.
(BOG-30:400)
I would love to have you talk about something that fascinated *you*.

Ni tú me lo vas a decir A MÍ; ni yo te lo voy a decir A TI. (MEX-27:377)
You're not going to tell it *to me* nor am I going to tell it *to you*.

However, an exception to the rule that the prepositional phrase may not be used without the corresponding object pronoun occurs with verbs of motion, which usually require only a prepositional phrase, inasmuch as the object of such verbs is not an indirect object:

Muchos SE ACERCABAN A ELLOS. (HAB-48:735)
Many people approached them.

Yo no FUI A ELLA por razones de mi papá. (MEX-27:367)
I didn't go to her because of my dad.

Toda voluntaria tiene que aprender las técnicas generales de la encuesta, cómo se conversa con la joven, cómo SE LLEGA A ELLA, etc. (BA-15:228)
Every volunteer has to learn the general techniques of taking a poll, how one converses with a young lady, how one goes up to her, etc.

Nevertheless, with **acercarse** there is a tendency, especially in Spanish America, to use an indirect object pronoun rather than a prepositional phrase:

Yo miraba eso y SE ME ACERCÓ un señor. (BOG-36:495)
I was looking at that and a man came up to me.

Cuando el niño tenía los dos meses, SE LE ACERCABA cualquier persona, y sonreía. (MEX-25:346)
When the child was two months old, anybody could approach him and he would smile.

Estábamos tomándonos un café, y SE NOS ACERCARON unos chicos jóvenes. (MAD-9:153)
We were having a cup of coffee, and some young men came up to us.

When both object pronouns, direct and indirect, refer to people, Spanish and English follow the same pattern, and use corresponding object pronouns and prepositional phrases:

Él SE EXPRESA A ELLA muy explícitamente. (BA-24:155)
He expresses himself to her very explicitly.

Hay alguien que SE PARECE A MÍ. (SJO-9)
There's someone who looks like me.

Había niños que no se separaban de la madre; SE PEGABAN A ELLA. (MEX-25:350)
There were children who would not leave their mothers; they would cling to her.

Tanto Jaime como yo NOS HEMOS DEDICADO A ELLOS. (LAP-8:83)
Both Jaime and I have devoted ourselves to them.

ME ENFRENTARÉ A ELLOS para saber lo que quieren. (MEX-1:17)
I will stand up to them in order to find out what they want.

Algo LO VINCULABA A ELLA en su niñez. (BA-28:370)
Something bound him to her in his childhood.

V.   USE OF REDUNDANT OBJECT PRONOUN

The use of a redundant indirect object pronoun to repeat an indirect object noun is normal in Spanish:

LE DIJE A MI PAPÁ que pensaba estudiar farmacia. (SNT-53:471)
I told my dad that I was planning to study pharmacy.

LE DABAN A LA MAMÁ los medicamentos. (LIM-17:233)
They were giving their mom the medications.

La señora LES CONTESTÓ A LOS NIÑOS, agradeciendo su tarjeta. (MEX-7:93)
The lady replied to the children, thanking them for their card.

Es la primera publicación que LES SIRVE A LAS AMAS para hacer cosas prácticas. (BOG-5:69)
It's the first publication that is useful to housewives in doing practical things.

Although this redundant usage of the indirect object pronoun may at times not occur in formal style, as in official documents or business letters, it is so common as to be considered almost obligatory in everyday Spanish, even among well-educated, careful speakers.

With those verbs that may take only an indirect object, verbs like **convenir, faltar, gustar, importar, ocurrir, parecer, pasar** ("to happen"), etc., the redundant indirect object is rarely, if ever, omitted:

No LE CONVIENE AL EJÉRCITO montar una escuela de abogados. (MEX-16:217)
It's not in the army's best interest to set up a school for lawyers.

Lo que LE FALTA A LA ESCUELA de hoy es el espíritu. (SJN-15:302)
What's missing in today's school is spirit.

Eso LE GUSTA A LA GENTE. (LAP-3:45)
People like that.

Se doctoraban en un tema que LE IMPORTABA AL PAÍS donde iban a hacer el doctorado. (SNT-27:453)
They did doctoral studies in a field that was important to the country they were going to do their doctorate in.

Vos ves lo que LE OCURRE A LA IGLESIA. (BA-26:281)
You can see what's happening to the Church.

Esa novela hoy día LES PARECE aburridísima A TODOS. (BOG-26:348)
That novel nowadays seems terribly boring to everyone.

¿Qué LE PASÓ A TU MADRE? (LAP-23:257)
What happened to your mother?

With direct objects, on the other hand, redundant object pronouns are normally not used:

ESTABAN CONTROLANDO A LA GENTE. en todas partes. (BOG-22:298)
They were controlling the people everywhere.

EXTRAÑA A SUS PADRES. (BOG-47:655)
He misses his parents.

Tuve oportunidad de CONOCER A MUCHOS SACERDOTES.
(LIM-13:188)
I had the chance to meet lots of priests.

Una señora me dijo: «Pues yo PREFIERO A LAS MUJERES MÉDICOS». (MAD-8:131)
A woman said to me, "Well, I prefer women doctors.

COMPRARON LOS JUGUETES. (BOG-42:584)
They bought the toys.

However, when a noun object, direct or indirect, precedes the verb, the corresponding redundant object pronoun is normally used:

A LOS ALUMNOS NO LOS DEJAN intervenir en nada. (LIM-2:40)
The students they don't let take part in anything.

LAS PLAYAS NO LAS CONOZCO. (SJO-21)
The beaches I don't know.

LAS CÁTEDRAS LAS TUVE después del cincuenta y seis. (BA-12:185)
The professorships I held after '56.

A MAMÁ Y A PAPÁ LES DEBEMOS un sentido de responsabilidad. (BA-15:234)
To Mom and Dad we owe a sense of responsibility.

When **todo (toda, todos, todas)** is the direct object of the verb, **lo (la, los, las)** commonly precedes the verb, especially with the plural **todos (-as)**. This usage is similar to English "it all," "them all," as in "He knows it all / them all":

En el primer día de clases yo LAS NOMBRABA con nombre y apellido A TODAS (SNT-19:309).
The first day of class I would call on all of them by name, first name and last name.

Quieren que el colegio LO HAGA TODO. (CAR-M26:529).
They want the school to do everything (do it all).

Llega la policía y se LOS LLEVA A TODOS. (SNT-12:207).
The police arrive and take them all away.

An exception to the use of a redundant object pronoun to repeat an object that precedes the verb occurs when the object that precedes the verb is a relative pronoun (**que, quien, el cual**, etc.) or an interrogative pronoun (**qué, quién, cuál**), in which case a redundant object pronoun is normally not used:

Mi hermano mayor, A QUIEN QUIERO y respeto muchísimo, es sacerdote. (LIM-21:288)
My oldest brother, whom I love and respect very much, is a priest.

El libro QUE COMPRÉ es muy bueno. (CAR-38:663)
The book that I bought is very good.

¿A QUIÉN CONOCÍAS del barrio? (BA-13:198)
Whom did you know in the neighborhood?

¿Me podrías decir QUÉ ESTÁS HACIENDO actualmente tú? (SNT-2:24)
Could you tell me what you're doing these days?

VI. USE OF *LO* TO COMPLETE AN IDEA

The neuter pronoun **lo** is often employed as an equivalent of "it" or "so" to complete the idea expressed by the verb. For example, one would say in English "She is sick, but she doesn't look *it*," which in Spanish would be **Está enferma pero no LO parece**. This use of **lo** is found much more extensively in Spanish than the corresponding "it" or "so" in English. **Lo** is found, for example, after **decir, estar, pedir, preguntar,** and **ser**, to mention only the most common verbs with which it occurs:

Muchos de ustedes ya estarán familiarizados con la cinética, pero en caso de que no LO ESTUVIERAN, tratamos de partir de conceptos elementales. (CAR-28:557)
Many of you are probably already familiar with kinetics, but in case you shouldn't be, we try to start off with elementary concepts.

A ver si nos acordamos de PREGUNTÁRSELO. (MAD-20:372)
Let's see if we can remember to ask him.

-Me debías de haber preguntado por qué. -DÍMELO ahora. (MAD-4:82)
"You should have asked me why." "Tell me now."

Le permite distinguir las cosas colombianas auténticas y las que no LO SON. (BOG-5:68)
It allows him to distinguish between the things that are authentically Colombian and those that aren't.

In each of the above sentences **lo** refers either to an entire idea or to an adjective, and is invariable. In **preguntarselo**, for example, **lo** refers to whatever it is the person addressed wants to ask, that is to say, **lo** refers to an idea, while in **lo son**, **lo** refers to **auténticas**, an adjective.

With the verbs **ser, haber, hacer** (in weather expressions) and **tener, lo** may also be used to refer to nouns, and, with the exception of **ser**, it agrees in gender and number with the noun. Used with **ser, lo** remains invariable. It should be noted that in English, when a verb refers to a previously mentioned noun, the sentence is often completed with a word like "one," "any," or "some":

Esto aparentemente no es una amenaza, pero LO ES. (SJN-16:316)
This would seem not to be a threat, but it is.

Muchos de esos escritores habían sido revolucionarios, y todavía LO ERAN. (SJN-4:85)
Many of those writers had been revolucionaries, and they still were.

Parece que antes había voluntarios, y ya no LOS HAY. (BA-32:476)
It sees that before there were volunteers, and there no longer are any.

La mariposa es un insecto muy bonito, pero LAS HAY horriblemente FEAS, también. (HAB-18:571)
The butterfly is a very pretty insect, but there are some terribly ugly ones, too.

¿Cuándo hace buen tiempo por aquí? No LO HACE nunca.
When is the weather nice around here? It never is.

*A mí me gusta mostrar las piernas. Cuando uno LAS TIENE
LINDAS tiene que mostrarlas.* (BA-27:354)
I like to show off my legs. When you have pretty ones you have to
show them off.

VII. IDIOMS WITH UNTRANSLATABLE *LA* OR *LAS*

There are a number of fixed expressions in Spanish that contain a **la** or a
las that refers to nothing previously expressed:

Uno a veces SE LAS DA DE mártir o de Don Quijote. (CAR-16:271)
Sometimes one acts like (fancies oneself, puts on airs of being) a
martyr or a Don Quijote.

¡ME LAS (ME LA) PAGARÁS!
I'll get even with you!

*Yo con el español ME LAS ARREGLABA mucho mejor que mis
amigas con el inglés.* (SJN-5:118)
I managed (got along) much better with Spanish than my friends did
with English.

Están PASANDO LAS DE CAÍN.
They're having a terrible time of it.

Es una juventud que lo único que quiere es PASARLO BIEN. (SNT-
11:197)
They're young people who only want to have a good time.

Nos hemos divertido, ¿eh? LA HEMOS PASADO MUY BIEN. (BA-
27:322)
We've enjoyed ourselves, huh? We've had a very good time.

As will be noted in the last two examples above, **pasarlo bien** and
pasarla bien are both equivalents of "to have a good time."

VIII.   A *SÍ* VS. A *ÉL (MISMO)*

The reflexive prepositional form **sí** is at times replaced by **él, ella, Ud.,
ellos, ellas,** or **Uds.,** especially in conversatonal language, as illustrated
in the following contrastive pairs:

La escuela no les va a eliminar a ellos toda esa serie de traumas que ellos llevan CONSIGO. (CAR-18:334)
School is not going to eliminate that whole series of traumas that they bring with them.
Se adoptó una nena y la tiene CON ELLA. (LAP-23:245)
She adopted a baby girl and she has it with her.

¿Cómo podía una persona volver a rehacer la confianza EN SÍ MISMA? (MEX-25:350).
How could a person regain confidence in him/herself?
Todo lo que ella tiene se lo gasta EN ELLA. (MEX-21:294)
Everything she has she spends on herself.

Ella quiere tener un puesto, quiere valerse POR SÍ MISMA. (BOG-18:245)
She wants to have a position, she wants to manage on her own.
Es mucho de eso: de sentirse ella que vale algo POR ELLA. (MEX-19:268)
It has a lot to do with that, with her feeling that she has her own merits.

Después que tenga respeto DE SÍ MISMO, va a respetar a los demás. (SJN-18:362)
After he feels respect for himself, he'll respect others.
El individuo no se libera de esas ciudades, no a través DE ÉL MISMO, porque él no puede. (CAR-1:13)
The individual doesn't free himself from those cities, not by himself, because he can't.

Para satisfacerse A SÍ MISMO, él hace hasta lo imposible. (MEX-30:416)
To satisfy himself he even does the impossible.
Trata de fugarse, para defenderse A ÉL MISMO. (MEX-29:399)
He tries to flee, in order to defend himself.

A los muchachos les enseñan desde pequeños a alimentarse POR SÍ MISMOS. (SNT-41:227)
They teach the children, from when they are small, to feed themselves.
Cantan canciones compuestas POR ELLOS MISMOS. (MEX-32:439)
They sing songs composed by themselves.

GRAMMAR EXERCISES

1. When he approached them and realized he didn't have the knife, that he had left it in a drawer in the wardrobe, he felt embarrassed. **2.** They don't have a maid any more; they gave her a month's pay and fired her, and she left, taking all her things with her. **3.** He was here, but I didn't see him, and I don't think he saw me, either, but I don't care. Do you? **4.** We showed her the waxer and the other merchandise, but she told us she didn't want them. **5.** Referring to you, he said to me, "He's caused me a lot of harm, but I'll get even with him. I'll treat *him* even worse than he's treated *me*." **6.** Isn't it true that you and the other accident victims had to learn to walk again and to talk to others? Yes, it is. **7.** He picked up the letter opener and kept it for himself, looking at me to see my reaction. **8.** He tolerates them but not me; me he hates. **9.** His mother sat him in the tub and washed him, but the child didn't like it, and he hit her, but it didn't matter to the mother, because he didn't hurt her. **10.** His mischievous nephews he almost never sees, but his nieces he visits frequently, and he loves all of them very much, and they love him, too. **11.** Bring me some more wax, if there is any, and some blades, if they have any sharp ones. **12.** I recommended him to her, but he's afraid to go to her and introduce himself; he spends his time avoiding her. **13.** If he insults them, they won't let him in to show them the articles he has for sale. **14.** Although he stopped being a salesman years ago, he thinks he still is; if you don't believe me, go to him and ask him, and he'll tell you so. **15.** That bill collector always puts on airs of being an important person, but he isn't. **16.** We can't manage on the commissions we make, and we're having a terrible time of it. **17.** We're having a very good time now. **18.** Why do you think your parents try to convince everyone to buy this merchandise? Do you think they do it only for themselves? **19.** You must not call them, nor they, you. And don't approach them. Let them approach you. **20.** It seems to many people that she had more than enough arguments to convince her customers. **21.** Who likes this? Them? No, they don't like it. You do! **22.** "Did you tell her that?" he shouted at me. "No, not her, him," I answered. **23.** Our daughters didn't understand us, nor we, them, so we spent a while, looking each other over until they finally approached us. **24.** If they catch him, they'll hand him over to the police, but not her. They won't hand *her* over to them. **25.** She looked at him, called him useless and threw him out of the house. **26.** What happens to Snow White when the dwarfs return home? Do they accept her and she, them? Or do they want the house only for themselves? **27.** The king's men took me to him, and the king looked at me and said, "Who sent you to us?" **28.** She insisted that she would visit us again later on; I don't know who sent her to us. **29.** Pointing to his guards, he said to me, "If you don't tell me what I want to know, I'll have to hand you over to them." **30.** We live together without me loving him, nor him, me.

7

POST-MORTEM

Baica Dávalos

I

Antes de emprender su tarea final, el suicida volvió a reflexionar sobre la duda que venía obstruyendo su decisión desde varios días atrás. Al cabo - resuelto - se dijo por última vez: -"No. No podrán hacerlo. Es una
5 voluntad suprema; la voluntad de un muerto. Imposible desobedecerla." Y se puso a redactar la carta que comenzaba, como es de costumbre en estos casos, "Sr. Juez, etc."

II

10
El policía releyó - esta vez en voz alta - el papel que tenía entre sus manos: por último - dirigiéndose siempre al forense que, abstraído en su

De Baica Dávalos, "Post-Mortem," *El Cuento* (México, D.F.), noviembre-diciembre 1980, págs. 400-401. Con permiso de *El Cuento*.

trabajo, junto a la mesa de la morgue, bisturí en mano, apenas le prestaba
atención - exclamó: "Ya le dije: el mundo está totalmente loco.
15   ¡Imagínese tamaña ocurrencia! ¡Qué buena vaina!"

III

La carta decía: "Sr. Juez: es mi última, solemne y universal voluntad,
20   que dejo aquí escrita de mi propia mano, a los cuarenta y tres años de
edad y en pleno uso de mis facultades[1] mentales (aunque los hechos
querrán demostrar lo contrario[2]) el que no se practique con mi cuerpo esa
afrenta póstuma que constituye la autopsia. Mi muerte se debe a la
ingestión de veinte pastillas de Seconal sódico, ligadas con una botella
25   del más horrible licor de maíz que haya probado en mi vida. Acometo
esta empresa por mi propia absoluta decisión, convencido de que soy el
único propietario de mi cuerpo y responsable de mis actos. Falto de todo
amigo o pariente en este mundo, luego de largas cavilaciones, me
resuelvo a dejar en Vuestras manos y encomendar a Vuestra Justicia, esta
30   especie de requisitoria que se basa en el siguiente alegato: Aborrezco
tanto a la medicina, los médicos, hospitales, consultorios, clínicas,
farmacias y todo lo que tenga[3] que ver con ella - incluyendo por supuesto
a esa raza amarga que forman los visitadores médicos, con sus maletas de
cómplices repletas de futuros crímenes perfectos y a esa otra de los
35   quiropodistas, disfrazados de asesinos de juanetes, que apenas les llegan
a los pies a sus víctimas - que he tomado desde hace mucho tiempo la
obsesiva decisión de escabullírmeles indemne. Tanta firmeza puse en mi
convicción que mi cuerpo no registra la huella de un solo[4] bisturí, ni mis
huesos han sido jamás fotografiados por rayo alguno[5], ni mi aparato
40   digestivo ingirió en toda su vida (excepto[6] - claro está - estas ominosas
postreras tabletas que me resigno a tragar) ni un solo polvo, líquido,
pastilla, sello o píldora medicinal.
Mas, verá Usía: existe, en casos como el mío - lo sé por ser un asiduo
lector de las páginas amarillas de los periódicos - una operación a la que
45   uno se ve obligado a asistir aunque se halle - naturalmente - ausente. Me
refiero a la necropsia. Usía se preguntará que cómo no recurrí al fuego[7] o
algún otro medio que hiciera desaparecer mi cuerpo evitándome
mayores[8] dudas y complicaciones. Pero es que - Sr. Juez - soy un
creyente fiel de la resurrección de la carne. A tal punto es esto[9] así, que
50   desistí de volarme[10] la cabeza de un disparo[11], para no ser en "la vida
perdurable" un hombre monstruoso que ande haciendo asustar a las
criaturas. Por lo mismo, me niego[12] rotundamente (y la sola idea de que
pudiera ocurrir está por matarme de un infarto) a que abran mi cuerpo y

procedan a la lectura[13] de mis órganos empleando[14] ese desenfado que
55 gastan los lectores de la Biblioteca pública[15], en que me hallo escribiendo
esta carta con la indiferente estupidez que caracteriza a quienes hacen
algo por la inercia de una obligación.

Termino estas líneas convencido de que mi alegato será escuchado.
Será justicia. Vuestro Servidor. Fulano de Tal."
60

IV

Terminada la rutinaria costura, quitándose los guantes y dándole al
cadáver unas caritativas palmaditas en los cachetes, el médico dijo:
65 "-¿Quién te creerías que eras, ah?"

CUESTIONARIO

PREGUNTAS SOBRE EL CONTENIDO DE "POST-MORTEM"

1. Utilizando las palabras **reflexionar, duda, obstruir, desde** y **atrás**,
    cuente Ud. lo que hizo el suicida antes de emprender su tarea final.

2. ¿Cuál es la última voluntad del suicida de "Post-Mortem"? (En su
    respuesta emplee Ud. las palabras **practicar, afrenta, constituir** y
    autopsia.)

3. Describa Ud. la opinión que tiene el suicida de la medicina, usando
    en su descripción las palabras **aborrecer, consultorio, clínica** y
    todo.

4. ¿Cómo describe el suicida el efecto de la medicina en su cuerpo?
    (En su respuesta utilice Ud. las palabras **registrar, huella, bisturí,
    hueso, rayo, ingerir, polvo, píldora** y **medicinal**.)

5. Utilizando las palabras **asiduo, lector, operación, obligado,
    asistir**, y **ausente**, cuente Ud. lo que dice el suicida de la necropsia.

6. ¿Por qué no recurrió el suicida a algún medio que hiciera desaparecer su cuerpo? (En su respuesta emplee Ud. las palabras **creyente, fiel** y **carne**.)

7. ¿Dentro de qué contexto se refiere el suicida a un "hombre monstruoso"? (En su respuesta utilice Ud. las palabras **desistir, volar, disparo, perdurable, andar, asustar** y **criatura**.)

8. ¿A qué se niega rotundamente el suicida? (En su respuesta use Ud. las palabras **cuerpo, proceder, lectura, órgano, emplear, desenfado, gastar,** y **lector**).

9. Utilizando las palabras **convencido, alegato, justicia, servidor** y **tal**, cite Ud. el último párrafo de la carta del suicida.

10. Cuente Ud. lo que ocurre al final del cuento, utilizando las palabras **rutinario, costura, guante, palmadita, cachete** y **creerse**.

PREGUNTAS TEMÁTICAS

1. Comentarios sobre "Post-Mortem"

¿Qué opina Ud. del suicida del cuento "Post-Mortem"? ¿Le parece a Ud. lógica su manera de pensar y de resolver los asuntos?

2. La Medicina

El suicida del cuento "Post-Mortem" dice que aborrece a la medicina y todo lo que tiene que ver con ella. ¿Qué opina Ud. del mundo médico (médicos, enfermeras, consultorios, hospitales, etc.)?.

3. La Muerte

¿Cuáles son sus ideas sobre la muerte? ¿Por qué será que a la gran mayoría de la gente no le gusta hablar de la muerte? ¿Hay algunas circunstancias que permitan que uno se quite la vida?

OBSERVATIONS

1. Facultades: faculties

Profesorado or **profesores** is the equivalent of "faculty" meaning a group of professors. Likewise, **estudiantado** or **estudiantes** is "student body":

> *Sentí un sentido de frustración tan grande del PROFESORADO y el ESTUDIANTADO que hice un comentario.* (CAR-21:415)
> I felt such a deep sense of frustration with the faculty and the student body that I made a comment.

> *Yo creo que EL PROFESORADO está a la zaga del ESTUDIANTADO.* (SJN-1:23)
> I believe the faculty is lagging behind the student body.

Facultad (f.) is university "school" or "college":

> *Pidieron a la FACULTAD DE EDUCACIÓN que hiciera un análisis de la situación.* (BOG-15:200)
> The School (College) of Education was asked to make an analysis of the situation.

> *No hace mucho que la FACULTAD DE INGENIERÍA aquí era famosa.* (CAR-2:30)
> Not very long ago the School (College) of Engineering here was famous.

2. Lo contrario: the opposite

Lo contrario is the equivalent of "the opposite":

> *Hacemos LO CONTRARIO de lo que se nos dice.* (BOG-19:255)
> We do the opposite of what we are told.

> *LO CONTRARIO de respeto es no aceptar que las personas puedan tener virtudes y defectos.* (SJO-15)
> The opposite of respect is not to accept that people can have virtues and defects.

3. Todo lo que tenga: everything that (whatever) has

The subjunctive is used here following the indefinite antecedent **todo**, which refers to anything at all that might have something to do with medicine, and thus to something that is theoretical rather than specific and real. Study the following contrastive pairs of sentences; in each case the **que** of the first sentence refers to something known, specific, in existence, and is thus followed by the indicative, while the **que** of the second sentence refers to something hypothetical or indefinite that as yet does not exist or is unknown, and is thus followed by the subjunctive:

Es ALGO QUE YO TENGO mucho interés en saber. (BOG-6:75)
It's something that I am very interested in knowing.

Espero que sea UN DÍA QUE YO NO TENGA muchas horas de clase. (BA-27:354)
I hope it's day that I don't have lots of classes.

Hay muchos ANUNCIOS en los periódicos QUE DICEN eso. (MAD-13:215)
There are lots of ads in the newspapers that say that.

Es preferible comprarla AL PRECIO QUE DIGAN. (BA-34:461)
It's better to buy it at whatever price they may ask.

Estaban aprendiendo una serie de COSAS QUE NO TENÍAN utilidad alguna. (SJN-15:295)
They were learning a series of things that had no practical use at all.

Yo creo que una campaña contra la mariguana tendría que ser hecha por JÓVENES QUE TUVIERAN condiciones de líderes. (SNT-8:147)
I think that a campaign against marihuana would have to be carried out by young people who had leadership qualities.

4. Solo: single

No . . . un solo or **ni un (ni un solo)** is the equivalent of "not a single":

NO ha leído UN SOLO libro. (SNT-20:334)
He hasn't read a single book.

No habíamos visto NI UN SOLO policía en tres días. (CAR-6:94)
We hadn't seen a single policeman in three days.

5. Rayo alguno: any X-ray at all

Alguno, when following the noun it modifies, has a very emphatic negative connotation, more emphatic even than that of **ninguno** following the noun, which is, in turn, a more emphatic negation that that of **ninguno** preceding the noun. There are thus three degrees of negative emphasis possible in the use of **ninguno/alguno**: **ningún libro** - "no book", **libro ninguno** - *no* book, and **libro alguno** - *no* book *at all*:

> *Es tan importante que va a abrir nuevos caminos; NO CABE NINGUNA DUDA.* (BA-6:102)
> It's so important that it's going to open new roads, there's no doubt about it.

> *NO HAY DUDA NINGUNA de que un hombre era mucho más libre hace dos mil años que hoy.* (MAD-10:173)
> There is certainly no doubt that a man was much freer two thousand years ago than he is today.

> *Todos sabemos que el sistema monetario norteamericano funciona a base del sistema decimal, NO HAY DUDA ALGUNA de eso.* (SJN-8:163)
> We all know that the North American monetary system functions on the basis of the decimal system, there is absolutely no doubt at all about that.

6. Excepto: except for

Excepto, menos, salvo and **sino** are four equivalents of "except," or "but" meaning "except":

Excepto and **menos** are the most commonly used of the four:

> *El curso mantiene una asistencia bastante buena, EXCEPTO los días de lluvia.* (HAB-13:376)
> The course has rather good attendance, except on rainy days.

A mí me gusta todo, MENOS dos cosas. (SJN-2:54)
I like everything, except for two things (everything but two things).

Salvo has a somewhat more formal tone than **menos** or **excepto**, and for this reason is more often found in carefully phrased language:

SALVO una o dos personas, el resto tenía una preparación comparable a alumnos que recién ingresan a la universidad. (LIM-16:222)
Except for one or two people, the rest had a background comparable to students who are just entering the university.

While **excepto, menos** and **salvo** may be used in all types of sentences, affirmative or negative, statement or question, **sino** is used only in negative sentences or following a question word:

Yo no avisé a NADIE SINO a mis hijos de mi viaje. (LAP-M5:59)
I didn't let anyone except (but) my children know about my trip.

La sociedad de consumo QUÉ es, SINO una gigantesca manera de practicar el inmediatismo con los recursos escasos de la naturaleza. (BOG-43:605)
What is the consumer society but (except for) a gigantic way of practicing immediateness with the scant resources of nature.

As can be seen in some of the examples given above, the Spanish equivalents of "except" serve, also, as equivalents of "except for". Some other equivalents of "except for" are **a (con / con la) excepción de, fuera de, descontando** and **excluyendo**:

Yo nunca veo televisión A EXCEPCIÓN DE un programa. (BOG-2:42)
I never watch television, except for one program.

¿Tú crees que eliminar todos los elementos animales CON EXCEPCIÓN DE leche es peligroso? (LAP-24:269)
Do you think that eliminating all animal products except for (but) milk is dangerous?

FUERA DE eso no intervenimos. (MEX-5:74)
Except for that, we don't intervene.

Trabajé en todos los países de América del Sur, EXCLUYENDO Ecuador. (LIM-15:203)
I worked in all the countries of South America, except for (but) Ecuador.

When an "except" expression is used with reference to the object of a preposition, this preposition must be repeated:

Tú descongelas esa carne y te la vas a comer, y sabe A todo MENOS A carne. (CAR-4:57)
You thaw that meat and you go to eat it, and it tastes like anything but meat.

No existen plazas de toros EN Europa, SALVO EN el sur de Francia. (MAD-5:93)
There don't exist any bullrings in Europe, except for southern France.

Las muchachas de hoy está preparadas PARA todo lo imaginable MENOS PARA tener un hogar. (BOG-18:245)
Girls today are ready for everything imaginable except having a home.

Excepto, menos, salvo and **sino**, when used with pronouns, require the subject, not the object, pronoun (e.g. **excepto yo/tú/él**, etc.):

Todos tenemos coches, todos MENOS YO. (MAD-11:196)
We all have cars, all except (but) me.

7. **Fuego**: fire

Incendio is an accidental fire, such as that in which a house, forest, etc. burns down. **Fuego** is used in all other cases:

El archivo histórico fue quemado en un INCENDIO. (BOG-20:265)
The historical records were burned in a fire.

Recuerdo el día del INCENDIO en la biblioteca. (LIM-19:261)
I remember the day of the fire at the library.

Se cocina A FUEGO LENTO. (HAB-35:645)
It's cooked on a low flame (fire).

-¿Le diste FUEGO?
-No, no hay fósforos. (BA-25:243)
"Did you light it?"
"No, there are no matches."

Se le quita la cáscara y se pone al FUEGO. (HAB-4:100)
You peel it and put it in the fire.

8. Mayores: greater

Grande and **pequeño** have two comparative degree forms, the regularly formed **más grande** and **más pequeño** and the irregular forms **mayor** and **menor**. **Más grande** and **más pequeño** are more commonly used than **mayor** and **menor** when reference is to physical size:

*LA CASA MÁS GRANDE que yo recuerde de ese tiempo, EL
EDIFICIO MÁS GRANDE, no tenía tantos pisos como hoy día.*
(SJO-27)
The biggest house that I remember from those days, the biggest building, didn't have as many floors as nowadays.

Nos ponían a nosotros cuatro en UNA MESITA MÁS PEQUEÑA.
(BOG-42:582)
They used to put the four of us at a smaller table.

With reference to people, **más grande** and **más pequeño** refer to size while **mayor** and **menor** refer to age:

Yo me sentía MÁS GRANDE que un gigante. (BOG-19:260)
I felt bigger than a giant.

*Éramos seis, y por las diferencias de edad entre EL MAYOR y EL
MENOR, se produce el respeto de LOS MENORES con respecto a
LOS MAYORES.* (SNT-40:202)
There were six of us, and because of the age differences between the oldest and the youngest, there is a feeling of respect felt by the younger ones for the older ones.

However, this use of **mayor** and **menor** is generally limited to children or to an older or younger brother or sister. When adults are compared in age, **mayor** and **menor**, although not incorrect, are much less commonly used than **más viejo** and **más joven**:

Estoy un poco MÁS VIEJO yo. Yo le llevo a Fernando como tres años. (BA-28:372)
I'm a little older. I'm about three years older than Fernando.

Soy la mujer MÁS JOVEN que hay aquí. (SNT-1:8)
I'm the youngest woman there is here.

When two people are compared as to greatness, **más grande**, not **mayor**, is used:

Él es EL MÁS GRANDE POETA y el que más influyó en los poetas jóvenes. (BA-31:458)
He is the greatest poet and the one who influenced the young poets most.

Pudiéramos decir que Martí es EL CUBANO MÁS GRANDE que ha dado Cuba. (HAB-26:622)
We could say that Marti is the greatest Cuban that Cuba has produced.

In other cases, "greater" or "greatest" is usually translated as **mayor**:

Todas esas cosas le permiten a uno ir adquiriendo MAYOR DESTREZA en el deporte. (MEX-1:13)
All those things allow one to gradually acquire greater skill in the sport.

LA MAYOR PARTE de la gente no tiene imaginación. (CAR-19:374)
The greater part (Most) of the people have no imagination.

Hoy en día yo creo que LA MAYOR ALEGRÍA de un estudiante es que le digan que no hay clase. (CAR-21:414)
Nowadays I think a student's greatest joy is to be told there's no class.

9. Esto: this

The neuter demonstrative pronouns **esto, eso,** and **aquello,** and all demonstrative adjectives never bear a written accent. According to the "Nuevas normas de prosodia y ortografía" approved by the Spanish

Academy in 1952, a masculine or feminine demonstrative pronoun requires a written accent (**éste, ésta,** etc.) only when without the accent the meaning of the sentence would not be clear, as in the following examples:

> **Los niños escogieron a su gusto, éstos bombones y aquéllos juguetes.**
> The children selected as they wished, these, candies and those, toys.

> **Los niños escogieron a su gusto estos bombones y aquellos juguetes.**
> The children selected as they wished these candies and those toys.

In the first of the two sentences above, **éstos** and **aquéllos** are pronouns referring to **niños**, while in the second sentence **estos** and **aquellos** are adjectives modifying **bombones** and **juguetes**, respectively.

It is, however, correct usage to write accents on all demonstrative pronouns except the neuter ones, regardless of whether the accents are needed for clarity, and, in effect, it is this usage that is most widely followed.

10. Volarme la cabeza: blow my head off

Volar, used transitively, may mean "to blow up," "to demolish" (with explosives, etc.), "to explode":

> *Habían llevado a un grupo de técnicos dinamiteros para VOLAR el puente sobre el río.* (LAP-5:61)
> They had taken a group of dynamite experts to blow up the bridge over the river.

Estallar, explotar, or **reventar** are commonly used equivalents of the intransitive verb "to explode," "to go off":

> *Había un olor a quemado y se imaginaba que en cualquier momento el carro iba a ESTALLAR.* (SJO-15)
> There was a burnt smell that made you think that at any moment the car was going to explode.

El individuo poco a poco va creando reacción dentro de sí mismo que va a EXPLOTAR algún día. (BOG-22:299)
The individual litte by little is creating a reaction in himself that is going to explode some day.

Me acuerdo yo que cuando estaba en Londres, una bomba del ejército irlandés HABÍA REVENTADO en la estación. (CAR-22:453)
I remember that when I was in London, an Irish army bomb had gone off in the station.

Explosionar may be used either transitively or intransitively; it is found most commonly in military usage:

La bomba explosionó.
The bomb exploded.

Explosionamos la bomba.
We exploded the bomb.

Hacer explotar or **hacer estallar** also mean "to explode" in the sense of "to set off":

Hicieron explotar (Hicieron estallar) una bomba.
They set off a bomb.

11. De un disparo: with a bullet (literally, "with a shot")

De or **con** are used to translate "with" a single blow of an instrument, whereas **a** is used when reference is to several blows:

Ninguna idea puede eliminarse CON UN BALAZO. (BOG-17:227)
No idea can be eliminated with a gunshot (**bala** = "bullet").

En mi época los colegios de niñas tenían tranvías, y nos bajaban A REGLAZOS las profesoras. (BOG-37:510)
In my day the girls' schools had streetcars and the teachers would make us get off by continually hitting us with a ruler (**regla** = "ruler").

12. Me niego: I refuse

Negar, negarse a, rehusar, rechazar and **no querer** are five common equivalents of "to deny" and "to refuse."

Negar means "to deny" in the sense of "to refute the existence or truth of":

> *Yo no NIEGO que puede haber cosas positivas en este cambio.*
> (LIM-23:303)
> I don't deny that there may be some positive things in this change.

> *Fue un gran pintor; nadie lo NIEGA.* (SNT-47:377)
> He was a great painter; no one denies it.

Negarse a is used with infinitives to mean "to refuse" to do something:

> *Llovió, y las modelos SE NEGARON A salir.* (CAR-20:379)
> It rained, and the models refused to come out.

> *Ella SE NIEGA A aceptar esas cosas.* (CAR-36:633)
> She refuses to accept those things.

No querer may also be used to mean "refuse," especially in the preterit:

> *Nos llevaron hasta la mitad y NO QUISIERON seguir.* (LAP-23:261)
> They took us half way and refused to go on.

> *Le ofrecieron costearle una carrera, y ÉL NO QUISO.* (BOG-6:89)
> They offered to finance his education, and he refused.

Rehusar or **rehusarse a** are more formal equivalents of "to refuse":

> *Tenía una habitación para huéspedes. Entonces no pude REHUSARME A quedarme.* (BA-26:305)
> He had a guest room. So I couldn't refuse to stay.

> *Este señor REHÚSA tomar parte en un espectáculo en un cabaret.*
> (SJN-3:69)
> This gentleman refuses to take part in a show in a nightclub.

Either **rehusar** or **rechazar** may be used when "to refuse" means "to turn down." **Rehusar** is the milder of the two verbs and means simply "to decline," "not to accept," while **rechazar** implies a stronger action, such as "to reject." Furthermore, **rechazar** may not be followed by a verb:

La compañía REHUSÓ confirmar la afirmación.
The company refused (declined) to confirm the statement.

Siente que, dentro del sistema, él HA SIDO RECHAZADO. (SNT-55:508)
He feels that, within the system, he has been rejected.

Both **negar** and **rehusar** may be used to mean "to deny" something to someone:

En la sociedad colonial, las leyes LES NEGARON ESE DERECHO. (LAP-31:382)
In colonial society the laws denied them that right.

No podemos REHUSARLES SU DERECHO de sentarse donde quieran.
We cannot deny them their right to sit wherever they wish.

13. Lectura: reading

Lectura is "reading" and not "lecture," which is **conferencia**. **Conferencia** is also at times used with the meaning of "conference," which is more commonly expressed as **congreso** or **asamblea**:

¿Tienen ustedes algo que sirva para mejorar los hábitos de LECTURA? (SJN-15:300)
Do you have something that is good for improving reading habits?

Yo oigo una CONFERENCIA y me encanta de lo que sea. (SJO-14)
I listen to a lecture and I'm delighted with whatever it is.

Decidieron que una representante femenina debía asistir a una CONFERENCIA INTERNACIONAL. (BOG-49:676)
They decided that a female representative should attend an international conference.

Fue a un CONGRESO DE HISTORIADORES y presentó una investigación excelente. (LAP-29:347)
He went to a historians' conference and presented an excellent research paper.

Está abierta la sesión, y vamos a comenzar nuestra ASAMBLEA DEL CÍRCULO DE CULTURA PAN-AMERICANO. (HAB-47:712)
The session is opened, and we shall now begin our Pan American Culture Circle Conference.

14. Empleando: employing

The gerund, or **-ndo** form, is the equivalent of "by + -ing": **haciéndolo** = "by doing it." **Por** + infinitive means "because of + -ing": **por hacerlo** = "because of doing it":

Según algunas teorías, PONIENDO determinadas condiciones a determinada presión y determinada temperatura, puedes crear vida. (MEX-2:31)
According to some theories, by placing certain conditions under a certain pressure and at a certain temperature, you can create life.

Cree que PELEANDO contra eso, va a crecer. (BOG- 8:111)
He thinks that by fighting against that, he is going to grow.

No se puede realizar un movimiento de protesta, simplemente ANALIZANDO lo negativo. (SEV-16:196)
One can't establish a protest movement by simply analyzing what's negative.

Siempre hay peligro, pero REDUCIENDO velocidad, y METIENDO una marcha inferior se puede dominar la situación. (SEV-11:134)
There is always some danger, but, by reducing the speed and putting the car in a lower drive, one can control the situation.

Esperan que, POR SER POLÍTICOS, o POR APOYAR a un partido equis, o a un partido zeta, ya todo les tiene que llegar. (LAP-21:206)
They expect that, because of being politicians, or because of supporting party X or party Z, everything has to come to them.

Es de más precisión, POR TENER menos capacidad. (HAB-44:699)
It has greater precision because of having less capacity.

Han pasado por mi mano tantas cosas, POR ESTAR inmerso en esta vida social. (SEV-19:226)
So many things have passed through my hands because of my being so immersed in this social life.

15. Pública: public

Público is the usual equivalent of "public":

Tenemos otro campo, que es en SALUD PÚBLICA. (SNT-58:549)
We have another field, which is in public health.

La revista cambia de formato, y va a ser un poco duro para EL PÚBLICO porque sube cinco pesos. (BOG-5:69)
The magazine is changing format, and it's going to be a little hard on the public, because it's going up five pesos.

Jamás he hablado así EN PÚBLICO. (CAR-15:259)
I've never spoken like this in public.

Público is also the Spanish word for "audience":

El actor prefiere el teatro vivo, con EL PÚBLICO ahí, recibiendo el mensaje. (SJN-17:329)
The actor prefers live theatre, with the audience there, receiving the message.

EXERCISES ON OBSERVATIONS

1. If you had bunions, you wouldn't ask those questions, or any questions at all. **2.** He would have gotten drunk and blown his head off, if you hadn't refused to sell him that corn liquor. **3.** "Will I be doing the opposite by swallowing this liquid?" she asked, with the casualness that characterized the greater part of her actions. **4.** Why didn't the judge resort to some method that avoided those complications? **5.** Disguised as policemen, they tried to blow up the bridge, but the bomb didn't go off. **6.**

She was absorbed in her work, reflecting over which was bigger, the public library or the morgue. **7.** When she denied that she had committed those crimes, the audience applauded. **8.** "It is customary for the faculty and the greater part of the student body of the school of engineering to attend these lectures," she said in a loud voice. **9.** My petition is based on your allegation that those firemen have not arrived at a single fire on time. **10.** By doing the opposite of what I requested, the doctor has refused to obey any wish at all of the suicide victim. **11.** His younger brother showed greater interest in the matter than his older brother, who was an accomplice of the murderer. **12.** "Those who disobey will not avoid the fires of Hell," the owner said, frightening all the children but his son, who had no belief in the resurrection of the flesh or in an everlasting life. **13.** "I have made up my mind to leave those decisions and anyone who has anything to do with them in the judge's hands," he said. **14.** You can resolve this by blocking his decision to undertake that task. **15.** She flatly denies that any of the greatest composers of her country died of a heart attack. **16.** By drafting a letter in your own handwriting, you will convince them that you are in complete control of your mental faculties, and not a single person will deny you any right. **17.** "You're probably wondering why everyone but me was at the conference," the coroner said, giving the cadaver a few light, charitable slaps on the cheeks. **18.** He hates everyone that has anything to do with hospitals, except, of course, the nurses. **19.** "After long deliberations, I have decided that not a single death was due to ingesting those pills or these," the coroner said, addressing the judge. **20.** "You mean there has never been any fire here?" she asked, referring to the fireplace. **21.** At forty-three years of age, she had not yet been in a single doctor's office nor taken any pills at all.

THE PARTICLE *SE*

I.   GENERAL STATEMENT

Although **se** is best known to students of Spanish as the reflexive pronoun (**se** is here meant to include all the so-called "reflexive pronouns" **me, te, se, nos, os, se**), it has a wide range of interpretations that go far beyond its role as an indicator of reflexivity. In the brief selection with which this chapter begins, the particle **se** appears some twenty times in a variety of roles. What all the usages of **se** have in common, however, is that they indicate that the action of the verb accompanied by **se** affects the person or thing to which the verb refers. Unlike the concept of reflexivity with English reflexive verbs, which is understood to mean that the subject of a verb both produces and receives the effect of a verbal action, the use of **se** with a Spanish verb does not necessarily indicate that the person or thing referred to produces the action of the verb, but merely that it is affected by the action of the verb.

Thus, **Se lava la ropa,** for example, means that **ropa** is affected by the action of **lava**. The translations of this notion into English may take on a number of forms, provided the idea that "clothing is affected by washing" is kept intact. Thus, **Se lava la ropa** may be interpreted to mean, "Clothes are washed," "One washes clothes," or any other translation that indicates that washing goes on and clothes are affected by the washing.

The present grammar lesson will present a study of some of the uses of the particle **se** that English-speaking students of Spanish tend to find problematical.

II.   *SE* TO FORM INTRANSITIVE VERBS

One of the most common uses of **se** is to make a transitive verb (a verb that takes a direct object) intransitive. Thus, while **abrir** means "to open something," **abrirse** means simply "to open," with no object understood. In English this contrast is made by stating or not stating an object after the verb. Thus, if one says, "I walked," "walked" is understood to be intransitive with nothing understood to be the object of "walked." If, on the other hand, one says, "I walked the dog," "walked" is understood to be a transitive verb with "dog" as its direct object. Thus, in English the same verb may be used both transitively and intransitively, with context indicating which meaning is in effect, as illustrated in the following examples:

He *opens* the door. (transitive verb)
The door *opens*. (intransitive verb)

He *calms* her *down*. (transitive verb)
She *calms down*. (intransitive verb)

The sun *melts* the snow. (transitive verb)
The snow *melts*. (intransitive verb)

In Spanish the intransitive counterpart of a transitive verb will be expressed by the use of the particle **se**, as illustrated in the following tranlations of the English sentences given above:

Abre la puerta.
La puerta *se abre*.

El la *calma*.
Ella *se calma*.

El sol *derrite* la nieve.
La nieve *se derrite*.

Such constructions may also include an indirect object if one wishes to indicate that someone or something was indirectly affected by the action of the verb:

Al bajarse del coche, SE LE ABRIÓ la petaca. (MEX-10:125)
As she was getting out of the car, her suitcase opened up (on her).

Al camión SE LE QUEBRARON los ejes. (SNT-11:191)
The truck's axles broke.

Era tanto el esfuerzo que nos parecía que SE NOS ROMPÍAN los huesos en la pierna. (BA-4:80)
It was such an effort that it seemed to us that the bones in our legs were breaking.

SE ME DIFICULTA mucho todo. (CAR-12:198)
Everything's getting very difficult for me.

The notion of intransitivity is at times expressed in English with the verb "to become" or equivalents ("to get," "to turn," etc.). Thus, one often says "We became tired," rather than "We tired," or "He turned red," rather than "He reddened." The Spanish counterparts of such expressions are expressed with **se**:

Normalmente estoy aquí hasta que ME CANSO. (SEV-14:168)
Usually I'm here until I get tired.

Mi hermano SE ENFERMÓ. (BOG-38:516)
My brother got sick.

Quiere ENRIQUECERSE a toda costa. (BOG-43:610)
He wants to get rich, no matter what.

Ha disminuido su capacidad de trabajo, y SE HA EMPOBRECIDO.
(LAP-1:26)
Her working ability has lessened, and she's become poor.

*Tiene que ser un sistema más flexible, que la casa SE CALIENTE y
SE ENFRÍE más rápidamente.* (BA-2:102)
It has to be a more flexible system, so that the house gets warm
(warms up) and gets cool (cools down) more quickly.

III. *SE* TO EXPRESS IMPERSONAL ACTION

The particle **se** is widely used to indicate an action with no reference to
any specific person as the performer of this action. In English such verbs
are expressed through the use of impersonal subjects, like "one," "they,"
or "you":

*Los sábados y los domingos SE SALE A COMER a otra parte, o SE
SALE a la playa.* (BOG-19:250)
On Saturdays and Sundays one goes out to eat somewhere else, or one
goes to the beach.

Bueno, claro, de la pintura no SE PUEDE HABLAR así. (MAD-
4:78)
Well, of course, one (you) can't talk about painting like that.

¿Cómo SE COME y cómo SE VISTE en Buenos Aires? (BA-3:59)
How do they eat and how do they dress in Buenos Aires?

SE HACE lo que SE PUEDE. (CAR-14:224)
One does what one can.

Uno is commonly used in a general statement when the speaker is including him/herself in the supposed generalization:

> *Por ejemplo, en el caso de mi hija UNO IMPONE el punto de vista*
> *de lo que UNO PIENSA que es el camino que se tiene que recorrer,*
> *¿verdad? No hay garantía de que UNO ANDE en lo correcto. UNO*
> *HACE lo que puede.*(SJO-9)
> For example, in the case of my daughter, one imposes the point of
> view that one thinks is the correct way to proceed, right? There's no
> guarantee that one is doing the right thing. One does what one can.

With a verb that is already constructed with **se**, such as **divertirse** or
atreverse, **uno** must be used to express an impersonal action. In such
cases **uno** does not necessarily imply that reference is to the speaker:

> *El primer año está bien, y UNO SE DIVIERTE.* (CAR-37:652)
> The first year is fine, and one has a good time.

> *UNO NO SE ATREVE a dejarlos, a ver qué pasa.* (BA-9:154)
> One doesn't dare leave them alone and see what happens.

> *Creo que mientras UNO SE MANTENGA con juventud, UNO SE*
> *SIENTE joven.* (LIM-23:310)
> I think that as long as one stays around young people, one feels young.

IV. *SE* TO EXPRESS PASSIVITY

Since, as pointed out earlier, the use of **se** with a verb indicates that the
thing to which that verb refers receives the effect of the action of the
verb, **se** may be used to produce what in English would be expressed as a
passive sentence, provided that what is referred to is a thing and no
consideration is given to the performer of the action. For example, in the
sentence **En Brasil se habla portugués** - "In Brazil Portuguese is
spoken," no consideration is given to who, in particular, speaks
Portuguese in Brazil, but only to the fact that Portuguese is the language
of Brazil. Thus, the sentence means that speaking goes on and that
Portuguese is affected by the action of speaking. Similarly, the sentence
Se abre la puerta means that the door is affected by the action of
opening. One possible English translation of this sentence, then, is "The
door is opened." Further examples follow:

Lo que nosotros llamamos comida es cuando SE SIRVE ALGO SUBSTANCIOSO. (HAB-7:204)
What we call a meal is when something substantial is served.

SE ESTUDIA LA CULTURA GRIEGA como parte de la cultura occidental. (SJN-3:64)
Greek culture is studied as a part of western culture.

Cuando SE PUEDAN RESOLVER LOS PROBLEMAS del hombre, SE RESOLVERÁN también LOS PROBLEMAS del mundo. (MEX-9:109)
When man's problems can be solved, the problems of the world will also be solved.

Son los departamentos donde SE HABLA QUECHUA. (LAP-4:50)
They're the departments where Quechua is spoken.

Es sabido que en Estados Unidos SE VENDEN MUCHAS CASAS prefabricadas ¿no? (SNT-23:377)
It's a known fact that in the United States many prefabricated houses are sold, right?

As can be seen in the above examples, the verb is plural when reference is to something plural, as in the case of *problemas* and *casas*. it should also be noted that the verb usually precedes the subject in such sentences.

This passive *se* construction may also be used with reference to people or other animate beings. However, in such cases the verb is singular and a personal **a** is used to indicate that the person is the object, not the subject, of the verb:

Para las fiestas, SE INVITA A TODOS LOS PADRES. (SNT-36:124)
For the parties, all the parents are invited.

NO SE INCITA A LOS ALUMNOS a escoger estos campos. (LAP-1:17)
Students are not encouraged to select these fields.

SE ENTREVISTÓ A LA GENTE que sobrevivió. (CAR-1:14)
The people who survived were interviewed.

However, the personal **a** is not used with people when reference is not to anyone in particular but rather to a general idea, as, for example, in an ad that reads **Se buscan meseros** - "Waiters wanted," in which **meseros** is simply a category. In such cases the same passive **se** construction that is used with things is utilized:

Aquí, en México, SE REQUIEREN MÁS INGENIEROS. (MEX-2:22)
Here, in Mexico, more engineers are needed.

Para filmar una escena, SE HAN BUSCADO TESTIGOS vivos. (MEX-29:395)
To film a scene, living witnesses have been sought out.

Nunca SE HAN NOMBRADO PROFESORES militantes. (SNJ-1:23)
Militant professors have never been named.

Acá SE ELIGEN constitucionalmente LOS PRESIDENTES. (SNT-10:174).
Here presidents are elected constitutionally.

Ahí SE MANDA UN MÉDICO diario. (SJN-10:210)
A doctor is sent there daily.

No SE VE GENTE pobre en Copenhague. (BOG-45:636)
Poor people aren't seen in Copenhagen.

If the person referred to is a pronoun, as in "She/He/They,etc. was/were invited," the pronoun may be expressed either as a direct object (**Se lo(s) / Se la(s) invitó**) or as an indirect object (**Se le / Se les invitó**). In such cases **se le(s)** is more common than **se lo(s)** for the masculine, especially in the plural, and **se la(s)** is more common than **se le(s)** for the feminine:

SE LE CONSIDERA como la voz del autor. (SNT-57:544)
He's considered to be the spokesperson for the autor.

SE LE DEBE ORIENTAR. (SNJ-1)
He should be oriented.

SE LA MANTIENE informada de las actividades. (BOG-34:466)
She is kept informed of the activities.

Fue la primera mujer en el Perú en ser nombrada funcionario en un banco, y SE LE VE bien dinámica. (LIM-8:124)
She was the first woman in Peru to be named a bank official, and she's considered to be very dynamic.

A las siete o a las ocho de la tarde SE LES VE salir en grupos. (MAD-6:104)
At seven or eight p.m. they can be seen going out in groups.

Son mujeres jóvenes que escriben ahora, y necesitan que SE LAS PROMUEVA. (CAR-23:463)
They are young women who are writing now, and they need to be supported.

However, if the object of the verb in such sentences is an indirect object in the active counterpart of the sentence, only an indirect object may be used in the passive sentence. For example, the active counterpart of "She was told," would be the sentence "Someone told her," in which "her" is the indirect object of "told." The Spanish equivalent of "She was told," then, must be expressed with an indirect object: **Se le dijo**. Further examples follow:

No SE LE PUEDE DECIR que venga otro día. (BOG-9:126)
She can't be told to come some other day.

SE LE HICIERON unos tratamientos muy delicados, y se salvó. (BOG-17:234)
He was given some very delicate treatments, and he survived.

SE LE HAN HECHO preguntas que él no ha sabido contestar. (SEV-19:232)
He's been asked questions that he hasn't been able to answer.

SE LES DA más libertad. (SNT-9:164)
They are given more liberty.

SE LES HA PEDIDO ayuda. (SJN-17:349)
They have been asked for help.

It should be remembered that the passive voice with **se** is used only if the meaning is that something gets done, with no thought given to anyone in particular performing the act:

SE ABREN LAS CORTINAS a las once en punto. (SNT-25:412)
The curtains are opened at eleven on the dot.

If, on the other hand, one mentions the person by whom a particular act was performed, the so-called "true passive" (**ser** + past participle) is used, and the Spanish and English sentences have similar constructions:

El Himno Nacional mexicano FUE ESCRITO por un catalán.
(MEX-15:198)
The Mexican national anthem was written by a Catalan.

Finally, one should note that when a sentence like "The door is closed" does not refer to the action of closing the door but rather to the situation or condition that exists after the door has been closed, there is no passive voice but rather a resultant state, and the Spanish equivalent uses the verb **estar** (**La puerta está cerrada**):

La entrada siempre ESTÁ CERRADA. (SNT-44:297)
The entrance is always closed.

El camino ESTÁ totalmente PAVIMENTADO. (SNT-44:298)
The road is entirely paved.

Los campos no ESTABAN ALAMBRADOS. (BA-13:205)
The fields were not fenced.

GRAMMAR EXERCISES

1. It is said that, before a task is undertaken, one should reflect on the doubts that one has. **2.** They were told that they are responsible for their own acts. **3.** Although the two men were disguised as patients, it was soon learned that they were policemen. **4.** The letter had been signed, "Your Humble Servant." **5.** Did you thaw this bread? No, it thawed in the sun. **6.** She became very upset when the roast burned up on her. **7.** "In life one suffers, but one learns," the coroner said, raising the scalpel he had in his hand. **8.** We were told that, if the water freezes, the bottle will break. **9.** In that society it is believed that the final wishes of a dead person cannot be disobeyed. **10.** One resolves to leave such matters in the hands of another only after long deliberations have been made. **11.** My bones have never been X-rayed, nor has any pill been ingested by my digestive apparatus. **12.** Once the routine sewing had been finished, no one was seen in the morgue. **13.** "The lights didn't go off by themselves; they were turned off," the owner said out loud, addressing the judge. **14.** "How can one find out if this type of corn liquor is sold here?" he asked. **15.** As is customary in these cases, the letter was re-read several times before a decision was made. **16.** This petition, which is based on certain allegations, is hereby entrusted into your hands. **17.** One wonders why some method that would have caused the body to be destroyed was not used. **18.** The sun didn't fade these plastic flowers; they faded when they were washed. **19.** She flatly denied that the sign said, "Teachers needed," but her allegation was not heeded. **20.** If one refuses to write letters, certain complications will be avoided. **21.** He turned red and tried to hide when his suitcase opened up on him. **22.** Murderers are not killed in that country; they are sentenced to jail for life. **23.** "When one addresses a judge, one calls him 'Your Honor'," the woman said to the child. **24.** Hospitals and doctors' offices and everything that one relates to them are hated almost everywhere. **25.** One feels obligated to say that if children are frightened, they will not sleep. **26.** "What is easily learned is easily forgotten," he said. **27.** I have been assured that, if the soup becomes cold, it will be reheated before it is served. **28.** It was the suicide victim's final, solemn wish that an autopsy not be performed on her body. **29.** The "bitter race" to which reference was made consisted of doctors, coroners and murderers. **30.** You must concentrate more; you must concentrate all your attention on your assignments. **31.** When her beautiful new dress tore as she sat down, she almost had a heart attack. **32.** You will be supplied with ten basic principles that should be memorized. **33.** He was requested to take off his gloves, but the request was not obeyed. **34.** The reasons for which success was not achieved will be discussed at the next meeting. **35.** Their relatives are always invited, but they are never seen at the parties. **36.** Her wish was not obeyed, which is an insult to the respect that she is owed.

8

LA SANDÍA

Enrique Anderson Imbert

Galán había ido a Boulder, Colorado, Estados Unidos[1] para enseñar literatura en la escuela de verano de la universidad. De lunes a viernes[2], gracias al alboroto estudiantil, el tiempo pasaba volando; pero los sábados y domingos ¡qué aburridero! Los estudiantes se escabullían y él
5 se quedaba solo, vagando entre aulas abandonadas. Para peor, este fin de semana se prolongaba en un lunes que también era fiesta: el 4 de julio. Día de la Independencia, de otra patria. O sea[3], un día más de aburrimiento. Galán hubiera[4] querido despachar las clases una tras[5] otra, sin descanso, para acabar de una vez y marcharse de vacaciones.
10 Muy temprano, ya aburrido, salió de su residencia. Un auto -el único a esas horas- se detuvo a su lado.

-¡Hola! ¿Qué tal?

De Enrique Anderson Imbert, *Narraciones Completas, Tomo I, El estafador se jubila*, "La sandía" (Buenos Aires: Ediciones Corregidor, 1990), págs. 563-567. Con permiso de Ediciones Corregidor.

Era uno de los decanos, a quien había conocido en la inauguración de cursos. "Parece un gigante," pensó Galán, "pero es porque lo estoy
15 viendo a través de un cristal de aumento: en realidad es un chico lampiño y rubicundo."

-¿Quiere que lo lleve a alguna parte?

-No voy a ninguna parte.

-Si no tiene otra cosa que hacer ¿por qué no se viene[6] conmigo?
20 -¿Adónde?

-A un valle.

-Si no es molestia para usted...

-Molestia, ninguna. Suba.

Y partieron.
25 -Lo voy a llevar al Valle de los Treinta.

-¿Treinta qué?

-Treinta amigos. Nos pusimos de acuerdo, lo compramos y con las maderas del bosque y las piedras de la montaña nos levantamos unas casas. Durante años y años hemos veraneado allí. Pero ahora el Gobierno
30 nos expropia las tierras para construir una represa. Justamente hoy, a las diez, nos reunimos con nuestro abogado. Estoy seguro de que vamos a conseguir una buena indemnización, pero aun así lamento perder ese paraíso, sobre todo por mis niños. Para ellos la vida en el valle es la felicidad misma. Imagínese cómo les habrá caído la noticia de que
35 teníamos que irnos.

-¡Pobres! Los comprendo.

-Andan con la cara larga. Están convencidos de que la culpa es de unos espías que, respaldados por un gobierno enemigo, se metieron en nuestras tierras y ahora nos despojan... Como en una película de bandidos
40 ¿no?, con cowboys buenos y cowboys malos.

Se rieron. Galán esperó un ratito y dijo:

-Mire. Pensándolo bien, creo que lo mejor será que dejemos el paseo para otro día. Hoy están ustedes muy ocupados y mi presencia los va a molestar.
45 -No. Si[7] usted no estará presente. Mientras nosotros conversamos con el abogado, usted se da unas vueltas, solito y su alma. Le va a gustar.

-Pero no estoy presentable así, en mangas de camisa, con esta barba de dos días.

-No se preocupe.
50 Por las ventanillas[8] del auto Galán vio cómo los senderos - estrechos, tortuosos - huían del inmenso azul de la mañana y se ocultaban en un laberinto de cuestas. Tres veces se bajó el decano y abrió el candado de tres tranqueras. Unos barquinazos más y por fin el auto frenó frente a una

cabaña. En la sala bebían cerveza muchos caballeros: nórdicos, rubios,
55 altos, fuertes. El decano presentó a Galán. Un saludo exacto y esos
caballeros - de apellidos anglosajones y escandinavos - siguieron
hablando de expropiaciones e indemnizaciones. "No es que sean fríos,"
pensó Galán, "es que hoy no tienen el ánimo para cortesías de salón.
Además, entre ellos y yo[9] no hay nada en común. A mí me faltan esos
60 ojos claros y me sobran estos bigotazos negros; debo parecerles una
criatura inferior." A una voz se formó la asamblea. El decano sonrió a
Galán y Galán, sonriendo, salió de la cabaña y empezó a alejarse.

Era un lugar raro. En el aire vibraba una violencia a punto de
manifestarse. "Algo va a pasar aquí; una aventura, cualquier cosa," se
65 dijo Galán. Y se rió. "El lugar, en sí, es la aventura." Un cerro lo invitó -
lo desafió, más bien- a trepar. Trepó. "Todavía estoy ágil. Los cincuenta
años no me pesan. ¡Arriba!" Cuando estaba llegando a lo que creía ser la
cima descubría que había otra; y al llegar a ésta, otra. Se tocó la cabeza:
caliente como una sandía al sol. "Cuidado con una insolación, a mi
70 edad." Oyó el rumor de un río. Bajó para refrescarse. Tropezó en una
raíz, resbaló en el barro y cayó de bruces sobre un charco de la orilla. Se
levantó, sucio. Zapatos, pantalones, camisa: todo hecho una miseria. Aun
la cara sentía embarrada. ¡Qué facha! ¡Qué dirían los pulcros yanquis del
Valle de los Treinta cuando lo vieran regresar así! Se agachó sobre el
75 agua. Se lavó manos y cara. Se refrescó la cabeza. Se tendió en una peña
para secarse al sol.

Una abeja empezó a zumbarle por la oreja[10] izquierda. Trató de
espantarla, pero la abeja se obstinaba. Ahora se le posó en la mejilla. En
eso le pareció oír el cascabel de una serpiente. Galán se hizo la estatua.
80 Quedó inmóvil, entre el aguijón de la abeja y el colmillo de la serpiente.
La abeja paseó por la nariz. Después se fue. A la serpiente no la oyó más.
Galán miró a uno y otro lado. Agarró una rama larga y azotó el suelo, a
su alrededor. "Si la serpiente estaba aquí, con estos golpes habrá
disparado." Por si acaso, le daría tiempo para disparar más lejos. Dio
85 otros golpes. Nada. "Bueno: la verdad es que la abeja y la serpiente no
son tan malas, después de todo." Se tendió otra vez sobre la peña pelada.
Mientras el sol le secaba el barro de los zapatos, los pantalones y la
camisa, se puso a mirar, en el fondo del río, cómo lucían los colores de
las piedras: verdes, amarillas, rosadas, pardas, grises, coloradas... Todas
90 redondeadas por esa larga lengua que lamía y lamía desde hacía siglos. Y
vio, debajo del agua, a la sombra de un árbol, una sandía. Redonda como
una piedra más. O como una cabeza. La habían colocado allí, en la
corriente, para mantenerla fría. ¡Qué hermosa era! Verde, verde, verde.
¡Y lo roja que estaría por dentro! Color de fuego y gusto[11] de hielo.

95 "Fruta-oximoron: fría llamarada," anotó Galán. Oyó que la hojarasca se removía. ¡Epa! ¿Sería la serpiente, ahora el cascabel con sordina? ¡Ah, no! ¡Qué alivio! Era solamente un chico. Un chico de unos once años. "Igual al padre," observó. Y jugó con la impresión: "Parece un chico, pero es porque lo estoy viendo a través de unos lentes al revés[12] en

100 realidad es un gigante." El chico estaba disfrazado de explorador, con un gran sombrero, botas de cuero, un pañuelo al cuello y en el cinto una pistola de juguete. Un Kit Carson infantil y feroz que pasó al lado de Galán, sin mirarlo, pero sabiendo que estaba ahí, y se asomó al río.

-¿Todavía está la sandía? dijo, buscándola con los ojos.

105 -Sí. Todavía... contestó Galán, sonriéndose. -¿Tenías miedo de que yo me la hubiera comido?

-Oh, no. Usted no haría eso ¿no? Y, alzando la voz, gritó: -O.K. It's O.K.

Entonces del bosquecillo salieron otros dos niños: de seis y ocho años.

110 -¡Hola! los saludó Galán con cariño: le recordaron[13] a sus propios hijos.

Los niños lo miraron, callados.

-¿No hay serpientes de cascabel por aquí? Tengan cuidado. Me pareció haber oído una.

115 -Por aquí, no, contestó el chico. -Por el puente, dicen que sí.

-¡Tengan cuidado! No estoy seguro, pero creo que oí una serpiente de cascabel.

-Usted habla raro, dijo el chico.

-Es que no hablo bien en inglés. Mi lengua es española.

120 -Ah, es mexicano.

-No. Argentino. ¿Saben dónde queda la Argentina?

Con un gesto de las manos y otro de la boca el chico dijo que no, mientras con un encogimiento de hombros agregaba que tampoco le importaba saberlo.

125 Galán:

-La Argentina está muy lejos, muy al sur.

-¿Y en México celebran el 4 de julio, como nosotros?

-No. No sé. Supongo que no. Cada país tiene sus propias fiestas. Pero yo no soy mexicano...

130 El chico se puso a inspeccionar a Galán, de arriba abajo.

-Ah, dijo Galán riéndose, -no creas que siempre ando así, sucio. Me caí y me embarré.

-Yo tuve una vez un amigo mexicano. No era malo. Creo.

-Me alegro.

135 -Aunque los mexicanos...

-Los mexicanos ¿qué?

-Nada. Mi padre está con otros señores, allá abajo.

-Ya sé.

Ahora el chico señaló a la redonda el Valle de los Treinta y dijo:

140   -Todo esto es nuestro.

-Ya sé.

-Dicen que México es lindo.

-Sí. Debe de ser un país muy lindo. No sé. Nunca he estado allí. Yo vengo de la Argentina, que también es un lindo país. Yo nací en un lugar

145 muy parecido a éste.

Los niños no le sacaban la vista de encima. El mayor dijo que iba a buscar una cosa y se fue.

-¿Me comprenden bien? Galán siguió hablando a los niños, que lo miraban y miraban. -Porque mi inglés es muy malo ¿no? Yo nací en un

150 lugar como éste, al pie de unas sierras, junto a un río...

(Kit Carson vino de atrás[14], despacito[15], con una gran piedra entre las manos alzadas, y la descargó con todas sus fuerzas sobre la cabeza de Galán. La cabeza, abierta y sangrando, cayó al río, junto a la sandía.)

CUESTIONARIO

PREGUNTAS SOBRE EL CONTENIDO DE "LA SANDÍA"

1.   Refiriéndose a los días de la semana, y utilizando las palabras **alboroto, estudiantil, volar, aburridero, escabullirse, vagar, aula** y **prolongar**, cuente Ud. lo que siente Galán respecto a la vida universitaria en general y a este fin de semana en particular.

2.   Usando las palabras **acuerdo, maderas, bosque, levantar, veranear, expropiar** y **represa**, explique Ud. lo que es el Valle de los Treinta y por qué dejará de existir.

3.   Usando las palabras **cara, convencer, culpa, espía, respaldar, meter, despojar** y **bandido**, diga Ud. lo que piensan los hijos del decano de la expropiación pública de las tierras del Valle de los Treinta.

4. ¿Por qué pensaba Galán que sería mejor dejar el paseo para otro día y cómo le respondió el decano? (En su respuesta emplee Ud. las palabras **ocupado, molestar, presente, abogado, vuelta, alma, manga, barba** y **preocupar.**)

5. Utilizando las palabras **saludo, apellido, seguir, ánimo, cortesía, común, faltar, bigotazo** y **criatura,** cuente Ud. lo que ocurrió en la cabaña, después de que el decano presentó a Galán.

6. Usando las palabras **rumor, refrescar, tropezar, resbalar, barro, bruces, charco** y **orilla,** explique Ud. cómo Galán se ensució la ropa.

7. Describa Ud. las dos ocasiones en que Galán tuvo la sensación de estar viendo a alguien a través de un cristal, utilizando en su descripción las palabras **decano, gigante, a través de, aumento, lampiño, rubicundo, lente** y **revés.**

8. Utilizando las palabras **zumbar, oreja, espantar, obstinarse, posar, mejilla, pasear** e **irse,** cuente Ud. el episodio de la abeja.

9. Describa Ud. al chico que parecía un "Kit Carson infantil," empleando en su descripción las palabras **disfrazar, explorador, sombrero, bota, cuero, cuello, cinto** y **juguete.**

10. Usando las palabras **atrás, alzar, descargar, fuerza, sangrar, río** y **junto,** cuente Ud. el episodio final de "La sandía."

PREGUNTAS TEMÁTICAS

1. Control Gubernamental

En este cuento el gobierno les expropia las tierras a algunos ciudadanos para construir una represa. ¿A Ud. le parece esto bien o mal? Explique su respuesta. ¿Hasta qué punto cree Ud. que el gobierno debe controlar la vida de los ciudadanos de un país? ¿Cree Ud., por ejemplo, que la medicina debe ser completamente socializada?

2. Influencia Del Cinema Y De La Televisión Sobre El Público

En "La sandía" las ideas que tienen los niños de la existencia de unos "espías" y de un "gobierno enemigo," etc. vendrán de lo que han visto en algunas películas de bandidos. ¿Qué opina Ud. de la influencia que tienen el cinema y la televisión sobre la mente del público de hoy en día? ¿Le parece a Ud. buena o mala esta influencia? Explíquese.

3. Relación Entre Los Humanos Y Otras Especies de Animales

Vemos que a Galán no le gustan ni la abeja ni la serpiente. ¿Qué opina Ud. de los animales? ¿Le parece a Ud. que la relación que existe actualmente entre los seres humanos y los otros animales está bien, o le parece que deberían efectuarse ciertos cambios en esa relación? ¿Qué piensa Ud. del actual movimiento a favor de la liberación de los animales? Explique Ud. su respuesta.

OBSERVATIONS

1. Estados Unidos: United States

As every Spanish student knows, an article may be used with the Spanish names of certain countries. Some examples are the following:

la Argentina	**la India**
el Brasil	**el Japón**
el Canadá	**el Perú**
la China	**el Paraguay**
el Ecuador	**el Uruguay**
los Estados Unidos	

A device that may be used to remember which of the South American countries do not take the definite article is to note that they are those Spanish-speaking countries that begin with "b" (or "v," which is phonetically the same in Spanish as "b") or "c" (including "ch"): **Bolivia, Venezuela, Chile, Colombia.**

Furthermore, with the exception of **El Salvador, la India, los Países**

Bajos (the Netherlands) and **el Reino Unido** (the United Kingdom), which always take the article, the names of those countries that permit the use of the definite article are often found without it in contemporary Spanish:

Es el caso DE PERÚ. EN PERÚ se produce una devaluación, y entonces ya no se puede importar nada. (BA-8:127)
That's the case in Peru. In Peru a devaluation occurs, and then it's no longer possible to import anything.

Sí, pero tenemos BRASIL, tenemos PARAGUAY, y lo DE URUGUAY lo veremos. (BA-26:308)
Yes, but we have Brazil, we have Paraguay, and we'll have to see about the situation in Uruguay.

Hemos ido A ARGENTINA cuatro veces; ARGENTINA es un país a que uno siempre regresa. (LIM-8:122)
We've gone to Argentina four times; Argentina is a country that one always returns to.

EN ESTADOS UNIDOS es todo lo contrario, ¿no? (SEV-7:87)
In the United States it's exactly the opposite, isn't it?

Theoretically, **los Estados Unidos**, with the article, takes a plural verb, and **Estados Unidos**, without the article, takes a singular verb:

LOS ESTADOS UNIDOS FUERON el primer país que buscaron que la mujer votara. (BOG-49:678)
The United States was the first country where they set out to achieve the woman's right to vote.

ESTADOS UNIDOS PODRÍA haberle invadido a Méjico. (BA-30:414)
The United States could have invaded Mexico.

It is common, however, to find a singular verb used even with **los Estados Unidos**, with the article:

LOS ESTADOS UNIDOS ES uno de los países más opulentos. (BOG-43:610)
The United States is one of the most wealthy countries.

LOS ESTADOS UNIDOS ESTÁ en una etapa política muy intensa.
(HAB-47:723)
The United States is at a very intense political stage.

None of the European countries takes the definite article. While **África** may take the definite article, it is more commonly found without it.

Fui A SUIZA y fui A ALEMANIA y fui A FRANCIA. (BOG-20:273)
I went to Switzerland and I went to Germany and I went to France.

PORTUGAL me pareció muy pobre, y de ESPAÑA, Santander ha sido de las cosas que más me han gustado. (SEV-8:97)
Portugal seemed very poor to me, and in Spain, Santander has been one of the things I've liked most.

Me interesaría viajar A LA INDIA, A LA CHINA, y AL ÁFRICA.
(BA-1:31)
I would be interested in traveling to India, China and Africa.

Estos cuentos vienen DE ÁFRICA. (BOG-11:150)
These stories come from Africa.

Ella me ayudó para conseguir una beca en INGLATERRA. Iba a ser en ESCOCIA creo, o sea EN GRAN BRETAÑA, no INGLATERRA propiamente dicha. (LIM-15:211)
She helped me to get a scholarship in England. It was going to be in Scotland, I think, or rather in Great Britain, not England exactly.

When a place name is made up of **América** followed by an adjective, as in **América Latina**, the definite article may be used (**la América Latina**), but is more commonly omitted:

En el caso de Costa Rica no se da, pero en AMÉRICA CENTRAL sí hubo casos. (SJO-28)
In the case of Costa Rica it doesn't happen, but there are certainly cases in Central America.

Ella estuvo mucho tiempo en LA AMÉRICA DEL SUR. (HAB-17:555)
She was in South America for a long time.

Trabajé en casi todos los países de AMÉRICA DEL SUR. (LIM-15:203)
I worked in almost all the countries of South America.

Esas reuniones interamericanas sirvieron muchas veces de puentes de entendimiento entre los países de América y LA AMÉRICA DEL NORTE. (HAB-47:715)
Those inter-American meetings often served as bridges of understanding between the countries of America and North America.

He estado en AMÉRICA DEL NORTE, en AMÉRICA DEL SUR, y en Europa. (LIM-11:161)
I've been in North America, South America and Europe.

No article is used in a name ending in **-américa: Hispanoamérica, Latinoamérica, Sudamérica**, etc:

Todos los otros países DE SURAMÉRICA han aceptado. (BOG-7:100)
All the other countries in South America have accepted.

CENTROAMÉRICA es una zona muy especial. (LIM-12:169)
Central America is a very special area.

No creas que A NORTEAMÉRICA no le interesaría que estuviese un poquito más fuerte Japón. (BA-25:262)
Don't think that North America wouldn't be interested in Japan being a bit stronger.

However, the definite article is always used when a place name is modified by an adjective that does not form part of that name, as in **el Portugal del norte** ("northern Portugal") or **el México antiguo** ("ancient Mexico"), etc.:

En Madrid radica la verdadera existencia de LA ESPAÑA ACTUAL. (MAD-10:177)
En Madrid lies the true existence of contemporary Spain.

Queríamos ir a pasear a LA ALEMANIA DEMOCRÁTICA. (LAP-16:163)
We wanted to go on a trip to democratic Germany.

2. De lunes a viernes: from Monday to Friday

Generally speaking, the definite article is used with days of the week:

> *EL SÁBADO es el día intelectual, el día de los seminarios.* (BA-3:65)
> Saturday is the intellectual day, the day of the seminars.

> *LOS SÁBADOS, y LOS DOMINGOS no hay vuelos.* (HAB-1:8)
> On Saturdays and Sundays there are no flights.

> *Tengo clases LOS LUNES, LOS MIÉRCOLES y LOS VIERNES de dos a siete.* (BOG-32:438)
> I have classes Mondays, Wednesdays and Fridays from two to seven.

> *Pasan una película francesa LOS MARTES en la noche.* (SNT-43:281)
> They show a French movie on Tuesday nights.

> *Se va a quedar HASTA EL DOMINGO.* (LIM-9:136)
> He's going to stay until Sunday.

However, the article is not used when telling the day of the week, or in the expression **de ... a ...** ("from ... to ..."):

> *-¿Qué día es hoy?*
> *-HOY ES MARTES.* (BA-29:388
> What day is today?
> Today is Tuesday.

> *PASADO MAÑANA SERÁ MIÉRCOLES.* (SJN-11:248)
> The day after tomorrow will be Wednesday.

> *Como ERA VIERNES, estaba todo el colegio reunido.* (BOG-32:423)
> Since it was Friday, the whole school was in an assembly.

> *Los vuelos son solamente DE LUNES A VIERNES.* (HAB-1:8)
> The flights are only from Monday to Friday.

As can be seen above, the preposition **en** is not used with the days of the week, so that "on Saturday(s)", for example, is **el (los) sábado(s)**.

LOS LUNES estoy libre, pero tengo que entregar el trabajo EL MARTES. Después, EL JUEVES estoy libre, EL VIERNES estoy libre y EL SÁBADO estoy ocupada. (BA-29:387)
On Mondays I'm free, but I have to hand the paper in on Tuesday. After that, on Thursday I'm free, on Friday I'm free and on Saturday I'm busy.

Nosotros lo tenemos EL VIERNES, pero lo mejor es EL LUNES. (MAD-17:309)
We have it Friday (on Friday), but the best is Monday (on Monday).

However, **en** is used in the equivalent of "on a" with a specific day of the week, as in **Este año la Navidad cae EN (UN) LUNES**, "This year Christmas falls on a Monday":

Se murió EN DOMINGO. (MEX-18:253)
He died on a Sunday.

No nos las prestaron por ser EN SÁBADO. Nos dijeron que, si hubiera sido entre semana, sí, pero que EN SÁBADO ellos las tenían ocupadas. (MEX-7:91)
They didn't loan them to us because of it being on a Saturday. They told us that, if it had been on a weekday, they would have, but that on a Saturday they would be using them.

3. O sea: in other words; that is to say

O sea is a common expression meaning "that is to say," "in other words," "or rather," etc. Although it is at times found in the plural when used before a plural noun, most Spanish speakers use it exclusively in the singular:

El obispo tiene jurisdicción, O SEA, poder de gobernar. (BOG-16:223)
The bishop has jurisdiction, that is to say, power to rule.

Me sentí absolutamente apretado, O SEA, como encerrado. (SNT-47:359)
I felt completely cramped, or in other words, as if closed in.

Estabas hablando de unos problemas de Sevilla, O SEA, defectos que tú encontrabas en Sevilla. (SEV-16:192)
You were talking about some problems in Seville, that is to say, defects that you found in Seville.

Hay temas muy importantes, O SEAN, los temas de psicología. (BOG-5:67)
There are some very important topics, in other words, the topics in psychology.

Either **o sea** or **o sea que** may be used when a conjugated verb follows:

Lo que han hecho ellos no es ninguna cosa del otro mundo, O SEA, lo puede haber hecho uno tan bien como ellos. (CAR-2:26)
What they have done is not something out of this world, or, in other words, anyone could have done it as well as they.

Yo soy secretaria del Departamento, O SEA QUE yo estoy entre el personal y la Gerencia. (BA-12:186)
I'm the secretary of the Department, or, in other words, I'm between the personnel and the Management.

4. Hubiera: would have

Hubiera is very commonly used in place of **habría** in forming the conditional perfect tense ("would have" + past participle):

Eso HUBIERA SIDO fantástico. (BOG-19:248)
That would have been fantastic.

Por nuestro gusto, HUBIÉRAMOS ESTADO casados ya. (SEV-8:99)
If it had been up to us, we would have been married already.

Si hubiera tenido el tiempo, HUBIERA HECHO lo mismo. (SJN-20:393-394)
If I had had the time, I would have done the same thing.

In Spain and, to a much lesser extent, in Spanish America the **-se** form is also used as a substitute for the conditional perfect:

Si no fuera porque se casaba, HUBIESE VUELTO. (MAD-1:14)
If it weren't for the fact that she's getting married, she would have
returned.

*Ten la seguridad que tú no fuiste, porque ya te HUBIESEN
AVISADO.* (HAB-10:273)
You can be sure it wasn't you, because they would already have
informed you.

However, this use of the **-se** form is censured by some grammarians and
should be avoided by the student.

5. Tras: after

Después, **detrás** and **tras** are three basic equivalents for "after."

Of the three, **después (de)** is the most widely used:

DESPUÉS DE LA MUERTE de su marido, ella prosiguió la lucha.
(LAP-5:59)
After her husband's death, she carried on the fight.

DESPUÉS DEL POSTRE viene el café. (HAB-43:682)
After the dessert comes the coffee.

Va a la playa y, DESPUÉS, al cine. (SEV-13:158)
He's going to the beach and, afterwards, to the movies.

*DESPUÉS DE ESE PUENTE estaban Los Samanes, un sitio
bellísimo.* (CAR-23:457)
After that bridge there was The Cedars, an extremely beautiful place.

When "after" is followed by a conjugated verb, **después (de) que** is used:

*DESPUÉS DE QUE TERMINÓ el bachillerato, ingresó a la
Universidad.* (SJO-21)
After he finished high school, he entered college.

*DESPUÉS QUE SALÍ de la universidad, estudié un curso de
fisioterapia.* (SJN-11:223)
After I left the university, I took a course in physical therapy.

Después que (but not **después de que**) is also used as the equivalent of "after" with reference to when something happened, when the verb is understood but not expressed:

Yo les llevo nueve años a hermanos mellizos, varón y mujer, que nacieron DESPUÉS QUE YO. (BA-5:96)
I'm nine years older than twin siblings, a boy and a girl, who were born after I was (after me).

Yo almorzaba DESPUÉS QUE ELLOS. (CAR-26:529)
I used to have lunch after they did (after them).

Nosotros lo hacemos DESPUÉS QUE LOS TÉCNICOS. (SJN-22:430)
We do it after the technicians (do).

Either **detrás de** or **después de** may be used when "after" refers to the position of one letter or word with respect to another, in writing:

Viene DESPUÉS DE LA "M". (CAR-3:52)
It comes after the "m".

En este formulario debes escribir tu nombre de pila DESPUÉS DE TU APELLIDO (DETRÁS DE TU APELLIDO).
On this form you should write your first name after your last name.

Tras is a preposition and is therefore always followed by an object. In everyday language it is commonly used only in the following two ways:

a) With the idea of pursuing something:

Creía que yo iba a IR TRAS FAVORES. (MAD-13:227)
He thought I was going to go after favors.

Yo ya tengo el puesto que quería. No tengo por qué ANDAR TRAS NADIE. (MEX-20:287)
I already have the position I wanted. I don't have to chase after anybody.

Nunca encuentra el amor. Ya VA TRAS OTRA. (MEX-30:409)
He never finds love. He's already out after another girl.

b) With reference to the succession of one thing after another:

Así continuó DÍA TRAS DÍA. (SJN-10:203)
It went on like this day after day.

Los han publicado UNO TRAS OTRO. (BA-24:212)
They've published them one after the other.

Esto creó el problema de la desocupación, y entonces había problema del alcolismo. UNA COSA TRAS OTRA. (LIM-8:122)
This created the problem of unemployment, and then there was a problem of alcoholism. It's one thing after another.

6. Se viene: come along

Venirse is usually the equivalent of "to come" plus a preposition or adverb, as in "to come over," "to come along," "to come away," "to come down," "to come up," "to come around," etc.

Le dije: -VENTE para la casa de papá y mamá. Y SE VINO aquí. (BOG-32:434)
I told him, "Come on over to Mom and Dad's house." And he came over here.

El ingeniero calcula eso de la resistencia, para que el edificio no SE VENGA ABAJO. (SNT-36:113)
The engineer calculates the resistance factor, so that the building doesn't come down (come crashing down, collapse).

The **venirse** expression may be used figuratively:

Es desilusionante, porque SE VIENEN ABAJO todos esos idealismos. (MAD-4:65)
It's disappointing, because all those idealistic notions come crashing down (fall through).

Con dos años más SE VIENEN con millones de pesos. (BA- 33:520)
In two more years they'll be coming around with a few millon pesos.

Venirse is commonly used when reference is to coming to stay permanently, as when one leaves a place to take up residence elsewhere:

Ella quiso VENIRSE A BOLIVIA para quedarse acá. (LAP-8:93)
She intended to come to Bolivia in order to stay here.

Ninguno de mis padres son naturales de Sevilla. SE VINIERON, a los veinte años aproximadamente, a vivir a Sevilla. (SEV-2:15)
Neither of my parents is a native of Seville. They came, when they were about twenty years old, to live in Seville.

7. Si: but; why

Si, or **pero si**, is often used at the beginning of a phrase or sentence to raise an objection to something that has been stated previously:

-Tu madre me dijo eso ayer. -¡PERO SI mi madre ha muerto hace un mes! (BA-30:417)
"Your mother told me that yesterday." "But my mother died a month ago!"

It is often the equivalent of the English "why" used to express surprise:

¡SI yo nunca he discutido eso! (SNT-50:414)
Why, I've never argued about that!

8. Ventanillas: windows

Ventana and **ventanilla** are both equivalents of "window," with **ventanilla** being used when the window is a relatively small one, like the window of a car, a plane, a ticket office, etc.:

Mi casa está en pleno campo. Te asomas a la VENTANA y ves toda la sierra. (MAD-19:361)
My house is completely out in the country. You look out the window and you can see all the mountains.

El empleado público estaba detrás de una VENTANILLA diez horas. (BOG-18:241)
The public employee had been behind a window for ten hours.

9. Entre ellos y yo: between them and me

Entre, "between," **incluso**, "including," **según**, "according to," and

excepto/menos/salvo, "except," are followed by subject pronouns:

Si tú y yo nos casamos y hay incompatibilidad ENTRE TÚ Y YO, es causal de divorcio en ciertos países. (SNJ-9:189)
If you and I get married and there is incompatibility between you and me, it's grounds for divorce in certain countries.

Hace tiempo, las niñas no se atrevían a hablar una serie de cosas, INCLUSO YO. (SNT-9:165)
In the past, girls didn't dare to mention a whole series of things, me included.

¿Cómo se adaptaría aquí el socialismo, SEGÚN TÚ? (CAR-16:274)
How would socialism work out here, according to you (in your opinion)?

Todos tenemos coches, todos MENOS YO. (MAD-11:196)
We all have cars, all except me.

10. Oreja: ear

Oreja and **oído** both mean "ear." **Oreja** is the outer, visible year; **oído** is the inner ear:

No es nada más que una esfera, y los niños le van colocando la boca, las narices, los ojos, y las OREJAS. (BOG-11:148)
It's just a sphere, and the children gradually place the mouth, the nostrils, the eyes, and the ears on it.

El aparato que el médico se pone en el OÍDO es el estetoscopio. (HAB-35:639)
The apparatus that the doctor puts in his ear is the stethoscope.

Estudié muchísimo inglés, y la gramática me la sé, pero el problema es el OÍDO y entender bien. (HAB-15:469)
I studied a great deal of English, and I've got the grammar down, but the problem is my ear and understanding well.

11. Gusto: taste

Either **gusto** or **sabor** may be used to refer to taste in the sense of flavor.

Gusto takes **de** while **sabor** takes **a** or, less commonly, **de**:

El de nosotros es un café fuerte, que con una tacita se siente el SABOR A CAFÉ. (HAB-43:681)
Ours is a strong coffee and with just a very small cup you can taste the coffee flavor.

Compraban el elixir de distintos sabores, A LIMÓN, A COLA, y entonces hacían ellos el refresco. (HAB-43:691)
They would buy the syrup in several different flavors, lemon, cola, and then they would make the soft drink.

Saber a is used to tell what something tastes like:

NO SABÍA A NADA. (CAR-4:57)
It didn't taste like anything (It had no taste).

¿A QUÉ SABEN? (MEX-27:369)
What do they taste like?

Se sancochaban las cosas, y NO SABÍAN MAL. (LIM-7:106)
They stewed things, and they didn't taste bad.

Probar means "to try" or "to taste" something:

Los niños norteamericanos no quieren ni siquiera PROBAR LA COMIDA que nuestros niños comen. (HAB-2:31)
The American children don't even want to try the food that our children eat.

Si tú PROBARAS EL QUESO, verías que es rico. (BA-32:481)
If you tasted (tried) the cheese, you'd see that it's delicious.

"Taste" meaning one's judgment or a personal like or dislike is **gusto**:

La buena educación y el BUEN GUSTO se han perdido. (BOG-33:447
Good manners and good taste have been lost.

Estoy muy al tanto de la juventud y de sus GUSTOS. (MAD-11:188)
I'm very much in touch with young people and their tastes.

La propaganda que se hace en radio o en la televisión a veces es de MAL GUSTO. (BOG-33:446)
The commercials they have on the radio and on television at times are in bad taste.

12. Al revés: backwards

Al revés is used to indicate that something is opposite to what it should be, and is the equivalent of phrases like "backwards," "inside out," "upside down," "the other way around," etc.:

Habían colocado la cinta AL REVÉS. (BA-25:245)
They had put the tape in backwards.

Aquí fue AL REVÉS. (BOG-19:258)
Here it was the other way around.

Lo ideal sería que todos los seres humanos se pudieran voltear AL REVÉS, y fueran por dentro tan bellos como son algunos por fuera. (CAR-3:46)
The ideal thing would be for all human beings to be able to turn themselves inside out and be as beautiful on the inside as some of them are on the outside.

13. Recordaron: they reminded

Recordar algo a alguien is "to remind someone of something." The person reminded is the indirect object of **recordar** and the thing of which the person is reminded is the direct object:

Tienes que RECORDARLE que la evaluación no debe ser motivo de preocupación. (CAR-30:579)
You have to remind him that the evaluation should not be any reason for worry.

Cada vez que se peleaban, ella LE RECORDABA TODO ESTO. (MEX-27:378)
Every time they would fight, she would remind him of all this.

ME RECUERDA mucho A TURQUÍA. (MAD-4:83)
It reminds me a lot of Turkey.

14. Atrás: behind

Detrás de and **tras** (less commonly, **tras de**) are two basic equivalents of the preposition "behind." Of the two, **detrás de** is more commonly used:

Estaba sentado DETRÁS DE mí. (MAD-18:328)
He was sitting behind me.

Hay otra área DETRÁS DE los edificios. (SJO-M25)
There's another area behind the buildings.

Hay una idea pedagógica DETRÁS DE todo esto. (BOG-3:449)
There's a pedagogical idea behind all this.

Las relaciones de dependencia y de explotación se velan TRAS una nube de misticismo. (BOG-46:652)
Relationships of dependency and exploitation are shrouded behind a cloud of mysticism.

Él salió corriendo, y TRAS él, todos nosotros. (MEX-10:124)
He ran out, and behind him, all of us.

Detrás and **atrás** are equivalents of the adverb "behind" or "in back." **Detrás** is used when reference is to the location of one object immediately behind or following another:

Mataron a mi jefe y a una persona que venía DETRÁS. (BOG-32:432)
They killed my boss and someone who was behind (behind him).

Hay otro DETRÁS. (BA-30:430)
There's another one in back (in back of it).

El profesorado está a la zaga del estudiantado; está DETRÁS. (SJN-1:23)
The faculty is lagging behind the student body; it's behind (behind them).

Ese camino no pasa por la finca, sino por DETRÁS. (LAP-23:259)
That road doesn't go through the farm, but in back (in back of it).

Atrás, on the other hand, means "behind" in the sense of "to the rear" or "in (on) the back" of something:

> *He viajado en buses que llevan el radio del chofer a todo volumen con parlante adelante y ATRÁS.* (BOG-33:456)
> I've traveled on buses that have the driver's radio turned up full blast with a speaker in the front and in the back.

> *Se lleva un esquí sobre el hombro derecho, el otro sobre el hombro izquierdo enganchado ATRÁS con el derecho.* (BA-4:78)
> One ski is carried over the right shoulder, the other over the left shoulder hooked in back to the right one.

> *El zapato de esquí tiene una chapa ATRÁS donde se inserta el esquí.* (BA-4:79)
> The ski shoe has a metal plate on the back where the ski is inserted.

Atrás is used with the meaning of "back," "backwards," "to the rear," "from behind," etc., when motion or movement is involved:

> *En la investigación uno modifica lo que ya VIENE DE ATRÁS.* (BA-6:103)
> In research one modifies what is coming from behind.

> *Yo siento que no vamos hacia adelante, sino que VAMOS HACIA ATRÁS.* (CAR-9:149)
> I feel that we're not going ahead, but that we're going backwards.

> *Lo ARRASTRARON PARA ATRÁS.* (BA-27:344)
> They dragged him back.

> *Con el temblor el hospital SE FUE PARA ATRÁS.* (MEX-7:95)
> In the earthquake the hospital moved backwards.

Atrás is also used when degree is involved, modified by a word like **más, muy, tan,** etc.:

> *¿Por qué en todas las casas de esa época el baño lo tenían TAN ATRÁS?* (BOG-30:395)
> Why did all the houses in those days have the bathroom so far to the back?

Nos hizo pasar los colchones MÁS HACIA ATRÁS. (BOG-32:432)
She made us move the mattresses further back.

Las ciencias en este momento están dejando MUY ATRÁS la parte de letras. (SNT-27:450)
The sciences are at this time leaving the arts way behind.

15. Despacito: real slowly

The diminuitive suffix –**ito** is at times used with adverbs as an intensifier, as in **juntito**, "right next to," **en seguidita**, "in a second," etc. This usage is rather colloquial and is much more common in Spanish America than in Spain:

Vive de su pintura AHORITA, pero antes yo creo que no. (SJO-2)
He's living from his painting right now, but I don't think he was before.

Sí, está CERQUITA de allí. (HAB-6:184)
Yes, it's real close by there.

Me acostumbré a trabajar en absoluto silencio y hablar BAJITO. (CAR-8:123)
I got used to working in absolute silence and talking real softly.

Yo lo veía de LEJITOS. (CAR-8:132)
I was watching it from real far off.

EXERCISES ON OBSERVATIONS

1. Today is Friday and my exam is on Monday, so I'll study on Saturday, after the students clear out. **2.** Sunday will be my day of rest, but I would have preferred to get through with the classes one after the other, without a break. **3.** Why, you can't rest from Monday to Wednesday with all this student disturbance! **4.** The dean told the student from Peru that the students wouldn't return until Monday, after the professors. **5.** So in other words, the government will expropriate the land and the woods behind your house, but, between you and me, they're not going to build a dam. **6.** In the United States students have classes from Monday to Saturday, but on Sundays the classrooms are abandoned; is it different in Brazil and in other countries of South America? **7.** "Why, it's Mr. Perez!" she said, stepping back to look at the man sitting behind the window of the box office. **8.** They had spent the summer in that valley nearby, year after year, and, after so much time, they would have regretted losing that paradise. **9.** The hopes of the peasants of that country in Central America came tumbling down after the government dispossessed many citizens of their lands, one after the other. **10.** Why, that's terrible! One would think that in such a case England, Bolivia and Colombia, after consulting with the United States, would have sent representatives to Canada and to northern Italy. **11.** Her name would have come after his, if we had put their names in alphabetical order, but that would have been in bad taste. **12.** Why don't you come along with me? My cabin is real close by there, right next to the woods. **13.** He was driving through northern Spain, looking at the hills through the car window, when a bee began to buzz behind his left ear. **14.** In other words, if the Fourth of July had fallen on a Monday, we would have been able to stay here longer. **15.** Let me remind you that after we heard the rattle of a snake, everyone except me ran; I stayed behind. In other words, I was the only brave one. **16.** Day after day the boy who was dressed as a scout reminded him of his own child in Argentina, whose tastes were similar to this boy's. **17.** "The woods in back of the bridge and the cabin behind the trees remind me of Japan," he whispered real softly into her ear. **18.** Don't come around here with those excuses. It's the other way around; the blame is yours, not his. You knew the exam was Friday. **19.** He reminded me to tell them and I forgot. In other words, no one except him and me knows about all of this. **20.** She spoke real softly to the student from the Netherlands. **21.** "Why, the name on this letter is upside down," she said, looking through the window of the envelope at the name written inside. **22.** This watermelon has a funny taste; it tastes like strawberry ice cream. Taste it, and tell me what it tastes like to you. **23.** Between my cousin and me, there is nothing in common. He has very bad taste and does everything backwards. **24.** Why everyone, including you, knows that the man who lives in the house behind those trees arrived in this valley a long time after we did. **25.** It is as if you were looking through a magnifying glass the wrong way; in other words, a giant would look like a child. **26.** As he watched the river through the window of the plane, he realized his left ear was stopped up, and he shook the ear with his hand. **27.** After he came up here from Paraguay to live with relatives, all his plans fell through, and he is now way behind in his studies.

RELATIVE PRONOUNS

I.   GENERAL STATEMENT

The relative pronouns, **que, quien, el que** and **el cual**, are so called because they refer to a preceding word in the sentence and are thus *related* to that word. Examples of relative pronouns in English are "that," "who," "whom" and "which":

La casa QUE tenemos es muy pequeña. (BOG-16:219)
The house that we have is very small.

Él es la persona con QUIEN ella hablaba. (BA-24:212)
He's the person with whom she was talking.

¿Qué opinas tú de este cambio de trabajo por EL QUE estás pasando? (LAP-25:282)
What do you think about this change in work that you're going through?

En el informe el doctor da el motivo por EL CUAL falleció el paciente. (HAB-4:89)
In the report the doctor gives the reason for which the patient died.

The relative pronoun is never omitted in Spanish, as it may be in English. Thus, if a relative pronoun is possible in English, it is necessary in Spanish:

Es una cosa QUE le gusta mucho a la juventud. (SJN-3:69)
It's something (that) young people like a lot.

Ella es la mujer QUE le hace falta. (BOG-5:73)
She's the woman (that) he needs.

In order to use relative pronouns properly in Spanish, one must first understand the difference between restrictive and non-restrictive clauses. A restrictive clause is one that is necessary to the meaning of the sentence. It restricts the meaning of the word to which it refers in such a way that, were it removed, the remaining sentence would no longer convey its original meaning. For example, in the sentence "A person who is from Spain is Spanish," the clause "who is from Spain" is restrictive since it is necessary to the meaning of the sentence. Leaving this clause out would result in the sentence "A person is Spanish," which, although grammatically correct, does not convey the meaning of the original sentence.

A non-restrictive clause, on the other hand, does not restrict, or limit, the meaning of the word to which it refers, and it may be omitted without changing the basic meaning of the sentence. For this reason, the non-restrictive clause is set off with commas in writing and often with pauses in speech, as, for example, in the sentence "Carlos, who is from Madrid, is Spanish." The clause "who is from Madrid," is nonrestrictive because, although it gives extra information, it does not alter the basic meaning of the sentence "Carlos is Spanish," and could be left out.

Since the rules for the use of relative pronouns that are the object of a preposition differ from the rules for the use of relative pronouns that are not the object of a preposition, relative pronoun usage will be presented here taking into account the presence or absence of a preposition.

In the following discussion it should be understood that **el que** includes **la que, los que, las que**, that **el cual** includes **la cual, los cuales, las cuales**, that **quien** includes **quienes,** and that all of these pronouns are preceded by the personal **a** when they refer to people and are the object of a verb.

II. NO PREPOSITION, RESTRICTIVE CLAUSE: *QUE*

Que must be used when the relative pronoun is not the object of a preposition and the clause it heads is restrictive:

> *Estaba dirigiéndose a la persona QUE manejaba el proyector.*
> (MEX-23:328)
> He was addressing the person who (that) was running the projector.

> *Las películas QUE hacen sobre los libros son totalmente deformadas.* (BOG-26:349)
> The movies that they make on books are completely distorted.

El país QUE más me impresionó fue Alemania. (BOG-4:64)
The country that impressed me most was Germany.

Es uno de los hombres QUE he tenido ocasión de tratar. (LIM-23:310)
He's one of the men that (whom) I've had the opportunity to deal with.

Thus, if the relative pronoun is not preceded by a comma and is not the object of a preposition, it is always **que**. The only posible alternative to this use of **que** occurs when the relative pronoun refers to a person and is the object of the verb, in which case it may also be rendered as **a quien** (less commonly, **al que**, **al cual**), although, even here, **que** is more commonly used in everyday speech:

El obispo es un sacerdote A QUIEN el Papa llama para encargarlo de una diócesis. (BOG-16:223)
The bishop is a priest whom (that) the Pope calls on to be in charge of a diocese.

Usted ha mencionado algunos autores A QUIENES no sigue. (LAP-3:44)
You've mentioned some authors whom (that) you don't follow.

Es el hombre AL QUE ha escogido para casarse. (MEX-19:273)
He's the man that (whom) she has chosen to marry.

La última opinión es la de un contador AL CUAL entrevisté. (BA-2:39)
The last opinion is that of an accountant that (whom) I interviewed.

III. NO PREPOSITION, NON-RESTRICTIVE CLAUSE: *QUE, QUIEN (A QUIEN), EL QUE, EL CUAL*

When the relative pronoun is not the object of a preposition and occurs in a non-restrictive clause, all of the relative pronouns may be used, except, of course, that **quien** may be used only to refer to people:

Su hermano, QUIEN/QUE/EL CUAL/EL QUE es abogado, estará aquí mañana.
His brother, who is a lawyer, will be here tomorrow.

Sus pinturas, QUE/LOS CUALES/LOS QUE son interesantes, no están en venta.
Her paintings, which are interesting, are not for sale.

Este libro, QUE/EL CUAL/EL QUE compré aquí, no es nuevo.
This book, which I bought here, is not new.

There is one exception to the above, namely, that **que** may not be used in a non-restrictive clause when it refers to a person and is the object of the verb; thus **que** could not be used in the following sentences:

Alicia, A QUIEN/A LA QUE/A LA CUAL conozco bien, no quiere ir.
Alicia, whom I know well, does not want to go.

Sus padres, A QUIENES/A LOS CUALES/A LOS QUE conocí ayer, estarán aquí mañana.
His parents, whom I met yesterday, will be here tomorrow.

When **el que** is ambiguous and could be taken to mean "the one that" / "the one who(m)" as well as simply "that" / "who," it is often avoided. Thus, for example, in a sentence like **Su hermana, la que es enfermera, estará aquí mañana**, "His sister, who is a nurse, will be here tomorrow," in which **la que** could be understood to mean "the one who," Spanish speakers often prefer to use **quien**, **que**, or **la cual**, to avoid any confusion.

It should be noted that for many speakers **el cual** is considered to be the most emphatic of all the relative pronouns. Its use, therefore, often calls greater attention to the word to which it refers.

IV.   RELATIVE PRONOUN WITH PREPOSITION

When a relative pronoun is used following a preposition, the rules given above for restrictive / non-restrictive clauses are not applicable. Basically any Spanish relative pronoun may be used when it follows a preposition, except, of course, that **quien** can only refer to a person. Also, the following two restrictions must be noted:

1. **Que** may not be used after a preposition to refer to a person; thus **que** could not be used in the following sentences:

Era UN HOMBRE DEL QUE yo aprendí mucho. (HAB-8:217)
He was a man I learned a lot from.

EL EMINENTÍSIMO SEÑOR CARDENAL, A QUIEN he estimado
profundamente y DE QUIEN me siento honrado con su amistad, me
llamó. (BOG-16:220)
His Eminence the Cardinal, whom I deeply respect and whose
friendship I feel honored to have, called me.

Los maridos van a ser hombres profesionales que van a necesitar
UNA MUJER CULTA CON LA CUAL puedan intercambiar ideas.
(BOG-26:350)
The husbands are going to be professional men who will need an
educated woman they can exchange ideas with.

ESAS MUCHACHAS amigas mías de la oficina CON QUIENES
ahora voy a Guanajuato y CON LAS QUE fui antes, iban muchas
veces de excursión con nosotros. (MEX-32:442)
Those friends of mine from the office, with whom I'm going to
Guanajuato now and with whom I went before, often went on trips
with us.

Él no es EL PROFESOR tradicional POR EL CUAL se guarda
respeto. (SNT-36:119)
He's not the traditional professor for whom one feels respect.

2. Furthermore, even when reference is to a thing, **que** is used only after
the prepositions **a, de, en,** and **con. El que, el cual,** and **quien,** on the
other hand, may be used after any preposition (**a, de, en, con, por, para,**
sobre, debajo de, encima de, al pie de, junto a, etc.). Thus, one may
say **la mesa en que/en la que/en la cual** but **la mesa sobre la que/sobre**
la cual, la persona con quien / con la que / con la cual.

Stylistic differences can be noted in the use of the relative pronouns
following prepositions. For example, **el cual** places greater emphasis on
its object than does **el que** and tends to slow down the flow of the
sentence, and might more appropriately be used after a natural pause:

Este motor, SIN EL CUAL yo no puedo hacer el viaje, no
funciona.
This motor, without which I cannot make the trip, does not work.

La mesa de la cocina, ENCIMA DE LA CUAL estaba sentado un gato, era de caoba.
The kitchen table, on top of which a cat was sitting, was mahogany.

El viaje por los Andes, DURANTE EL CUAL todos nos enfermamos, duró dos semanas.
The trip through the Andes, during which we all got sick, lasted two weeks.

With reference to people, **el que** or **el cual** might be used in place of **quien**, when the speaker wishes to give greater emphasis to the clause or, perhaps, when the identity of the person referred to is unclear and can be clarified by the use of a relative pronoun that indicates gender:

Las hijas de Abel y Ada, con las cuales hablé ayer, se gradúan en junio.
Abel and Ada's daughters, with whom I spoke yesterday, graduate in June.

Los maestros de mis hijas, sobre los cuales hablaba yo antes, ya no están en esa escuela.
My daughters' teachers, about whom I was speaking earlier, are no longer at that school.

V.   SUMMARY

Since the preceding analysis of the use of relative pronouns in Spanish involves a number of details that might lead one to feel the matter is overly complicated, it might be helpful to give a brief summary of the entire situation stressing only the essential facts.

The first point to consider is whether or not the relative pronoun occurs after a preposition. If there is no preposition, it is essential to note whether the clause is restrictive or non-restrictive. If there is no preposition and the clause is restrictive, **que** must be used in all cases, except that either **que** or **a quien** (less commonly, **al que, al cual**) may be used to translate "whom," object of the verb).

If there is no preposition and the clause is non-restrictive, all of the relative pronouns, **que, el que, el cual, quien** (for person only), may be used. The one restriction on this rule is that **que** may not be used to refer to a person who is the object of the verb.

If the relative pronoun is the object of a preposition, all relative pronouns may be used, regardless of whether the clause is restrictive or non-restrictive, but with the following restraints:

    1. To refer to a person, **quien, el que** or **el cual** must be used (**que** may not be used).

    2. To refer to a thing, **el que** and **el cual** may be used after all prepositions. **Que** may be used only after **a, de, en** and **con**.

These are the essential facts, to which further details may be added, as explained above, for greater stylistic interpretation.

GRAMMAR EXERCISES

Note: Give all possibilities for each relative pronoun.

1. "Mary, whom John had met at the school, was the student he liked most," I said to the dean, who was looking at me. **2.** The stone that she broke the watermelon with was in the river next to stones that had been rounded by the water that had been licking them for centuries. **3.** The man he was sitting in back of seemed to him to be a person who knew nothing, but actually he was a gentleman who, backed by the government, had built several dams. **4.** The paths, which were narrow and winding, could hardly be seen in the maze of slopes we were looking at through the car window, which was dirty. **5.** The literature he had read at the summer school he had attended had been dull, and he had not gone anywhere he had liked or met anyone he had had anything in common with. **6.** The Fourth of July, which was not a holiday in the country she was from, was a day on which she had remained alone. **7.** The spies, whom he had never heard of, were backed by an enemy government that he knew almost nothing about. **8.** My cousins, who are tall and blond, were drinking beer with a man who had a black moustache. **9.** It was as if the glasses he had on were a magnifying glass through which he could see the toy pistol his parents had hidden. **10.** They were traveling by means of a river that was near a mountain range at the foot of which they were born. **11.** The dean introduced the gentlemen, who looked Nordic, to us, and they talked about matters we had no interest in. **12.** The woods she was looking for, which were between two mountains, were in a valley in which she felt violence quivering in the air. **13.** Her son, who is a lawyer, is convinced that the loss of the land they have spent their summers on is not their fault. **14.** The rock she stretched out on was near a river at the bottom of which someone had placed a watermelon that was as round as the stones it was surrounded by. **15.** The water he had stooped over was full of mud that made it look dirty. **16.** The car that stopped at her side was like the car in which she had seen a woman who resembled the dean's daughter. **17.** The men he spoke to were the lawyers who had bought the lands on which he had summered so often. **18.** The children, with whom he liked to talk about the things he had done as a child, were in shirtsleeves. **19.** They were talking about indemnities, which were important matters to the lawyers they were fighting against. **20.** Pointing round about at the valley we were standing at the bottom of, he said that the years during which he had been unable to spend his summers there had been very sad. **21.** The gentlemen she was walking toward had the light eyes that were typical of all the Scandinavians and Anglo-Saxons she had ever known. **22.** The people whom he had seen in his dream were like the people he had read about as a child. **23.** The woman he was standing behind was Paula, whom I had met on the top of a hill we had climbed together. **24.** He grabbed a long branch, with which he beat the ground around the cabin near which he had seen a snake. **25.** The place they were walking toward reminded them of the place near which they had heard the rattle of a snake. **26.** Her parents had put up the cabin with planks of wood that came from the forest near which it was located. **27.** He looked at the lands he would have to sell and without which he would no longer have the happiness he had enjoyed for so many years.

9

FIAT LUX!

René Avilés Fabila

Si el ministro Zeta no recordaba mal (días llenos de actividades
múltiples y confusas) había sido en el transcurso de una inauguración: en
una ceremonia oficial, cuando el propio presidente de la República,
acompañado por su gabinete y miembros de la iniciativa privada, declaró
5 en servicio - con su acostumbrada solemnidad - la planta hidroeléctrica
que suministraría luz y energía a parte de la ciudad capital. En un
descuido (distraerse a causa de los generadores nuevecitos, pintados de
rojo), Zeta se rezagó de la comitiva, y como el no marchar junto al jefe
máximo era una torpeza imperdonable, el funcionario se lanzó a una
10 carrera poco digna de su investidura buscando algún atajo. Por la
velocidad no pudo ver el letrero "Zona Prohibida" y entró de lleno en el
punto de confluencia magnética de tres elevadores de potencia: el

---

De René Avilés Fabila, "Fiat Lux!" *La Palabra Y El Hombre* (Universidad
Veracruzana, México), abril-junio, 1977, págs. 16-18. Con permiso de *La
Palabra Y El Hombre*.

político[1] sintió un extraño choque, un duro golpe que lo estremeció: estuvo a punto de perder el conocimiento: por segundos los ruidosos
15 periodistas y las docenas de acompañantes del presidente desaparecieron, pero hombre duro, fogueado, se sobrepuso[2], no era el momento de llamar la atención; no se desmayaría: en pocos meses empezaba la campaña presidencial y él aspiraba (igual que otros secretarios de Estado) a la primera magistratura; haciendo acopio de fuerzas (en la política no hay
20 sitio para los débiles, dijo alguna vez) siguió al cortejo como si nada hubiese pasado. Mientras caminaba junto a sus congéneres, escuchando bandas musicales, porras y gritos de solidaridad y júbilo, Zeta se reponía plenamente: el viento y el ejercicio contribuían a que los efectos electromagnéticos disminuyeran. Se felicitó por no haberse desvanecido:
25 en los tiempos que corrían podrían acusarlo de subversivo o, al menos, de traición a la política presidencial de fortaleza física, un sabotaje a la titánica obra que el primer mandatario realizaba. No era posible interrumpir una jornada del ejecutivo sin recibir un severo castigo que bien podría ser la antipatía del hombre que por ahora portaba la banda
30 tricolor en el pecho.

Dos días después de recibida la descarga, el ministro Zeta, que sentía correr por su cuerpo nueva energía, oyó a sus hijos protestar después de acariciarlos:

—Papi, nos diste toques.
35 —No sean tontos —argumentó en medio de[3] una vulgar carcajada, cómo voy a dárselos; ni que fuera acumulador, niños.

El incidente familiar fue olvidado durante el resto de la tarde, ocupado como estaba Zeta en complicar más la situación nacional. Y no fue sino hasta la noche, ya de regreso a su residencia, que el recuerdo del choque
40 experimentado volvió trayéndole extrañas sensaciones que su rudimentario cerebro no pudo traducir a palabras y casi en seguida un suceso lo desconcertó: al meter la llave en la cerradura se produjo un chisporroteo. Desconcertado pensó inmediatamente en las caricaturas, donde un muñequito recibe un rayo y queda convertido en una especie de
45 pila ambulante. La teoría se le antojó ridícula, infantil y él era un hombre práctico, realista, como solía autodefinirse. Sin embargo, su esposa, al saludarlo, probó que las hipótesis no resultaban descabelladas ni algo fuera del mundo. La pobre fue repelida al aceptar el consabido beso en la mejilla. Desde el suelo contempló con miedo animal los ojos
50 desorbitados del marido. Ya no había dudas, la descarga alteró su metabolismo y ahora producía corriente eléctrica, igual que las anguilas. Zeta se preguntaba: Esta anormalidad, ¿desaparecerá con el tiempo? Claro, contestaba a renglón seguido con falso optimismo, ningún ser

humano puede soportar este cambio. Pero, ¿si en lugar de disminuir
55 gradualmente el voltaje aumenta? se dijo en voz alta, preocupadísimo,
pensando en que su carrera política estaría liquidada de ser afirmativa la
respuesta. Con estas atroces dudas apenas concilió el sueño. En los
momentos en que dormía las pesadillas lo atormentaban: un hombre de
fuego incendia todo cuanto queda a su alcance y aparecía la silla
60 presidencial y las llamas la devoraban y él intentaba evitarlo y sólo
conseguía propagar el siniestro y el palacio nacional ardía eternamente,
como si formara parte del infierno.

Al día siguiente, Zeta se encerró en su despacho y ahí estuvo
contemplando aterrado cómo se chamuscaban los objetos que tocaba.
65 Consiguió de los criados (a quienes recomendó sigilo) varias lámparas y
con sólo rozarlas las encendió; en espera de descargarse, ansioso, estuvo
horas sosteniéndolas: las lámparas estallaban y el ministro no perdía
fuerza, al contrario, se cargaba más y más. Su potencia ya era notable.
Desgraciadamente[4] se trataba de un poder inútil para la política.
70 Angustiado intentó aislarse utilizando ropas[5] de tela ahulada: nada
obtuvo, y eso de taparse también manos y rostro carecía de sentido.
Decidió, entonces, esperar un milagro y con la audacia que siempre lo
caracterizó intentó seguir su rutina de trabajo; simplemente procuraba no
hacer contacto con objetos metálicos y menos buscaba estrechar manos:
75 permanecía a distancia[6] de sus colaboradores fingiendo[7] una enfermedad
contagiosa[8]. Así logró que transcurrieran dos semanas. La fecha en que el
presidente designaría a su sucesor se acercaba. A estas alturas el infeliz
Zeta era un generador de alta tensión y el milagro no ocurría. Si lo
tocaban o llegaban a descubrir su nuevo estado[9], nunca llegaría a la
80 primera magistratura. Mi larga trayectoria carecerá de sentido,
lloriqueaba. Cómo pudo pasarme esto a mí... Con el semblante
desencajado, cadavérico, a punto de enloquecer, lanzaba rayos y centellas
sin hallar una fórmula que solucionara sus problemas.

Una mañana, a través de la puerta de su oficina, pasó gran algarabía:
85 voces entusiastas, ruidos. Pero él estaba ausente, meditando sobre la
tragedia que lo rodeaba. El escándalo fue intensificándose, lo que obligó
a Zeta a ponerse alerta; una multitud de burócratas se dirigía a su privado
gritando su nombre una y otra vez, con euforia descomunal.

El ministro se puso en pie y fue hacia el centro de su despacho para oír
90 con claridad. El grupo decía algo más, algo como ¡Zeta, metro, pato! No,
la frase completa era ¡Zeta, nuestro candidato! Detuvo sus pensamientos
y por unos segundos, su mente se petrificó. Pálido, no daba crédito a los
aullidos. Pero sí, podía sentirlos. Qué jugarretas de la vida, hizo filosofía
barata. ¿Salgo a recibirlos? Sus titubeos fueron interrumpidos por un

95   violento abrir[10] de puertas: ¡el presidente en persona!

El mandatario, con una sonrisa deslumbrante, se adelantó al grupo de funcionarios que luchaban por penetrar en la oficina y una vez frente a Zeta habló:

-Licenciado, usted es el bueno, he decidido[11] que me suceda en el
100 cargo que desde hace seis años ocupo. Después de auscultar al Partido y a las fuerzas vivas de la nación, sé que usted debe continuar mi obra revolucionaria y guiar los destinos de la patria por la senda nacionalista. El mejor hombre...

El pobre Zeta no podía articular palabra. Aquello era absurdo. Y
105 cuando el presidente se arrojó en sus brazos (fuera protocolos, déjame ser el primero en felicitarte), por reflejo abrió los suyos y ambos se fundieron en un cálido y largo abrazo, aunque a decir verdad el único fundido fue el Presidente de la República, quien murió carbonizado sin darse cuenta de lo sucedido y sin concluir su periodo[12] constitucional.

110   El grupo dirigente no supo qué hacer con el país por varios días. Los acontecimientos[13] fueron insólitos en la historia nacional. El entierro del presidente fue apresurado y poco vistoso, todo eran discusiones y conjeturas sobre el futuro. Más tarde, el Partido logró ponerse de acuerdo y designar a Equis, ministro de Economía, candidato a la presidencia.

115   Han pasado cinco meses desde aquellos momentos desquiciantes, nadie acusó a Zeta de magnicidio; simplemente, en atención a sus méritos, a su glorioso pasado revolucionario y a su limpia trayectoria al servicio de la patria (así reza el decreto) lo tienen en calidad de generador, y de su cuerpo nace toda la electricidad que consume la
120 capital. De esta forma[14], Zeta sigue siendo útil al país (su mayor ambición): siempre sentado sosteniendo dos gruesos cables que lo conectan a la red de distribución de luz y fuerza motriz de la ciudad, y del nuevo empleo[15] su familia obtiene los ingresos necesarios para vivir con cierto lujo.

125   Las cenizas del presidente electrocutado, fallecido en aras del deber, reposan en la rotonda de los Hombres Ilustres. Y su nombre está inscrito con letras de oro en la puerta de la Cámara de Diputados. Más el Estado no podía hacer.

Por las dudas, el actual mandatario no suele abrazar a nadie, ni
130 siquiera ofrece la mano; saluda verbalmente; y cuando el protocolo indica un acto de esa naturaleza, el secretario de la presidencia es el encargado de "catar" al hombre que estrechará al jefe del gobierno.

CUESTIONARIO

PREGUNTAS SOBRE EL CONTENIDO DE "FIAT LUX!"

1. Explique Ud. por qué Zeta corrió, empleando en su explicación las palabras **descuido, rezagar, comitiva, torpeza, lanzar, carrera, digno, investidura** y **atajo.**

2. Describa Ud. el accidente que tuvo Zeta, utilizando en su descripción las palabras **velocidad, letrero, de lleno, confluencia, potencia, choque, estremecer** y **conocimiento.**

3. Cuente Ud. lo que le pasó a Zeta después del accidente, usando las palabras **acopio, cortejo, como si, congénere, banda, porra, solidaridad, reponerse** y **plenamente.**

4. Describa Ud. los tres episodios que hicieron que Zeta se diera cuenta de su nuevo estado físico, empleando en su descripción las palabras **acariciar, toque, carcajada, acumulador, cerradura, chisporroteo, repelir, consabido** y **mejilla.**

5. Describa Ud. las pesadillas que atormentaban a Zeta, utilizando en su descripción las palabras **incendiar, todo cuanto, alcance, llama, devorar, intentar, evitar, palacio, arder** e **infierno.**

6. Cuente lo que pasó cuando Zeta se encerró en su despacho, utilizando Ud. las palabras **contemplar, aterrado, chamuscar, lámpara, rozar, descargar, sostener, estallar** y **cargar.**

7. Cuente lo que hizo Zeta para esconder su nuevo estado físico, utilizando Ud. las palabras **aislar, tela ahulada, seguir, rutina, procurar, contacto, estrechar, distancia, fingir** y **contagioso.**

8. Describa Ud. la muerte del presidente, usando las palabras **deslumbrante, adelantar, funcionario, suceder, cargo, arrojar, felicitar** y **carbonizar.**

9. Explique Ud. cómo Zeta sigue siendo útil a su patria y a su familia, utilizando en su explicación las palabras **sostener, grueso, red, motriz, empleo, ingreso** y **lujo.**

10. Describa Ud. el estado actual del presidente electrocutado, empleando las palabras **cenizas, fallecer, aras, reposar, rotonda, ilustre, inscrito** y **cámara**.

PREGUNTAS TEMÁTICAS

1. La Carrera Académica

En "Fiat Lux!" es evidente la gran importancia que representa para Zeta su carrera política. ¿Le parece a Ud. que los alumnos universitarios se preocupan demasiado por la carrera académica que les llevará a la profesión que quieran practicar después de graduarse? ¿Cuál debe ser el propósito principal de los estudios universitarios?

2. Las Pesadillas

Después de su accidente Zeta se encuentra atormentado por muchas pesadillas. Cuente Ud. una pesadilla que haya tenido Ud. que le haya impresionado mucho.

3. Dominio Sobre Otros

En "Fiat Lux!" vemos ejemplos del dominio que ejercen sobre otros los que están en el poder, sobre todo el dominio que ejerce el presidente de la república. ¿Qué opina Ud. del control que ejercen algunas personas sobre otras?

OBSERVATIONS

1. Político: politician

In word pairs like **política / político** (politics / politician), **química / químico** (chemistry / chemist), **técnica / técnico** (technique / technician), the **-ica** ending indicates the thing and the **-ico** ending, the person:

En LA FÍSICA uno se pregunta por qué, y entonces EL FÍSICO se aproxima mucho a la filosofía. (SNT-27:449)
In physics one wonders why, and then the physicist gets very close to philosophy.

EL MATEMÁTICO se propone qué currículo de MATEMÁTICA sería el preferible para los muchachos a ciertas edades. (SJN-23:444)

The mathematician decides which program in mathematics would be the preferible one for children at certain ages.

Yo soy MÚSICO, y, si nosotros supiéramos lo que nos puede dar LA MÚSICA, la buscaríamos en la misma forma como buscamos el alimento. (CAR-12:195)

I am a musician, and, if we knew what music can give us, we would go after it in the same way we go after food.

When reference is to a woman, the distinction between the **-ico** and **-ica** endings is presently in a state of flux, with a growing tendency toward use of the **-ica** form to refer both to the field of study and to a woman in that field. Furthermore, the present status of the use of the **-ica** form to refer to a woman varies according to the country and the word, so that a certain **-ica** word may be fairly commonly used to refer to a woman in one country and little used in another, and certain **-ica** words might be more commonly used than others to refer to women:

Usted me dijo que había trabajado como TÉCNICA radióloga. (BA-5:I:84)

You told me you had worked as a radiology technician.

Celina es una mujer muy culta, y ha sido POLÍTICA. (LAP-13:137)

Celina is a very well-educated woman, and she's been a politician.

Como soy MÚSICA, tengo buen oído. (LIM-21:287)

Since I am a musician, I have a good ear.

La mayoría de los laboratorios de cosméticos tienen dos, tres QUÍMICAS. (Mex-2:36)

Most of the cosmetic laboratories have two or three female chemists.

2. Se sobrepuso: he pulled himself together

The prefix **sobre-** is the usual equivalent of "over-," indicating an excessive amount:

El programa oficial está SOBRECARGADO. (MAD-12:201)

The official program is overloaded.

Jamás he SOBREESTIMADO mi influencia en la opinión pública.
(BOG-50:691)
I have never overestimated my influence on public opinion.

The prefix **super-** indicates something far greater than the norm:

El tren que sale en la noche, es SUPERRÁPIDO. (SJO-20)
The train that leaves at night is superfast.

Nadie es un SUPERDOTADO, un SUPERHOMBRE, para juzgar a los demás. (MEX-20:278)
No one is a supergifted person, a superman, to be judging others.

Era un ser gigantesco, SUPERPODEROSO. (SNT-47:373)
It was a gigantic, superpowerful being.

Some commonly used words whose prefixes differ in Spanish and English are **sobrehumano,**"superhuman", **sobrenatural**, "supernatural," and **superpoblación**, "overpopulation":

Hacíamos esfuerzos SOBREHUMANOS por evitar el aburrimiento.
(LIM-6:91)
We were making a superhuman effort to avoid boredom.

No le notábamos nada de cosa SOBRENATURAL. (MEX-12:146)
We didn't notice anything supernatural about her.

De este Madrid SUPERPOBLADO creo que se pueden delimitar las causas de esa SUPERPOBLACIÓN y el modo de facilitar la vida de esos seres que han venido a SUPERPOBLARlo. (MAD-6:104)
With this overpopulated Madrid I think one can specify the causes for that overpopulation and the way in which the lives of those beings who have come to overpopulate it can be made more comfortable.

3. En medio de: in the middle of

Medio, "middle," may be used either as an adjective or as a noun:

Me interesaría viajar al MEDIO ORIENTE. (BA-1:31)
I would be interested in traveling to the Middle East.

Estaban EN EL MEDIO DE LA CALLE. (BA-27:331)
They were in the middle of the street.

Yo detesto estas divisiones de clase; a mí no me gusta decir CLASE MEDIA, ni CLASE MEDIA BAJA, ni CLASE MEDIA ALTA. (SJN-17:344)
I hate these class divisions; I don't like to say middle class, or low middle class, or high middle class.

Es una época de transición entre la EDAD MEDIA y el Renacimiento. (SNT-2:33)
It's a time of transition between the Middle Ages and the Renaissance.

Medio is also the equivalent of "average" meaning "usual," "normal":

Para el SEVILLANO MEDIO, Sevilla es siempre bonita, aunque no deja de reconocer sus defectos. (SEV-18:213)
To the average Sevillian, Seville is always nice, although he doesn't fail to recognize its defects.

No lo compraban los intelectuales, lo compraba el HOMBRE MEDIO. (BA-31:460)
Intelectuals didn't buy it, the average man bought it.

Either **medio** or **mediano** may be used with reference to measurements, as equivalents of "medium," "mid-," "middle," "average," etc. **Mediano** may be somewhat more imprecise and vague in connotation than **medio** and thus at times be equivalent to "so-so," "neither very much one way nor the other":

A corto plazo y A MEDIANO PLAZO, los roles que cumple la ciudad no van a variar. (BA-17:265)
In the short and the medium term, the roles the city plays are not going to change.

La FAMILIA MEDIANA no quiere que sus hijos sean profesores, porque el profesor gana muy poco. (SNT-27:466)
The average family doesn't want their children to be teachers, because the teacher earns very litte.

Yo creo que hay como un PUNTO MEDIO en que uno dice: yo no resisto más. (BOG-33:442)
I think there's a kind of midpoint at which one says, "I can't take it any more."

Pueden producir lesiones de MEDIANA GRAVEDAD. (SNT-33:57)
They can produce injuries that are somewhat serious.

Estimo que pueden ser cinco profesionales en arquitectura de un NIVEL MEDIO. (SJO-19)
I estimate that there might be five professional architects at the middle level.

En familias de recursos escasos, el número de hijos es mucho mayor que en familias de ESTÁNDAR DE VIDA MEDIO. (SNT-40:200)
In very low income families, the number of children is much greater than in families with an average standard of living.

4. Desgraciadamente: Unfortunately

Desgracia is a so-called "false cognate," that is, a word that is similar in appearance to a word in another language but which is different in meaning. **Desgracia** means "misfortune," not "disgrace." **Por desgracia** means "unfortunately":

A los diez meses de edad, tuve la DESGRACIA de perder a mi padre. (CAR-7:106)
When I was ten months old, I had the misfortune of losing my father.

Hoy no tiene el universitario una base intelectual, POR DESGRACIA. (SEV-21:257)
Today the university student doesn't have an intellectual background, unfortunately.

Deshonra, on the other hand means "disgrace" in the sense of a loss of personal honor. **Deshonrar** with respect to a girl is to seduce her and cause her to lose her virginity:

El encarcelamiento de mi hermano fue una DESHONRA para nuestra familia.
My brother's imprisonment was a personal disgrace for (brought dishonor on) our family.

Tiene un cuento donde el amigo DESHONRA a la hija más pequeña. (SJN- 15:307)
He has a short story in which the friend seduces the youngest daughter.

Vergüenza means "disgrace" in the sense of something shameful or reproachable:

> *La biblioteca goza de un presupuesto muy malo para comprar libros y revistas; es una VERGÜENZA.* (SNT-6:116)
> The library has a very low budget for buying books and magazines; it's a disgrace.

5. Ropas: clothes

Ropa is generally used in the singular. However, the plural **ropas** may be used when reference is to separate articles of clothing:

> *¿Qué importancia tiene la ROPA en tu vida? Digamos zapatos, ROPAS.* (LAP-14:150)
> How important are clothes in your life? Let's say shoes and different articles of clothing?

Traje, vestido, vestimenta, and **indumentaria** mean "clothing" or "dress" as a general term referring to the manner of dress of a certain social class, historical period, etc. The latter three words are somewhat more literary than the first:

> *El tipo de VESTIMENTA significa una clase social. El TRAJE ayuda a mantener esta clase social.* (LAP-22:232)
> The type of dress signifies a social class. The dress helps to maintain this social class.

> *O sea que, de alguna forma, esa INDUMENTARIA, esa VESTIMENTA identifica algo.* (LAP-22:234)
> In other words, in some way, that dress, that way of dressing is identified with something.

> *Me dediqué a estudiar los diferentes orígenes del VESTIDO americano. Estudié el VESTIDO en Méjico, en Guatemala y en el Perú.* (LIM-21:285)
> I devoted my time to studying the different origens of American dress. I studied the dress of Mexico, Guatemala, and Peru.

Vestuario is "wardrobe" in the cinema or theater:

> *En el teatro el VESTUARIO es vital.* (CAR-20:401)
> In the theater the wardrobe is extremely important.

Indumentaria is used to refer to a personal wardrobe, or to a particular outfit of clothing:

Me gusta ser bastante liberal, incluso en la INDUMENTARIA. (MAD-2:31)
I like to be rather liberal, even in my personal wardrobe.

A todos nos dejó un poco perplejos la INDUMENTARIA que traía. (MAD-14:234)
We were all somewhat puzzled by the outfit he had on.

6. A distancia: at a distance

The preposition **a** is used in Spanish to indicate *at* what distance something is located from something else. In English the corresponding preposition "at" is usually not expressed:

Mi mujer es de un pueblecito que está A QUINCE KILÓMETROS de aquí. (SEV-4:42)
My wife is from a little town that's nine miles from here.

¿A QUÉ DISTANCIA de La Paz está esa propiedad? (LAP-23:254)
How far is that property from La Paz?

Santa Rosa está A TREINTA KILÓMETROS de La Paz. Está A MEDIO CAMINO entre Coripata y La Paz. (LAP-8:87)
Santa Rosa is eighteen miles from La Paz. It's half way between Coripata and La Paz.

7. Fingiendo: feigning, faking

Fingir is the equivalent of "to pretend":

Cuando una es primera dama, tiene que FINGIR un poco y no ser como quisiera. (LAP-28:324)
When you're the first lady, you have to pretend a little and not be as you would like to be.

Pretender means "to try," or "to attempt," especially when reference is to something that is considered to be difficult to attain:

El americano llega aquí y PRETENDE ser europeo. (MAD-4:66)
The American arrives here and tries to be European.

Pretender also has the meaning of "to expect," when reference is to something that is unlikely to happen:

No se puede PRETENDER que no acepten regalos de las personas con quienes tienen que tratar. (BOG-2:35)
You can't expect them not to accept gifts from the people they have to deal with.

Ya él tenía su negocio establecido aquí, y yo no iba a PRETENDER que él lo dejara por seguirme a mí. (SJN-22:420)
He already had his business established here, and I wouldn't have expected him to leave it to follow me.

Pretender also means "to claim" in the sense of "to assert as a fact":

Jamás HE PRETENDIDO ser más que un fiel servidor de mis ideas. (BOG-50:691)
I have never claimed to be anything more than a faithful follower of my own ideas.

Hay que hacerles un examen que mida lo que uno PRETENDE haberles enseñado. (SJO-9)
One has to give them an exam that measures what one claims to have taught them.

8. Contagiosa: contagious, catching

Contagiarse is used to express the idea of catching an illness:

Se contagió del resfriado de su hermano.
He caught his brother's cold.

Captar and **capturar**, however, are the most common equivalents of "to catch." **Captar** refers to catching things in a figurative sense, while **capturar** means to catch or capture something in a literal, physical sense:

Hay que saber aymara para poder CAPTAR exactamente lo que quieren decir. (LAP-4:52)
One has to know Aymara to be able to catch exactly what they mean.

El grabador ESTÁ CAPTANDO hasta el último ruido, ESTÁ CAPTANDO todo. (CAR-8:123)
The recorder is catching every last noise, it's picking up everything.

El comandante CAPTURÓ a algunos prisioneros y los llevó a la frontera. (LAP-5:60)
The commander captured some prisoners and took them to the border.

Hubo un amotinamiento, FUE CAPTURADO y se le fusiló. (SJO-32)
There was an uprising, and he was captured and shot.

9. Estado: state, condition

Either **estado** or **condición** mean "condition" in the sense of "status":

Eso es propio de países en mejor ESTADO económico. (BOG-9:121)
That's characteristic of countries in better financial condition.

Él asume que esa es su CONDICIÓN y que de ahí no va a salir. (BOG-15:204)
He assumes that that is his condition (status) and that he's not going to get out of it.

The plural **condiciones** refers to the shape or condition that something is in at a particular moment:

Los hospitales están en malas CONDICIONES económicas. (BOG-9:122)
The hospitals are in bad financial shape.

El trabajo a que se somete la bailarina es muy intenso, un escenario en malas CONDICIONES, corrientes de aire, y tiene que estar en buenas CONDICIONES físicas. (SNT-51:426)
The work that the dancer undergoes is very demanding, a stage in bad condition, air currents, and she has to be in good physical condition.

10. Abrir: opening

Both **abertura** and **apertura** mean "opening."

Abertura is a physical opening or hole through which something can pass. It is also "openess" meaning the frankness and lack of formality with which one treats others:

Había una ABERTURA en la pared.
There was an opening (a hole) in the wall.

Es como si los estudiantes se hubieran conocido siempre. Yo no sé qué es lo que produce esa ABERTURA. (SNT-26:448)
It's as if the students had always known each other. I don't know what it is that produces that openess.

Apertura means "opening" with reference to initiating things, as in the opening of classes, the opening of a new building, etc.:

Prácticamente tenés las cartas de APERTURA. (BA-25:255)
You practically have an opening hand (the cards needed to open).

El primer automóvil llega en 1933, gracias a un camino cuya APERTURA se había iniciado en el período de la presidencia de Hernando Siles. (LAP-30:373)
The first automobile arrived in 1933, thanks to a road whose opening had been initiated during the presidential term of Hernando Siles.

Cierre and **clausura** mean "closing." **Cierre** is used when the closing is due to a shutdown because of certain disruptive conditions:

Una serie de problemas administrativos llevaron al CIERRE de la universidad. (LIM-16:222)
A series of administrative problems led to the closing (shutdown) of the university.

Clausura refers to a formal ceremonial closing:

Recuerdo, muy emocionadamente, el discurso de CLAUSURA de esa exposición. (CAR-23:463)
I remember with great emotion the speech given at the closing of that exhibit.

11. He decidido: I have decided

Decidir and **decidirse** both mean "to decide." **Decidirse** (**decidirse a**, if followed by a verb) indicates that one has gone through a mental process that has finally led to a decision, and thus refers to "deciding on something," "coming to a decision," "making up one's mind," etc.:

En mi tercer año de estudios en la escuela superior, DECIDÍ que no me gustaba. (SNJ-2:33)
In my junior year in high school, I decided I didn't like it.

Cuando tuve que DECIDIRME A elegir una especialidad, había una serie de cosas que me interesaban, pero ME DECIDÍ por la Historia de América. (SEV-16:191)

When I had to make up my mind and choose a major, there was a series of things that I was interested in, but I decided on American History.

12. Periodo: period

Periodo is more commonly pronounced **período**, and is one of a small number of words that have two correct pronunciations. Some other common words of this group are the following (the more commonly used pronunciation is given first): **cardiaco, cardíaco; flúido, fluido; zodiaco, zodíaco**:

La naturaleza hubiera tardado un PERÍODO de tiempo mucho mayor. (HAB-18:561)

Nature would have taken a much longer period of time.

Yo no creo que esas ideas se puedan lograr en tan pequeño PERIODO de tiempo. (HAB-48:726)

I don't think those ideas can be achieved in such a small period of time.

Mi mamá estuvo bastante mal y nos dijeron que tenía insuficiencia CARDIACA. (MEX-12:147)

My mom was very sick, and we were told she was suffering from heart failure.

¿No hay casos en los que la anestesia no es posible de utilizar porque exista alguna lesión CARDÍACA? (SEV-9:108)

Aren't there cases in which anesthesia can't be used because there exists some kind of cardiac damage?

Escribe con un estilo FLÚIDO, muy bonito. (MEX-12:146)

He writes in a very nice, smooth style.

No tiene aquel estilo FLUIDO y agradable de esos autores. (BOG-36:495)

He doesn't have that pleasant, free-flowing style of those authors.

13. Acontecimientos: events, happenings

Suceso, acontecimiento, acaecimiento and **evento** all mean "event" or "happening."

Suceso has the widest range of meaning of the four words and may refer to any type of event:

Son cuentos para niños en que se habla de SUCESOS acaecidos a ratones, a gatos, a vacas, etcétera. (BA-19:290)
They're stories for children in which they talk about events that happen to mice, cats, cows, etc.

El estudiante se mantenía al tanto de los SUCESOS internacionales, locales, de actualidad. (SJN-14:273)
The student kept abreast of international and local current events.

Acontecimiento usually refers to an important event, either historical or personal. **Acaecimiento** is a literary synonym:

Como toda guerra, la Guerra del Chaco es un ACONTECIMIENTO que tiene una preparación muy larga. (LAP-30:369)
Like any war, the War of the Chaco is an event that has a very long background.

Hace una especie de relato personal de ACONTECIMIENTOS de la semana. (BA-25:266)
He gives a kind of personal account of the week's happenings.

Evento, theoretically, is a chance event, an unforeseen happening. However, in present-day usage it is commonly heard with reference to any event:

Déjeme mencionarle solamente uno de los EVENTOS que yo considero estelares dentro de la diplomacia colombiana. (BOG-7:103)
Let me mention to you just one of the events that I consider to be outstanding within Colombian diplomacy.

Es primera vez que ocurre que asista a ese EVENTO deportivo el Presidente de la República. (SNT-41:221)
It's the first time that it's happened that the president of the nation will be attending that sports event.

14. De esta forma: In this way

De or **en** are both commonly used with **forma**, but only **de** is used with **manera** or **modo** in equivalents of "in" followed by "way":

Esos bloques están unidos EN TAL FORMA que no se puede pasar la hoja de un cuchillo entre ellos. (MEX-15:202)
Those blocks are joined in such a way that you can't get a knife blade between them.

Son afectados DE TAL FORMA que pierden totalmente el control de sus actos. (SEV-20:244)
They're affected in such a way that they completely lose control of their actions.

El hecho de que yo piense DE ESTA MANERA no implica que yo sea socialista. (CAR-16:274)
The fact that I think in this way doesn't mean that I am a socialist.

Nosotros nos sentimos orgullosos de ser descendientes de los taínos, DEL MISMO MODO que los mexicanos se sienten orgullosos de su ascendencia azteca. (HAB-25:606)
We feel proud of being descendants of the Tainos, in the same way that Mexicans feel proud of their Aztec ancestry.

However, **en**, not **de**, is used in equivalents of "the way in which":

Examinemos LA MANERA EN QUE la iglesia se organiza administrativamente. (SJN-12:251)
Let's examine the way in which the church is administratively organized.

EL MODO EN QUE la familia del esquizofrénico mantenía el diálogo con él le creaba a él una situación de angustia. (BA-14:215)
The way in which the schizophrenic's family conversed with him created a situation of anguish for him.

Por supuesto, él no conocía LA FORMA EN QUE se escribía en esa época. (LIM-20:266)
Of course, he didn't know the way in which people wrote at that time.

En cierta manera (en cierto modo, en cierta forma) means "in a way," used to state that something is true only to a certain, limited degree:

Yo creo que la guerra siempre ha sido, EN CIERTO MODO, un ideal para la juventud. (SEV-23:283)
I think war has always been, in a way, an ideal for young people.

Es verdad, EN CIERTA MANERA. (CAR-19:370)
It's true, in a way.

En realidad a mí me benefició EN CIERTA FORMA. (CAR-3:41)
Actually, it benefited me in a way.

15. Empleo: position

Empleo, puesto and **posición** are three equivalents of "position."

Empleo and **puesto** mean "position" in the sense of employment:

> *Tenía un EMPLEO en el Ministerio de Obras Públicas.* (BOG-36:494)
> He had a position in the Department of Public Works.

> *Se me presentó la oportunidad de venir a trabajar a San José, en un PUESTO de Auditor Fiscal.* (SJO-27)
> I had the opportunity to come and work in San Jose, in a position as Tax Auditor.

Posición has the widest range of meaning, and may refer to physical location, relative location of one thing to another, social position, or a stance adopted in a particular situation:

> *Suponiendo que la tierra esté en esta POSICIÓN, la estrella que observamos va a tener que atravesar nuestra galaxia.* (MEX-26:355)
> If we consider the earth to be in this position, the star we are observing is going to have to cross our galaxy.

> *El profesorado aquí todavía está en una POSICIÓN superior al estudiantado.* (SJN-1:23)
> The faculty here is still in a higher position than the student body.

> *Si intentas arreglar este asunto, entonces tú hablas con un individuo más o menos de tu edad y de tu POSICIÓN social.* (MAD-17:297)
> If you are trying to resolve this matter, then you talk to an indiviudal who is more or less your age and who has your social position.

> *Mi POSICIÓN es bien clara respecto a esa lucha.* (SNT-26:437)
> My position is very clear with respect to that fight.

Furthermore, **posición** is also at times used with the meaning of "employment," as a synonym of **empleo** or **puesto**, although this usage is censured by some authorities as an unnecessary Anglicism:

> *Acepté la POSICIÓN de subdirector con ciertas condiciones.* (SJN-10:205)
> I accepted the position of assistant director with certain conditions.

> *Ofréceles una buena POSICIÓN con un buen sueldo, ¡a ver qué es lo que pasa!* (SNT-16:266)
> Offer them a good position with a good salary and let's see what happens!

EXERCISES ON OBSERVATIONS

1. In the middle of the ceremony at the closing of Congress, a politician from the Middle East, a man of average height, entered the rotunda. **2.** Unfortunately, the technician allowed his mind to wander. **3.** The musician felt a strange shock, a superpowerful blow, but he decided to continue on. **4.** "Don't be silly," the physicist said in the middle of a guffaw. "We're not in the Middle Ages in physics and chemistry." **5.** How far from here was the chemist when he caught that disease from which he never recovered? **6.** I have decided that you will succeed me in this position. **7.** In this way the Spanish mathematician will have a new position from which he will receive a medium income. **8.** Superman is not supernatural, but he is superhuman, and he went right into the middle of the flames and saved everything within his reach. **9.** He attempted to separate himself from the other members of the president's cabinet by pretending he had a contagious disease. **10.** Not walking next to the commander-in-chief is more than a misfortune; it's a disgrace. How far away from him were you? **11.** The way in which the reporters were dressed was ridiculous, and the president's outfit was unique. **12.** How can you expect there to be cheers from the workers when everything is in such bad shape after the closing of the factory? **13.** After those upsetting events, you can't expect a politician who has a good position in the government not to do what protocol indicates. **14.** The way he treats us is a disgrace, but I'm glad, in a way, that he didn't offer me his hand at the ceremony we had at the opening of classes. **15.** The terrible condition of the hydroelectric plants was a disgrace that by then had caught the attention of almost everyone in politics. **16.** The way in which the police explained why they had not attempted to catch that thief struck us as being childish. **17.** From her position on the floor, she gazed at her husband's wide-open eyes, but she pretended nothing had happened. **18.** The technician was about to pass out in the middle of the street, but she didn't faint. **19.** The wardrobe in that movie about the politician who claimed she was stronger than the middleweight boxer she was married to is not typical of the dress of that era. **20.** In the middle of the page there is a sentence that reads, "One can be accused of betraying presidential policy by favoring the people of the middle class." **21.** His children protested, saying, "Daddy, you gave us a shock when you touched our clothes." **22.** According to him, by then, after the close of classes, the voltage had increased in such a way that the man was a walking battery. **23.** How far away from the city were the subversive members of the party when the police caught them? **24.** Have you decided what your position will be in this matter? **25.** He didn't catch the meaning of what they were saying, because he was too worried over his financial condition.

RELATIVE PRONOUNS
(Continued)

VI.   USE OF *EL CUAL* FOR PURPOSES OF CLARITY

Since **el cual** shows number and gender, it is sometimes used in clauses in which the use of **que** or **quien** might result in ambiguity. For example, in the sentence "The sister of my friend, who is coming here tomorrow, is twenty-one years old," it is not clear whether it is the sister or the friend who is coming tomorrow. In Spanish this ambiguity may be removed by using **el cual** if reference is to the friend and **la cual** if reference is to the sister:

La hermana de mi amigo, la cual llega mañana, tiene quince años.
The sister of my friend, who (the sister) arrives tomorrow, is fifteen.

La hermana de mi amigo, el cual llega mañana, tiene quince años.
The sister of my friend, who (the friend) arrives tomorrow, is fifteen.

Although **la que** and **el que** could be used in place of **la cual** and **el cual** in the above two sentences, such usage is usually avoided since **el que/la que** would be ambiguous and could be taken to mean "the one who" rather than simply "who."

La hermana de mi amigo, la que llega mañana, tiene quince años.
The sister of my friend, the one who arrives tomorrow (not some other
sister), is fifteen.

La hermana de mi amigo, el que llega mañana, tiene quince años.
The sister of my friend, the one who arrives tomorrow (not some other
friend), is fifteen.

Only **el que** can mean "the one who"; **el cual** never has this meaning.

VII. USE OF *EL CUAL* TO REFER TO A DISTANT ANTECEDENT

El cual may be used in place of **que** when the antecedent is fairly distant
in the sentence because of intervening words:

Encontré UN FOLLETO publicado en el Ecuador que daba las
pautas y las normas para organización de una biblioteca, EL CUAL
me sirvió para mis primeros conocimientos sobre esta materia.
(LIM-20:263)
I found a pamphlet published in Ecuador that gave the guidelines and
norms for the organization of a library, which provided me with my
first useful knowledge in this matter.

Para esto fue decisiva UNA PUESTA EN ESCENA de Zefirelli, que
hizo Romeo y Julieta en Londres, LA CUAL cambió completamente
mi visión sobre el teatro. (Mex-23:328)
A strong factor in this was a production by Zefirelli, who did *Romeo*
and Juliet in London, which completely changed the way I saw the
theater.

VIII. USE OF *CUYO*

Cuyo, "whose," is an adjective and thus agrees with the noun that
follows it, and which it modifies:

La describen como una mujer CUYO MAYOR MÉRITO era cierta
delicadeza especial en su danza. (BA-18:I:272)
She is described as a woman whose greatest merit was a certain
special delicacy in her dancing.

Después hubo los empeños de Simón Bolívar, CUYOS PROBLEMAS le impidieron llevar a cabo el sueño de liberar a nuestra patria. (HAV-25:611)
Then there were the enterprises of Simon Bolivar, whose problems kept him from carrying out the dream of liberating our homeland.

He recibido insultos aun de personas CON CUYA AMISTAD creía contar. (BOG-50:691)
I have received insults even from people whose friendship I thought I could count on.

The antecedent of **cuyo** may be a thing:

El fenómeno literario es UN FENÓMENO CUYA MATERIA es el lenguaje. (San-7:128)
The literary phenomenon is a phenomenon whose material is language.

Robó UNA COSA CUYO VALOR está estimado en más de veinticinco mil pesetas. (SEV-12:147)
He stole something whose value is estimated at more than 25,000 pesetas.

IX. COMPOUND RELATIVES *QUIEN* AND *EL QUE*

A compound relative pronoun does not refer to another word in the sentence; it is complete in itself. **Quien** or **el que** (never **el cual**) may be used to mean "he who," "anyone who," "the one who," etc.:

EL QUE lo haga en menos tiempo es el ganador. (CAR-15:255)
The one who does it in the least amount of time is the winner.

Me refiero a LOS QUE ya hayan leído algo de prehistoria, a LOS QUE hayan tenido algún contacto con la literatura prehistórica. (MEX-24:334)
I'm referring to those who may already have read something about prehistory, those who may have had some contact with prehistorical literature.

El deporte es un medio de diversión para QUIEN lo practica, no para QUIEN lo ve. (BOG-2:43)
Sports are a type of enjoyment for the one who plays them, not for the one who watches them.

Yo no compro un limpiabrisas robado, pero hay QUIENES sí los compran. (BOG-42:591)
I won't buy a stolen windshield wiper, but there are those who do buy them.

In the above sentences **el que** and **quien** are used in a general sense, to refer to anybody. **El que** and **quien** may also be used as compound relative pronouns to refer to specific persons:

Mis padres son LOS QUE no están viendo la realidad. (MEX-27:368)
My parents are the ones who aren't seeing the reality of it.

EL QUE es un apasionado del teatro inglés es Emilio. (BA-24:213)
The one who is a real fan of English theater is Emilio.

Yo a QUIEN conozco es a Judit. (LIM-13:185)
The one I know is Judith.

However, when the antecedent comes immediately before the relative pronoun, with no verb between them, as in **Mi hermano, el que es abogado...** ("My brother, the one who is a lawyer..."), only **el que** may be used as the equivalent of "the one who". If **quien** were used in such a construction, it would mean "who," not "the one who" (**Mi hermano, quien es abogado...** - "My brother, who is a lawyer...").

El que is also used to refer to things:

El canal grande es EL QUE va por toda la orilla de la ciudad. (BOG-45:626)
The large canal is the one that runs all along the shore of the city.

Estas obras son LAS QUE ha publicado este año. (SNT-2:24)
These works are the ones that he has published this year.

It should be noted that **que** is never used as an equivalent of "who" or "that" meaning "the one who," "the thing that", in which case only **quien** or **el que** is used to refer to people, and only **lo que** is used to refer to things. Study the following examples of this usage, keeping in mind that **que** may not be used in them. Notice that in English these sentences always begin with the word "it" followed by the verb "to be," and that they state who or what it is that does something:

Soy yo QUIEN dice eso. (MAD-13:227)
It's I who says that (I'm the one who says that).

Fueron sus alumnos LOS QUE trasmitieron ese mensaje al país. (SJO-26)
It was her students who gave that message to the country (Her students were the ones who gave that message to the country).

Somos las mujeres QUIENES tenemos que educar a los hombres. (CAR-10:179)
It's we women who have to educate the men (We women are the ones who have to educate the men).

Es el tiempo LO QUE los va a hacer arrepentirse. (SNT-46:329)
It's time that's going to make you regret it (What's going to make you regret it is time).

No era el piano LO QUE estudiábamos, sino la guitarra. (BOG-39:527)
It wasn't the piano that we were studying, but the guitar (What we were studying wasn't the piano, but the guitar).

The above distinction can be further illustrated by comparing the following sentences:

a.) **Fue el hombre QUIEN (EL QUE) salió.**

b.) **Fue el hombre QUE salió.**

Sentence a.) tells *who* left - "It was the *MAN* that left" (not the woman), while sentence b.) states *which man* it was - It was the man that *LEFT* (not the man that stayed).

X.   USE OF *LO QUE*

Lo que is the equivalent of "what" meaning "the thing that" or "that which":

LO QUE me gusta es el ambiente, LO QUE es Sevilla, LO QUE debía ser, al menos. (SEV-22:263)
What I like is the atmosphere, what Seville is, or, at least, what it ought to be.

Yo creo que LO QUE hace falta es un esfuerzo sostenido. (CAR-18:328)
I think that what is needed is a sustained effort.

After certain verbs, **qué** may be used, as well as **lo que**. This is particularly true of the verbs **saber** and **pensar** and other mental act verbs, like **entender**, **ver**, etc. It is also true of verbs of speech, like **contar**, **decir**, **preguntar**, etc. Study the following examples, keeping in mind that in each case **qué** could be replaced with **lo que**:

Nadie ENTENDÍA QUÉ hacía yo ahí. (SNJ-25)
No one understood what I was doing there.

Habría que PENSAR QUÉ significa un buen programa. (SNT-33:52)
One would have to think what a good program means.

Yo no SÉ QUÉ sería. (BOG-6:92)
I don't know what it would be.

Quería VER QUÉ pasaba. (LAP-17:177)
He wanted to see what was happening.

¿Por qué no me CUENTAN QUÉ están haciendo ahora? (BA-22:82)
Why don't you tell me what you're doing now?

¿No DIJO QUÉ quería? (SNT-31:22)
Didn't she say what she wanted?

Siempre le PREGUNTABAN QUÉ quería decir eso. (BOG-36:498)
They would always ask him what that meant.

Only **qué**, and not **lo que**, is used when an infinitive follows:

No sé QUÉ HACER con la cuestión de la exposición. (BOG-27:365)
I don't know what to do about the question of the exhibit.

El europeo no sabe en QUÉ EMPLEAR esto. (MAD-10:172)
The European doesn't know what to use this in.

No se me ocurre QUÉ DECIRLE. (SNT-36:117)
I can't think of what to say to him.

Les había puesto una carta que ellos vieran QUÉ HACER con él.
(CAR-25:500)
I had sent them a letter telling them to see what to do with him.

Mi hija no se decide a QUÉ ESTUDIAR. (LAP-29:348)
My daughter can't make up her mind what to study.

El hijo mayor les dice QUÉ HACER. (MEX-27:366)
The oldest son tells them what to do.

At times in sentences like these **qué** is expressed in English as
"something" or, in the negative, as "anything," rather than as "what":

Hay que buscar con QUÉ DISTRAERSE. (CAR-14:228)
You have to find something to amuse yourself with.

Se está preparando para que tenga con QUÉ DEFENDERSE.
(CAR-21:417)
She's getting ready so that she'll have something to defend herself
with.

No hay QUÉ COMER. (BOG-9:121)
There isn't anything to eat.

No hallan QUÉ DECIRLE. (CAR-9:154)
They can't find anything to say to him.

No tenía QUÉ HACER. (BOG-45:630)
I didn't have anything to do.

Todo lo que, with reference to something neuter or, **todo el que**, when
reference is to something with gender, is the equivalent of "all
(everything) that" or "as much as":

No TODO LO QUE se publica es digno de alabanza. (SEV-19:232)
Not everything that is published is worthy of praise.

La madre repite con sus hijos TODO LO QUE ella aprendió. (MEX-
25:347)
The mother repeats with her children everything that (all that) she
learned.

TODOS LOS QUE han sido becarios de aquí hoy son catedráticos.
(MAD-7:126)
All those who have been scholarship students here are college
professors today.

Si usted necesita recomendaciones de mis jefes, yo puedo traerle
TODAS LAS QUE quiera. (CAR-17:318)
If you need recommendations from my bosses, I can bring you all that
you want.

Ha habido bastante interés arqueológico, pero no TODO EL QUE a
uno le gustaría que hubiese habido. (SJN-6:128)
There has been quite a bit of archaeological interest, but not as much
as (all that) one would like there to have been.

Lo que and **lo cual** are used to translate "which" referring to an entire
preceding idea rather than to any specific object or person:

Había mucha película en esa época para la juventud, LO QUE no
pasa hoy día. (BOG-30:404)
There were lots of movies in those days for young people, which
doesn't happen nowadays.

La televisión en mi casa está situada en el comedor, LO CUAL
quiere decir que a la hora de la cena está puesta. (MAD-4:80)
The TV set in my house is located in the dining room, which means
that at dinner time it's on.

XI.   USE OF *CUANTO / TODO CUANTO*

The neuter pronoun **cuanto** / **todo cuanto** may be used to translate "all
that" or "as much as" and is found particularly in formal or very precise
speech. In everyday speech **todo lo que** is much more commonly used.
Note that **cuanto** and **todo cuanto** are not followed by **que** or **como**:

El artista debe mostrar de TODO CUANTO es capaz. (SJN-17:328)
The artist should show all that he is capable of.

Todos venimos de la misma fuente, de un gran todo, que es el Padre
de CUANTO es y existe. (MEX-9:120)
We all come from the same source, from a great all, which is the
Father of all that is and exists.

The adjective **cuanto** may be used in formal language in place of **todo (el)**:

Es muy triste ver un señor viejito, que en la época de Pancho Villa fue todo un héroe, sufriendo la majadería de CUANTO LÉPERO ahí. (MEX- 16:214)
It's very sad to see an old man who in the times of Pancho Villa was a true hero, putting up with the stupidity of any low-class idiot.

Lo hago con ayuda de diccionarios, de almanaques, de CUANTA COSA tengo a mi alcance. (SNT-39:174)
I do it with the help of dictionaries, almanaques, and whatever (anything) I have at hand.

Me llevaba Juan a CUANTOS CONCIERTOS había. (MEX-11:139)
John took me to all the concerts there were.

Como no me lo cobraron, lo tomé CUANTAS VECES pude. (HAB-10:276)
Since they didn't charge me for it, I drank it as often as I could (all the times I could).

The expression **todos cuantos/todas cuantas** may be used as a synonym of **cuantos(-as)** only with reference to people:

Existe en la persona imaginaria de un dios y en la de TODOS CUANTOS sirven a este dios. (BOG-46:652)
It exists in the imaginary person of a god and in that of all those who serve this god.

XII. ADVERBIAL RELATIVES *DONDE* AND *COMO*

Donde, adonde, de donde, en donde often replace **que** when reference is to a place:

Las herramientas que tienen en el lugar DONDE trabajan, son de vidrio. (HAB-44:699
The tools they have in the place where (in which) they work, are glass.

Un micromundo sería un mundo EN DONDE sólo se obedecen ciertas leyes. (SJN-23:452)
A microworld would be a world where (in which) only certain laws are obeyed.

No es un sitio ADONDE yo regresaría. (LIM-23:307)
It's not a place that I would go back to (to which I would return).

¿Quisieran ver el lugar DE DONDE provienen? (BA-9:137)
Would you like to see the place they come from?

Como may be used following **modo** or **manera** as an equivalent of "the way in which":

Esa es la MANERA COMO se reconocen estas cosas. (SJN-8:164)
That's the way in which these things are recognized.

Esta clasificación se refiere al MODO COMO se forma el contrato.
(CAR-29:570)
This clasification refers to the way in which the contract is formed.

GRAMMAR EXERCISES

1. The minister's aunt, who had had days filled with multiple activities, did not recall what had happened. **2.** It's a brand new hydroelectric plant declared in service by the president of the Republic, which will furnish light and energy to the capital. **3.** This is the cabinet member whose son became distracted during the official ceremony, which is an unforgivable blunder. **4.** They didn't visit the country in whose capital the ashes of the electrocuted president, who perished in the line of duty, rest. **5.** The house chamber on whose door the names of several public officials are inscribed in gold letters is the one that we liked the best. **6.** The present chief executive greets those who offer him their hand verbally, and it's his secretary who usually embraces the ones who, according to protocol, should be embraced. **7.** Anyone who is a member of that political party can guide the country along the nationalist path, but the one who is the best candidate for the presidency is the Secretary of State. **8.** It was the voices of a crowd of enthusiastic bureaucrats that caused the commotion he could hear through his office door. **9.** It was his brother that said that it was the minister that was whimpering. **10.** It wasn't money but the presidency that he wanted, but it was only money that he got. **11.** It was fear of causing a scandal that forced her to become more alert. **12.** What he needs is a miracle, but I don't think that's what he's going to get. **13.** Unfortunately, it wasn't only the lamps that he scorched, but all the objects that he touched. **14.** In his nightmares he was a man who set fire to everything that was within his reach, which made it difficult for him to get to sleep. **15.** It isn't the minister who wears the three-colored sash on his chest, but the president. **16.** She thought about the cartoons she had seen, in which everything that one can imagine happens. **17.** She told him there were plenty of batteries and to take all he needed, which was very generous of her. **18.** In this way you can give your family all that they need to live quite comfortably, which is very nice. **19.** All who embraced him were burnt to a crisp without realizing what had happened to them. **20.** The way in which the key produced a crackling sound in the lock upset him, which is logical. **21.** It was the reporters that had fallen behind the presidential party who were looking for a short cut through the rotunda. **22.** The politician's sister, the one who married the man whose son fainted during the ceremony, didn't see the sign that said, "No Trespassing Zone," which seems strange. **23.** They're large cables, thick, heavy and very long, which are connected to a network of generators that produce lots of energy, almost all that the city consumes. **24.** It was his father that said that anyone who is on the verge of losing consciousness should try to pull himself together before going on, but his father is one of those who did just the opposite. **25.** It's not only I but all of those who aspire to the office of the chief magistrate who should walk next to the president.

10

MILLONES Y FAMA

Román Polanski, el director de la exitosa cinta[1] *Rosemary's Baby*
(titulada en español *Semilla del diablo*), es un hombre bajo y nervioso,
con largas patillas y cabello desordenado. Le gustan las corbatas de
colores vistosos[2], y usa trajes que hace cuarenta años se habrían
5   considerado pasados de moda. Se estima que su aclamado filme, que
costó 2,3 millones de dólares, puede llegar a producir 45 millones. Es
una obra de hechicería, en la cual una secta satánica que se reúne en un
departamento[3] de Manhattan, organiza la violación y consiguiente
embarazo[4] de una recién casada, por parte del diablo, con la complicidad
10 del marido.
     -¿Por qué escogió un argumento[5] tan extravagante para su primer
filme en los Estados Unidos? -preguntó *Visión* a Polanski en una
entrevista efectuada recientemente en París, su ciudad natal.
     -Creo que las falsas apariencias de la novela de Ira Levin fueron las
15 que más me intrigaron. Una pareja aparentemente normal se establece en

---

De "Millones y fama," *Visión* (México, D.F.), 14 de marzo de 1969, pág. 57.
Con permiso de *Visión*.

un departamento neoyorquino. Podría haber sido el escenario ideal para
una comedia de Doris Day. Sin embargo, el diablo vive dos pisos más
abajo.
    -¿Usted cree en el diablo?
20   -No. De otro modo no habría podido hacer la cinta. Es una obra acerca
de la superstición.
    -¿Es decir, contra la superstición?
    -Bueno, yo no soy un cruzado. Simplemente trato de describir un
estado mental. Creo que todos somos supersticiosos. En mi opinión, la
25 historia es una larga sucesión de supersticiones humanas que tienen algo
en común: el hecho de que exigen sacrificios. Cuando veo a una persona
que pide sacrificarse en nombre de esto o aquello, me escondo.
    -¿Y Rosemary no se está sacrificando cuando besa al bebé del diablo
al final[6] del filme?
30   -De ningún modo. Ella actúa[7] como una madre. Se habría sacrificado
si, por ejemplo, hubiera matado al bebé.
    -¿Es cierto que además de los comentarios elogiosos, usted recibió
muchas cartas críticas?
    -Sí. Hubo muchas cartas en que se me acusó de obsceno, comunista y
35 otra docena de cosas. Si mostrar gente mala en el cine lo convierte a uno
en malo, el 90 por ciento de todos los filmes deberían ser tirados[8] a[9] la
basura.
    Aunque Polanski salió de Polonia hace apenas siete años, habla el
inglés casi sin acento. Mientras permaneció[10] en su país, hizo obras
40 típicamente polacas. En Inglaterra produjo filmes que no se habrían
podido hacer en ningún otro país. Y en su primera cinta en los Estados
Unidos ha dado la impresión de que nunca ha vivido fuera de Nueva
York.
    -¿Cómo explica el hecho de que usted absorbe cada nuevo ambiente
45 como un papel secante?
    -Creo que eso tiene algo que ver con mis primeras experiencias. Nací
en la zona de la Bastilla de París en 1933, el año en que Hitler subió al
poder. A los tres años, mis padres regresaron conmigo a Polonia.
Después de la invasión alemana, fueron enviados a campos de
50 concentración, y mi madre murió allí. Como niño solo y abandonado, fui
criado por media docena de familias diferentes. Eso ayuda.
    -¿Fue a la escuela durante los años de la ocupación?
    -No. Prácticamente no recibí educación formal hasta los doce años.
Trabajaba vendiendo periódicos, y pasaba el tiempo libre[11] en salones de
55 cine baratos. Casi todos ellos presentaban cintas nazis, pero eso no me
importaba. Aprendí más del mundo por medio de esos filmes que lo que

hubiera aprendido en la escuela.

Después de la guerra, Polanski se puso al día en sus conocimientos. Estudió arte y se graduó en el Instituto Nacional Cinematográfico de
60 Lodz. Comenzó a trabajar como asistente del director André Muncz, participó en la filmación de documentales, y hace once años se le permitió producir su primera cinta de largo metraje: *Knife in the Water* ("El cuchillo en el agua").

Los críticos de cine de la Europa occidental aclamaron esta cinta como
65 una obra maestra. Dos productores londinenses le abrieron el camino a Inglaterra, donde filmó *Cul de sac* ("Punto muerto"), una cinta acerca de un grupo extravagante que vive en un aislado castillo marino. Las brillantes actuaciones de Lionel Stander y Donald Pleasence (este último se está presentando ahora en Broadway en *The Man in the Glass Booth*)
70 contribuyeron a hacer de esta cinta otro gran éxito. Después siguió *Repulsión*, un filme de horror con la rubia actriz francesa Catherine Deneuve en el papel de una sicópata sexual. Después de verlo, Luis Buñuel contrató a la Deneuve para *Belle de jour* ("Bella de día").

-Todas sus obras parecen[12] tratar de[13] alguna forma de violencia.
75 -No olvide que nací en un mundo de violencia. Desgraciadamente, ella sigue siendo parte de la naturaleza humana. Inclusive hoy en día, en muchas personas, la violencia se encuentra apenas bajo la superficie.

-¿A usted le gusta mirar bajo la superficie?

-Sí. Mientras la gente viva en sociedad, tendrá que seguir ciertas
80 reglas. Me gusta poner a mis personajes en situaciones extraordinarias, en las que revelan sus verdaderos instintos.

-Su fe en la humanidad es relativamente limitada, ¿verdad?

-Bueno, yo no trato de hacer juicios morales. Soy un simple estudiante[14] de la conducta humana, que trata de mantener[15] su sentido
85 del humor. Mi próxima película será del Oeste. Se basará en la suerte del grupo Donner, unos pioneros (hombres y mujeres) que emprendieron el viaje a California en 1846. Una tormenta de nieve los atrapó en la Sierra Nevada, y casi todos murieron. Los sobrevivientes fueron llevados a los tribunales bajo la acusación de canibalismo. Según logré comprobar, hay
90 leyes contra este tipo de delito en casi todos los Estados Unidos. Voy a mostrar a esa gente comiéndose entre sí.

Después de este aperitivo, puede caber poca duda de que la próxima cinta de Polanski será toda una fiesta para sus admiradores.

CUESTIONARIO

PREGUNTAS SOBRE EL CONTENIDO DE "MILLONES Y FAMA"

1. Dé Ud. una descripción física de Román Polanski, utilizando en su descipción las palabras **bajo, patilla, desordenado, corbata, vistoso, traje, 40 años** y **moda**.

2. Resuma Ud. brevemente el argumento de la película *Semilla del diablo*, usando en su resumen las palabras **hechicería, secta, reunir, violación, embarazo, recién, diablo** y **complicidad**.

3. ¿A qué se refiere Polanski cuando habla de las "falsas apariencias" de la novela *Semilla del Diablo*? (En su respuesta emplee Ud. las palabras **pareja, aparentemente, establecer, neoyorquino, escenario, piso,** y **abajo.**)

4. Según Polanski, ¿por qué no se está sacrificando Rosemary cuando besa al bebé del diablo al final de la película? (En su respuesta utilice Ud. las palabras **modo, actuar, sacrificarse** y **matar.**)

5. Refiriéndose Ud. a Polonia, a Inglaterra y a los Estados Unidos, y empleando las palabras **mientras, permanecer, polaco, producir, ningún otro, impresión** y **fuera**, señale un rasgo típico de las películas de Polanski.

6. Utilizando Ud. las palabras **tener que ver, nacer, subir al poder, Polonia, campo de concentración, criar** y **docena**, explique cómo Polanski adquirió su gran facilidad para adaptarse al ambiente de cualquier país.

7. Empleando las palabras **prácticamente, formal, tiempo libre, barato, presentar, nazi, por medio de** y **que lo que**, describa Ud. la educación que recibió Polanski.

8. ¿Cómo explica Polanski la violencia que se encuentra en todas sus películas? (En su respuesta use Ud. las palabras **nacer, seguir siendo, naturaleza, inclusive, apenas** y **superficie.**)

9.   ¿Qué dice Polanski de su fe en la humanidad? (En su respuesta
      utilice Ud. las palabras **tratar, juicio, simple, conducta, mantener**
      y **sentido**.)

10.   Refiriéndose Ud. a la Sierra Nevada y al canibalismo, y empleando
      las palabras **pionero, emprender, tormenta, atrapar,
      sobreviviente, tribunal** y **acusación**, explique quiénes fueron los
      miembros del grupo Donner.

PREGUNTAS TEMÁTICAS

1. Violencia en las Películas

Hoy en día se habla mucho de la violencia que existe en el mundo, y se
critica la violencia que se encuentra en las películas que se presentan en
el cinema y en la televisión. ¿Le parece a Ud. que hay más violencia en el
mundo contemporáneo que en tiempos pasados? ¿Hay demasiada
violencia en las películas? ¿Puede tener un efecto malo sobre la gente la
violencia que se encuentra en los programas de televisión y en las
películas?

2. Censura del Cinema

Ultimamente Hollywood ha producido películas bajo un nuevo código de
moralidad, como se ve en los temas bastante atrevidos de algunas
películas recientes. ¿Cree Ud. que debería existir una censura más
estricta, o le parece bien que se permita cualquier tema en las películas?

3. Religión entre la Juventud

Se ha dicho que la juventud moderna no es tan religiosa como la de
tiempos pasados. ¿Está Ud. de acuerdo con esta opinión?

OBSERVATIONS

1. Cinta: film

Cinta means "tape," but is here used for **cinta cinematográfica**, or "movie film." The most common word for "film" or "movie" is **película**:

"Luces de la Ciudad" es el título de una PELÍCULA de Charles Chaplin. (CAR-11:190)
"City Lights" is the title of a Charlie Chaplin movie.

Ahora con el niño tendrás muchas oportunidades de hacer PELÍCULAS graciosas. (SEV-1:12)
Now with the baby you'll have lots of chances to make some cute films.

One must be careful not to confuse **película** and **cine**. **El cine** is "the movies," while **película** is the "movie" one sees:

A mí me gusta ir al CINE, si es buena la PELÍCULA. (SEV-8:94)
I like to go to the movies, if the movie is good.

Although **filme/film** (m.) is little used, except by those who deal with film or movies professionally, it serves as the root of some common words like **filmar**, "to film," **filmación**, "filming," **microfilme**, etc.

Papá me decía que, en cuanto a FILMACIÓN, le parecía una película FILMADA hace veinte años. (BA-21:43)
Dad was telling me that, as far as filming is concerned, it seemed to him like a movie filmed twenty years ago.

2. **Vistosos**: bright

Vistoso, with color, means "bright," or "colorful":

En las Islas Malvinas se veían muy VISTOSOS y pintorescos los pingüinos. (SNT-21:363)
In the Falkland Islands the penguins looked very colorful and picturesque.

Chillón (-ona), with reference to color, has pejorative connotations of "loud," "too bright" or "clashing":

Cuando uno va a la iglesia, trata de evitar usar colores muy CHILLONES. (HAB-2:52)
When one goes to church, one tries to avoid using very loud colors.

Alto or **fuerte** mean "loud" with reference to sound:

Me parece que está muy ALTO el volumen. (BA-28:368)
I think the volume's too loud.

Yo le hacía con la mano señas de que levantara la voz, pero, como él no me veía, le dije: "Más FUERTE". (BA-24:160)
I was waving at him to raise his voice, but, since he couldn't see me, I said to him, "Louder."

3. Departamento: apartment

Apartamento and **departamento** (whish also means "department") are common equivalents of "apartment":

¿Y están contentos con el DEPARTAMENTO, con la ubicación? (BA-23:130)
And are you happy with the apartment, with the location?

Salía de mi APARTAMENTO y no veía a nadie. (BOG-14:197)
I used to leave my apartment and not see anyone.

Piso, which usually means "floor" or "story" of a building, is used to mean "apartment" in Spain and might be likened to the British usage of the word "flat" meaning "apartment." **Apartamento** in Spain usually refers to a small, furnished efficiency apartment:

-Tenéis APARTAMENTO, ¿no?
-No, es un PISO en un bloque. (MAD-17:311)
"You have an efficiency apartment, don't you?"
"No, it's a full apartment (a flat) in a housing complex."

4. Embarazo: pregnancy

Embarazo means "pregnancy," and **mujer embarazada** is "pregnant woman":

¿Hay alguna relación entre un EMBARAZO de alto riesgo y mortalidad infantil? (SJO-22)
Is there any relationship between a high risk pregnancy and infant mortality?

Yo estaba EMBARAZADA, y no me quedaba tiempo de estudiar. (CAR-4:55)
I was pregnant and didn't have any time left to study.

Vergüenza is a commonly used term for "embarrassment", **avergonzar (ue)** is "to embarrass" and **avergonzarse de** is "to be embarrassed over":

Él tenía mucha VERGÜENZA de su falta de conocimientos. (CAR-36:637)
He was very embarrassed about his lack of knowledge.

Ellos se fueron, y nos dio una VERGÜENZA terrible. (BA-10:162)
They left, and we were terribly embarrassed.

No nos AVERGONZABA rezar con ella. (BOG-30:400)
It didn't embarrass us to pray with her.

Los padres SE AVERGÜENZAN DE tener un niño tan mal educado. (MEX-25:350)
The parents are embarrassed over having such a bad-mannered child.

Embarazoso, on the other hand, is an exact cognate of "embarrassing":

Esa situación me resultó un poco embarazosa.
That situation turned out to be a little embarrassing for me.

Bajo condiciones tan embarazosas, cualquiera se habría ruborizado.
Under such embarrassing conditions, anyone would have blushed.

5. Argumento: plot

Argumento and **trama** (f.) are two commonly used equivalents of "plot":

Shakespeare rara vez escribió un ARGUMENTO original. Ésos eran ARGUMENTOS que le llegaban de Italia. (BOG-11:156)
Shakespeare rarely wrote an original plot. Those were plots that came to him from Italy.

Y de allí que, dentro de LA TRAMA de la obra, se hayan complicado las cosas. (SNT-55:511)
And that's what causes things to have gotten complicated in the plot of the work.

Argumento means "argument" only in the sense of a line of reasoning:

Mi hermano está convenciendo a papá para que le compre una moto. No sabe qué ARGUMENTO poner. (MAD-19:348)
My brother is trying to convince Dad to buy him a motorcycle. He doesn't know what argument to use.

Disputa is "argument" in the sense of "quarrel"; **disputar** or **discutir** mean "to quarrel":

Lo acusa, y por eso se produce una DISPUTA. (SNT-2:27)
She accuses him, and, as a result, a quarrel arises.

Grupos políticos y grupos de presión están DISPUTÁNDOSE el poder. (BOG-9:129)
Political groups and pressure groups are quarreling over power.

Cuando la gente se exaspera, yo creo que uno debe cortar el tema y no ponerse a DISCUTIR. (CAR-15:262)
When people get exasperated, I think one should cut off discussion on the topic and not start quarreling.

Riña and **reñir** (a stem-changing verb, conjugated like **pedir**) refer to a more violent quarrel, especially to fights between close friends, lovers, husband and wife, etc.:

Tienen RIÑAS entre sí, como todos los matrimonios. (MEX-27:378)
They have fights with each other, like all married couples.

RIÑERON tanto que ella le pidió el divorcio.
They fought so much (had so many arguments) that she asked him for a divorce.

6. Al final: at the end

Final, fin, and **extremo** all mean "end."

Final denotes either a temporal or a spacial end, and can thus refer to the end of a street, a movie, a book, a war, etc.:

Se hospedaba en la Residencia de Estudiantes, que entonces era un lugar AL FINAL DE LA CALLE Serrano. (MAD-16:280)
He was staying at the student dormitory, which at that time was a place at the end of Serrano Street.

Su hermana aparece AL FINAL DE LA NOVELA. (SNT-55:515)
His sister appears at the end of the novel.

Me indicó que iba a hacer un examen AL FINAL DE ESA SEMANA. (MEX-1:17)
He pointed out to me that he was going to be taking an exam the end of that week.

Fin is used only with reference to time. It is most commonly found in the expression **al fin**, meaning "finally," "at last," a synonym of **por fin**:

No cancelan los tratados que se han firmado AL FIN DE LA GUERRA. (LAP-20:193)
They're not going to cancel the treaties that were signed at the end of the war.

Siempre había ilusionado hacer ese viaje, y AL FIN llegué allá. (HAB-15:460)
I had always dreamed of making that trip, and I finally got there.

Extremo refers to the end of something flat, such as a stretch of land, a table top, etc.:

Al fondo de unas fertilísimas tierras el viajero divisará la ciudad, destacándose, EN EL EXTREMO OESTE, la iglesia de la Asunción. (SEV-20:242)
At the end of some extremely fertile lands, the traveler will make out the city, with the church of the Assumption standing out at the western end.

El hotel está AL EXTREMO DEL EMBARCADERO. (SNT-44:298)
The hotel is at the end of the wharf.

Vivíamos AL OTRO EXTREMO DE LA CIUDAD. (SJO-25)
We lived at the other end of the city.

La mesa era gigantesca, y mi papá y mi mamá se sentaban cada uno EN UN EXTREMO. (BOG-42:582)
The table was huge, and my Mom and Dad used to sit each one at one end.

7. Actúa: acts

Actuar, trabajar, portarse, comportarse, fingir and **desempeñar / hacer el papel** can all mean "to act".

Actuar or **trabajar** mean "to act" in the sense of "to play a role" in a film, stage play, etc.:

Sofía Loren TRABAJA muy bien en esa película. (SNT-41:228)
Sofia Loren does a good job of acting in that movie.

Va a ACTUAR en una obra en el teatro de la universidad, pero él ACTÚA muy poco ahora. (SJN-17:338)
He's going to be acting in a play at the university theater, but he acts very little now.

Actuar como means "to act like/as," in the sense of doing something in a certain way:

Los hicieron ACTUAR COMO romanos, como si pasara en Roma el asunto. (BA-20:307)
They made them act like Romans, as if the matter were happening in Rome.

Creo que yo ACTUÉ COMO debía de actuar el ser humano. (SJO-14)
I think I acted as a human being is supposed to act.

En este momento, estoy haciendo mi internado de obstetricia, y ESTOY ACTUANDO COMO médico obstetra en el hospital San Juan de Dios. (SNT-4:78
At the moment I'm doing my internship in obstetrics and acting as obstetrician at the San Juan de Dios Hospital.

Portarse and **comportarse** mean "to act," "to behave" in a certain way, especially with reference to social propriety. Although these verbs are synonymous, **comportarse** has a somewhat more formal connotation, similar to English "to conduct oneself":

> *Le tenían que prometer a la maestra que SE IBAN A PORTAR bien.*
> (BA-27:315)
> They had to promise the teacher that they were going to behave themselves.

> *Una muchacha de quince años no debe PORTARSE en esa forma.*
> (HAV-7:211)
> A fifteen year old girl shouldn't act like that.

> *Me enseñó a COMPORTARME frente a las personas, frente a los problemas.* (MAD-10:167)
> He taught me how to act (conduct myself) when I have to face people and problems.

> *Las formas de COMPORTARSE la gente allá dista mucho de ser la forma en que SE COMPORTA la gente aquí.* (SJN-9:170)
> The way people act there is very different from the way people act here.

Fingir is "to act" in the sense of "to pretend":

> **Fingí estar sorprendido, pero no lo estaba.**
> I acted (pretended to be) surprised, but I wasn't.

Desempeñar/hacer el papel de is "to act as / play the role of":

> *Había podido conseguir una niña que podía DESEMPEÑAR EL PAPEL DE Helen Keller.* (SJN-17:327)
> I had been successful in finding a girl who could play the role of Helen Keller.

> *Quizás tenga que HACER EL PAPEL DE mamá él, por un tiempo al menos.* (LIM-8:121)
> He may have to act as (play the role of) a mom, at least for a while.

8. Tirados: thrown

Arrojar, lanzar, echar, botar and **tirar** are the most common equivalents of "to throw." Of these, **arrojar** and **lanzar** are the most forceful and violent and mean "to throw" in the sense of "to hurl":

> *Los sacerdotes españoles les dijeron a los indios que sus ídolos no eran más que piedras, y los ARROJARON desde arriba de la pirámide al valle.* (MEX-15:195)
> The Spanish priests told the Indians that their idols were only stones, and they threw them from the top of the pyramid into the valley.

> *Se daban casos como el de un suicida ahorcado, como también el que SE ARROJABA al río.* (SEV-20:244)
> There were cases like that of a suicide victim hanging himself and also someone throwing himself into the river.

Echar is the least forceful of the five verbs, and means "to toss." **Echarse** means "to lie down":

> *Los ECHÓ a una canasta.* (MEX-3:51)
> She threw (tossed) them into a basket.

> *Uno SE ECHA en un sitio de la cama, y está caliente, y si uno quiere voltearse, el otro lado está helado.* (LIM-2:46)
> You lie down on one side of the bed and it's warm, and if you want to turn over, the other side is freezing..

Used with **carta** ("letter"), **echar** means "to mail;" **al buzón** (mailbox) or **al correo** may be added, but are not necessary:

> **¿Echaste la carta (al buzón, al correo)?**
> Did you mail the letter?

> **Salió a echar una carta.**
> She went out to mail a letter.

Echar has one important forceful connotation, with reference to throwing someone out of a place. In parts of Spanish America this meaning is often rendered by the verb **botar**:

ECHARON a los judíos de España. (BA-24:171)
They threw the Jews out of Spain.

No teníamos ni un solo centavo, y tuvimos que dormir en el aeropuerto; menos mal que no nos BOTARON. (LIM-8:119)
We didn't have a single penny, and we had to sleep in the airport; at least they didn't throw us out.

Tirar lies midway between **echar** and **arrojar**. It means more than merely "to toss," but does not reach the force of "to hurl":

Me decía: "Mañana no hay colegio". Y TIRABA la boina hasta el techo. (MEX-11:141)
She would say to me, "There's no school tomorrow." And she would throw her beret up to the ceiling.

Two special uses of **tirar** are found in **tirarse**, "to dive," and **tirar de**, "to pull":

Puedo nadar pero no TIRARME de cabeza.(MAD-20:384)
I can swim but not dive in headfirst.

Usted TIRA DE una palanca, y cae un cable. (MAD-1:7)
You pull on a lever, and a cable drops down.

9. A: into

Spanish has no single preposition that is the equivalent of "into" or "onto." **A** is used if the idea of "to" predominates and **en** or **sobre** is used if the idea of "on" predominates:

Botaron el arroz quemado AL SUELO. (SNT-41:226)
They threw the burnt rice onto the floor.

Se tira todo EN EL SUELO. (MEX-14:188)
Everything gets thrown onto the floor.

The preposition "**a**" is used to indicate motion toward an object:

Nosotros ÍBAMOS mucho A LA CASA. (BOG-30:397)
We used to go to the house a lot.

En is used to indicate location *at* a place:

> *Vos andás descalzo cuando estás EN LA PLAYA.* (BA-22:101)
> You walk around barefoot when your're at the beach.

> *Mi hermana estudió EN LA UNIVERSIDAD.* (LIM-15:206)
> My sister studied at the university.

> *Conoció a su marido EN UN BAILE.* (CAR-38:661)
> She met her husband at a dance.

In the Spanish equivalent of going or coming to do something at a place, the preposition **a** is often used before the noun to indicate the place to which one goes, though **en** may also be used, as in **ir a comer a/en un restaurante**, "to go to eat at a restaurant":

> *Se me presentó la oportunidad de venir a trabajar A SAN JOSÉ.* (SJO-27)
> I had the opportunity to come and work in San Jose.

> *Van siempre a comer AL MISMO SITIO.* (CAR-5:83)
> They always go to eat at (in) the same place.

> *Fue ella a visitar a su marido A MEJILLONES.* (SNT-24:394) She went to visit her husband in Mejillones.

> *He ido a ver a Carmen EN ALEMANIA.* (BA-13:201)
> I've gone to see Carmen in Germany.

10. Permaneció: he remained, stayed

Quedar(se), permanecer, alojarse and **hospedarse** all mean "to remain," "to stay."

Quedarse is used when staying involves a personal decision to remain somewhere:

> *Me dijeron: "Tiene usted dos alternativas: o SE QUEDA aquí en el aeropuerto o se va al hotel".* (LAP-16:168)
> They told me, "You have two options: either you stay here at the airport or you go to the hotel."

ME QUEDÉ unos meses más. (BOG-49:674)
I stayed (decided to stay) a few more months.

Either **quedar** or **quedarse** may be used when such a decision is not involved, but **quedarse** is more common:

Yo no voy a QUEDAR en la misma oficina, porque me van a pasar a otra parte. (SNT-25:407)
I'm not going to stay in the same office, because they are going to transfer me somewhere else.

No podía venir porque la mamá le exigía QUEDARSE en la casa. (SJO-33)
He couldn't come because his mother insisted on him staying in the house.

Eso fue una experiencia que espero que HAYA QUEDADO en el corazón de todos los niños. (BOG-35:485)
That was an experience that I hope has remained in the hearts of all the children.

Los dialectos tienen un mismo origen y luego SE QUEDAN en distintos estados de evolución. (BA- 24:170)
Dialects have the same origin and then remain in different states of evolution.

Permanecer may be used in place of **quedar** or **quedarse**, but is slightly more formal in tone:

Tuvo que PERMANECER en el país. (SJO-26)
He had to remain in the country.

Allí PERMANECÍ como ocho años, y después el señor Arzobispo me nombró para esta parroquia. (BOG-16:218)
I remained there for about eight years, and then the archbishop assigned me to this parish.

Alojarse and **hospedarse** mean "to stay" in the sense of "to be lodged" at a hotel, as a guest in a home, etc.:

Estaba ALOJADO ahí en el hotel. (SNT-24:397)
He was staying there at the hotel.

No sabía dónde HOSPEDARME, porque los hoteles eran carísimos.
(LIM-9:136)
I didn't know where to stay, because the hotels were extremely
expensive.

11. Libre: free

Libre means "free" in the sense of "not restricted":

Hay poesía con rima y poesía de VERSO LIBRE. (BA-19:282)
There is rhymed poetry and poetry in free verse.

¿A qué dedica su TIEMPO LIBRE? (SEV-12:147)
What do you do in your free time?

*O sea que a ti no te fastidia la discrepancia entre el LIBRE
ALBEDRÍO y la omnipotencia de Dios.* (LAP-26:298)
In other words the discrepancy between free will and God's
omnipotence doesn't bother you.

Es más fácil ser esclavo que SER LIBRE. (CAR-22:451)
It's easier to be a slave than to be free.

Al aire libre means "out in the open," "outside":

Bueno, lo que yo necesito es trabajar AL AIRE LIBRE. (MEX-1:15)
Well, what I need is to work outside.

*No tuvieron preparación técnica en materia de comida AL AIRE
LIBRE y de vida AL AIRE LIBRE.* (SNT-41:228)
They didn't have any technical training in the area of food out in the
open and life out in the open.

Gratis and **gratuitamente** are equivalents of the adverb "free," meaning
"not subject to charge or payment." Of the two words, **gratuitamente** is
somewhat more formal in tone:

Las universidades educan al pueblo GRATIS. (BOG-45:634)
The universities educate the people free.

Los maestros trabajan GRATIS casi. (MEX-29:402)
The teachers work almost free.

*Todas las cosas que hemos tratado de hacer aquí
GRATUITAMENTE siempre han fracasado.* (BOG-41:573)
Everything we've tried to do free here has always failed.

Gratuito is, more properly, the adjective "free," although **gratis** is commonly used as an adjective, particularly in everyday language:

No hay universidades GRATUITAS. (LIM-2:44)
There are no free universities.

Va a dar unos recitales GRATUITOS. (MEX-31:419)
He's going to give some free recitals.

Nada es GRATIS. (BOG-41:576)
Nothing is free.

A lo mejor nos sale GRATIS la llamada. (SNT- 45:307)
Most likely the call will be free for us.

12. Parecen: seem, appear

Parecer, parecerse and **aparecer** are different in ways that are at times somewhat subtle.

Parecer means "to seem," "to have a certain aspect":

Me PARECÍA una persona muy amable. (BOG-32:430)
He seemed to me to be a very nice person.

Tu pregunta me PARECE bastante interesante. (BA-23:117)
Your question seems very interesting to me.

Aunque PAREZCA absurdo, es un hecho. (SNT-16:263)
Although it seems absurd, it's a fact.

In Spanish America **verse** is also often used to express how something looks:

> *Yo cumplo cincuenta años pasado mañana, pero la gente me dice, "Tú TE VES joven."* (SJN-11:248)
> I'll be fifty the day after tomorrow, but people say to me, "You look young."

> *Los bloques de mármol SE VEN preciosos al amanecer.* (MEX-15:202)
> The marble blocks look wonderful at dawn.

Parecer may be used with an indirect object to indicate an opinion:

> *Me PARECE muy importante.* (BOG-3:51)
> I think it's very important (It seems very important to me).

> *¿Qué te PARECE el lugar?* (HAB-21:597)
> What do you think of (How do you like) the place?

Parece que is the equivalent of "it looks like," "it looks as if" something is so:

> *PARECE QUE va a terminar, pero PARECE QUE queda mucho todavía.* (SAN-41:234)
> It looks like it's going to end, but it looks as if there's still a lot left.

> *Por lo que dices, PARECE QUE tienes conocimientos de lenguas extranjeras.* (LIM-1:34)
> Judging from what you're saying, it looks like (as if) you have some knowledge of foreign languages.

As can be seen in the sentences given above, **parece que** is followed by the indicative. However, if an adjective follows **parece**, as in **parece seguro que, parece extraño que**, etc., either the indicative or the subjunctive may be used, depending on the adjective. Adjectives of certainty, such as **"cierto," "claro," "evidente," "obvio," "seguro," "verdad,"** etc., are followed by the indicative. All other adjectives are followed by the subjunctive:

Me PARECE CLARO que Nicaragua necesitaba también de otros países. (LAP-21:206)
It seems clear to me that Nicaragua also needed other countries.

Me PARECE MUY BIEN que repartan así. (BOG-19:254)
I think it's very good that they share like that.

PARECE MUY LÓGICO que intenten elevar el número de suscriptores. (MAD-2:40)
It seems very logical for them to try to raise the number of subscribers.

A mí me PARECE MUY IMPORTANTE que ustedes y yo podamos ver eso. (MEX-25:343)
I think it's very important for you and me to be able to see that.

Parecerse a is used to point out a resemblance between two objects or people that actually exist:

SE PARECE A su madre. (BA-27:328)
She looks like her mother.

¿Alguno de sus hijos SE PARECE A ella? (MEX-12:143)
Does any one of her children look like her?

Es la forma poética que más SE PARECE A la lengua hablada.
(BA-19:291)
It's the poetic form that most resembles the spoken language.

If, on the other hand, one of the objects is conceptual, as when one is speaking metaphorically, **parecer** is used:

El palacio, rodeado de parques y de flores, PARECE un inmenso invernadero. (BOG-45:638)
The palace, surrounded by parks and flowers, looks like a huge greenhouse.

Nureyev es extraordinario; PARECE un pájaro volando. (BA-5:97)
Nureyev is extraordinary; he looks like a bird flying.

Note that the greenhouse and the bird referred to in the sentences above do not actually exist but are only images suggested by the speaker.

Aparecer means "to appear" in the sense of "to make an appearance," "to show up" somewhere:

> *En las comedias de Plauto APARECEN muy frecuentemente soldados.* (BA-20:306)
> In Plautus's comedies, soldiers very often appear (show up).

> *El amanecer es maravilloso: el sol APARECE en el horizonte, en el oriente.* (SNT-21:360)
> The sunrise is wonderful: the sun appears on the horizon, in the east.

The reflexive verb **aparecerse** is used when reference is to unnatural or unexpected appearances:

> *Dicen que en los cuartos del castillo SE APARECE la Llorona.* (MEX-3:51)
> They say that in the castle rooms *La Llorona* appears.

> *Estaba conversando con el señor Pimentel cuando de pronto SE APARECIÓ Alfredo.* (CAR-11:190)
> I was talking to Mr. Pimentel when Alfred suddenly appeared (showed up).

Aparecer or **presentarse** are equivalents of "to appear" as a performer or actor in a program, play, movie, etc.:

> *Tiene un pequeñísimo papel; APARECE sólo un momento.* (CAR-19:349)
> He has an extremely small role; he appears for just a minute.

> *En la mayoría de estos programas el talento que SE PRESENTA ante las cámaras es un talento gratuito.* (BOG-1:26)
> In most of these programs the talent that appears before the cameras is free talent.

13. Tratar de: deal with

Tratar de and **tratarse de** differ in usage.

Tratarse de is an impersonal expression meaning "to be a question of":

SE TRATA DE reunir grupos de personas. (BOG-10:130)
It's a question of bringing groups of people together.

SE TRATA DE que aprendan a analizar la mayoría de los libros.
(BOG-26:346)
It's a question of their learning to analyze most of the books.

Non-reflexive **tratar** has a specific subject and refers to what some particular thing is about:

¿Puede decirme de qué TRATA eso? (HAB-49:743)
Can you tell me what that's about?

El libro TRATA de los viajes de Colón. (HAB-25:606)
The book is about the voyages of Columbus.

Tratar de plus the infinitive means "to try" to do something:

Tenía un problema, y TRATÉ DE superarlo. (SJO-2)
I had a problem, and I tried to overcome it.

TRATARON DE controlarlo, pero ya era tarde. (SJN- 10:206)
They tried to control it, but it was too late.

Tratar is used without a preposition when it means to treat someone in a certain manner, or to deal with or have a social relationship with someone:

Me invitó a su casa, y ME TRATÓ muy bien. (LAP-16:166)
He invited me to his house, and he treated me very well.

Los muchachos SE TRATAN en una forma ruda. (BOG-18:242)
The boys deal with each other in a rough way.

14. Un simple estudiante: only a student

Simple varies in meaning according to whether it is placed before or after the noun:

Entré allí por SIMPLE CURIOSIDAD. (CAR-7:107)
I went in there out of pure curiosity (only out of curiosity).

Tuvimos una actuación mediocre por una RAZÓN MUY SIMPLE: son actores mediocres. (CAR-19:354)
We had mediocre acting for a very simple reason: they are mediocre actors.

Some other adjectives that vary in meaning according to whether they precede or follow the noun are given below. When the adjective follows the noun, it has its more literal meaning:

Cada uno está destinado a CIERTA COSA. (BOG-22:295)
Everyone is destined to a certain thing.
Decía una COSA MUY CIERTA. (BA-30:414)
He was saying something very true.

Había DIFERENTES COSAS que le llamaban la atención. (MEX-6:77)
There were several things that were attracting his attention.
Son dos COSAS DIFERENTES. (MEX-21:298)
They're two different things.

El ÚNICO PAÍS que conozco es Italia. (SEV- 8:94)
The only country I know is Italy.
Es un CASO ÚNICO. (BA-25:242)
It's a unique case.

Es una pieza fantástica; el escultor es un VERDADERO ARTISTA. (MAD-13:218)
It's a fantastic piece; the sculptor is a true (really outstanding) artist.
Puede haber un documento falso y un DOCUMENTO VERDADERO. (CAR-27:553)
There may be a false document and a real document.

15. Mantener: to keep

Mantener, guardar, quedarse con and **seguir (continuar)** all mean "to keep."

Mantener means "to keep" someone or something in a certain state or condition:

Las condiciones en que MANTIENEN a estos animales han hecho posible que incluso se reproduzcan. (SNT-59:565)
The condition in which they keep these animals has even made it possible for them to reproduce.

La MANTIENEN informada de todas las actividades. (BOG-34:466)
They keep her informed of all activities.

Guardar means "to put something away" for safekeeping, or "to keep" something for later possible use:

Es receloso de sus materiales. Los GUARDA para sí, y los ponen bajo llave. (CAR-7:112)
He doesn't trust anyone with his materials. He keeps them to himself, and locks them up.

Yo GUARDO cartas, GUARDO recortes de periódico, cuanto te quieras imaginar, GUARDO yo. (MEX-18:253)
I keep letters, I keep newspaper clippings, I keep just about anything you can imagine.

Quedarse con means "to keep" in the sense of "not to return":

QUÉDESE USTED CON el libro; yo no lo quiero. (CAR-25:500)
Keep the book; I don't want it.

Le abrieron el forro de mi abrigo para encontrar documentos, y SE QUEDARON CON mi gorro. (LAP-16:167)
They opened the lining of my coat looking for documents, and they kept my cap.

Seguir (or **continuar**) followed by a present participle means "to keep (on)" doing something. Unlike English, Spanish does not permit the use of an infinitive following these verbs:

Tenemos que SEGUIR HABLANDO. (BOG-27:364)
We have to keep (keep on) talking (continue to talk).

Puede CONTINUAR HABLANDO. (BOG-35:473)
He can keep talking (continue to talk).

La mujer empezó siendo una esclava, y SIGUIÓ SIENDO una esclava, hasta que empezó a trabajar. (MEX-19:259)
Woman began being a slave and kept on being (continued to be) a slave until she started to work.

Al dormir uno, el cerebro SIGUE TRABAJANDO. (SJO-24)
When one is sleeping, the brain keeps working (continues to work).

Cumplir la palabra / la promesa is "to keep one's word / promise":

Va a quedarle muy complicado CUMPLIR TANTAS PROMESAS. (BOG-2:35)
It's going to turn out to be very complicated for him to keep so many promises.

CUMPLIÓ LA PALABRA. (MEX-11:139)
He kept his word.

EXERCISES ON OBSERVATIONS

1. When the nervous husband with the disheveled hair said he thought his wife was pregnant, there was an embarrassing silence. **2.** Apparently, the woman herself was more embarrassed than anyone, and she hid. **3.** According to the plot I read, the husband and wife have almost nothing in common and finally break up after a long succession of quarrels. **4.** He bought a half dozen ties that were flashy but not loud. **5.** The producer's assistant said he was not permitted to keep his shirts in a drawer. **6.** She saw a man with long sideburns at the end of a street. **7.** He kissed his wife and tried to keep his sense of humor as he put some more film into his camera. **8.** It is estimated that that film in which he plays the part of a vampire may produce as much as forty million dollars. **9.** "Keep your money," he said. "Admission to this documentary is free." **10.** It's a horror movie in which Teodoro Rivas appears in the role of a sexual psychopath who throws himself into the river at the end. **11.** They have a unique knowledge about movies that have plots that deal with concentration camps. **12.** You shouldn't have spoken so loudly at the movies. **13.** As I told your sister, I could hear the newlyweds arguing two flights down, but I don't know what the argument was about. **14.** Do you think it was simply a question of his old-fashioned suits? **15.**

Nevertheless, some people believe ninety percent of all movies should be thrown into the garbage. **16.** All of the free men went to live on an island with the director of a successful movie entitled *The Devil's Seed*. **17.** They stayed at a hotel where they were filming a documentary. **18.** There can be little doubt that the London producer of the movie was staying at a hotel when the interview was carried out. **19.** According to what I managed to find out, the horses pulling the pioneers' wagons remained trapped by the snowstorm. **20.** The survivors, who were so white they looked like statues, were taken to court, accused of cannibalism. **21.** He said he was just a husband trying to tell a true story. **22.** The story was about a satanical sect that followed certain rules against revealing their true instincts. **23.** We went to the movies free and saw a documentary that dealt with Satan and witchcraft. **24.** Her argument is that even nowadays not all people should be free. **25.** It looks as if she didn't want to go to school and acted sick so she could stay home and read *Cinderella*. **26.** They appeared at all the parties that took place at apartments in Hollywood. **27.** She didn't keep her word to return my book. **28.** She acted like a mother when she treated the baby well, even though it didn't look at all like her. **29.** He tossed two rolls of film and a novel entitled *Stalemate* into a suitcase. **30.** It seems that he tried to help his wife get caught up in her knowledge.

ADJECTIVE POSITION

I.   GENERAL STATEMENT

Speaking in a general sense, one could say that a descriptive adjective follows the noun it modifies, while a determiner precedes the noun it modifies.

The determiners are articles (**el, un**), numbers, indefinite adjectives (**algún, ningún, cada, cualquier, poco, mucho, tal, tanto, otro, varios,** etc.), demonstrative adjectives (**este, ese, aquel**), and possessive adjectives (**mi, tu, su** etc.). Determiners tell how many or how few or which or whose things are involved; they do not, however, describe the nouns they modify.

Descriptive adjectives are such words as "tall," "green," "Spanish," "mechanical," etc., all of which describe the nouns they modify. However, descriptive adjectives may at times lose some or all of their descriptive nature, in which case they will be placed before the noun. In like manner, determiners that take on a descriptive value will be placed after the noun. The details involving these very general notions of adjective position are the subject of the present grammar lesson.

II. ADJECTIVES THAT DESCRIBE AND DIFFERENTIATE: POST-POSITION

An adjective that describes an object, differentiating that object from others of its kind, is placed after the noun it modifies:

Román Polanski es un hombre bajo y nervioso, de cabello desordenado.
Roman Polanski is a short, nervous man with disheveled hair.

The adjectives in the above sentence, *bajo*, *nervioso*, *desordenado*, are both descriptive and differentiating. That is to say, *bajo* and *nervioso* describe Polanski and set him apart from men who are not short and nervous, while *desordenado* describes Polanski's hair and sets it apart from hair that is not disheveled. The author of the above sentence is not saying that Polanski is a man with hair, but rather that he is a *short*, *nervous* man with *disheveled* hair. In English one tends to stress adjectives of this type, or at least to maintain the voice at the same pitch for both the adjective and the noun it modifies.

Descriptive adjectives used in a purely technical manner occur only in post-position, since such adjectives are always descriptive and differentiating. Such adjectives restrict the meaning of the noun modified to a certain type. **Bomba atómica**, "atomic bomb," for example, is not just a bomb, but is a certain type of bomb, and the word **atómica** is essential to the meaning. Further examples follow:

Eran miembros de la GUARDIA NACIONAL. (LAP-5:62)
They were members of the national guard.

El ejercicio mantiene el ESTADO FÍSICO de la persona. (BOG-29:392)
Exercise maintains the physical condition of a person.

Tratan de eliminar factores como la CONTAMINACIÓN AMBIENTAL, el riesgo de la GUERRA NUCLEAR, la INSEGURIDAD PERSONAL. (CAR-18:336)
They try to eliminate factors like atmospheric pollution, the risk of nuclear war, personal insecurity.

Se tienen que hacer siempre CÁLCULOS MATEMÁTICOS. (SNT-36:129)
One must always make mathematical calculations.

Llegué justo en el momento que tocaban el HIMNO NACIONAL. (LAP-23:242)
I arrived just at the moment when they were playing the national anthem.

III. ADJECTIVES THAT DESCRIBE BUT DO NOT DIFFERENTIATE: PRE-POSITION

If, on the other hand, an adjective describes the noun it modifies but does not differentiate the object described from others of its kind, the adjective is placed before the noun:

Polanski es el director de la EXITOSA PELÍCULA *Semilla del diablo*.
Polanski is the director of the successful film *Rosemary's Baby*.

***Repulsión* es una película de terror con la RUBIA ACTRIZ Catherine Deneuve.**
Repulsion is a horror film with the blonde actress Catherine Deneuve.

In the above sentences the adjectives *exitosa* and *rubia* are descriptive but are not meant to differentiate the object described from others of its kind. Thus, *Rosemary's Baby* is not being compared to other films that are not successful when one says *exitosa cinta* nor is Catherine Deneuve being compared to other actresses who are not blonde, in the phrase *rubia actriz*. Both adjectives, *exitosa* and *rubia*, could be omitted with no significant loss in meaning to the sentence. Since their descriptive value is not germane to the meaning of the sentence, they are placed before the nouns to which they refer. In English, non-differentiating adjectives are unstressed; in the above sentences, for example, reference is not to the "*successful* film" but to the "successful *film*," not to the "*blonde* actress" but to the "blonde *actress*."

In poetry descriptive adjectives commonly precede the nouns they modify. Basically this is true because in poetry adjectives are often used not in order to differentiate one object from another, but to embellish the object referred to:

Los HELADOS DEDOS de la SUAVE NIEVE acariciaban la DORMIDA COLINA.
The frozen fingers of the soft snow carressed the sleeping hill.

In the above sentence it is not the author's intention to set the fingers referred to apart from fingers that are not frozen nor to differentiate between soft snow and hard snow nor between a sleeping hill and hills that are awake. In English one would not refer to the "*frozen* fingers of the *soft* snow" but rather to the "frozen *fingers* of the soft *snow*." The adjectives "frozen" and "soft" could be omitted with no loss in meaning to the sentence; they are thus descriptive but not differentiating.

An adjective whose meaning is implicit in the noun referred to will also precede that noun. Such adjectives, while descriptive, do not differentiate:

La BLANCA NIEVE cubría los VERDES MANTOS de las ALTAS MONTAÑAS.
The white snow covered the green mantles of the high mountains.

The adjectives *blanca*, *verdes* and *altas* in the above sentence are not meant to differentiate the white snow from non-white snow nor the green mantles from mantles of other colors nor the high mountains from low mountains. Again, all three adjectives could be omitted with no loss in meaning to the sentence, though there would, of course, be a loss in subjective expression.

Adjectives that are used to express the speaker's opinion are often placed before the noun. This is so because opinions constitute an evaluation, and the evaluative process is one that falls within the domain of determiners, inasmuch as evaluation involves notions of quantity or degree, which are part of the numerical or measuring system:

Ha sido un GRAN AMIGO de tu padre. (LAP-28:335)
He's been a great friend to your father.

Fue el que ideó nuestra HERMOSA BANDERA. (HAB-25:614)
He is the one who designed our beautiful flag.

Era un EXCELENTE JINETE. (BOG-23:308)
He was an excellent horseman.

In the above sentences *gran*, *hermosa* and *excelente* are all ratings based on subjective evaluation. They are not being used in a descriptive, differentiating manner, but rather to indicate to what extent someone or something fulfills the role of a friend, a flag or a horseman. Placed after the nouns to which they refer, they would take on a descriptive, differentiating connotation:

Tuvo un INFLUJO GRANDE en la política. (BOG-7:100)
He had a big influence on politics.

Este es un PAÍS HERMOSO. (SJO-35)
This is a beautiful country.

He recibido una EDUCACIÓN EXCELENTE. (LAP-18:185)
I've received an excellent education.

The adjectives *grande, hermoso* and *excelente* in the above sentences are not intended to convey the notion of subjective evaluation but rather are meant to describe and differentiate. To describe an education as **una educación excelente** is to state that the education is of the type that would be classified as "excellent," just as a bomb might be classified as "atomic" **(bomba atómica)** or a wall might be classified as "green" **(pared verde)**. The speaker's intention is not to express a subjective opinion but to state an objective fact.

IV. ADJECTIVES THAT DO NOT DESCRIBE: PRE-POSITION

Adjectives that do not describe the nouns they modify are placed before those nouns. The prime example of this type of adjective is the determiner, which, as mentioned in the **General Statement** above, includes articles, numbers, indefinite adjectives, demonstrative adjectives and possessive adjectives. Determiners, also called "limiting adjectives," indicate how few, how many or which objects are being qualified; they indicate no descriptive quality of those objects. Thus, **cinco libros**, or **primer hombre**, or **esta mujer** give no indication of the description of the books, man, or woman referred to.

It is possible, however, to give a descriptive quality to some of the determiners and thus to change them into descriptive, differentiating adjectives, in which case they will follow the nouns they modify. Consider, for example, the contrastive pair, **el primer capítulo/el capítulo primero. El primer capítulo** could be used to refer to any chapter, provided it is the chapter with which one begins. **Primer** here does not describe the chapter but merely places it as the first member of a series. **El capítulo primero**, on the other hand, could only be "Chapter One" and will always be "Chapter One" regardless of the order in which it is read; **primero** here is a descriptive, differentiating adjective, and, as such, follows the noun it modifies. Similarly, **ese** and **aquel**, when following the noun, take on a descriptive connotation, usually one of contempt, as in **esa criada**, "that maid" vs. **la criada esa**, "that no-good maid."

It should also be noted that possessive, demonstrative and some indefinite adjectives (e.g. **todo, alguno, ninguno**) may follow the noun modified to indicate emphasis:

> *Es esta la IMPRESIÓN MÍA.* (BOG-8:107)
> This is *my* impression.

> *El CHIQUILLO AQUEL se puso de pie.* (MAD-18:328)
> *That* little boy stood up.

> *Los NIÑOS TODOS cantaban.* (BOG-39:532)
> *All* the children used to sing.

> *No tiene VALOR NINGUNO.* (SEV-2:18)
> It has *no* value.

V.   ADJECTIVES THAT CHANGE MEANING ACCORDING TO POSITION

As pointed out above, some adjectives may change in meaning according to whether they are placed before or after the noun. Placed before the noun, they are non-descriptive; placed after the noun, they are descriptive and differentiating. Some of these adjectives were included in Observation 14 (**cierto, diferente, simple, único, verdadero**). Note that in each case in pre-position the adjective is non-descriptive, while in post-position it describes. Thus, **cierta cosa** is "a certain thing," "something" while **cosa cierta** is a "sure thing," a "true thing." Likewise, **diferentes objetos** are "several objects" while **objetos diferentes** are "different objects." Some other adjectives of this type are the following:

El ANTIGUO RECTOR nos decía eso. (BOG-15:202)
The former president used to tell us that.
Es muy difícil luchar contra los MÉTODOS ANTIGUOS. (SEV-4:42)
It's very difficult to fight against ancient methods.

Es un fenómeno que se ha dado con el NUEVO PRESIDENTE. (LAP-22:232)
It's a phenomenon that has come about with the new (different) president.
Todos habían salido con sus ZAPATOS NUEVOS. (BOG-32:436)
They had all gone out with their new (= "not old") shoes.

Dicen que el POBRE HOMBRE no habla. (CAR-21:415)
They say that the poor (unfortunate) man doesn't speak.
Es un PAÍS POBRE; no es un país rico. (BOG-1:31)
It's a poor country; it's not a rich country.

Eso es PURO CUENTO, invención del comercio. (BOG-42:583)
That's just a story, an invention of the business world.
Era una LECHE PURA. (CAR-38:661)
It was a pure milk.

No tengo demasiada confianza para los efectos de lograr un FRANCO PROGRESO. (SNT-39:183)
I don't have much hope in achieving any real progress.
Discúlpame que te diga de esa FORMA FRANCA. (LAP-21:208)
Forgive me for telling you so in such a frank way.

En los VIEJOS TIEMPOS las vueltas al mundo han sido en barco.
(LIM-18:240)
In the old days trips around the world were by boat.
Pueden charlar ahora sobre la afición que tienen a los CARROS
VIEJOS. (BOG-27:364)
Now you can talk about the strong interest you have in old cars.

VI. ADJECTIVES IN SET PHRASES

There are a number of Spanish phrases made up of a noun and an adjective which, through usage, have become set phrases and never vary, for example, **de largo metraje** ("full-length," "feature" [movie]), **de pura sangre** ("thoroughbred"), **mala hierba** ("weed"). Such phrases should be memorized as they are encountered:

Ya hice la solicitud para entrar como alumna en BELLAS ARTES.
(BOG-20:271)
I've already applied for admission as a student in Fine Arts.

A los niños míos lo único que les gusta de la SEMANA SANTA son
los caramelos. (SEV-11:128)
The only thing *my* children like about Holy Week is the candy.

VII. POSITION OF SEVERAL ADJECTIVES THAT MODIFY A SINGLE NOUN

When two or more adjectives modify a single noun, each is placed before or after the noun according to the observations for adjective position made thus far:

Es entonces cuando se oye el llamado de las ANTIGUAS
COLONIAS HISPANOAMERICANAS. (BOG-8:104)
It is at that time that the call from the former Spanish American colonies is heard.

The conjunction **y** is used to separate two descriptive adjectives when both modify the noun in the same manner. In English the conjunction "and" could be used in such cases, although it is most often omitted:

Es un PUEBLO POBRE Y TRISTE. (SNT-42:238)
It's a poor, sad town.

Tenían unas GUAYABAS GRANDES Y JUGOSAS. (SJO-15)
They had some big, juicy guavas.

If one of the adjectives forms a single unit or concept with the noun, as in "presidential guard," a second adjective is considered to be modifying the entire concept and no conjunction is used:

¿Tú crees que el clero está interviniendo en los PROBLEMAS POLÍTICOS ACTUALES? (BOG-3:55)
Do you think the clergy is becoming involved in present-day political problems?

Es una persona de una FORMACIÓN MUSICAL COMPLETÍSIMA. (BOG-6:86)
She's a person with an extremely wide musical background.

Note that in English one may use the word "and" where Spanish uses **y**, and that, conversely, one may not use "and" in English when **y** is not possible in Spanish. Thus, **un hombre bajo y nervioso**, "a short, nervous man" could also be stated as "a short and nervous man," while **la guardia presidencial mexicana**, "the Mexican national guard," could not be rephrased as "the Mexican *and* national guard."

When several adjectives modify a noun, the proximity to the noun with which the adjectives occur is the same in Spanish as in English. For example, in the phrase "modern French mechanical music" / **música mecánica francesa moderna** the words "mechanical" and **mecánica** occur next to the noun. Next in proximity to the noun are the words "French" and **francesa**. The words "modern" and **moderna** are farthest removed from the noun. Thus, the order in Spanish is the same as the order in English, but in reverse.

In **música mecánica francesa moderna** reference is to French mechanical music that is modern, and no conjunction is used between **francesa** and **moderna**. If, on the other hand, reference were to "mechanical music" that is "French and modern," the conjunction **y** would be used between these two adjectives: **música mecánica francesa y moderna**, an expression that, though possible, would be of infrequent usage, as would its English counterpart, "French and modern mechanical music."

VIII. SUMMARY

To summarize, an adjective that both describes and differentiates follows the noun (**BOMBA ATÓMICA**). An adjective that differentiates but does not describe (**ESTA MUJER**) or describes but does not differentiate (**la EXITOSA PELÍCULA** *Semilla del diablo*) precedes the noun. Adjectives that have lost some or all of their descriptive, differentiating value, either because they are opinions (**un EXCELENTE RESTAURANTE**), or because they are already implied in the meaning of the noun (**BLANCA NIEVE**), or because they are used merely to enhance or embellish a phrase, as is at times the case in poetry (**la DORMIDA COLINA**), precede the noun. Although determiners, because they are not descriptive, normally precede the noun (**ESA CRIADA**), they may take on a descriptive, differentiating value and will then follow the noun (**la CRIADA ESA**). Adjectives that have two meanings, one descriptive and differentiating (**hombre pobre**) and the other non-descriptive (**¡Pobre hombre!**), are placed accordingly.

GRAMMAR EXERCISES

1. That acclaimed French film of his cost the London producer 30 million dollars, but it's a real masterpiece with brilliant acting. **2.** He says he is merely a student of human conduct, but he absorbs any foreign atmosphere like a blotter. **3.** The characters in almost every full-length foreign film that I have seen find themselves in extraordinary, outlandish situations. **4.** The actions of the members of that strange satanical sect reveal certain basic, normal human instincts. **5.** The beautiful words of the long, romantic letter made her forget the strange mental state of the short, nervous man who had written it. **6.** The people who demand those sacrifices in the name of Satan, the Devil, are superstitious, obscene people. **7.** The opportunity to hear a lot of interesting modern German classical music intrigued me. **8.** All of us felt the same intense dislike for the hostile Nazi musicians wearing the loud ties and old-fashioned suits. **9.** The New York couple simply liked to walk among the fragrant flowers of their new garden. **10.** That German actress has not appeared in any other old Swedish movie with such a long succession of strange characters. **11.** He was a poor, abandoned Polish child who had been raised by an apparently happy couple. **12.** She survived by dint of sheer daughter. **13.** The sun had dried the white sand of the wide, spacious Chinese desert. **14.** In this new movie, an odd sect of apparently normal people live in a very large apartment in Western Europe. **15.** One cannot compare this absurd American mechanical music to the beautiful sounds of Chopin's romantic *Ballades*. **16.** It would have been the ideal setting for a Communist comedy if such conservative critics had not been present. **17.** I've received critical comments from many former Spanish teachers of mine. **18.** The successful performance of the blonde American actress Marilyn Monroe in the role of a sexual psychopath contributed to another highly acclaimed film. **19.** There can be little doubt that the only interesting aspect of that man's rather ordinary appearance was his long sideburns and his disheveled hair. **20.** After the little formal education they received, the newlyweds spent their free time trying to catch up on their knowledge. **21.** According to certain people, the distinguished Russian conductor was seen with extraordinary frequency among the ancient ruins. They say he's a wonderful person. **22.** In a recent interview Jose Quintano was asked why he had chosen such an outlandish plot for his first American movie. **23.** I'm not making moral judgements; I'm just trying to keep the relatively limited faith I have in humanity intact.

11

UNA CITA CON EL CURA

Claudina Agurto M.

La noticia me la[1] comunicaron de repente. Supe la desgracia que le había ocurrido a mi marido y corrí desesperada al teléfono, llamando a la Clínica.

En realidad[2] estaba mal. Se le habían aplicado los rayos y tenía que
5 permanecer en completo reposo. ¿Qué había ocurrido? ¿Qué le había sucedido, que se había salvado por milagro? Iba en el coche, de paseo por el campo y el guardavía no había impedido[3] la pasada del tren. De manera que al cruzar la línea fue[4] lanzado lejos del coche, sin enredarse en las ruedas. ¡Qué milagro más estupendo! ¿Qué santo lo favoreció?
10 A los gritos que salían del auto (tal vez iba acompañado), acudió la gente... Pronto se esparció la noticia por el pueblo y muchos creían que era su hermano o su hijo, personas que acababan de salir de sus hogares.

De Claudina Agurto M., "Una cita con el cura," *Cuentos chilenos* (Santiago de Chile), 1964, págs. 21-25. Con permiso de la autora.

A mi marido lo trajeron a Santiago, por supuesto a una Clínica.

A todo esto era posible que el accidente tuviera un fatal desenlace y
15 desde luego me vi desesperada, porque el enfermo no quería ver a nadie,
menos a mí.

Hacía tiempo que no lo veía, pero yo todavía lo quería. Y me
preguntaba, Dios mío, ¿cómo es posible que haya pasado esto? Si yo
deseo juntarme con él otra vez. Pero no, voy a ir a la Clínica a hablar con
20 el doctor.

Es claro que los golpes tienen malos resultados y podría morir[5] en dos
días más, quizás en ese momento estaba grave.

Al otro día[6] fui a la clínica para ver al médico que lo atendía. Esperé
toda la mañana, hasta que por fin[7] me llamaron.
25 -¿Es algo grave doctor?

-Por el momento debe[8] estar en reposo, me contestó el doctor. -Le
están colocando inyecciones, pero ya se pasaron[9] los dolores.

Yo sabía que los médicos no dicen nunca la verdad. Sería inhumano
decirla a sus familiares y por esto me fui desconfiada del galeno.
30 Ahí pregunté por la enfermera que le colocaba las inyecciones. Quería
verla, hablar con ella. Deseaba obtener más detalles. Pedí la dirección y
salí en busca de la casa de la enfermera, a la hora del almuerzo, andando
por los andurriales de la ciudad. No la encontré, la esperé en vano y ese
día no llegó a almorzar.
35 Sin embargo, no desconfiaba de Dios y pasé a una iglesia a rezar. Dios
mío, ¿como es posible que te lo vayas a llevar y no nos hayamos
juntado? Aquí[10] en este altar fue donde nos diste tu bendición. Es cierto[11]
que dijiste: "Lo que es atado en la tierra, atado será en los cielos." Pero
no te lo lleves[12], entrégamelo pronto.
40 Salí más contenta de la iglesia, tenía más valor, más resignación. Al
llegar a la Plaza de Armas y después de haber comprado algunas cosas,
me encontré con el cura. Sí, un cura que era muy amigo de él y a quien
yo había conocido antes.

Es claro que no sé si él se acordaba de mí. Pero lo detuve. Valor, hay
45 que tener valor.

-¿Cómo está Sr...? le dije. -¿No se acuerda de mí? Estuvimos juntos en
el casamiento que hubo en El Monte. ¿Se acuerda que hablamos de su
sobrino que fue compañero mío?

-Ah, sí, es verdad. ¿Qué se le ofrece?
50 -¿Sabe la desgracia que le ha ocurrido a su amigo... X? (aquí nombré a
mi marido).

Se admiró de que yo fuera su mujer y que anduviera llena de paquetes
teniendo él tan lujosos coches. Le conté con detalles la desgracia
ocurrida, y por último le dije:
55 -No me quiere ver. Ud. que es amigo de él, ¿Por qué no me

acompaña? Pueda ser que así me reciba. Vamos a verlo los dos.

El señor cura entonces aceptó.

-Bueno, me dijo -podríamos ir mañana, y ¿dónde nos juntamos?

-Cerca de su casa.

60   -Bueno, en la calle X esquina de..., a las cinco.

-A las cinco de la tarde, exclamé, y me despedí.

Y obligada a tener una cita[13] con el cura al otro día a las cinco y mi marido tenía la culpa por no dejarse ver[14]. Dormí tranquila en la noche, creyendo lo vería pronto. ¡Qué tonta era!

65   El día se me hizo largo esperando la hora de la cita. Fui a la calle... esquina de... y luego llegó el cura y me dijo:

-¡Vamos!

Anduvimos una cuadra y tocó el timbre. Nos recibieron en el living[15] y fueron a avisarle a mi marido, que estaba en cama.

70   -Que pase el señor cura, dijeron.

Pasó él y yo me quedé esperando. Pero con el golpe del coche, el Demonio y la soberbia habían entrado en el cuerpo del accidentado. Al ver al señor cura, el Demonio, en vez de emprender la fuga, se escondió más adentro del cuerpo del enfermo creyendo que lo iba a rociar con

75 agua bendita.

El cura conversó largo rato con él, sobre el accidente y, por último, le dijo que yo deseaba verlo.

-No quiero verla, exclamó. -No la necesito.

El cura volvió con una cara triste y otra vez me dijo:

80   -¡Vamos!

Salimos a la calle y yo le di las gracias por las molestias que se había tomado en acompañarme.

Muy amargada pasé a rezar una vez más a la iglesia. Recé un Credo y después le dije al Señor: -¡Jesús Nazareno, no importa que yo sufra, pero

85 no te lo lleves!

CUESTIONARIO

PREGUNTAS SOBRE EL CONTENIDO DE "UNA CITA CON EL CURA"

1.   Empleando Ud. las palabras **noticia, comunicar, de repente, desgracia, marido, desesperado** y **clínica**, cuente lo que ocurre al comienzo del cuento.

2. Describa Ud. el accidente que tuvo el marido de la autora, empleando en su descripción las palabras **paseo, campo, guardavía, impedir, línea, lanzar, enredar** y **rueda.**

3. Según la señora del cuento ¿qué pasó después del accidente? (En su respuesta utilice Ud. las palabras **grito, acudir, esparcir, hogar, desenlace, verse, nadie** y **menos.**)

4. ¿Qué le dijo el médico a la señora y por qué salió ella desconfiada de él? (En su respuesta utilice Ud. las palabras **reposo, inyección, dolor, inhumano, familiar** y **galeno.**)

5. Usando las palabras **preguntar, detalle, dirección, busca, almuerzo, andurrial, vano** y **almorzar,** cuente Ud. lo que pasó cuando la autora fue a ver a la enfermera de su marido.

6. Cuente lo que pasó después de que la señora salió de la casa de la enfermera, utilizando Ud. las palabras **desconfiar, iglesia, rezar, llevar, juntar, altar, bendición, atado** y **entregar.**

7. ¿Qué le dijo la autora al cura para que él se acordara de ella, y qué le contestó el cura? (En su respuesta emplee Ud. las palabras **junto, casamiento, El Monte, sobrino, compañero** y **ofrecer.**)

8. Cuente Ud. lo que ocurrió el día de la cita, usando las palabras **largo, esquina, cuadra, timbre, recibir, avisar** y **pasar.**

9. Usando las palabras **soberbia, accidentado, emprender, fuga, esconder, rociar** y **bendito,** cuente Ud. lo que la autora dice del Demonio.

10. ¿Qué pasó después de la conversación que tuvieron el cura y el marido? (En su respuesta utilice Ud. las palabras **salir, calle, molestia, acompañar, amargar, Credo, sufrir** y **llevarse.**)

PREGUNTAS TEMÁTICAS

1. El Papel Del Clérigo

En este cuento se ve que la autora confía mucho en el cura de su iglesia. En la opinión de Ud., ¿cuál será, o debe ser, el papel del clérigo (sacerdote, ministro, rabino, etc.) en la iglesia del futuro?

2. Creencia En Un Ser Supremo

La autora de este cuento reza mucho, hablando a su dios como si estuviera presente físicamente. ¿Qué le parece esto a Ud.? ¿Cree Ud. en la existencia de un ser supremo? En caso afirmativo, ¿cómo es este ser; es una persona, una idea, un sentimiento? En caso negativo, ¿por qué no cree Ud. en la existencia de un ser supremo?

3. El Divorcio

La autora dice que hacía tiempo que no veía a su marido, y es evidente que él no quería verla. Se puede suponer que si no fuera por su religión católica, se habrían divorciado. ¿Qué opina Ud. del divorcio? ¿En qué caso debe una persona casada divorciarse de su cónyuge?

OBSERVATIONS

1. La: (do not translate)

The use of a direct object pronoun to repeat a direct object noun is normally found in Spanish only in those cases in which the noun precedes the verb:

LA EXPERIENCIA más linda no LA puedo recordar. (BA-7:I:119)
The nicest experience I can't recall.

MIS COMPAÑEROS yo LOS trato distinto. (CAR-15:261)
My friends I treat differently.

EL TIEMPO que tenemos libre LO utilizamos para descansar.
(HAB-14:447)
The time we have free we use to rest.

A LAS SOCIEDADES altamente industrializadas LAS llaman sociedades en decadencia. (LAP-24:264)
The highly industrialized societies they call societies in decadence.

A MARIO LO conozco desde que era alumno. (LIM-23:310)
Mario I've known since he was a student.

This usage also extends to pronoun objects that precede the verb:

ESO sí LO he aprendido yo. (CAR-6:91)
That I certainly have learned.

LO QUE recibí no me LO esperé nunca. (LIM-15:211)
What I got I never expected.

A ÉL LO reemplazaron. (BA-11:165)
Him they replaced.

2. En realidad: actually, really

Actual is not a cognate of "actual." **Actual** means "present-day," "present," "contemporary":

Las circunstancias ACTUALES hacen que la mujer se ve obligada a salir a trabajar. (BA-15:227)
Present-day circumstances make the woman feel obligated to go out and work

En mi situación ACTUAL no creo en nada. (SEV-4:47)
In my present situation I don't believe in anything.

Actualmente means "at present," "nowadays". **En realidad** or **realmente** are the equivalents of "actually":

ACTUALMENTE soy estudiante de primero de Derecho. (SEV-15:177)
At present I'm a first-year law student.

EN REALIDAD no existe. (LIM-1:31)
Actually, it doesn't exist.

3. Impedido: stopped

Impedir, dejar de, cesar de, parar and **detener** are all equivalents of the "to stop."

Impedir (conjugated like **pedir**) is "to stop" meaning "to prevent," "to keep from":

> *Ese es el otro problema que me IMPIDE también tocar el piano
> mucho en público.* (BOG-6:80)
> That's the other problem that also stops (prevents, keeps) me from
> playing the piano much in public.

> *Hay dificultades realmente que IMPIDEN que el niño esté en un
> grupo.* (CAR-9:146)
> There actually are some difficulties that stop (prevent, keep) the child
> from being in a group.

Dejar de and **parar de** mean "to stop" doing something:

> *A su madre la DEJÓ DE VER.* (CAR-10:169)
> His mother he stopped seeing.

> *HABÍA DEJADO DE ESTUDIAR.* (BA-12:181)
> He had stopped studying.

> **Por fin DEJÓ (PARÓ) DE LLOVER.**
> It finally stopped raining.

Cesar de may be used in place of **dejar de** or **parar de**; it is more formal
in tone, closer to the English verb "to cease":

> *Al CESAR DE PERTENECER Cuba a estas discusiones, los
> problemas se han agravado.* (HAB-47:717)
> With Cuba ceasing to participate in these discussions, the problems
> have worsened.

> *No HE CESADO DE SER profesor.* (SEV-19:225)
> I have not ceased to be a professor.

The reflexive verb **dejarse de**, followed by a verb or by a plural noun, is
the equivalent of "stop" used to express annoyance, much like the
English expression "Cut it out!":

> *Le diría, "Mirá, DEJÁTE DE EMBROMAR, DEJÁTE DE
> HABLAR de ésa".* (BA-27:344)
> I would say to her, "Look, stop pestering me, stop talking about that
> woman."

¡Déjate de tonteras! (SNT-20:346)
Stop (Cut out) the foolishness.

Parar is an equivalent of the transitive verb "to stop," that is to say, to express the idea of stopping something or someone that was in motion:

Estábamos paseando por la calle cuando NOS PARÓ un individuo. (MAD-17:299)
We were walking down the street when some guy stopped us.

PARÓ EL CABALLO. (MEX-14:180)
He stopped the horse.

PARÓ EL CAMIÓN en la mitad de la calle. (BOG-32:437)
He stopped the truck in the middle of the road.

Either **parar** or **pararse** may be used intransitively to express the idea of someone or something that was moving or in operation stopping:

Llegamos a un lugar donde había alto, y el caballo SE PARÓ. (MEX-14:178)
We came to a place where there was a stop sign, and the horse stopped.

Es una ciudad de una vida nocturna increíble; nunca PARAN, hasta las seis de la mañana. (BOG-42:595)
It's a city with an incredible nightlife; they never stop, until 6 a.m.

Se metía el agua, y SE PARABA el motor. (MEX-10:127)
The water would get in, and the motor would stop.

Parar, and not **pararse**, is used when reference is to stopping over somewhere on a trip or with reference to a public vehicle making a scheduled stop:

No es fácil viajar en ese país, porque usted no encuentra sitios donde poder PARAR. Los sitios donde PARAR son muy escasos. (BOG-10:138)
It's not easy to travel in that country, because you don't find places where you can stop over. The places to stop over are very scarce.

PARÁBAMOS en la casa de los tíos abuelos. (BA-13:196)
We used to stop over at the home of our great uncle and aunt.

El ómnibus PARA cada cinco esquinas.
The bus stops on every fifth corner.

Detener (**detenerse** if "stop" is intransitive) may be used in place of **parar** or **pararse** when reference is to stopping and then continuing on:

Allí fue donde Narváez SE DETUVO a cargar sus naves. (HAB-17:536)
That's where Narvaez stopped to load up his ships.

Al regreso a España, NOS DETUVIMOS en Francia. (MAD-16:268)
On the way back to Spain, we stopped in France.

DETUVIERON el tranvía para que un hombre enfermo pudiera bajar.
They stopped the streetcar so that a sick man could get off.

4. Fue: was

Note that **fue** is written without an accent. Accents are not written on the monosyllabic preterit verb forms **di, dio, fui, fue, vi, vio.** The accent is written, however, on **rió** ("he/she laughed").

Aún is written with an accent when it means **todavía** ("still") but not when it means **hasta** ("even"):

La casa AÚN está en pie. (LIM-11:160)
The house is still standing.

Es un sector que, AUN en años sin sequía, tiene problema de hambre. (SNT-35:95)
It's an area that, even in years with no drought, has a hunger problem.

When a pronoun is added to a conjugated verb form written with an accent, the accent is retained:

En la próxima, ESTÁTE segura de que ya será totalmente diferente. (MAD-11:186)
Next time, you can be sure it will be totally different.

DÉME su opinión. (BA-5:97)
Give me your opinion.

5. Morir: to die

Morir is normally used when the speaker wishes only to be factual, while **morirse** is more personal in tone:

UNAMUNO MURIÓ en Salamanca en 1937. (SEV-20:239)
Unamuno died in Salamanca in 1937.

Nos mudamos cuando SE MURIÓ MI PAPÁ. (CAR-20:381)
We moved when my dad died.

Morir is more commonly used than **morirse** when reference is to a violent death, as in the case of an accident, and, especially, a murder or a war:

Hubo dos accidentes frente a la casa. En uno MURIÓ un muchacho, y en otro MURIÓ otro muchacho. (SJO-9)
There were two accidents in front of the house. In one a boy died, and in another one another boy died.

Durante la Guerra del Chaco MUEREN cincuenta mil bolivianos; en seis semanas MUERE prácticamente la mitad. (LAP-5:62)
In the Chaco War 55,000 Bolivians died; almost half of them died in six weeks.

Había sido asesinada la señora y HABÍA MUERTO. Este hombre le disparó un balazo, y MURIÓ. (SNT-24:396)
The lady had been murdered and had died. This man shot her, and she died.

When one is speaking in a figurative sense, **morirse** is used:

NOS MORÍAMOS DE ENVIDIA. (BOG-29:391)
We were dying of envy.

Yo ME MUERO DEL ABURRIMIENTO. (MEX-14:181)
I'm dying of boredom.

Lo dice de una forma que tú TE MUERES DE RISA. (CAR-36:633)
He says it in such a way that you die laughing.

6. Al otro día: on the next day

Otro is at times used with the meaning of "next" with reference to something one is approaching; it serves as a synonym of **próximo** in such expressions:

Voy a dejar pasar a LA OTRA SEMANA mi turno. (SNT-21:357)
I'm going to let my turn go until next week.

Siempre hay un trabajo nuevo; AL OTRO MES, otro trabajo. (SNT-1:13)
There's always a new job; next month, another job.

-Me deja Ud. en LA OTRA (próxima) ESQUINA, le dijo al taxista.
"Drop me off on the next corner," he said to the taxi driver.

No sé si es esta casa o LA OTRA (próxima).
I don't know if it's this house or the next.

Que viene is also commonly used with reference to the future, in such time expressions as "next week," "next month," "next year," etc. **Próximo** is a synonym of **que viene** in such expressions and may be placed either before or after the noun:

Quiero empezar a trabajar EL AÑO QUE VIENE. (SEV-6:74)
I want to start working next year.

EL PRÓXIMO JUEVES llega otro grupo de gente. (CAR-4:67)
Next Thursday another group of people arrive.

Sería una bobería llamar a elecciones EN MAYO PRÓXIMO. (LAP-29:357)
It would be foolish to call an election next May.

Either **próximo** or **siguiente** may be used as an equivalent of "next" or "following" with reference to items that occur in a fixed sequence or series:

Mi PRÓXIMA PREGUNTA era, ¿qué va a hacer ahora que los chicos se han ido? (LAP-28:325)
My next question was, what are you going to do now that the children have gone away?

LA SIGUIENTE PREGUNTA es sobre ese tema. (SJO-15)
The next question is on that topic.

Vamos a pasar ahora a LA SIGUIENTE PÁGINA. (HAB-4:126)
Let's go on to the next page now.

Próximo and **siguiente** differ, however, in time expressions, in that **próximo** is used to refer to the future with relation to the present moment while **siguiente** is used to refer to time subsequent to some moment other than the present:

Vamos a ver si EN EL PRÓXIMO AÑO eso es posible. (BOG-21:289)
We're going to see if next year that's possible.

Yo ingresé al servicio diplomático AL AÑO SIGUIENTE. (LIM-19:254)
I entered the diplomatic service in the following year.

Junto a or **al lado de** are the most common equivalents of "next to":

Caminaban JUNTO A LA VENTANA. (LIM-12:168)
They were walking next to the window.

El café está AL LADO DEL TEATRO. (MAD-15:248)
The cafe is next to the theater.

7. Por fin: finally

Por fin and **al fin** are synonymous expressions meaning "finally," "at last," as stated after a long wait, or after many difficulties:

Me siguió ayudando, hasta que POR FIN pude terminar. (SJN-15:299)
He continued helping me, until I was finally able to finish.

AL FIN, después de muchos inconvenientes, nos logramos el dinero para marchar a Lugo. (MAD-14:235)
Finally, after many problems, we were able to get the money together to go to Lugo.

En fin means "in short," "in a word," "so," "well, in the final analysis", etc.:

Trato de ver estadísticas, con planes, proyectos, EN FIN, toda información que pueda ser útil. (LIM-8:116)
I try to see statistics, plans, projects, in short (in a word), any information that might be useful.

EN FIN, ¿qué piensas? (SEV-6:71)
So (Well, in the final analysis), what do you think?

8. Debe: he should; he needs to

Deber followed by an infinitive means "should" in the sense of obligation:

Piensan que el hijo varón DEBE IR donde el padre y la hija mujer donde la madre en caso de divorcio. (LAP-1:27)
They think that a male child should go with the father and a female child with the mother in the case of a divorce.

Tal vez DEBÍ HABER ESTUDIADO Derecho. (SJO-21)
Maybe I should have studied law.

Deber de followed by an infinitive means "must" in the sense of probability:

El pobre DEBE DE HABER ESTADO SUFRIENDO horrores. (CAR-15:238)
The poor man must have been suffering terribly.

Ella DEBE DE COCINAR muy bien me imagino. (HAB-4:96)
I imagine she must cook very well.

However, for many Spanish speakers **deber** and **deber de** are synonymous terms, and at times one even finds the two expressions reversed in meaning, with **deber de** indicating obligation and **deber**, probability:

Un libro sobre psicología infantil decía que los mellizos nunca DEBEN DE IR vestidos igual, y nunca DEBEN DE DORMIR en la misma habitación. (MAD-19:368)
A book on child psychology said that twins should never dress the same and should never sleep in the same room.

Si existe una manera venezolana de tocar piano, ya DEBE HABER DESAPARECIDO. (CAR-22:454)
If there exists a Venezuelan way of playing the piano, it must have disappeared.

It should also be noted that use of the present tense of **deber** with a past infinitive (**haber** + past participle) can only refer to probability, not to obligation. Thus, **deben (de) haber regresado** means "they must have returned" and not "they should have returned." The past tense of **deber**, on the other hand, can have either meaning, so that **debieron (de) haber regresado / debieron (de) regresar** can mean either "they should have returned" or "they must have returned."

9. Se pasaron: passed

The reflexive verb **pasarse** may be used in place of the non-reflexive **pasar** in several instances, a few of the most common of which are the following:

a) "to have passed (gone by)," "to be over," "to be finished", etc.:

Se me ha hecho esta conversación amena y entretenida. SE HA PASADO rápidamente. (SNT-41:234)
This conversation has seemed pleasant and entertaining to me. It's gone by quickly.

-¿Estará ella ahora? ¿Qué hora es?
-No, ya SE PASÓ. (BA-32:485)
"Might she be there now? What time is it?"
"No, it's too late now (the time has passed)."

b) "to go from one place to another":

De ahí ME PASÉ a los laboratorios en los que trabajo. (MEX-2:33)
From there I went to the laboratories I'm working in.

Cuando ella tenía como siete, ocho años, SE PASARON a vivir a Escazú. (SJO-18)
When she was seven or eight, they went to live in Escazu.

c) "to spend an inordinately long time doing something":

Los ingenieros SE PASARON meses y meses, pero no hacían más que medir. (HAB-16:514)
The engineers spent months and months, but they were only measuring things.

En el viaje SE PASÓ todo el tiempo diciendo que no esperásemos nada de ella. (BA-4:69)
On the trip she spent all her time telling us not to expect anything from her.

All of the above sentences could also be stated with the non-reflexive **pasar**. The reflexive **pasarse**, however, adds a subjective note to what would otherwise be an impersonal fact.

10. Aquí: here

Aquí and **acá** are both equivalents of "here." Although theoretically **aquí** designates a location closer to the speaker ("right here next to me") than does **acá**, this distinction is not strictly maintained, and **acá** is gradually replacing **aquí** in some parts of Spanish America, particularly in the Southern Cone.

Of the two words, only **acá** can be modified by an intensifier:

Traé un poquito MÁS ACÁ las cartas; están muy lejos. (BA-25:254)
Move the cards a little closer in; they're too far away.

When used in expressions of time, only **aquí** is used in going from the present to the future, as in **de aquí a tres horas**, "three hours from now," while only **acá** is used to bring the past up to the present, as in **de seis días (para) acá**, "for the last six days":

Esta situación va a originar un nuevo problema DE AQUÍ A UN TIEMPO. (LAP-6:72)
This situation is going to give rise to a new problem a little while from now.

DE AQUÍ A DIEZ, VEINTE AÑOS, habrá suficiente trabajo para todos ellos. (SJN-17:331)
Ten, twenty years from now, there will be enough work for all of them.

Fíjate lo que ha crecido Caracas DEL TREINTISÉIS PARA ACÁ.
(CAR-25:497)
Look at how Caracas has grown from '36 to now.

DE UNOS QUINCE AÑOS PARA ACÁ, yo lo siento así. (CAR-9:153)
For about the last fifteen years, I've felt this to be so.

La educación ha tendido DE UN TIEMPO ACÁ a liberar un poco el niño de estos respetos. (SNT-8:146)
For some time now education has tended to free the child from feeling this kind of respect.

11. Cierto: true

Verdadero, cierto and **verdad** are equivalents of "true."

When **verdadero** follows the noun, it has a literal meaning of "true," "correct," "real," "not fictitious," "not fake," etc., as in **una historia verdadera** - a true (not fictitious) story, **un suceso verdadero** - a real occurrence (an occurrence that actually happened), etc.:

Teníamos pocos elementos para juzgar sobre la SITUACIÓN VERDADERA. (BOG-7:100
We had very little data on which to judge what the true situation was.

Dimos respuestas y ninguno dio con la RESPUESTA VERDADERA. (SJO-25)
We gave answers and none of us came up with the correct answer.

Eso es lo que se llama la diferenciación de un documento falso y un DOCUMENTO VERDADERO. (CAR-27:553)
That is what is known as differentiating between a fake document and a real document.

Verdadero is much more commonly used before the noun, and then means "real," "true,", etc. in the sense of "properly so-called," "worthy of the name," and often involves a personal evaluation of the value or worth of something or someone:

No existía una tradición nacional en el VERDADERO SENTIDO de la palabra. (BOG-11:157)
There didn't exist a national tradition in the real sense of the word.

La gente que uno puede considerar VERDADEROS MAESTROS han trabajado con otros, formando un VERDADERO EQUIPO, y ésa es la VERDADERA MANERA de enseñar. (BA-6:106)
The people that one can consider true teachers have worked with others, forming a real team, and that is the real meaning of teaching.

The use of **verdadero** as a predicate adjective is very limited, and occurs only with the meaning of "factual," "non-fictional" with reference to a story, event, character, etc.   To state that something is true, not a lie, following **ser**, **parecer**, and other copulas, **verdad** or **cierto** is used. Although **verdad** is at times heard with reference to a plural noun, as in "La gente dice COSAS QUE quizá no SEAN VERDAD," **ciertos (-as)** is more commonly used in such cases:

Toda historia es buena con tal que SEA VERDADERA. (LIM-14:202)
Any story is good, provided it is factual.

Sí, ESO ES VERDAD. (BOG-36:497)
Yes, that's true.

TODO lo que se dice allí ES VERDAD. (CAR-3:44)
Everything that is said there is true.

Las dos cosas SON CIERTAS. (BA-28:376)
Both of those things are true.

Es una serie de hipótesis que pueden o no SER CIERTAS. (BA-21:59)
It's a series of hypotheses that may o may not be true.

12. No te lo lleves: don't take him away

The reflexive verb **llevarse** is used rather than the non-reflexive **llevar** when the meaning of "to take" is "to take away," "to carry off":

SE LLEVARON todas las maquinarias, SE LLEVARON todo lo que había. (SNT-43:267)
They took away all the machinery, they took away all that there was.

Lo último que he visto es "Lo que el viento SE LLEVÓ". (CAR-16:264)
The last thing I've seen is "Gone with the Wind."

13. Cita: appointment

Cita can mean both "appointment" and "date" and may thus have both formal and informal connotations:

En la película los dos son casados, pero HACEN UNA CITA para encontrarse. (HAB-13:403)
In the movie they're both married, but they make a date to get together.

El Dr. Mora ME DIO CITA, pero nunca está. (SJO-22)
Dr. Mora gave me an appointment, but he's never there.

QUEDAMOS CITADOS en la casa a las ocho de la mañana. (MAD-14:234)
We made a date to meet at the house at 8 a.m.

Vino a hablar conmigo, porque yo LA HABÍA CITADO. (BA-23:121)
She came to talk to me, because I had made an appointment with her.

14. Por no dejarse ver: for not letting himself be seen

Note in this construction that an active Spanish infinitive (**ver**) is the equivalent of a passive English infinitive ("be seen"). This construction is especially common with the verbs **dejar, hacer** and **mandar**:

Algunos días ME DEJO YO CONVENCER. (MEX-27:371)
On some days I let myself be convinced.

Si tú TE DEJAS INFLUIR por tu mellizo, TE VAS A DEJAR INFLUIR por otros niños. (MAD-19:369)
If you let yourself be influenced by your twin, you will let yourself be influenced by other children.

La casa tenía cortinas, porque LAS MANDÓ HACER. (BA-32:471)
The house had drapes, because he had them made.

ME HICE PASAR a esta oficina. (LIM-21:283)
I had myself transfered to this office.

Hay que MANDAR CORTAR LA YERBA. (LIM-12:169)
We have to have the grass cut.

15. Living: living room

The use of the Anglicisms **living** and, less commonly, **living-room** in place of **sala** or **cuarto de estar** is encountered in some parts of Spanish America:

> *Tiene un departamento chiquito; es el LIVING, comedor, un dormitorio grande, una cocina chiquitita, y el baño.*
> She has a small apartment; it's a living room, dining room, large bedroom, a tiny kitchen and a bath.

EXERCISES ON OBSERVATIONS

1. Actually, the next day, when he arrived at the church where he had the two o'clock appointment, he should have stopped a few moments before he went in. **2.** She couldn't stop crying, and she finally ran desperately to a phone and called home. **3.** Is it true that they died the following day from injuries they received in the accident? **4.** The misfortunes she spoke of were real; it actually is true that the accident could have had (and should have had) a fatal outcome. **5.** It's almost lunch time, so she should arrive half an hour from now, because she has a date with her boyfriend. **6.** Don't let yourself be fooled; she spent almost the whole day here in the living room reading this one page. **7.** "That, many people still believe; this, no one believes," Father Juan said. "However, don't stop praying." **8.** We will not stop over in that city, even if we are dying of fatigue. **9.** Actually, the pain finally went away, it's true, but he died the following week. **10.** He still can't stop taking things that aren't his, but he won't let himself be seen by a psychiatrist. **11.** She finally came over here to pray because the room next to the living room was crowded. **12.** He wouldn't let himself be called so early if you stopped him from doing so. **13.** The doctor told her that for the next six months her husband must have complete rest so that the pain will go away, but even she doesn't believe that. **14.** That man is not a real priest, so you should stop talking to him about God and the Devil. **15.** Actually, the doctor should have stopped the nurse from giving my uncle injections long before he died. **16.** The wind almost carried off their house; they were dying of fright when it finally stopped. **17.** "Well, the next time we come here, be (use *tú* command form of *estarse*) still," the mother said to her child. **18.** The accident victim ordered that his body be sprinkled with more holy water, saying that the priest had not stopped the Devil from entering his body.

19. My doctor is a true doctor, but that really hasn't stopped arrogance from entering into some of his present actions. **20.** "Move over here more, sir, and tell me why you think they didn't stop the train from going by," the policeman said. **21.** She will tell you that the things I told you were not true and that that man is not a real doctor and just wanted to make himself be respected, but don't let yourself be convinced so easily. **22.** Actually I'm not sure whether the bus stops here or on the next corner. **23.** Cut out the lies! I know it actually was you who was to blame, and that all those things you said about him are not true. **24.** He told her her present misfortunes should finally cease to occur next month, but even he doesn't really believe that. **25.** "Drop me off on the next corner," she said to the taxi driver as they approached the building next to the one she had her 2:15 appointment in. **26.** "In short, my husband still refuses to come here to see me, and I think he's stopped loving me," she said. **27.** Her husband, she was told, they had left in Santiago; his car, they had taken away to another city, and both these things were true. **28.** Some saint must have favored them finally. **29.** It's true that she finally memorized it; that you can believe. **30.** That shouldn't stop you from getting together with your brother at the clinic. **31.** He's dying to leave as soon as possible so that he can finally get home. **32.** He shouldn't have taken you there, and you shouldn't have let yourself be convinced. **33.** The things that are happening to her no one can stop.

USES OF THE SUBJUNCTIVE

I. GENERAL STATEMENT

An event may be treated by the speaker either as INFORMATION, in which case it will be expressed in the INDICATIVE mode, or as "NON-INFORMATION," in which case it will be expressed in the SUBJUNCTIVE mode.

An event considered to be INFORMATION and thus expressed in the INDICATIVE may be stated directly, that is to say, with no indication as to how the information happens to be within possession of the speaker: **Juan está enfermo**, or it may be preceded by a verb that indicates the way in which the speaker possesses this information (knows it, believes it, is aware of it, etc.): **Sé (Creo, Me doy cuenta, etc.) que Juan está enfermo** or by a verb that indicates the way in which the speaker came into possession of this information (has been told it, has read it, etc.): **Me han dicho, He leído**, etc.) **que Juan está enfermo.**

An event is treated as "NON-INFORMATION" and expressed in the SUBJUNCTIVE for one of two reasons: (1) the event does not exist, either because it is denied or doubted: **Dudo (Niego) que Juan esté enfermo**, or because it is hypothetical: **Quiero (Ojalá) que Juan venga a mi fiesta**, or (2) the event exists but is assumed by the speaker to be something known, so that the speaker is not presenting it as information but is rather commenting upon it: **Lamento (Me sorprende) que Juan esté enfermo**.

It should be remembered that, with the exception of command forms, a verb in the subjunctive rarely stands by itself and occurs almost always in a subordinate clause beginning with the conjunction **que**. Futhermore, the subjects of the two verbs involved, the verb of the subjunctive clause and the verb of the main, or independent, clause, are usually different. When both subjects are the same, the infinitive is often used in place of the subjunctive.

II. SUBJUNCTIVE TO EXPRESS HYPOTHETICAL EVENT AFTER VERB OF INFLUENCE

As mentioned above, one of the two basic reasons for which a speaker uses the subjunctive is to refer to an event that is hypothetical, in which case the event cannot be related in the indicative, since to do so would be to treat it as though it were real and happening. In **Quiero que Juan lo diga**, for example, the clause **Juan lo diga** represents an event that is purely a mental consideration; there is no Juan saying anything. The idea represented by **Juan lo diga** is entirely hypothetical and exists only in the mind of the speaker. Further examples of this use of the subjunctive to express hypothetical non-existent events are given below:

El representante del hotel NOS DIJO QUE ESPERÁRAMOS.
(CAR-5:81)
The hotel representative told us to wait.

SE SUGIERE QUE EL MAESTRO CONVERSE acerca del objetivo que se va a lograr. (CAR-30:574)
It is suggested that the teacher talk about the objective that is going to be achieved.

ME PIDIERON QUE LO HICIERA. (CAR-3:44)
They asked me to do it.

INSISTÍ EN QUE DIERAN un examen. (LIM-12:174)
I insisted that they give (on their giving) an exam.

IMPIDE QUE UNO HAGA eso. (SNT-57:533)
It keeps one from doing that.

El hospital PERMITE QUE EL ESPOSO ENTRE a la sala de parto.
(MEX-28:391)
The hospital permits the husband to enter the delivery room.

Mi marido y yo LE CONVENCIMOS DE QUE NO SE FUERA.
(MAD-16:273)
My husband and I convinced him not to leave.

In each of the above sentences the main verb (the verb in the indicative) is a verb of influence, that is to say, a verb that indicates an attempt to exert influence on someone's actions.

Some of the verbs of influence may also be used as verbs of communication, that is, verbs that could be used to state a piece of information ("tell," "write," "phone," "indicate," "insist," "convince," etc.): "He told me (wrote me, phoned me, indicated to me, insisted to me, convinced me) that it was a good deal." When so used, they are followed by the indicative: **Él me dijo (me escribió, me telefoneó, me indicó, me insistió en, me convenció de) que era un buen negocio:**

*NOS DIJO QUE con un trabajo de investigación ÍBAMOS a
mejorar el promedio.* (SNT-6:112)
He told us that with a research paper we would be raising our
averages.

*Yo INSISTÍA QUE YO QUERÍA estudiar técnicas de producción de
televisión.* (LIM-15:212)
I insisted that I wanted to study techniques of television production.

*CONVENCIMOS A NUESTROS PADRES DE QUE HABÍAN
COMETIDO un error.* (BOG-28:381)
We convinced our parents that they had committed an error.

SUGIERE ELLA QUE ESTAMOS inmaduros. (LAP-24:274)
She's suggesting that we are immature.

However, those verbs of influence that cannot also be used as verbs of communication are never followed by the indicative, since they always indicate an attempt to cause someone to do something that at the time of the main verb is yet to be realized and is thus hypothetical. Some common verbs of this type are **aconsejar**, "advise"; **dejar**, "let," "allow"; **exigir**, "require," "demand"; **hacer**, "make"; **impedir** "prevent," "keep from;" **invitar a/para**; **mandar**, "order"; **obligar a**, "force," "oblige"; **ordenar**, "order"; **pedir**; **permitir**; **prohibir**, "forbid"; **proponer**, "propose"; **recomendar**; **rogar**, "beg," "implore."

All verbs of influence that are not also verbs of cummunication may be followed by an infinitive as well as by the subjunctive. However, of the verbs mentioned above, use of the infinitive is common only after **dejar, permitir, impedir, invitar a/para, prohibir, mandar, obligar a,** and **hacer**:

DÉJAME VERLAS. (MEX-18:239)
Let me see them.

NOS HACEN SONREÍR. (BA-9:149)
They make us smile.

OBLIGAN A LA MUJER A USAR el apellido del marido, (BA-16:246)
They force the woman to use her husband's last name.

Eso ME IMPIDIÓ ESCUCHAR la lectura. (HAV-47:719)
That kept me from hearing the reading.

No NOS PERMITIERON BAJARNOS del barco. (Santiago M21:363)
They didn't allow us to get off the boat.

All other verbs of this type occur more commonly with a subjunctive clause:

Yo TE ACONSEJO QUE LO PIENSES bien. (CAR-13:213)
I advise you to think it over well.

LE PEDÍ QUE VINIERA el sábado. (SNT-46:337)
I asked him to come on Saturday.

El senador PIDIÓ QUE algún colegio de la capital LLEVARA ese nombre. Entonces, ME PROPUSIERON QUE YO CAMBIARA el nombre. (Lima M22:292)
The senator asked that some college in the capital bear that name. So they proposed that I change the name.

RECOMIENDO QUE NO SEAN muy ambiciosos. (CAR-30:583)
I recommend that you not be too ambitious.

As has been noted, the verbs of communication (**decir, escribir, indicar, insistir,** etc.) do not permit the infinitive construction. The same is true of the following verbs when the subjects of the indicative and subjunctive verbs are different: **querer, desear, preferir, perdonar, oponerse a** ("to object"):

LES DIJE QUE SE FUERAN. (BOG-42:589)
I told them to leave.

NO QUIEREN QUE ENTRE todavía el público. (MEX-3:46)
They don't want the public to go in yet.

PREFIERO QUE ESTÉS allá. (MEX-11:136)
I prefer for you to be there.

PERDONE QUE LE DIGA esto. (LAP-15:158)
Forgive me for telling you this.

¿Usted SE OPONE A QUE SE CASE? (SNT-20:334)
Do you object to his getting married?

The object of **impedir** and of all the verbs of communication except **convencer** is indirect. **Convencer** takes a direct object:

¿Qué problemas LE IMPIDEN quedarse allá? (SNT-45:326)
What problems prevent her from staying there?

LE ESCRIBÍ que me iba a ir para la universidad. (CAR-34:611)
I wrote her that I was going to go to the university.

LA CONVENCÍ de que se lo quitara. (CAR-9:160)
I convinced her to take it away from him.

Dejar, obligar and **invitar** usually take a direct object, the indirect object being permissible but much less common:

No LA dejaban estudiar eso. (SJO-27)
They didn't let her study that.

Sus padres LOS obligan a leer. (CAR-26:529)
Their parents force them to read.

LAS invitaron a tomar un té en el Hotel Ritz. (BOG-30:403)
They invited them to have tea at the Ritz Hotel.

Hacer occurs with both the direct and indirect object, with a strong tendency toward use of the indirect object if the infinitive has a direct object:

La sociedad LAS hace cambiar. (LAP-13:140)
Society makes them change.

LE hacía perder tiempo. (BA-12:188)
It was making her lose time.

The object of other verbs will be indirect if the person represented by this pronoun is addressed directly, so that the verb is being used as a verb of speech, like the verb **decir**:

"Usted tiene que darme un informe favorable -me dijo -, ¡yo LE ordeno!" (SNT-24:392)
"You have to give me a favorable report," he said to me, "I'm ordering you to!"

Señora, yo LE aconsejaría que fuera a ver usted a un médico. (MEX-16:208)
Ma'am, I would advise you to go see a doctor.

A veces LES invitamos a comer nuestra comida, y no quieren; no quieren ni probarla. (HAB-2:31)
Sometimes we invite them to eat our food, and they refuse; they don't even want to try it.

III. SUBJUNCTIVE TO EXPRESS HYPOTHETICAL EVENT AFTER CONJUNCTION OF TIME

The use of the subjunctive to express hypothetical non-existence events is also common after conjunctions of time, such as **cuando**, **después**, **apenas** ("as soon as"), **tan pronto como**, etc., when these conjunctions introduce an event that is not yet real and is thus purely hypothetical:

El otro día me dijo: "CUANDO YO VAYA, voy solo". (SNT-45:322)
The other day he said to me, "When I go, I'm going alone."

Dijiste que CUANDO YO FUERA, te avisara ¿verdad? (MEX-3:45)
You said when I go, to let you know, didn't you?

Yo te hablo mañana, DESPUÉS DE QUE HABLE con Marta. (BA-24:141)
I'll talk to you tomorrow, after I talk to Marta.

Empezamos a conversar y nos citamos para DESPUÉS DE QUE SE TERMINARA el programa. (HAB-21:600)
We started talking and made a date to get together after the program was over.

APENAS ME VEAN, me van a decir: "¿Qué tienes ahí?" (SNT-45:319)
As soon as they see me, they're going to say to me, "What have you got there?"

However, if these conjuncitons are followed by an event that has happened and is thus real, the indicative is used:

CUANDO SE FUE, se despidió de mí. (MEX-11:133)
When he left, he said goodbye to me.

DESPUÉS DE QUE HABLAMOS, me dijo: "Nunca pensé que Ud. me podría hacer preguntas tan inteligentes". (LAP-13:136)
After we spoke, he said to me, "I never thought you could ask me such intelligent questions."

APENAS LLEGUÉ a su casa, empezó a pretenderme Juan. (MEX-11:131)
As soon as I got to their house, Juan started courting me.

Cuando ("when," "whenever") is followed by the subjunctive when reference is to the future and by the indicative when reference is to a general occurrence:

> *El día de mañana, CUANDO LA GENTE NO QUEPA en este*
> *planeta, a lo mejor se encuentran soluciones en otros mundos.*
> (SEV-23:282)
> At some future time, when there isn't room for the people on this
> planet, solutions in other worlds will probably be found.

> *Voy a comprarlos CUANDO PAGUEN más a los profesores.* (BA-
> 27:357)
> I'm going to buy them when they pay professors more.

> *CUANDO LLUEVE, uno enciende la chimenea.* (BOG-15:203)
> Whenever it rains, one starts a fire in the fireplace.

> *SIEMPRE QUE VOY al cine, es para ver algo que me interesa.*
> (MAD-11:184)
> Whenever I go to the movies, it's to see something that interests me.

Antes (de) que ("before") is always followed by the subjunctive, since it introduces an event that, with relation to the main verb of the sentence, has no existence:

> *¿Por qué no te sacas el chaleco ANTES QUE LLEGUEN?* (BA-
> 24:137
> Why don't you take your vest off before they get here?

> *Es una calle donde mis padres vivían ANTES QUE YO NACIERA.*
> (LIM-1:30)
> It's a street my parents used to live on before I was born.

> *Mi papá murió en Nueva York, un año ANTES DE QUE NOS*
> *REGRESÁRAMOS a México.* (MEX-31:427)
> My dad died in New York, one year before we came back to Mexico.

IV. SUBJUNCTIVE TO EXPRESS HYPOTHETICAL EVENT AFTER OTHER CONJUNCTIONS

A menos que ("unless"), **con tal (de) que** ("provided"), **en caso (de) que** ("in case", "in the event that"), **para que** ("so that") and **sin que**

("without") are also always followed by the subjunctive, since they can only refer to nonexistent events:

Ningún alumno puede inscribirse en el curso, A MENOS QUE HAYA LEÍDO las obras fundamentales. (SNT-7:127)
No student can register for the course unless he/she has read the basic works.

Te voy a contar PARA QUE VEAS lo que es eso. (SJO-25)
I'm going to tell you so that you will see what that is.

Los niños van madurando, CON TAL DE QUE LEAN. (CAR-26:520)
Children gradually mature, provided (as long as) they read.

EN CASO DE QUE el secretario SOLICITARA nuevos colaboradores, ¿cuál sería la gestión a seguir para lograrlo? (BOG-21:288)
In case (In the event that) the secretary were to request new participants, what would be the procedure to follow to achieve this?

Puso el cassette SIN QUE NOS ENTERÁRAMOS. (MAD-21:401)
He played the cassette without our realizing it.

De modo que and **de manera que** require the use of the subjunctive when they are used as synonyms of **para que**, meaning "in order that," and are followed by the indicative when they join two independent clauses and mean "so," "and, as a result":

Tú puedes usarlas como forma de introducción, DE MANERA QUE EL ALUMNO SE INTERESE. (SNT-27:450)
You can use them as a kind of introduction, so that the student will become interested.

Hay estudios de primaria para los niños hospitalizados, DE MODO QUE NO PIERDAN el tiempo mientras permanecen en el hospital. (BOG-9:125)
There are grammar school classes for the hospitalized children, so that (in order that) they won't waste time while they're in the hospital.

No me han dado oficina, DE MODO QUE YO ME HE INSTALADO en mi casa. (LIM-21:283)
They haven't given me an office, so I've set myself up in my house.

*Mi mamá me dejó a mí de nueve años, DE MANERA QUE esto
OCURRÍA cuando yo aún no había cumplido los nueve años.* (CAR-
26:520)
My mom left me when I was nine, so this was happening when I had
not yet turned nine.

Si, "if," is very commonly used with the *past* subjunctive to express
contrary-to-fact conditions:

SI YO TUVIERA sesenta años, a lo mejor lo haría. (CAR-3:44)
If I were sixty years old, I would probably do it.

*SI NO HUBIERA SIDO laboratorista, ¿qué otra especialidad de la
medicina le habría interesado?*   INF. (SAN-22:368)
If you hadn't been a laboratory technician, what other medical
specialty would have interested you?

However, **si** is not used with the *present* subjunctive:

*SI TENGO suerte y me DAN algo en el Departamento de Francés,
seguiré allí.* (SEV-7:81)
If I'm lucky and they give me something in the French Department, I'll
stay there.

SI algún día REGRESAMOS a Cuba, tendremos un solo carro.
(HAB-10:301)
If some day we go back to Cuba, we'll have only one car.

The only use of the present subjunctive after **si** occurs after **saber**
expressions expressing negation or doubt as in **no saber si** or **¿quién
sabe si?** However, this use is found only in certain areas, most
particularly in Mexico, and is optional:

NO SÉ SI PUEDA O NO PUEDA, porque nunca lo he intentado.
(MEX-18:241)
I don't know if I can or not, because I've never tried it.

¿QUIÉN SABE SI ÉL, casándose, CAMBIE. (MEX-20:285)
Who knows if he'll change when he gets married.

NO SÉ SI SE PUEDE hacer. (BA-6:110)
I don't know if it can be done.

Como si, "as if," always requires a past subjunctive:

Ese ganado lo cuidan COMO SI FUERA la propia familia. (HAB-15:467)
They take care of those cattle as if they were their own family.

Como que, followed by the indicative, may be used as an equivalent of "as if" with reference to an event that is real:

Ella se siente COMO QUE NO SE HA CUMPLIDO como ser humano porque no se ha casado. (SJN-3:77
She feels as if she hasn't fullfilled herself as a human being because she hasn't gotten married.

Por si ("in case") is followed by the indicative. **Por si acaso** is followed either by the indicative or by the subjunctive, with no significant difference in meaning:

Quería tener algo de dinero POR SI HABÍA alguna cosa que comprar. (SAN-43:269)
He wanted to have some money on him, in case there was something to buy.

Ella quiere que haya personas allí que puedan echar una mano, POR SI ACASO el marido se ENCUENTRA fuera de casa. (MAD-14:237)
She wants there to be people there who can help out in case her husband's not home.

Toda la familia se había prestado para subirme a recoger, POR SI ACASO me QUIERA detener la policía. (LAP-16:170)
The whole family had offered to go up and get me, in case (in the event that) the police want to arrest me.

Aunque, "even if," with reference to a hypothetical event, requires the use of the subjunctive:

Mi ideal, AUNQUE NO LO LLEGUE A REALIZAR, sería simultanear Sociología con Psicología.
My ideal, even if I don't get to carry it out, would be to do Sociology and Psychology at the same time.

Mientras ("while") is followed by the indicative to indicate that two actions occur simultaneously:

MIENTRAS YO DORMÍA, ellos jugaban. (BA-4:70)
While I was sleeping, they were playing.

MIENTRAS ESTABA ESTUDIANDO la restauración de monumentos, me tocó ir a Yugoslavia. (BOG-20:273)
While I was studying the restauration of monuments, I got to go to Yugoslavia.

Yo le digo: "Dale de comer al niño MIENTRAS YO ACABO esto."
(MEX-30:407)
I tell her, "Feed the baby while I'm finishing this."

La gente aquí tiene la idea de que, MIENTRAS SE ES estudiante, no se le puede dar ningún tipo de responsabilidad. (SJN-14:274)
People here have the idea that, while you're a student, you can't be given any kind of responsibility.

Mientras is followed by the subjunctive when it states a condition and means "as long as," "provided that", "on the condition that," etc.:

MIENTRAS NO CAMBIEN el sistema, la contaminación será inevitable. (BOG-43:608)
As long as they don't change the system, pollution will be inevitable.

MIENTRAS UNO NO PERJUDIQUE a los demás, todo está bien.
(CAR-16:277)
As long as (Provided that) one doesn't hurt others, everything is all right.

V.   SUBJUNCTIVE TO EXPRESS NONEXISTENCE AFTER VERB OF DENIAL OR DOUBT

The second type of nonexistent situation requiring the use of the subjunctive occurs, as pointed out above, in a clause dependent on an expression of denial or doubt:

DUDO QUE HAYA tantos ensayos. (BA-2:36)
I doubt that there are that many essays.

Eso NO SIGNIFICA QUE NO HAYA una relación de respeto entre los estudiantes y los profesores. (SJN-1:24)
That doesn't mean that there isn't a respectful relationship between the students and the professors.

NO CREO QUE VAYA a salir sola. (SNT-31:6)
I don't think she's going to go out alone.

In the last example above "I don't think" is synonymous with "I doubt." **No creer** is usually employed to indicate doubt and for this reason is found most commonly with the subjunctive:

NO CREEMOS QUE SE PUEDA resolver el problema en poco tiempo. (SJN-10:219)
We don't think the problem can be solved in a short time.

Similarly, **no pensar** can be used to express doubt and, when so used, will be followed by the subjunctive:

NO PIENSO YO QUE TENGA una partida de nacimiento. (BOG-33:440).
I don't think I have a birth certificate.

However, **no creer**, and especially **no pensar,** rather than meaning "to doubt," may mean "to disbelieve." That is to say, the speaker may be reporting that (s)he does not hold a certain belief, and in such a case the verb will be followed by the indicative:

YO NO CREO QUE UNO DEBE ser hiper-nacionalista. (CAR-22:444)
I don´t think that a person should be excessively nationalistic.

NUNCA HE PENSADO QUE FUI una excelente profesora. (SNT-53:II:476).
I've never thought (believed) I was an excellent teacher.

Similarly, if the speaker expresses a belief, or makes a statement that (s)he is not denying or has no doubt, the indicative is used (exceptions to this are given in the next chapter):

CREO QUE SE HA ACOSTUMBRADO a eso. (LAP-21:206)
I think he's gotten used to that.

PARECE QUE SERÁ una buena boda. (MEX-10:128)
It looks like it will be a nice wedding.

NO NIEGO QUE TIENES razón. (MEX-16:212)
I'm not denying that you're right.

NO DUDO QUE ES muy bonito. (LIM-20:269)
I don't doubt that it is very pretty.

When used in questions, **creer, pensar, parecerle,** and other expressions of belief are most commonly found with the indicative. The subjunctive may at times be used, however, when the speaker wishes to indicate a subjective attitude, such as doubt, skepticism, surprise, curiosity, interest, etc., although, even under such circumstances, the indicative may be used, especially in peninsular Spanish:

¿Ha habido un progreso o CREES QUE más o menos SE MANTIENE igual? (LAP-13:140)
Has there been some progress, or do you think it's stayed about the same?

¿CREES QUE SEA solamente por eso? (CAR-17:301)
You really think it's only because of that?

¿Pero TÚ CREES QUE SE PUEDE esperar y SE PUEDE AGUANTAR durante seis años? Yo creo que es muy difícil. (MAD-8:145)
But do you really think one can wait and put up with it for six years? I think it's very unlikely.

The subjunctive is used following a negative expression that amounts to a denial of something being so:

Yo NO DIGO QUE la televisión SEA negativa. (CAR-26:523)
I'm not saying that television is negative.

NO PARECE QUE HAYA FUNCIONADO. (SJN-6:131)
It doesn't look as if it has worked.

NO ES QUE SEA difícil. (BA-4:73)
It's not that it's difficult.

Eso NO QUIERE DECIR QUE la gente ESTÉ interesada. (SEV-3:30)
That doesn't mean that people are interested.

NO ESTÁN PORQUE LES PAGUEN, sino porque les gusta. (BA-30:424)
They're not here because they get paid, but because they like it.

NO existen animales salvajes por esa zona TAN BRAVOS QUE NO PUEDA el hombre volver. (LAP-23:261)
There don't exist in that area animals so fierce that man cannot return.

NO ES VERDAD (CIERTO) QUE ella DIJERA eso.
It's not true that she said that.

NO hay TANTO QUE no PODAMOS esperar más.
There's not so much that we can't expect more.

When used in a question, a negative expression of belief occurs with the indicative when such a question indicates the speaker's belief that something is, indeed, so:

¿NO ES CIERTO QUE SUENA raro, SUENA absurdo? (SNT-51:429)
Isn't it true that it sounds strange, sounds absurd?

¿TÚ NO CREES QUE la ciencia SE HA CONVERTIDO en otro mito? (CAR-35:620)
Don't you think that science has become another myth?

¿NO TE PARECE QUE ES mejor vivir? (CAR-14:231)
Don't you think (Doesn't it seem to you) that it's better to live?

VI. SUBJUNCTIVE TO EXPRESS NONEXISTENCE AFTER NEGATIVE OR INDEFINTE ANTECEDENT

The verb of a clause with a negative antecedent will be in the subjunctive, since in such a case reference is to something that has no existence:

No hay NADA QUE ME DISGUSTE más, NADA QUE ME REPUGNE más. (SNT-4:81
There is nothing that bothers me more, nothing that disgusts me more.

NO HAY PERSONA aquí QUE NO LE GUSTE bailar. (SNT-51:438)
There isn't a person here who doesn't like to dance.

No se puede publicar NINGÚN MAPA QUE NO TENGA la aprobación del Instituto Geográfico. (BA-12:184)
You cannot publish any map that does not have the approval of the Geographical Institute.

No hay NADIE QUE NO SEPA leer y escribir. (MEX-18:224)
There is no one who doesn't know how to read and write.

Likewise, the verb of a clause with an indefinte antecedent, that is, a clause that does not refer to any definite, particular person or thing, but rather to whoever or whatever may fit the possibilities given, will be in the subjunctive:

Deberían juntarse TODOS LOS QUE TENGAN experiencia en este tipo de cosas. (SNT-33:54)
All those who have experience in this type of thing (whoever they might be) should get together.

Voy a buscar a UNA PERSONA QUE SEPA de pianos. (CAR-29:568)
I'm going to look for someone who knows about pianos.

The Spanish equivalent of "no matter how much" something might be so, to indicate uncertainty as to the amount or degree involved, is followed by the subjunctive. Note the following ways of expressing this idea:

POR MÁS QUE SE HABLE de una realidad latinoamericana, los países latinoamericanos son totalmente diferentes. (SNT-4:89)
No matter how much they talk about a Latin American reality, the Latin American countries are completely different from each other.

Una persona, POR MÁS INSENSIBLE QUE SEA al arte, se va sensibilizando. (BOG-4:63)
A person, no matter how insensitive (s)he may be to art, gradually becomes more sensitive.

Cuando veo que un alumno mío ha aprendido alguna cosa, POR PEQUEÑA QUE SEA, yo me siento enormemente satisfecha. (BOG-6:77)

When I see that a student of mine has learned something, no matter how small it is, I feel enormously satisfied.

La gente, POR MUY EQUILIBRADA QUE SEA, tiene debilidades. (SNT-12:204)

People, no matter how well-balanced they might be, have weaknesses.

The Spanish equivalent of "no matter" followed by a question word, as in "no matter who, what, when, etc.," may be expressed either with **no importa** followed by the question word or by the use of the subjunctive on both sides of the question word:

Hay casos legales que son difíciles, NO IMPORTA QUIEN LOS PAGUE. (SJN- 21:410)

There are legal cases that are difficult, no matter who pays for them.

El que hace eso, SEA QUIEN SEA, hace una cosa degradante. (BOG-18:240)

The one who does that, no matter who it is, is doing a degrading thing.

Está solo para siempre, NO IMPORTA LO QUE HAGA. (SJN-4:105)

He's alone forever, no matter what he does (might do).

Desde que tú naces estás predestinado, HAGAS LO QUE HAGAS. (SNT-4:83)

From the moment you're born, you're predestined, no matter what you do.

GRAMMAR EXERCISES

1. No matter what you tell her, she will insist that she could have prevented her husband from having that accident if she had forced him not to drive. **2.** I would have recommended that the doctor had said nothing, but he had already spoken before I got there. **3.** I think the doctor is convinced that your injuries could have very bad results if you leave the clinic before you should. **4.** He told us he had been saved by a miracle, but I don't believe that miracles are possible. **5.** He asked us not to tell his wife about his misfortune, no matter how seriously hurt he might be, but I suggest that we call her. **6.** I wrote them to take their son to a clinic, but they indicated that they preferred not to do so, because he was too weak for them to take him from his home. **7.** I advised her not to see anyone until we spoke to her mother. **8.** She convinced him that it was something serious and that he should see a doctor. **9.** No matter what you say, you won't convince him to buy you such a fancy car, because his pride prevents him from letting you have anything that he doesn't have. **10.** They begged all the priests who could to remain in the church until everyone left. **11.** I doubt that he will want to get together with you again, but, if you want to talk to him, he might see you, at least. **12.** I don't deny that that would be a possibility, but doesn't it seem to you that you should try to find someone who can help you? **13.** I didn't say that she mistrusted the doctor, because it seemed to me that they already knew that. **14.** It didn't seem as though she wanted us to talk to her, but, when we arrived, she didn't object to our being there. **15.** Forgive me for contradicting you, but it isn't that I had more courage, but that I was more resigned. **16.** I had decided to do whatever the priest asked me to do, but I knew that he preferred for me to pray once more before we had our appointment with the doctor. **17.** My grandfather isn't so old that he can't remember his friends, but he hides whenever someone wants to converse for awhile with him. **18.** I don't think he recognized me immediately, but, as soon as I spoke, he told the servant to let me in provided I was alone. **19.** We realized that the priest thought my sister was still married, because he referred to her former husband's parents as if they were still her parents-in-law. **20.** Although they had several luxurious cars, there wasn't even one that they would allow us to use. **21.** I can't force her to talk to me, and I know that, as long as I'm here, she won't receive anyone who knows me. **22.** I'm not saying you made her ring the bell, but she wouldn't have done it without your being there, so, in a way, isn't it true that you're to blame? **23.** You know the doctor advised you not to have any guests while you were here. **24.** We had decided that he should not return to the clinic, but he left without anyone noticing it. **25.** Even if you don't pray in a church, that doesn't mean that the Lord won't hear you. **26.** It's not that he didn't thank me for the trouble I took to accompany him. **27.** It doesn't look as if they will sleep well, and even if they sleep well tonight, I doubt that they will continue sleeping peacefully. **28.** She speaks as if she hasn't suffered, but there are very few people who have suffered more than her, although I'm sure she will deny that this is so. **29.** She insisted that there was no one who had left the house before she arrived. **30.** Forgive me for interrupting you while you were speaking to your son. **31.** If he didn't get tangled up in the wheels of the train, it was because he was thrown far from his car, not because some saint favored him. **32.** It seems that her boyfriend convinced her that they should ask the priest to give them his blessing, and that, if he gave it to them, they should get married. **33.** His priest convinced him not to go to any doctor and recommended that he pray and not lose faith in God. **34.** Since you insist that they don't know that, I'll tell them before I leave. **35.** You speak as if you think more people should come to see you. Don't you think you should stay in bed? **36.** He looked at me as if he knew that I only did it so that he wouldn't lose confidence in me. **37.** Just in case you're interested in knowing what I think, I'll tell you that I don't think she was telling the truth. **38.** Do you think they're angry with me? Well, if they're angry, there's nothing that I can do about it now, no matter how much I want to.

12

EL GRADO CERO DE LA ESCRITURA[1]

Jordi Estrada

Dictado, dice el Hermano, y tú Guzmán a tu sitio y cuando terminemos
vuelves a ponerte de cara a la pared, hasta la salida. Bien al centro, dice,
el título a lápiz, y luego lo repasaréis con tinta roja, subrayado, y no
quiero borrones, y tú Beneyto no hables que te estoy oyendo. Dictado,
5 repite, y también, bien al centro. Después, tras una pausa durante la cual
ha contemplado la expectación de las cabezas sobre los pupitres y de los
lápices a ras de libreta, dice: la oropéndula y el ñandú. Desde los pupitres
del fondo una voz pregunta ¿oropéndula?, y el Hermano: sí, la
oropéndula y el ñandú, dice. Y entonces él ve que sí, que la palabra era
10 oropéndula, aunque piensa que tal vez sea horopéndula y no la escribe
sino que[2] deja un espacio en blanco entre la y el ñandú. Porque ñandú la
conoce por el cuaderno de copia del año pasado[3]. Pero oropéndula no:

De Jordi Estrada, "El grado cero de la escritura," *El Cuento* (México, D.F.),
julio-agosto, 1980, pág. 167. Con permiso de *El Cuento*.

había oropel, recuerda, pero de oropéndula nada. ¿Será[4] una especie de
oropel? En el cuaderno de copia no venía dibujado el oropel. Ni el ñandú.
15 Sí que estaba el dibujo del quinqué, pero no el del oropel. Ni el de la
ínfula, sin dibujo. Trata de imaginarse[5] el oropel. El miriápodo tampoco
estaba dibujado. El hectólitro sí que era un depósito con rayas a cien[6]. El
oropel debe ser de oro, piensa. ¿O de papel? Será un papel dorado, se
dice. También estaba dibujado el pingüino, que se escribe con dos
20 puntos[7] sobre la u y es un pájaro, un ave como dice el Hermano; pero no
el substrato, que debe ser como una resta porque el Hermano siempre
dice la resta o substracción. Ni el keroseno. O a lo mejor es algo parecido
al tropel, piensa, que quiere decir todos corriendo, como cuando alguno[8]
se hace daño[9] en el recreo y hay que[10] llevarle al botiquín y el Hermano
25 dice pero no vayáis en tropel. Y él la primera vez que lo oyó estuvo
mirando a todas partes buscando el tropel, que había pensado que sería
algo para ir de un sitio a otro, como un tranvía[11] o un trolebús[12], y pensó
que para qué iban a ir en tropel si el botiquín estaba tan cerca. Pero luego
supo que no, que quería decir todos corriendo[13]. Y ahora su compañero
30 de pupitre le da unos golpecitos con la rodilla, avisándole, y se da
cuenta[14] de que el Hermano está muy cerca, mirándole: punto y final, he
dicho[15], dice. Y él mira la hoja y ve que la tiene aún en blanco, y apenas
tiene tiempo de completar el título. Tropel, escribe, mientras el Hermano
empieza a recoger las libretas. Para corregirlas, piensa él.

CUESTIONARIO

PREGUNTAS SOBRE EL CONTENIDO DE "EL GRADO CERO DE LA ESCRITURA"

1.   Utilizando las palabras **volver a, pared** y **salida**, diga Ud. lo que
     tiene que hacer Guzmán.

2.   Usando las palabras **centro, lápiz, repasar, subrayar** y **borrón**,
     explique Ud. cómo el Hermano quiere que los alumnos escriban el
     dictado.

3.   Usando las palabras **pausa, expectación, pupitre, ras** y **libreta**,
     describa Ud. la escena que ocurre inmediatamente después de que
     el Hermano repite las direcciones para el dictado.

4. ¿Qué hace uno de los alumnos en vez de escribir "oropéndula," y por qué hace esto? (En su respuesta utilice las palabras **sino que, en blanco**, y **cuaderno**).

5. Utilizando las palabras **oropel, ñandú** y **quinqué**, describa los dibujos que había en el cuaderno.

6. ¿Cómo llega el alumno a la conclusión de que "oropel" será "papel dorado"?

7. Utilizando las palabras **daño, recreo** y **botiquín**, cuente Ud. lo que dice el alumno en cuanto a la palabra "tropel."

8. Explique Ud. por qué el alumno estuvo mirando a todas partes la primera vez que oyó la palabra "tropel."

9. Usando las palabras **pupitre, rodilla** y **avisar**, cuente Ud. lo que pasó entre el alumno y su compañero.

10. Utilizando las palabras **hoja, blanco, apenas** y **título**, cuente Ud. lo que pasa al final del cuento.

PREGUNTAS TEMÁTICAS

1. Disciplina Escolar

En el cuento "Grado Cero de la Escritura" se ve que hay disciplina en la clase del Hermano. ¿Qué opina Ud. sobre la cuestión del uso de disciplina en las escuelas de hoy en día? ¿Hay suficiente (demasiada) disciplina? ¿Deben tener los maestros el derecho de castigar a los alumnos que se portan mal en la clase?

2. Un(a) Maestro(a) Impresionante

Describa Ud. al maestro (a la maestra) que más le haya impresionado en su carrera estudiantil, explicando las razones por las cuales le ha impresionado tanto.

3. Enseñanza de Idiomas

El Hermano de este cuento utiliza el dictado como recurso para enseñar la escritura. En la opinión de Ud., ¿cuál es el mejor método de enseñanza de los idiomas? ¿Qué consejos le daría Ud. a una persona deseosa de aprender el español? ¿Cómo se podría mejorar el sistema de enseñanza de idiomas utilizado en la universidad en que estudia usted?

OBSERVATIONS

1. Escritura: writing

Materia and **asignatura** are the most common equivalents of a "subject" in school, such as writing, spelling, math, chemistry, etc.:

> *En la especialidad nueva de Arte, hay unas ASIGNATURAS fundamentales, y hay otras ASIGNATURAS optativas.* (MAD-3:44)
> In the new Art major, there are some basic subjects, and there are other, elective subjects.

> *El estudiante tiene una MATERIA que se llama Matemática y otra MATERIA que se llama Literatura.* (CAR-2:32)
> The student has a subject that's called Mathematics and another subject that's called Literature.

Sujeto is the "subject" of a scientific experiment or survey, or, in grammar, the "subject" of the verb:

> *Al tomar la encuesta, anoto lo que el SUJETO dice.* (BA-14:213)
> When I do the survey, I jot down what the subject says.

> *El alumno tiene que saber reconocer la oración simple: SUJETO, predicado, modificadores.* (BA-11:172)
> The student has to be able to recognize a simple sentence: subject, predicate, modifiers.

Súbdito is the "subject" of a political domain or ruler:

> **Los habitantes de esta isla son SÚBDITOS del monarca inglés.**
> The inhabitants of this island are subjects of the English monarch.

El rey les habló a sus SÚBDITOS.
The king spoke to his subjects.

2. Sino que: but rather

Sino, and not **pero**, must be used as the equivalent of "but" in a statement that something is not one thing but another. Thus, **sino** always corrects a previous negative statement, so that it means "but rather," "but on the contrary":

Hay una serie de escritores de segundo plano, no porque valgan menos SINO porque son menos conocidos. (SJN-4:92)
There is a series of second-rate writers, not because they're of lesser value, but because they are less well-known.

No estamos hablando del país en general, SINO de Caracas en particular. (CAR-35:626)
We're not talking about the country in general, but about Caracas in particular.

Sino que is used when a conjugated verb follows:

Cuba no es una isla aislada, SINO QUE FORMA parte del archipiélago de las Antillas. (HAB-26:619)
Cuba is not an isolated island, but rather is part of the archipelago of the West Indies.

El señor no se murió, SINO QUE SE PUSO bien. (MAD-8:146)
The man didn't die, but rather got well.

No sólo . . . sino (también) is the equivalent of "not only . . . but (also)":

Esa terminología es usada muy extensamente, NO SÓLO en Puerto Rico SINO en España. (SJN-8:157)
That terminology is used very extensively, not only in Puerto Rico but (also) in Spain.

Es necesario levantar el nivel NO SÓLO económico, SINO TAMBIÉN cultural. (SNT-8:145)
It's necessary to raise not only the economic but also the cultural level.

NO SÓLO tú te defiendes, SINO QUE estás viendo por el interés del niño ¿no? (MEX-28:388)
You're not only defending yourself, but you are also looking out for the interests of the child, aren't you?

La educación parvularia NO SÓLO se queda en el jardín infantil, SINO QUE TAMBIÉN se extiende hacia los hogares. (SNT-34:84)
The education of small children does not remain only in kindergarten, but also extends to their homes.

3. del año pasado: last year's

The definite article is normally used in time expressions that include equivalents of "next" or "last":

Quiero empezar a trabajar EL AÑO QUE VIENE. (SEV-6:74)
I want to start working next year.

Probablemente regresará para mediados DEL MES PRÓXIMO.
(MEX-10:128)
He'll probably return by the middle of next month.

EL MIÉRCOLES PASADO los maestros me invitaron a la escuela.
(SJO-34)
Last Wednesday the teachers invited me to the school.

LA SEMANA PASADA tuvimos una serie de reuniones. (SNT-11:199)
Last week we had a series of meetings.

4. ¿Será . . . ?: I wonder if it is . . .

The idea of "wondering" is often expressed by using a question in the future tense to wonder about the present and a question in the conditional tense to wonder about the past:

¿SERÁ un caso especial? (BA-32:499)
I wonder if it's a special case.

¿DÓNDE ESTARÁ ese hombre ahora? (BA-24:213)
I wonder where that man is now.

¿POR QUÉ SERÍA que él declaró así? (SJN-7:152)
I wonder why it was that he stated that.

¿QUÉ HARÍAN ellos? (LIM-6:94)
I wonder what they did.

In wondering about the past, the future perfect may also be used, provided the verb is one that would otherwise be expressed in the preterit. For example, to wonder about *¿Quién fue?* or *¿A qué hora volvió?*, one could say, **¿Quién habrá sido?** and **¿A qué hora habrá vuelto?** as well as **¿Quién sería?** and **¿A qué hora volvería?**:

¿POR QUÉ LO HABRÁ HECHO? (CAR-3:46)
I wonder why he did it.

¿A dónde HABRÁ IDO a parar? (BA-32:478)
I wonder where it ended up.

The notion of wondering may also be expressed with the verb **preguntarse**. Quite often both **preguntarse** and a following verb in the future or conditional are used:

Yo ME PREGUNTO a veces de dónde surge. (BOG-27:357)
Sometimes I wonder where it springs up from.

ME PREGUNTO POR QUÉ SE LLAMARÁ Jardín Lo Prado; no tiene plantas ni nada de jardín. (SNT- 6:119)
I wonder why it's called Lo Prado Garden; it doesn't have plants or anything from a garden.

Hay que PREGUNTARSE QUÉ LE ESTARÁ PASANDO. (CAR-3:46)
You have to wonder what's happening to him.

Él SE PREGUNTÓ si éste no SERÍA uno de los factores. (MEX-25:344)
He wondered if this wasn't one of the factors.

5. Trata de imaginarse: He tries to imagine

Tratar, "to try," is followed by **de**:

Tenía un problema de inseguridad, y TRATÉ DE SUPERARLO.
(SJO-2)
I had a problem with insecurity, and I tried to overcome it.

Although no hard-and-fast rules can be formulated to explain which preposition to use with a verb, certain observations are useful. It should be noted, for example, that **de** is used with verbs of termination, withdrawal or abstention:

No HE TERMINADO DE LEER la novela. (SJN-4:94)
I haven't finished reading the novel.

Ella DEJÓ DE TRABAJAR. (LAP-23:251)
She stopped working.

Yo no ME CANSO DE VER esas cosas. (BA-26:285)
I don't get tired of seeing those things.

*La carta explicaba los motivos que tenía el Gobierno para
ABSTENERSE DE DAR publicación a ese acto legislativo.* (BOG-48:666)
The letter explained the reasons the Government had for abstaining from giving public notice of that legislative act.

*NOS HARTAMOS DE OÍR decir que la mayoría de los abogados
son poco escrupulosos.* (SEV-12:141)
We're fed up with hearing that most lawyers are unscrupulous.

De is also used after reflexive verbs that indicate emotions or personal reactions, like **enojarse**, "to become angry," **jactarse**, "to boast," **ofenderse**, "to take offense," **quejarse**, "to complain," **sorprenderse**, "to be surprised," etc.:

SE ALEGRÓ mucho DE VERME. (SNT-22:374)
He was very happy to see me.

*TE ASOMBRARÍAS DE VER las muchas necesidades de nuestros
educadores.* (SJN-22:427)
You would be surprised to see the many needs of our educators.

ME ARREPIENTO DE HABER HECHO eso. (MAD-4:69)
I'm sorry to have done that.

SE ASUSTARON mucho DE VER eso. (SNT-45:319)
It frightened them very much to see that.

Mi padre nunca SE AVERGONZÓ DE TRABAJAR. (LIM-8:125)
My father was never ashamed of working.

6. Cien: hundred

Cientos/centenares and **miles/millares** may be used to refer to "hundreds," and "thousands" of objects, respectively. In everyday language **cientos** and **miles** are more commonly heard:

Si el gobierno pudiera fomentarlo, CIENTOS de personas tendrían un ingreso. (SJN-21:413)
If the government could promote it, hundreds of people would have an income.

Colombia tendría una riqueza potencial que podría alimentar CENTENARES de MILES de personas. (BOG-43:603)
Colombia would have a potencial wealth that could feed hundreds of thousands of people.

Hoy en día existen MILES y MILES de variedades de rosas. (HAB-18:564)
Today there exist thousands and thousands of varieties of roses.

7. Puntos: dots

Punta is much more limited in use than **punto** and refers only to the tip or pointed end of an object. **Punto** is used for all other meanings of "point":

¿Cómo se llama él? Lo tengo en LA PUNTA DE LA LENGUA. (HAB-21:594)
What's his name? I have it on the tip of my tongue.

Rodea LA PUNTA DEL ZAPATO. (BA-4:79)
It surrounds the tip of the shoe.

Vamos a analizar el aspecto político desde varios PUNTOS DE VISTA. (BOG-2:34)
We are going to analyze the political aspect from several points of view.

La Semana Santa de Sevilla tiene características que tienen muchos PUNTOS en común con la de otras ciudades. (SEV-1:5)
Seville's Holy Week has characteristics that have many points in common with the one in other cities.

8. Alguno: someone

The Spanish equivalent of unstressed "some" or "any" is usually not expressed; in English, too, these words may be omitted:

COMPRÉ LIBROS. (MEX-1:20)
I bought (some) books.

No QUIERE TÉ; QUIERE CAFÉ. (MAD-16:281)
He doesn't want (any) tea; he wants (some) coffee.

Alguno or, in negative sentences, **ninguno** are used as equivalents of stressed "any" or "some":

¿Hay ALGUNA PARTE de España que no conoció? (BA-2:49)
Is there *any* (*some*) part of Spain you didn't get to know?

Me gustan ALGUNOS PROGRAMAS, todos no. (SEV-24:295)
I like *some* programs, but not all of them.

No tiene NINGUNA IMPORTANCIA. (MAD-1:9)
It doesn't have *any* importance.

9. Se hace daño: hurts himself

Spanish has no one verb that is as all-encompassing as the English verb "to hurt." **Hacer daño, lastimar,** or **herir (ie, i)** are used with reference to hurting someone, either physically or non-physically,:

Me LASTIMÉ las rodillas. (MEX-13:158)
I hurt my knees.

La bruja LE QUIERE HACER DAÑO a la Blancanieves. (CAR-26:526)
The witch wants to hurt Snow White.

Todas aquellas cosas HABÍAN HERIDO su sensibilidad. (MAD-13:216)
All those things had hurt his sensitivity.

Me da mucha pena si HIERO a mis profesores, pero muchos no están a tono con las tendencias modernas pedagógicas, y LE ESTÁN HACIENDO MUCHO DAÑO a nuestro sistema. (SJN-15:297)
I feel very bad if I'm hurting my professors, but many are not in step with modern pedagogical tendencies, and they are hurting our system very much.

Dañar, perjudicar, or **hacer daño a** are used when "to hurt" means "to harm," "to damage" or "to ruin." **A** may be used before the direct object of **dañar** and **perjudicar,** but is not essential:

La ignorancia es la que todo lo DAÑA. (BOG-19:249)
Ignorance is what hurts (ruins) everything.

Me parece que las clases crean una tremenda rutina que PERJUDICA a la investigación, y a la creación. (SEV-15:181)
It seems to me that classes create a terrible routine that hurts research and creativity.

HICE UN GRAN DAÑO siendo muy joven. Hablé mal de una persona por querer HACERLE DAÑO a esa persona, nada más. (BA-7:120)
I caused a lot of damage when I was very young. I spoke badly of a person only because I wanted to hurt that person.

Doler (ue) means "to hurt" in the sense of "to ache":

Me DUELE la cabeza. (SNT-43:273)
My head hurts.

Los dedos me DUELEN. (BA-1:23)
My fingers hurt.

10. Hay que: it is necessary

In addition to the impersonal **haber que**, Spanish has three other verbs commonly used to express the idea of obligation, **haber de**, **deber** and **tener que**.

Haber de conveys the weakest sense of obligation and simply indicates that something is supposed to, or is scheduled to, happen:

> *Lo que HA DE PASAR pasará.* (SJO-1)
> What's supposed to happen will happen.

> *Me quedé pensando: joven, viuda, sin dinero ¿qué HE DE HACER?* (BOG-49:674)
> I stood thinking: young, a widow, with no money, what am I supposed to do (what am I to do)?

Deber indicates an interior moral obligation:

> *Es una tarea que todos DEBEMOS hacer.* (SNT-39:184)
> It's a task that we should all carry out.

> *No creo haber sido ni la sombra de lo que DEBÍ haber sido.* (SNT-53:476)
> I don't think I've been even a shadow of what I should have been.

Tener que indicates an exterior, compelling force:

> *A veces él TIENE QUE TRABAJAR de noche.* (HAB-36:650)
> Sometimes he has to work nights.

> *Para poder hacer eso, uno TIENE QUE TENER muchos años de estudio.* (SNT- 27:464)
> In order to be able to do that, one has to have many years of study.

11. Un tranvía: a streetcar

Tranvía is one of a small number of nouns of masculine gender ending in **-a**. Some other common examples are **día**, **insecticida** (and all other chemicals ending in **-icida**), **mapa**, **mediodía**, **planeta**, and **yoga**:

Importan lo peor que hay, como LOS INSECTICIDAS que no funcionan. (CAR-9:163)
They import the worst there is, like insecticides that don't work.

No lo localizo en EL MAPA. (MAD-9:162)
I can't find it on the map.

El fascismo en el mundo estuvo a punto de dominar EL PLANETA. (SNT-23:385)
The fascism in the world was about to control the planet.

Cometa is masculine when it means "comet," and feminine when it means "kite." **Cólera** is masculine when it means "cholera," and feminine when it means "anger."

Es una raza muy industriosa con inventos antiguos, l a brújula, LA COMETA. (BOG-23:303)
It's a very industrious race with ancient inventions like the compass and the kite.

Me da MUCHA CÓLERA. (SJO-13)
It makes me very angry.

Me cuenta mi mamá que construyeron el cementerio cuando EL CÓLERA; creo que fue EL CÓLERA. (CAR-8:126)
My mom tells me that they built the cemetery when there was cholera; I think it was cholera.

El gorila, el panda and **el puma** are three animals whose names end in **-a** but are masculine:

Darán por resultado la evolución AL GORILA. (MEX-24:337)
They will finally evolve into the gorilla.

EL PUMA generalmente huye del hombre. (LAP-23:261)
The puma usually avoids man.

A noun that ends in **-a** but refers to a man is masculine in gender. Some common examples are **el artista** (male artist); **el cura** (priest); **el espía** (male spy); **el monarca** (male monarch); **el poeta** (male poet); **el policía** (policeman); **el siquiatra** (male psychiatrist), etc.:

UN COLEGA mío acaba de ir a Medio Oriente. (SNT-35:93)
A colleague of mine has just gone to the Middle East.

Él era UN ATLETA tremendo, UN BOLIBOLISTA, UN TENISTA, y UN BALONCESTISTA. (SJN-11:232)
He was a tremendous athlete, a volleyball player, a tennis player, and a basketball player.

The names of rivers and mountains are masculine: **el Plata** (the River Plate); **el Sena** (the Seine), **el Etna** (Mt. Etna); **el Himalaya** (the Himalayas), etc.

Tengo en mi libro navegaciones por EL HUALLAGA. (LIM-l4:200)
In my book I have voyages up the Huallaga River.

El Danubio es un río sucio como EL MAGDALENA. (BOG-45:632)
The Danube is a dirty river just like the Magdalena.

Musical notes are masculine:

Toque UN FA y luego UN LA.
Play an F and then an A.

12. Trolebús: trolleybus

Words ending in "s" and not stressed on the last syllable have the same form in the singular and plural: **el/los atlas; la/las crisis; la/las dosis; el/los ómnibus; el/los paréntesis; la/las tesis; el/los virus**, etc.:

Con todos LOS ANÁLISIS estadísticos se demostró que no eran significativos. (SJO-25)
With all the statistical analyses it was shown that they were not significant.

Tengo clases LOS LUNES, LOS MIÉRCOLES y LOS VIERNES de dos a siete. (BOG-32:438)
I have classes on Mondays, Wednesdays and Fridays from two to seven.

If the stress is on the last syllable, the plural is formed by adding -es: **el autobús / los autobuses; el país / los países; la tos** (cough) / **las toses**, etc.:

La función del Ministerio es la de defender LOS INTERESES del país. (BOG-7:95)
The Ministry's function is to defend the interests of the country.

Todos los financistas FRANCESES e INGLESES compraban bonos. (LAP-28:312)
All the French and English financiers were buying bonds.

13. Corriendo: running

In Spanish, in sentences like those given below, the present participle precedes the noun it modifies, unlike English, in which the participle follows the noun:

HABIENDO TOMADO POSESIÓN LA NUEVA ADMINISTRACIÓN, vino como director de la División un amigo personal mío. (SJN-10:206)
The new administration having taken over, a personal friend of mine came in as director of the Division.

SIENDO MINISTRO DE EDUCACIÓN USLAR PIETRI, resolvieron cambiar la Ley de Educación. (CAR-6:88)
Uslar Pietri being Secretary of Education, they decided to change the Education Law.

Spanish participial constructions of this type are often expressed in English by means of adverbial clauses beginning with "after," "although," "because," "by," "if," "since," "when," etc. The sentences given above, for example, might also be stated in English as "After the New Admininstration had taken over..." and "When Uslar Pietri was Secretary of Education...." Further examples follow:

VIENDO a los otros, ella aprendió. (BOG-44:622)
By watching the others, she learned.

ESTANDO nosotros allá, vimos que la gente es muy culta. (BOG-40:539)
When we were there, we saw that the people are very well educated.

HABIENDO NACIDO yo en el año veintiséis, yo tengo muy vivas vivencias del año ventiocho. (CAR-21:408)
Although I was born in 26, I have very vivid memories of my personal experiences in 28.

In English the present participle often functions as a noun, either as subject of a verb or as object of a verb or preposition. In Spanish, the infinitive is used in such constructions:

El ESTUDIAR me permite tener un interés que más adelante no me haga pesar sobre mis hijos como un problema. (MEX-17:221)
Studying allows me to have an interest that later on will not make me a burden for my children.

Yo detesto GUIAR. (SJN-3:70)
I hate driving.

¿Cuáles son los requisitos para PERTENECER al Club? (SJN-21:411)
What are the requisites for belonging to the Club?

14. Se da cuenta: he realizes

Darse cuenta means "to realize" in the sense of "to be/become aware of":

Cuando ME DI CUENTA de lo que estaba pasando, se lo conté. (BOG-12:169)
When I realized what was happening, I told him about it.

Realizar means "to realize" in the sense of "to fulfill / satisfy" a desire, dream, etc.:

La Argentina no pudo REALIZAR sus deseos de incorporar el Chaco a su territorio. (LAP-30:369)
Argentina was not able to realize its desire to add the Chaco region to its territory.

15. He dicho: I have spoken

In order to establish a link or relationship between the past and the present, some Spanish speakers, notably those from Spain, Peru and Bolivia, at times utilize the present perfect tense where a preterit tense would normally be expected, as illustrated in the following examples:

Ayer HEMOS PENSADO hacer esto. (MAD-11:193)
We thought about doing this yesterday.

El año pasado, HE ESTADO en Berlín. (LIM-12:167)
Last year I was in Berlin.

¿Cuándo HA MUERTO tu padre? (LAP-8:89)
When did your father die?

EXERCISES ON OBSERVATIONS

1. The subject she had homework in was not math but writing. **2.** The hypnotist was wondering if his subject would be offended at having to face the wall. **3.** The title is not to be underlined in pencil but rather with red ink, and it must be right in the middle of the map. **4.** Not only was he surprised that the Seine was not a mountain, but he also thought the Himalayas were in Spain. **5.** "There are always some students who will hurt themselves at recess," the psychiatrist said to the priest. **6.** What this pupil is trying to say is that next week she is supposed to leave her notebook in her desk. **7.** "'Penguin' is written with two dots over the 'u'," the poet said to the artist drawing the bird. **8.** The subject of this verb is not "the buses" but "the trolley buses." **9.** These natives, being inhabitants of that island, boast of being subjects of the English monarch, but they are not English, but French. **10.** A voice from the back of the room, after complaining about having to do hundreds of subtraction problems, stopped talking. I wonder who it was. **11.** The cold weather often hurts the crops of thousands of the king's subjects, causing many crises. **12.** Most likely it's something similar to a planet or a comet, but I hate having to draw it. **13.** Having realized Brother Juan was very close, the student tapped on his deskmate's foot with the tip of his shoe. **14.** Last year they stopped seeing each other, and now she's ashamed to tell him that she'd be happy to see him again. **15.** The policemen's ideas had several good points that I should have written down, but I left the sheet blank. **16.** The students having finished writing the dictation, the teacher picked up the notebooks to correct them. **17.** I don't want any smudges on your dictations, and each "i" must have a dot over it. **18.** The first time his leg hurt him, he looked everywhere for a streetcar. **19.** I wonder if the gorilla was angry at not being able to run. **20.** Have you ever wondered where you will be next year? **21.** I repeat that he didn't write "zero degree" and "tinsel" but left three blank spaces. **22.** The kerosene tank had hundreds of lines on it; I wonder what that means. **23.** I became fed up with having to warn them about the puma and the panda so many times. **24.** I'm very sorry to have hurt your pride, and I will abstain from expressing this point of view again. **25.** She had the word on the tip of her tongue, but she was afraid to say it. **26.** I wonder if they realized their desire to adopt a baby.

USES OF THE SUBJUNCTIVE
(continued)

VII. SUBJUNCTIVE TO RELATE EVENTS UNDER CONSIDERATION

The second major use of the subjunctive occurs, as previously mentioned, when reference is to an event under consideration. When one considers an event in order to comment upon it, the event being considered is already known and is therefore "non-information," and thus is stated in the subjunctive. The comment made is new information and for this reason is expressed in the indicative.

Verbs of emotion are a common type of verbs of comment. For example, in the sentence **Me alegro de que Juan venga hoy**, the information the speaker is expressing is that (s)he is happy: **Me alegro**. The event about which the speaker is happy, that Juan is coming today, is already known and is, therefore, "non-information" and is thus expressed in the subjunctive: **Juan venga hoy**. Further examples follow:

> *ME MOLESTA QUE los políticos no TOMEN en serio a su pueblo.*
> (LAP-14:145)
> It bothers me that politicians don't take their people seriously.

> *A papá LE GUSTABA QUE ESTUDIÁRAMOS.* (SEV-21:250)
> Dad was pleased that we were studying.

Verbs of emotion are only one type of verb used to indicate that an event is under consideration by the speaker. In a sentence like **Por mucho que estudie, nunca saco "A"** ("No matter how much I study, I never get an 'A'"), for example, **Por mucho que estudie** is an event under consideration by the speaker and is thus expressed in the subjunctive; the information the speaker is conveying is that (s)he never gets an "A", expressed in the indicative. Further examples follow:

> *No creo que esa persona esté muerta, POR MUCHO QUE ME JUREN Y ME ASEGUREN.* (MAD-4:76)
> I don't believe that person is dead, no matter how much they swear it to me and assure me.

> *Cuando tú eres un profesional, POR MUCHO QUE te QUIERAS igualar, eres un líder.* (SNT-3:72)
> When you're a professional, no matter how much you try to be like other people, you are a leader.

It is possible, however, to state sentences of this type in such a way that the entire sentence is information, in which case only the indicative will be used. For example in the sentence **Por mucho que estudio, nunca saco "A"**, the speaker is telling the listener two things: 1) (s)he studies alot and 2) (s)he never gets an "A". A further example follows:

> *Hasta el momento, POR MUCHO QUE HE ESCUCHADO y POR MUCHO QUE HE LEÍDO, no me convenzo.* (SNT-9:160)
> Up to now, in spite of all that I've heard and all that I've read, I'm not convinced.

A similar situation exists with clauses introduced by **aunque**. For example, in the sentence **Aunque está lloviendo, me voy,** "Although it is raining, I'm leaving," with **aunque** followed by the indicative, the speaker is informing the listener that it is raining. Such a situation might occur when speaking to someone on the phone, for example. The speaker would then be telling the listener that it is raining but that (s)he is leaving. On the other hand the sentence **Aunque esté lloviendo, me voy,** "Even though it's raining, I'm leaving," with the verb of the **aunque** clause in the subjunctive, which might be a rejoinder to someone's having pointed out that it is raining, the speaker is making a comment on the fact that is raining and places what (s)he is commenting upon, which is something that is already known and thus "non-information," in the subjunctive (**esté lloviendo**) and the comment itself, which is informative to the listener, in the indicative (**me voy**). Study the following contrastive examples, keeping in mind the informative / non-informative nature of **aunque** with the indicative / subjunctive, respectively:

Tenía que trabajar tiempo completo, porque yo soy jefe de familia, AUNQUE ES una familia pequeñita, mi hija y yo. (SJN-14:286)
I had to work full time, because I am head of a family, although it's a small family, my daughter and I.

AUNQUE SEA feo decirlo, yo no tuve dificultades en los estudios. (SNT-53:470)
Although it's not nice to say this, I did not have any difficulties with my studies.

Me entiendo mejor con los hombres, AUNQUE TENGO amigas fantásticas. (CAR-25:481)
I get along better with men, although I do have some fantastic female friends.

La vida es maravillosa AUNQUE TENGA problemas. (BOG-18:243)
Life is wonderful, even though it has problems.

El hecho de que, or **el que**, "the fact that," may also be used either with the indicative or the subjunctive, depending upon whether the speaker is presenting new information (indicative) or making a comment upon old information (subjunctive). In the examples given below, for example, the clauses introduced by **el hecho de que** present information that is new or that has not been considered previously and the verb is, therefore, in the indicative:

Otra cosa que te quería comentar es EL HECHO DE QUE en el libro no NOMBRAN como potencia a la China. (BOG-22:302)
Something else I wanted to mention to you is the fact that in the book they don't list China as a power.

No se puede desconocer EL HECHO DE QUE HA ABIERTO sus centros de investigación a los hombres y mujeres del mundo entero. (HAB-1:14)
One cannot overlook the fact that it has opened its research centers to men and women from all over the world.

The following two sentences, on the other hand, represent examples of comments made on what is stated in the **el hecho de que** clause, and for this reason the comment, which is new information, is in the indicative, while the verb of the **el hecho de que** clause, which states something already known, is in the subjunctive:

> *EL HECHO DE QUE HAYA SUCEDIDO esta crisis implica que tenemos que replantearnos.* (SJO-15)
> The fact that this crisis has occurred suggests that we have to rethink things.

> *EL HECHO DE QUE la presidenta SEA una mujer, ha dado lugar a que la mujer se sienta superior.* (BOG-25:337)
> The fact that the president is a woman has led to the woman feeling superior.

No dudar and **no negar**, already presented as introducing the indicative when used to report that the speaker does not possess a certain doubt or is not denying something, may also introduce subjunctive clauses when used as verbs of comment. Let us consider, for example, the situation of a dog show in which a dog owner complains that her dog, who is very intelligent, has not won a prize in the show. The judge in charge of evaluating the dogs might then respond, **Señora, no dudo (no niego) que su perro sea muy inteligente, pero éste es un concurso de belleza** ("Ma'am, I do not doubt [I'm not denying] that your dog is very intelligent, but this is a beauty contest." The speaker of this sentence is not reporting to the listener that he (the speaker) possesses a certain belief, but is rather commenting on an idea expressed by the listener, namely, that her dog is intelligent. **No dudo**, then, here represents a comment and in this way differs from **no dudo** used as an equivalent of **creer**, which would be followed by the indicative. Note the following examples of this usage:

> *Las acusaciones que se presentaron al Consejo eran muy serias, y de hecho NO DUDO QUE EXISTIERA el cincuenta por ciento real.* (SJO-19)
> The accusations that were presented to the Council were very serious, and, in fact, I don't doubt that 50% of them were real.

*YO NO NIEGO QUE la palabra "onda" EXISTA, pero no aplicada
en la forma como estabas diciendo.* (BOG-35:478)
I'm not denying that the word "wave" exists, but not in the way you
were using it.

The same can be said of **no decir**, which may be used either to report an
event (indicative) or to comment on an event (subjunctive):

*El tipo NO NOS DIJO QUE ERA nazi de entrada sino que lo fuimos
deduciendo.* (BA-22:98)
The guy didn't tell us right off that he was a Nazi, but we gradually
figured it out.

Yo **NO DIGO QUE Eugenio Díaz ESTÉ a la altura de Emilia
Pardo Bazán en su estilo, pero en muchos detalles es muy
parecido.** (BOG-36:494)
I'm not saying that Eugenio Diaz is at the level of Emilia Pardo Bazan
in his style, but in many details he is very similar.

In the first sentence above the speaker is simply reporting what it was the
"guy" did not say. In the second sentence, on the other hand, the speaker
is making a comment on Eugenio Diaz.

VIII. SUBJUNCTIVE AFTER IMPERSONAL EXPRESSIONS

With respect to the use of indicative / subjunctive following an
impersonal expression ("it is" + adjective), it should be noted that,
generally speaking, the subjunctive is used. However, in a clause
following an impersonal expression of truth, such as **ser verdad / cierto /
evidente / obvio / seguro**, **estar claro**, etc., the indicative is used, since
these expressions do not deny the existence of anything nor are they
comments:

ES VERDAD QUE ellos DIJERON lo mismo. (SJN-3:81)
It's true that they said the same thing.

ES CIERTO QUE SE HAN PRODUCIDO episodios difíciles. (BOG-
48:665)
It's true that some difficult episodes have come up.

ES OBVIO QUE no PUEDE estar en estado impecable. (BOG-27:368)
It's obvious that it can't be in impeccable condition.

ES SEGURO QUE COMPRAN la ropa. (SEV-7:85)
It's a sure thing that they will buy the clothes.

Such expressions in the negative, however, do deny the existence of something and are thus followed by the subjunctive:

NO ES VERDAD QUE YO ME NEGARA a hacerlo.
It's not true that I refused to do it.

NO ES CIERTO QUE NOS ODIEMOS.
It's not true that we hate each other.

With all other impersonal expressions the rules given thus far will serve to explain the use or non-use of the subjunctive. **Es dudoso/No es dudoso**, for example, will follow the rules given for the use of the subjunctive with **dudar/no dudar**. As already mentioned, impersonal expressions other than those of truth usually take the subjunctive.

Many of the impersonal expressions involve non-existence situations, which, it will be recalled, always require the use of the subjunctive. The following are examples of non-existent situations that refer to hypothetical events or to events that follow an expression of doubt:

ES MUY PROBABLE QUE la manera como yo fui criado HAYA INFLUENCIADO la manera como soy actualmente. (CAR-1:18)
It's very likely that the way I was brought up has influenced the way I am presently.

ES POSIBLE QUE VUELVA a salir más adelante. (SEV-1:4)
It's possible that I will go out again later on.

ES MEJOR QUE LO HAGAN. (SJO-8)
It's better that they do it (They'd better do it).

Many impersonal expressions are comments on a situation and thus require the subjunctive:

ES IMPORTANTE QUE la actividad cultural de nuestro país se CONOZCA en otros países. (BOG-33:445)
It's important that the cultural activity of our country be known in other countries.

ES MUY INTERESANTE QUE esa simulación de arte SEA aceptada por todo el mundo. (BOG-36:496)
It's very interesting that that imitation of art is accepted by everybody.

ESTÁ BIEN QUE SEA distinto. (LIM-18:251)
It's good that it's different.

ES TERRIBLE QUE los hijos DEPENDAN tanto de uno. (SNT-9:166)
It's terrible that children depend so much on you.

In some cases a single Spanish verb may be the equivalent of an English impersonal expression:

BASTA QUE nos DEN algunas oportunidades. (HAV-1:15)
It's enough that they're giving us some opportunities.

CONVIENE QUE SEA participación activa por parte del alumnado. (CAR-30:573)
It's good for it to be active participation on the part of the student body.

MÁS VALE QUE NO SEA así. (MEX-20:283)
It's best for it not to be like that.

NO IMPORTA QUE el presidente VENGA por medio de un golpe de estado. (LAP-21:209)
It doesn't matter (It´s not important) if the president comes in through a coup d'état.

Impersonal expressions that contain **qué, lo** or **lo que** may be followed either by the indicative or the subjunctive, provided reference is to something that has existence:

¡QUÉ RARO QUE NO LES HAYA GUSTADO! (BA-22:80)
How strange that you didn't like it!

¡QUÉ BUENO QUE ESTÁ APRENDIENDO a manejar! (MEX-22:308)
How nice that you are learning to drive!

LO IMPORTANTE ES QUE SE HA CONSERVADO la traición. (LIM-3:54)
The important thing is that tradition has been preserved.

LO RARO ES QUE lo DEJEN actuar siendo tan imbécil. (BA-32:495)
The strange thing is that they let him act even though he's such an idiot.

LO QUE ES PROBLEMA ES QUE no se VA a encontrar con su cheque. (SNT-50:408)
What's a problem is that he's not going to have his check.

LO QUE ME ESPANTA ES QUE HAYA unas chicas monísimas, jovencitas, con unos viejos que se caen a pedazos. (BA-24:146)
What shocks me is that there are some really cute, young girls with some old men who are falling apart.

The difference between the use of the indicative and the subjunctive in such sentences lies in the fact that the subjunctive indicates a comment on the event indicated while the indicative simply refers to the event. For example, **¡Qué bueno que se ha decidido a venir!** might be translated as "You have decided to come, and that's nice," while **¡Qué bueno que se haya decidido a venir!** means "It's so nice (I'm so glad) that you've decided to come," and is thus a comment on the fact that you have decided to come.

Parece que followed by the indicative indicates that something really is what it seems to be:

PARECE QUE TIENE talento musical. (CAR-12:201)
It looks like he has musical talent.

PARECE QUE TUVIERON un entrañable cariño por esta ciudad. (SNT-59:560)
It seems that they had a very deep love for this city.

PARECE QUE SE PASARÁ esto por televisión. (BOG-20:266)
It looks like this will be shown on television.

Parece que followed by the past subjunctive indicates that something is not what it would appear to be:

En la casa de George Washington mantienen una mesa puesta con frutas, de manera que PARECE QUE ESTUVIERA viva la familia. (BA-15:233)
In George Washington's house they keep a table with fruit on it, so that it looks as if the family were alive.

Hay personas que han logrado vivir cincuenta años de casados y PARECE QUE TUVIERAN cinco, seis años de casados. (CAR-16:267)
There are people who have been married for fifty years, and it seems as if they had been married five, six years.

No parece que is followed by the subjunctive:

NO ME PARECE QUE HAYA FUNCIONADO. (SJN-6:131)
It doesn't look to me as if it's worked out.

NO LES PARECE QUE SEA un estudio meritorio. (SJ-6:126)
It doesn't seem to them that it is a praiseworthy study.

Parece followed by an adjective follows the rules that govern the impersonal expressions discussed above, so that the indicative is used only with adjectives like **cierto, claro, verdad,** etc.:

Me PARECE CLARO QUE Nicaragua NECESITABA de otros países. (LAP-21:206)
It seems clear to me that Nicaragua needed other countries.

ME PARECE MUY BIEN QUE REPARTAN así. (BOG-19:254)
It seems very good to me that they are sharing like that.

ME PARECE MUY DIFÍCIL QUE LLEGUE a ser una potencia que se pueda comparar a Estados Unidos. (BOG-22:301)
It seems very unlikely to me that it will get to be a power that can be compared to the United States.

IX.   SPECIAL SUBJUNCTIVE USES

Ojalá (ojalá que, in Mexico **ojalá y)** is followed by the present subjunctive to express a hope and by the past subjunctive to express a wish:

OJALÁ QUE NO CAMBIE de opinión. (SNT-1:20)
I hope he doesn't change his mind.

OJALÁ YO TENGA una impresión erronea. (HAB-47:722)
I hope I have a wrong impression.

OJALÁ QUE NO FUERA ninguno de ellos. (MEX-1:18)
I wish it weren't any of them.

OJALÁ ME HUBIERA PODIDO quedar unos dos meses. (BOG-25:335)
I wish I could have stayed about two months.

OJALÁ Y ese señor TUVIERA tiempo. (MEX-29:400)
I wish that man had time.

The verbs of supposition, **suponer** ("suppose"), **imaginar(se)** ("imagine") and **sospechar(se)** ("suspect") may take either the indicative or the subjunctive, according to their meaning, with the indicative being much more commonly used than the subjunctive. They take the indicative when they mean "to believe," "to accept as fact," and the subjunctive when they mean "to make a guess," "to set up as a possibility." Also commonly found in place of the subjunctive with these verbs is the future indicative, used to indicate probability:

SUPONGO QUE DEBE pasar lo mismo con un médico o con un abogado. (BA-22:94)
I suppose the same thing must happen with a doctor or a lawyer.

SE SUPONE QUE él no RECIBA compensación, pero, recibe. (SJ-11:238)
People suppose that he doesn't receive any compensation, but he does.

SUPONGO YO QUE HABRÁ muchísimos. (MAD-10:179)
I suppose there must be a huge number of them.

ME IMAGINO QUE SE REFIERE a las reuniones anuales. (BA-I-6:109)
I imagine you're referring to the annual meetings.

ME IMAGINO QUE en los Estados Unidos la inmensa mayoría de la gente SEA sensata. (BOG-43:609)
I imagine that in the United States the vast majority of the people are sensible.

ME IMAGINO QUE la CONOCERÁ. (BOG-10:138)
I imagine you must be familiar with it.

Yo SOSPECHÉ QUE HABÍA algo de eso. (CAR-26:518)
I suspected there was some of that.

Yo no sé cómo es la colección del Instituto, pero ME SOSPECHO QUE no SEA muy grande. (SJ-6:132)
I don't know what the Institute's collection is like, but I suspect it's not very big.

Esperar meaning "to hope" is followed by the subjunctive; meaning "to expect," or "to imagine," it is followed by the indicative, usually the future indicative (or the conditional, if reference is to the past):

ESPERO QUE NO SEA demasiado tarde. (LIM-8:119)
I hope it's not too late.

ESPERAMOS QUE TENDRÁN que pasar muchos años para que México subiera en su nivel económico. (MEX-18:225)
We expect it will take many years for Mexico to reach a higher economic status.

Estuve en el auto, ESPERANDO QUE SALDRÍA de la reunión, y salió. (LAP-29:350)
I was in the car expecting him to come out of the meeting, and he came out.

Temer is followed by the subjunctive when it functions as a verb of emotion, expressing fear, and by the indicative when it does not imply true fear:

El hecho de ser hija única llevaba a que SE TEMÍA un poco QUE LA NIÑA SALIERA al colegio. (SEV-15:176)
The fact that she was an only child led to there being some fear over the little girl going off to school.

Ella TEMÍA QUE tal vez no me GUSTARÍA. (SNT-48:382)
She was afraid that I perhaps wouldn't like it.

X. SEQUENCE OF TENSES WITH THE SUBJUNCTIVE

A verb in the present tense may be followed either by the present or by the past subjunctive:

ME ALEGRO MUCHO DE QUE ÉL VENGA aquí. (SJN-3:73)
I'm very happy that he's coming here.

NO ME EXTRAÑA QUE LE PASARA eso. (MAD-16:273)
I'm not surprised that that happened to him.

Sentences in which a verb in a past tense is followed by a present subjunctive are frowned upon by some grammarians, but they often occur, especially in colloquial speech, when the subjunctive verb refers to an event that is present or future.

ME DIJO QUE LO TRAIGA. (LAP-29:353)
She told me to bring him.

YO QUISIERA QUE USTED ME DESCRIBA sus actividades. (BA-15:228)
I would like you to describe your activities to me.

The use of **"trajera"** in place of **"traiga"** and of **"describiera"** in place of **"describa"** in the above sentences would be more formal and might be found, for example, in the speech of one who is speaking with care.

XI. SUMMARY

The umbrella under which all subjunctive usage falls, then, is the notion of "non-information". The subjunctive is the mode utilized to indicate that the event referred to is not meant to be informative, either because the event does not exist or because the event is under consideration. The present description of Spanish subjunctive usage might be represented schematically as follows:

NON-INFORMATION

/   \

NON-EXISTENCE   **IN EXISTENCE BUT UNDER CONSIDERATION**

/   \

No hay nada que   **Lamento que Juan**
yo pueda hacer.   **esté enfermo.**

Quiero que Juan   **Aunque esté lloviendo ahora,**
salga.   **tengo que salir.**

GRAMMAR EXERCISES

1. It's not true that when the students finish the dictation, some of them will have to face the wall again until school is out. **2.** It's evident that the teacher was surprised that the title was not right in the center. **3.** It isn't important that he was angry that we did not go over the lines done in pencil with red ink. **4.** Even though a voice from the desks at the back had already asked the same question, the instructor answered it again. **5.** The fact that he has left a blank space on the sheet probably means he doesn't know the answer. **6.** It's true that all the students had something in common, namely, the fact that they all thought that "golden oriole" was a kind of gold tinsel. **7.** I didn't say there was no oil lamp in the drawing; I said the oil lamp was badly drawn. **8.** It's important for you to try to picture a penguin in your mind before you draw it. **9.** It looks as though she's right; the word does have two dots over the "u." **10.** I wish you hadn't hurt yourself at recess. I suppose we will have to take you to the first-aid room. **11.** I hope you won't all go in a mad rush. The main thing is for you to look in all directions before you leave. **12.** Let's suppose his deskmate didn't warn him; will he still realize he has very little time to complete his work? **13.** I'm afraid the streetcar has already left, but you can go by trolley bus if you wish. **14.** Most likely she was afraid the teacher would pick up the notebooks before she had had time to complete the assignment. **15.** It seems that it's doubtful that the students underlined the title, and I'm sure there will be smudges on the sheet. **16.** I repeat that I am happy you didn't speak, but I'm sorry that no one wants to listen to you. **17.** After a pause during which he contemplated the pupils' heads above the desks and the pencils poised over the notebooks, the teacher spoke. **18.** I expect you will recognize these words from last year's copybook. **19.** I know he said "damages," but I doubt he meant to say that. **20.** He didn't say he was sorry you and I can't go to his party tonight, but I know he is. **21.** In the dictation, if it's the first time you've heard the word, don't worry; write whatever you hear. **22.** It didn't seem that they were going to know the nandu was a type of ostrich, but they did know. **23.** The main thing is for you to know that the centipede is a myriapod, because he always asks that. **24.** It's not enough that the kerosene tank is full; it's important for them to realize that. **25.** It would be good for us if they don't go from one place to another but rather stay here with us. **26.** Although the teacher repeated the question several times, no one answered. **27.** I don't doubt that your son knows something about subtraction, but this is not a math exam. **28.** It's probable that he didn't have time to complete the drawing before the teacher picked up the notebooks.

13

EL CORTEJO

Enrique Jaramillo Levi

Al salir de su casa respiró fuerte, los vio venir, sintió un raro cosquilleo
en la garganta y, como impelido desde dentro, se unió al cortejo. Eran
sólo unos diez hombres vestidos de oscuro. Si lo vieron no le hicieron el
menor caso. Continuaron su marcha serios, a paso lento, en fila de a dos,
5 como en la escuela tantos años atrás. Nada más faltaba que se agarraran
de la mano y sonrieran como amiguitos camino a alguna excursión. Y él
iba de último, con los ojos llenándosele de aquel negro color del saco que
caminaba delante. "Colita", le hubieran gritado desde aceras y balcones
allá en Colón, durante los desfiles patrios.
10 Ahora vivía en este pueblito[1] caluroso[2]. Enseñaba matemáticas, comía
yuca y ñame, y, a falta de otra cosa, sufría las peculiaridades de su mujer.
En días como hoy, cuando de la tierra reseca parecía brotar un vaho

---

De Enrique Jaramillo Levi, "El cortejo," *El buho que dejó de latir*, México,
D.F.: Editorial Sarno, 1974. Con permiso del autor.

opresivo que le mordía la planta de los pies con saña, suspiraba pensando
en las playas que bañaban su ciudad. Lo lógico hubiera sido salirse[3] de
15 aquella peregrinación en busca de la cerveza fría de alguna cantina
cercana. Pero el hombre siguió caminando tras el cortejo.

Cada vez que dejaban atrás una calle estrecha y empedrada, aparecía
otra más retorcida e igualmente vacía que los recibía polvorienta. Notó[4]
entonces algo que sólo había sido una vaga sensación hasta ese momento.
20 Cuanto más caminaba más liviano[5] se iba sintiendo[6] a pesar del intenso
calor que le subía por los pies y del otro fogaje, más parejo, que oprimía
sus sienes nublándole la vista a ratos. Y el sabor raro que le llenaba la
boca desde el principio, se había hecho presencia molesta con el
esfuerzo. No estaba acostumbrado a caminar distancias. La escuela la
25 tenía al lado. Al frente[7] quedaba la farmacia. Para ir al cine se cruzaban
dos calles. A la iglesia no iba ya, pero estaba a la vuelta de la esquina.
Hasta la casa de aquella cholita tan graciosa le resultaba cercana. "No es
más que una putita," había gritado su mujer un rato antes. "Ya estoy harta
de que todos en el pueblo se la pasen comentando. O la dejas de ver o me
30 largo con la pequeña a casa de mis padres. Debías pensar[8] un poco más
en ella."

Al poco tiempo[9] levantó la vista y logró distinguir a lo lejos las formas
desdibujadas de las cruces. "¿Qué hago aquí?" se preguntó de pronto y no
supo contestarse. Sin embargo, no le cabía la menor duda de que conocía
35 la respuesta. Ya la recordaría. Sabía que sería una razón muy sencilla.
Dejó de preocuparse y se concentró[10] en crearse la debida resistencia al
calor. Lo importante era seguir con estos hombres hasta donde llegaran.

Subieron por la cuesta sembrada de violetas. Nunca había estado en
este lugar. Le impresionó la tranquilidad absoluta. Presintió que pronto se
40 detendrían. Sería un alivio. Necesitaba descansar. Volvió a sentir[11] cómo
aquel cansancio se le convertía en una inexplicable ligereza. Quizá
hubiera podido soportar mejor el rigor del mediodía (acababa de recordar
que no había almorzado; ¿por qué, si jamás salía a esta hora sin comer?)
si le pesara el cuerpo como era de esperarse.
45 Se detuvieron al fin. La fosa abierta parecía no tener fondo. Sólo
vagamente había intuido, sin darle importancia, que aquellos hombres
silenciosos y serios cargaban algo en hombros. Bajaban ahora, sin ningún
esfuerzo aparente, el rústico ataúd. Los demás rodearon la fosa. Quiso
saber quién era el muerto y se adelantó un poco. El círculo era compacto.
50 Trató de abrirse paso entre dos de los hombres. No parecieron
molestarse. Entonces recordó.

Era difícil saber si debía estar triste o feliz. Respiraba fuerte. Tenía que
echarse en algún lado a descansar. Pero había que corregir aquel error.

Aún estaba a tiempo.

55 De un salto se tendió sobre la caja que ya iban a bajar mediante gruesas[12] sogas. Sintió como iba atravesando lentamente la madera, sin que nadie se inmutara. El cuerpo que lo recibió vestía[13] saco y corbata. Se quiso salir un momento para ver si los rostros de afuera lloraban. Ya no pudo. La pesadez lo aplastó al esqueleto. Creía recordar algunas

60 facciones y supuso que serían compañeros de trabajo, maestros como él. Hubiera querido ver a la cholita, pero probablemente no le habían avisado. Pensó entonces en su mujer. "No vino a despedirme[14], la muy desgraciada," se dijo.

La mueca se hizo sonrisa al recordar: "Claro, es que no puede, la

65 pobre. Seguro que no la han encontrado aún." En la boca reseca volvío a quemarle el sabor amargo[15]. "¡Lástima que alcanzara a darme esa maldita bebida! ¿Qué sería? ¡Desgraciada!"

CUESTIONARIO

PREGUNTAS SOBRE EL CONTENIDO DE "EL CORTEJO"

1. Empleando las palabras **respirar, venir, cosquilleo, garganta, impelir, dentro** y **unir**, cuente Ud. lo que hizo el protagonista después de salir de su casa.

2. Después de leer el segundo párrafo del cuento, ¿qué sabemos del protagonista y de su pueblo en general, y de este día en particular? (En su respuesta utilice Ud. las palabras **caluroso, matemáticas, ñame, falta, peculiaridad, reseco, brotar, vaho, planta** y **saña**.)

3. Describa Ud. las tres sensaciones extrañas que experimentó el protagonista, empleando en su descripción las palabras **cuanto más, liviano, fogaje, parejo, oprimir, sien, nublar** y **sabor**.

4. Describa Ud. el pueblo como lo ve el protagonista del cuento, refiriéndose Ud. a la escuela, la farmacia, el cine, la iglesia y la casa de la "cholita," y usando las palabras **lado, frente, cruzar, vuelta** y **cercano**.

5.   Utilizando las palabras **harto, pasársela, dejar de, largarse** y **pensar en**, cuente Ud. lo que dijo la mujer del protagonista.

6.   Empleando las palabras **desdibujar, cruz, preguntarse, dejar de, concentrarse, crear** y **debido**, describa Ud. lo que vio el protagonista a lo lejos y el efecto que tuvo en él.

7.   Describa Ud. la relación que existe en la mente del protagonista entre la ligereza y el almuerzo, usando en su descripción las palabras **volver, cansancio, convertir, soportar, rigor, pesar** y **esperar**.

8.   Utilizando las palabras **fosa, fondo, intuir, silencioso, cargar, bajar, esfuerzo, ataúd** y **rodear**, describa Ud. la llegada del cortejo al cementerio.

9.   Empleando las palabras **salto, tender, atravesar, inmutar, pesadez** y **aplastar**, cuente Ud. cómo fue que el protagonista entró en el ataúd, y explique por qué se quedó allí.

10. ¿Qué pensamientos tuvo el protagonista sobre los hombres que rodeaban la fosa, sobre la "cholita" y sobre su mujer? (En su respuesta use Ud. las palabras **facción, suponer, avisar, despedir, mueca, sonrisa, lástima** y **alcanzar**.)

PREGUNTAS TEMÁTICAS

1. La Muerte

Un tema de mucho interés para todos es la muerte, tema también de este cuento. En su opinión ¿qué le ocurre al ser humano después de morir? ¿Qué les ocurre a los animales?

2. El Pueblo Pequeño Vs. La Ciudad Grande

El narrador, a través del cuento, nos describe el pueblo en que vive, y es evidente que es un pueblo bastante pequeño. ¿Cuáles son las ventajas y las desventajas de vivir en un pueblo pequeño y en una ciudad grande?

3. Los Restos Mortales

En este cuento el autor describe el entierro de un hombre. ¿Cuál de las posibles formas de tratar los restos motales de una persona le parece mejor a Ud.: ¿el entierro? ¿la cremación? ¿alguna otra forma? Explique su respuesta.

OBSERVATIONS

1. Pueblito: small town

Pueblito is a variation of the standard diminutive form **pueblecito**. In standard usage words of two syllables in which the first syllable contains a diphthong have **-ecito** as their diminutive ending:

Es una cosa NUEVECITA. (CAR-25:504)
It's a brand new thing.

Queremos hacer ese VIAJECITO. (BA-22:77)
We want to take that little trip.

¿Sus NIETECITOS no están? (MEX-32:440)
Your grandchildren aren't here?

However, the use of **-ito** rather than **-ecito** with words of this type is quite common throughout Spanish America. Note the following examples:

Te voy a contar un CUENTITO. (BA-27:323)
I'm going to tell you a little story.

La mayoría de los VIEJITOS le tienen miedo a las grabadoras.
(LIM-9:131)
Most of the old folk are afraid of the recorders.

Están locos por ir a la escuela, y después que pasan un TIEMPITO, odian la escuela. (SJN-23:455)
They're dying to go to school, and after they spend a little time there, they hate school.

2. Caluroso: hot

Caliente, **cálido**, **caluroso** and **picante** are four basic adjectives meaning "hot."

Caliente means "hot to the touch":

> *Tengo agua CALIENTE a cualquier hora del día.* (LAP-8:91)
> I have hot water at any time of the day.

> *En la playa la arena está CALIENTE.* (BA-22:101)
> At the beach the sand is hot.

Cálido and **caluroso** are "hot" or "warm" with reference to climate or geographical areas:

> *EL CLIMA ES un poquito más CÁLIDO.* (LAP-23:255)
> The climate is a bit warmer.

> *¿Ud. prefiere un tiempo frío a UN TIEMPO CALUROSO?* (HAB-12:351)
> Do you prefer cold weather to hot weather?

> *Es UNA ISLA tropical y bastante CALUROSA.* (LIM-1:28)
> It's a tropical island, and rather hot.

Both **cálido** and **caluroso** mean "warm" in a figurative sense:

> *Cortinas y cuadros lo hacen mucho más humano, y más CÁLIDO.* (BOG-33:449)
> Curtains and pictures make it much more human, and warmer.

> *Estamos tratando de obtener el APOYO CALUROSO de alguna persona.* (HAB-47:724)
> We're trying to get warm support from somebody.

Cálido is "warm" with reference to color:

> *Un COLOR puede ser CÁLIDO o frío.* (LAP-14:151)
> A color can be warm or cold.

Caluroso is "warm" or "hot" with reference to a time span, such as a day, an afternoon, a summer, a year, etc.:

El VERANO en Brasil es un tanto CALUROSO. (BA-4:78)
Summer in Brazil is rather hot.

Una familia, por la NOCHE CALUROSA, decía: "Vamos a dar una vuelta". (SEV-19:426)
A family, during a hot night, would say, "Let's go for a walk."

Picante means "hot" in the sense of "peppery-hot", or "hot-to-the-taste," as with hot chili peppers, etc.:

Es un ají chiquitico que es muy PICANTE. (HAB-43:687)
It's a real small chili pepper that's very hot.

Tener calor is used when one refers to feeling the effects of the heat:

Abrí la ventana, porque TENÍA CALOR. (CAR-34:608)
I opened the window, because I was hot.

Hacer calor is used to refer to the weather or to temperature inside or outside:

Cuando HACE MUCHO CALOR, uno abre las ventanas. (CAR-3:48)
When it's very hot, one opens the windows.

No HACÍA CALOR; hacía sol pero no CALOR. (LIM-2:45)
It wasn't hot; it was sunny but not hot.

3. Salirse: to escape, to walk away, to go away

The reflexive form **salirse** is used to express the idea of going beyond or getting away from certain established limits, whether these limits be physical, such as a set path, an enclosure, etc., or intangible, such as an organization, personal restraint, etc.:

ME SALÍ DE ESE DESPACHO, y empecé a trabajar por mi cuenta. (MEX-1:19)
I left that office and began working on my own.

Las figuras más importantes de nuestra literatura SE HAN SALIDO DE ESQUEMAS RETÓRICOS, y son difíciles de ubicar. (BOG-11:153)
The most important figures in our literature have gone away from rhetorical patterns and are difficult to place.

El pájaro querría SALIRSE DE ENTRE LOS BARROTES, y echar a volar. (MAD-18:333)
The bird would like to get away from being behind bars and fly off.

Se le pone un material alrededor del tubo para que EL LÍQUIDO NO SE SALGA. (HAB-35:635)
They put a material around the pipe so that the liquid won't leak out.

No hay medio de SALIRSE DE ESTE CÍRCULO VICIOSO. (SEV-3:32)
There's no way to get out of this vicious circle.

4. Notó: he noticed

Notar, darse cuenta de and **fijarse en** are three commonly used equivalents of "to notice."

Both **notar** and **darse cuenta de** mean "to notice" in the sense of "to be aware of." Of the two, **notar** is broader in reference and may be used with reference to noticing both physical objects and situations:

Aparecieron un día en el balcón de mi casa, y yo los NOTÉ.
They appeared one day on the balcony of my house, and I noticed them.

NOTÉ la diferencia. (SNT-12:213)
I noticed the difference.

NOTÉ que los alumnos bostezaban y se movían mucho en su pupitre. (SJO-30)
I noticed that the students were yawning and moving a lot at their desks.

Darse cuenta, on the other hand, is used only with reference to noticing a situation:

TE HABRÁS DADO CUENTA de que aquí no hubo árbol de Navidad, únicamente el pesebre. (BOG- 13:179)
You've probably noticed that here there is no Christmas tree, only the manger.

NO ME DI CUENTA de la hora. (SNT- 43:270)
I didn't realize what time it was.

Fijarse (en) denotes an active and intentional act, and thus refers to purposefully focusing one's attention on something:

Tienes que FIJARTE cuál es la época. (CAR-33:605)
You have to notice what time period it is.

FÍJATE lo que está diciendo la radio. (MAD-3:59)
Notice what they're saying on the radio.

Me gusta estar un rato, dar vueltas alrededor y FIJARME en los detalles. (SEV-24:292)
I like to stay awhile, walk around and notice the details.

5. Cuanto más caminaba más liviano: the more he walked, the lighter

Cuanto más . . . (tanto) más is the equivalent of "the more . . . the more . . ." In everyday language, **tanto** is usually omitted.:

CUANTO MÁS ARRIBA te vayas en el nivel cultural, MÁS FÁCIL es intervenir en la conversación. (BA-24:194)
The higher up you go in the educational level, the easier it is to join in on a conversation.

If **cuanto** or **tanto** modify a noun, they agree with that noun, although this agreement is at times not made if the noun is in the singular, so that one may say, for example, **CUANTA (CUANTO) MÁS SAL le eches a la comida, TANTA (TANTO) MÁS SED tendrás** - "The more salt you put on your food, the thirstier you'll get."

Mientras más . . . más is a commonly used and more colloquial equivalent of **cuanto más . . . (tanto) más,** encountered especially in Spanish America. With this construction **tanto** is not used:

*MIENTRAS MÁS TIEMPO pasa, MENOS se va a acordar Aníbal
de la llamada.* (SNT-50:409)
The more time passes, the less Anibal is going to remember the call.

*MIENTRAS MÁS JOVEN es la estrella, MAYOR RELACIÓN entre
el material interestelar y la estrella.* (MEX-26:357)
The younger the star is, the greater the relationship between the
interstellar material and the star.

Entre más . . . más, is in some areas a commonly used equivalent of
mientras más . . . más. However, it is very colloquial and is at times
avoided by well educated speakers:

*ENTRE MÁS AMIGOS tenga uno en el extranjero, MÁS
COMPLETA su cultura.* (BOG-35:474)
The more friends one has abroad, the more complete one's cultured
background is.

6. Se iba sintiendo: he gradually felt

The present progressive tense, most commonly formed with **estar** plus
the present participle, as in **estoy comiendo**, "I am eating," may also be
formed with **ir, andar** or **venir** in place of **estar**.

Ir indicates a gradual process:

*Tuve que IR VIENDO cuál era mi defecto, para IR SUPERANDO
ese problema que tenía.* (MEX-1:14)
I had to see little by little what my deficiency was in order to gradually
overcome the problem that I was having.

La preparación de tipo científico profesional SE VA MEJORANDO.
(MAD-6:103)
The professional scientific background of people is gradually
improving.

Andar, like **ir**, indicates a gradual action. Unlike **ir**, however, **andar**
connotes the lack of a specific, definite goal and thus adds the idea of
"wandering about," and may take on a pejorative meaning of doing
something one should not be doing:

ÉL ANDABA BUSCANDO la muchacha con este pelo, con estos ojos. (MEX- 30:409)
He was going around looking for a girl with a certain kind of hair and eyes.

Siempre ME ANDABA CRITICANDO Y CORRIGIENDO. (LAP-23:244)
He was always criticizing and correcting me.

Venir indicates that something has been going on for some time:

Hace cinco años que ya VIENE SIENDO una empresa rentable. (LAP-11:113)
It's been a profitable business for five years now.

Japón VIENE CRECIENDO desde el siglo pasado. (BOG-22:301)
Japan's been growing since the last century.

7. Al frente: in front, ahead

Frente occurs as the key word in a number of expressions, among them, **al frente, de frente, en frente de, de en frente** and **frente a**.

Al frente indicates either location at or movement forward, toward the front or head position:

¿Usted lleva AL FRENTE de la dirección del hospital cuántos años? (BOG-9:128)
You've been at the head of the management of the hospital for how many years?

No sabíamos si la cascada quedaba a la derecha, AL FRENTE, o a la izquierda. (LAP-23:262)
We didn't know if the waterfall was to the right, up ahead, or to the left.

Quiero que todos den cinco pasos AL FRENTE.
I want everyone to take five steps forward.

De frente is used to indicate the idea of facing forward:

Los actores no deben entrar de lado; tienen que entrar DE FRENTE. (MEX-23:327)
The actors should not come in sideways; they have to come in facing forward.

La gente que sabe esquiar, cuando se cae, se cae DE FRENTE, se cae hacia adelante. (BA-4:74)
People who know how to ski, when they fall down, fall face forward, they fall forwards.

Si tú estás viendo hacia el norte, el viento te pega a ti DE FRENTE. (CAR-15:252)
If you're facing towards the north, the wind hits you head-on (in the face).

En frente de (enfrente de) has an exact English equivalent in "in front of":

¿Y ustedes hablaron EN FRENTE DE todos? (MEX-28:379)
And did you speak in front of everyone?

Estaba viendo «La Pantera Rosa», y de repente la sirena y los bomberos ENFRENTE DE mi casa. (MAD-21:406)
I was watching "The Pink Panther," and suddenly there was this siren and firemen in front of my house.

De enfrente (de en frente) is an adjectival expression meaning "opposite," "facing," "across the way":

Se mudaron para la casa DE ENFRENTE. (CAR-20:391)
They moved to the house across the way (opposite mine).

Un día íbamos mi hermana y yo en la calle, y pasó Pancho por la acera DE ENFRENTE. (MEX-12:142)
One day my sister and I were walking down the street, and Pancho passed by on the opposite sidewalk.

Frente a is a preposition meaning "opposite to and facing":

Yo sabía que estaba FRENTE A un sabio. (BA-13:209)
I knew I was facing a wise man.

En Bolonia vi FRENTE A la estación de ferrocarril cinco hoteles.
(CAR-5:82)
In Bologna I saw five hotels across from (facing) the train station.

Frente a is also commonly used as an equivalent of "across the street from":

El colegio quedaba FRENTE A mi casa. (BOG-13:176)
The school was across the street from my house.

8. Pensar: think

Pensar may be followed by **de, en** or an infinitive.

Pensar de means "to think about" in the sense of "to have an opinion of":

¿Qué PIENSAS DE la televisión española? ¿Es interesante? (SEV-6:71)
What do you think about Spanish television? Is it interesting?

Pensar en means "to think about" in the sense of "to have on one's mind":

Empezaba a PENSAR EN otras cosas. (MAD-24:439)
I was beginning to think about other things.

Pensar followed by an infinitive means "to plan," "to intend" to do something:

¿Y qué PIENSAS HACER con esos datos? (LIM-9:133)
And what do you plan to do with those data?

9. Al poco tiempo: after a little while

Al poco tiempo is an example of the use of **a** with a time expression to express the idea of "after" or "later":

A LOS DOS AÑOS DE DAR CLASES de griego ya dije que no daba más. (SEV-17:206)
After two years of giving Greek classes, I said I wouldn't give any more.

Lo estudio y me lo olvido A LOS POCOS DÍAS. (BA-29:389)
I study it and I forget it a few days later.

10. Se concentró: he concentrated

Note that **concentrarse** is an intransive verb (takes no direct object), while **concentrar** is transitive:

Los niños han perdido la capacidad de CONCENTRARSE. (BOG-26:347)
The children have lost their ability to concentrate.

Allí es más dedicado a su familia, pero acá SE CONCENTRA más en su mamá. (LAP-8:92)
There he's more dedicated to his family, but here he concentrates more on his mom.

Yo no CONCENTRÉ LA NAVIDAD alrededor del árbol. (BOG-13:179)
I didn't focus Christmas around the tree.

Ella CONCENTRABA TODA SU ATENCIÓN en lo que estaba haciendo.
She was oncentrating all her attention on what she was doing.

11. Volvió a sentir: he again felt

Volver a + infinitive is commonly used to express the idea of "again," and is thus a synonym of **otra vez** and **de nuevo**:

NO LE VOLVÍ A PREGUNTAR. (BA-27:348)
I didn't ask her again.

De vez en cuando este problema VUELVE A SURGIR. (LIM-3:58)
Every now and then this problem comes up again.

Hay que empezar OTRA VEZ; hay que hacerlos DE NUEVO. (SNT-43:271)
One has to begin again; one has to do them again.

12. Gruesas: thick

Grueso, espeso and **denso** are three basic equivalents of "thick."

Grueso refers to the thickness of something solid:

Son telas GRUESAS de algodón. (HAB-14:431)
They're thick cotton materials.

Hizo poner una cañería bastante GRUESA. (LAP-8:91)
He had rather thick pipes put in.

Espeso and **denso** are used with reference to non-solid substances, such as liquids or things that consist of many elements in close proximity to each other. The difference between **espeso** and **denso** is about the same as that between "thick" and "dense" in English, as, for example in **un bosque espeso (denso),** a thick (dense) forest, **una neblina espesa (densa),** a thick (dense) fog, **una población densa,** a dense population, etc:

Los cráteres están llenos de una cosa parecida al agua pero que es mucho más DENSA. (MAD-3:55)
The craters are full of something similar to water but which is much thicker.

En aquellas regiones de nuestra galaxia el material interestelar es más DENSO. (MEX-26:355)
In those regions of our galaxy the interstellar material is thicker (more dense).

En una ocasión, salieron cinco centímetros de bilis ESPESA, verde. (SNT-22:373)
On one occasion two inches of thick, green bile came out.

13. Vestía: was wearing

While **vestir** may be used with reference to wearing clothes, it much more commonly means "to dress." **Llevar** and **usar** are the most common equivalents of "to wear," and, unlike **vestir**, which is used only with reference to clothing, **llevar** and **usar** may be used with reference both to clothing and other objects:

LLEVABA guantes porque tenía frío. (SEV-21:256)
I was wearing gloves because I was cold.

USABA pantalón corto, saco y chaleco. (BOG-29:389)
He used to wear short pants, a suit coat and a vest.

Tenía que USAR anteojos por la luz artificial. (SNT-21:353)
He had to wear glasses because of the artificial light.

14. No vino a despedirme: She didn't come to my burial (literally, "to see me off")

Despedirse de means "to say goodbye to," "to take leave of." Although **decir adiós** exists in Spanish, **despedirse** is much more commonly used:

Me dio tiempo de DESPEDIRME DE todo el mundo. (SJO-1)
It gave me time to say goodbye to everybody.

The non-reflexive verb **despedir** means "to see someone off":

La fuimos a DESPEDIR al puerto. (BA-21:10)
We went to the harbor to see her off.

Despedir can also mean "to dismiss" or "fire" someone:

La empleada dice que ella no se fue por su propia voluntad sino que usted la DESPIDIÓ. (BA-23:121)
The maid says that she didn't leave on her own but that you fired her.

15. Amargo: bitter

Amargo is "bitter" with reference to things:

Aquel vino es vino AMARGO. (SJN-15:307)
That wine is a bitter wine.

Tenemos ya las Naciones Unidas, después de la AMARGA experiencia de dos tremendas guerras. (MEX-9:119)
We now have the United Nations, after the bitter experience of two terrible wars.

Vertió AMARGAS lágrimas por la patria esclavizada. (HAB-37:673)
He shed bitter tears over his enslaved fatherland.

Amargado is "bitter" with reference to people:

Hoy estoy muy AMARGADO porque termino de escuchar el partido, y perdieron. (BA-1:22)
Today I'm very bitter, because I just listened to the game, and they lost.

Estaban un poco AMARGADOS con los resultados. (SJN-4:85)
They were a little bitter over the results.

EXERCISES ON OBSERVATIONS

1. Notice that these red chili peppers, which come from warm countries, not only are a warm color but are also hot to the taste, and they're bitter. **2.** Five hours after his departure from the city in a thick fog, he noticed air was leaking from one of the tires. **3.** He thinks so much about his dead wife, that he is gradually losing his mind; he wanders around joining any funeral procession that passes by. **4.** I told the child that the story was about a little blind man who lives in a thick forest in a little town where it's always hot, but, if he heard me, he didn't pay the least bit of attention to me. **5.** Concentrate on this description: the drugstore is up ahead, around the corner, and opposite it is the church. **6.** The man they fired is fed up with everyone in town going around making comments; the more people talk, the more bitter he becomes. **7.** A little while later (do not use *después*), he looked up and was able to make out the shape of a thick cross in front of him, but he couldn't concentrate. **8.** He thought again about the religious organization he had left. **9.** When he noticed the features of the boy wearing the earring, he no longer felt bitter that no one had come to see him off. **10.** He was living in this little hot town and the longer he lived there, the less he liked it. **11.** It was a hot day, but I noticed that the students in front of me, who were from warm climates, weren't hot. **12.** The smoke was so thick that no one noticed that the bird had gotten out of its cage by simply walking straight ahead (headfirst) through the open door of its cage. **13.** I don't know what to think about my brother. For months now he's been feeling a strange tickle in his throat and he's not planning to go see a doctor. **14.** After he said goodbye to his parents, I accompanied him to the station, where I saw him off. **15.** Five minutes after (do not use *después*) concentrating all his attention on the open grave ahead, he again noticed that his fatigue was gradually turning into an unexplainable lightness. **16.** The more his friends left the Republican party, the more bitter he became, and after (do not use *después*) a short while, I noticed that he was going around telling everyone he was fed up with everything. **17.** The man who was sitting facing her said to her, "I know it wasn't your uncle, because your uncle doesn't wear his hair long, and he doesn't wear cuff links either." **18.** At the cemetery they took three steps forward and took hold of the thick ropes by means of which they would lower the rustic coffin. **19.** When I concentrated on the movement of the pulley, I noticed that the more slowly it moved, the less string slipped off it. **20.** Three hours after (do not use *después*) she had managed to give him that thick drink, a bitter taste was gradually filling his mouth. **21.** If you touch him again and notice he is hot, take note of his temperature. **22.** I opened the thick volume to page 500, and on the opposite page I noticed a photograph of the lecturer who had received the warm applause. **23.** We knew that the more deeply we breathed, the lighter we would feel. **24.** You should think more about your children and concentrate less on your own needs. **25.** He knew that the more he used it, the more air would leak out of it.

COMPARISONS

I.   GENERAL STATEMENT

There are several constructions involving comparisons that often cause confusion even among advanced students of Spanish, such as the contrast between **que** and **de** as equivalents of "than," or the use of **lo** with superlatives. These and other troublesome comparative constructions will be presented here.

II.   *QUE* OR *DE* AS TRANSLATION OF "THAN"

The concept that causes the greatest degree of confusion in forming comparatives in Spanish is that which determines the choice between the use of **que** or **de** as an equivalent of "than" in such sentences as the following:

1) **Estas camisas son mejores *QUE* las que compré ayer.**
These shirts are better than the ones I bought yesterday.

2) **Estas camisas son mejores *DE* lo que pensaba.**
These shirts are better than I thought.

3) **Estas camisas son más *DE* las que necesito.**
These shirts are more than I need.

The concept underlying this use of **que** and **de** is that **que** is used in comparing two different things, while **de** is used when only one thing is under consideration. In sentence 1) above, for example, **que** is used because two different groups of shirts are being compared, namely, these shirts and the shirts I bought yesterday. In sentences 2) and 3), on the other hand, only one group of shirts is referred to, and the speaker is simply stating how good the shirts are (sentence 2) and how many shirts there are (sentence 3); in neither of these two sentences is the speaker comparing the shirts involved with other shirts. **Que**, then, is used when comparing two different items, while **de** is used when reference is to the amount or extent of a single item.

This same concept (two different things vs. quantity or extent of only one thing) explains the usage of **que** and **de** before numbers, as in the following sentences:

Tengo más *QUE* diez dólares; tengo unos libros que puedo vender.
I have more than ten dollars; I have some books I can sell.

Tengo más *DE* diez dólares; tengo quince.
I have more than ten dollars; I have fifteen.

In the first sentence above the speaker is stating that (s)he has something besides ten dollars, namely, some books; reference is, therefore, to two different items, ten dollars and books, and **que** is used. In the second sentence, on the other hand, the speaker is referring to only one thing, dollars, and is stating how many (s)he has, namely, more than ten, and **de** is used to express the idea of quantity. The second of the two sentences is much more commonly encountered. Further examples follow:

El calor que la madre puede darles a sus hijos vale muchísmo MÁS QUE LOS DOS MIL DÓLARES para ir a un viaje a México. (HAB-10:285)
The warmth that the mother can give to her children is worth much more that the $2,000 to go on a trip to Mexico.

Hace MÁS DE UN MES que yo le estoy escribiendo. (BA-29:382)
I've been writing to him for more than a month.

The same contrast is in operation in the following negative sentences:

No tengo más _QUE_ diez dólares.
I have no more than ten dollars (i.e., I have only ten dollars).

No tengo más _DE_ diez dólares, y puedo tener menos.
I don't have *more* than ten dollars, and I may have less.

In the first sentence reference is to what the speaker has, namely ten dollars, nothing else. There is, then, an implied contrast between the ten dollars and a possible something else. In the second sentence, on the other hand, reference is to how *many* dollars the speaker has, namely, not *more* than ten. A simple way of checking this difference is to see if one may say "only" instead of "no more than," in which case **no más que** must be used. Note the following examples of this usage:

Tendrá como unos seis años; no me acuerdo exactamente pero NO tiene MÁS DE SEIS años. (CAR-17:309)
It must be about six years old; I don't recall exactly but it's not more than six years old.

NO he llamado MÁS QUE TRES O CUATRO veces. (LAP-8:85)
I haven´t called more than three or four times (I've only called three or four times).

III. *DEL QUE* VS. *DE LO QUE*

Comparisons involving the use of **de** may be followed by a definite article showing gender, as in **del que, de la que, de los que, de las que** or by the neuter form **lo**, as in **de lo que.** If reference is to a preceding noun, the article following **de** will agree with this noun. If reference is to something other than a noun, such as a preceding adjective, adverb, or verb, **lo** will be used:

De ninguna manera voy a gastar MÁS DINERO DEL QUE tenía presupuestado. (SNT-33:64)
I am certainly not going to spend more money than I had in my budget.

Yo no deseo estudiar MÁS PINTURA DE LA QUE ya me han enseñado. (BOG-20:272)
I don't want to study any more painting than I've already been taught.

Vienen muchos MÁS ALUMNOS DE LOS QUE los centros tienen capacidad. (SEV-23:281)
A lot more students show up than the centers have room for.

Yo me siento capaz para hacer muchas MÁS COSAS DE LAS QUE estoy haciendo. (BA-24:151)
I feel capable of doing many more things than I'm doing.

Yo me siento mucho MÁS JOVEN DE LO QUE en realidad soy.
(CAR-11:183)
I feel much younger than I actually am.

La realidad era MÁS PROFUNDA DE LO QUE la percibía la gente.
(SNT-18:291)
The reality was deeper than people perceived it as being.

El tiempo pasa MÁS RÁPIDAMENTE DE LO QUE uno piensa.
(BA-21:10)
Time passes more quickly than one thinks.

Se está HACIENDO MENOS DE LO QUE puede hacerse. (CAR-7:109)
Less is being done than can be done.

IV. USE OF *TAN ... COMO*

Tan ... como means "as ... as" or "so ... as":

El resultado no fue TAN BUENO COMO yo esperaba. (BA-11:174)
The result was not as (so) good as I had hoped.

Nunca yo había visto unos colores TAN BELLOS COMO ésos.
(SJN-5:119)
Never had I seen colors as beautiful as those.

Tú lo sabes TAN BIEN COMO yo. (SEV-7:81)
You know it as well as I do.

When a superlative idea is involved, either **tan . . . como** or **lo más . . . que** may be used, with the latter being more commonly used:

Cuando yo me entero de que ha habido problemas, trato de venirme LO MÁS PRONTO QUE yo pueda. (CAR-4:62)
When I find out that there have been problems, I try to come over as soon as I can.

El historiador tiene que ser LO MÁS OBJETIVO POSIBLE. (HAB-25:616)
The historian has to be as objective as possible.

Ella grito LO MÁS ALTO QUE pudo (TAN ALTO COMO pudo).
She shouted as loud as she could.

Tan . . . que is the equivalent of "so . . . that":

El diccionario resultó TAN COSTOSO QUE no creo que lo pueda editar. (BOG-33:443)
The dictionary turned out to be so expensive that I don't think I can publish it.

Tiene que saber combinar las dos cosas de una manera TAN COMPATIBLE QUE no pueda interferir ni en una ni en otra cosa. (BOG-24:316)
She has to know how to combine the two things in a way that is so compatible that neither one can interfere with the other.

V.   USE OF *TANTO (-A, -OS, -AS) . . . COMO*

While **tan** means "as" or "so," **tanto (-a)** means "as much" or "so much," and **tantos (-as)**, "as many" or "so many." Used as an adjective, **tanto** agrees with the noun it modifies; used as an adverb, it is invariable:

Va a quedarle muy complicado al presidente cumplir TANTAS PROMESAS y TANTOS OBJETIVOS como los que ofreció en su discurso. (BOG-2:35)
It's going to be very complicated for the president to fulfil as many promises and as many objectives as he offered in his speech.

No varían TANTO COMO la gente cree. (SNT-18:294)
They don't differ as much as people think.

Se expuso con TANTA DEDICACIÓN y con TANTO AMOR. (BOG-35:485)
It was stated with so much dedication and with so much love.

Hay TANTAS COSAS que hay como una especie de distorsión. (CAR-18:336)
There are so many things that there is a kind of distortion.

Yo vi TANTO que no recuerdo exactamente lo que vi. (MEX-6:84)
I saw so much that I can't remember exactly what I saw.

Tanto . . . como is commonly used with the meaning of "both . . . and":

Los actos, TANTO de la comedia COMO de la tragedia, tienen que ser cinco. (BA-20:301)
The acts, both in the comedy and in the tragedy, have to be five.

Mis padres, TANTO mi papá COMO mi mamá, eran muy deportistas. (MEX-13:157)
My parents, both my dad and my mom, were very active in sports.

TANTO mi sobrina COMO yo nos dimos cuenta de que el carro era de otra persona. (MEX-10:128)
Both my niece and I realized that the car was some one else's.

VI.   SPANISH EQUIVALENT OF "TIMES AS"

In English an expression like "twice as rich" may also be expressed as "two times richer." In Spanish only the latter construction is used:

Son TRES VECES MÁS grandes. (SNT-1:16)
They're three times as big (three times bigger).

En el Japón la carne es CINCO O SEIS VECES MÁS costosa que aquí. (BOG-22:301)
In Japan meat is five or six times as expensive as here (five or six times more expensive than here).

VII.   *MISMO QUE*

Mismo is always followed by **que**, unlike English "same," which may be followed either by "that" or by "as":

Es LA MISMA COSA QUE uno puede ver en las revistas. (CAR-4:69)
It's the same thing that one can see in magazines.

Con doce voltios dan EL MISMO RESULTADO QUE con ciento veinte voltios.(BOG-43:598)
With twelve volts they give the same results as win 120 volts.

In the above two sentences **mismo (-a)** agrees with the noun it modifies. When **mismo** is not modifying a noun, the neuter form **lo mismo** is used:

No es LO MISMO QUE estar en un colegio mixto. (SJO-23)
It's not the same as being in a co-ed school.

No es LO MISMO QUE cuando yo estudiaba. (SNT-1:9)
It's not the same as when I was studying.

Es LO MISMO QUE si vinieran ellos. (SNT-45:318)
It's the same as if they were coming.

VIII. USE OF *CADA VEZ MAS*

The phrases **cada vez más, cada vez menos, cada vez mejor, cada vez peor**, etc., are used to indicate a gradual increase or decrease:

Los países ricos son CADA VEZ MÁS RICOS y los pobres CADA VEZ MÁS POBRES. (MAD-20:381)
The rich countries are getting richer and richer and the poor ones poorer and poorer.

Intento ver televisión CADA VEZ MENOS. (MAD-2:39)
I'm trying to watch television less and less.

Traté de hacerlo CADA VEZ MEJOR. (LIM-8:115)
I tried to do it better and better.

Although **más y más** and **menos y menos** may be used in place of **cada vez más** and **cada vez menos**, they are much less frequently encountered:

Cada día llegan MÁS Y MÁS NIÑOS. (HAB-8:239)
Each day more and more children arrive.

IX. SUPERLATIVES

Since **más** means both "more" and "most," and **menos** means both "less" and "least," Spanish, unlike English, does not distinguish between comparative and superlative degrees; only context makes clear which is meant:

Yo tengo cinco hermanos. EL MENOR es siquiatra, y EL MAYOR es sacerdote. (LIM-21:288)
I have five brothers. The youngest is a psychiatrist and the oldest is a priest.

El río MÁS GRANDE de Cuba es el río Cauto. (HAB-26:622)
The biggest river in Cuba es the Cauto River.

Hay un nuevo hotel, mucho MÁS GRANDE y de MAYORES comodidades. (LAP-11:111)
There's a new hotel, much bigger and with greater conveniences.

With adjectives the use of the definite article before comparative and superlative degrees is the same in Spanish as in English:

Él lo ve como EL MÁS POSITIVO de los dos. (SJN-4:103)
He sees it as the more positive of the two.

Yo creo que el teatro es EL MÁS DIFÍCIL de las artes. (SJN-17:352)
I think theater is the most difficult of the arts.

However, Spanish has no direct equivalent of the English use of "the" in superlative expressions involving pronouns and adverbs, as in "He has *the* most" or "This plane flies *the* fastest." The Spanish equivalents of such sentences are stated as comparative expressions, so that "He has the most" is stated as "He has more than the others," or "He has more than anyone," or "He has more than all of them": **Él tiene más que los otros / Él tiene más que nadie / Él tiene más que todos**:

> *El maestro lo conoce MEJOR QUE NADIE.* (SJN-18:360)
> The teacher knows it the best (better than anyone).

> **Este avión vuela MÁS RÁPIDO QUE TODOS (QUE NINGÚN OTRO).**
> This plane flies the fastest.

If the items that serve as the basis of comparison are mentioned, the comparative word (**más, menos, mejor**, etc.), is used alone:

> *No sé cuál de todas esas sonoridades me choca MÁS.* (BOG-6:85)
> I don't know which of all those tones shocks me the most.

> **De todos los estudiantes, él estudia MENOS.**
> Of all the students, he studies the least.

Lo occurs as an equivalent of "the" in superlative expressions only when an expression of possibility follows, usually with some form of the verb **poder**:

> *Siempre trato de venirme LO MÁS PRONTO QUE YO PUEDA.* (CAR-4:62)
> I always try to come over here as fast as I can (the fastest I can).

> *Te has ido a LO MÁS ELEVADO QUE HAS PODIDO.* (CAR-26:537)
> You've gone up the highest you could have (as high as you could have).

> *Les digo a mis alumnos que traten de investigar siempre LO MÁS QUE PUEDAN.* (SJN-2:51)
> I tell my students to always try to research things as much as they can (the most they can).

Educar el gusto es LO MÁS DIFÍCIL QUE PUEDE darse. (BOG-33:449)
Educating someone's taste is the most difficult thing that can occur (as difficult a thing as can occur).

Son unas sencillas lecciones, en un lenguaje LO MÁS SENCILLO POSIBLE. (HAB-25:604)
They're some simple lessons, in the most simple language possible.

Se necesita una librería LO MÁS COMPLETA POSIBLE. (BOG-9:125)
A bookstore is needed that is as complete as possible (the most complete possible).

GRAMMAR EXERCISES

1. He breathed as deeply as he could, but not as much as he should have. **2.** People were shouting both from the balconies and from the sidewalks. **3.** The funeral procession I saw, in which there were no more than ten men, was not the same one you saw. **4.** When more than twenty people surrounded the open grave, she moved forward more slowly than I, but my brother moved forward the slowest of all. **5.** Both the children and the adults walked along streets that were narrower but less dusty than the ones they had left behind. **6.** The tickle in his throat was not as strange as he thought, but both the tickle and the taste that filled his mouth were more serious than he knew. **7.** The children held hands both coming out of school and on the way to the outing. **8.** My father had fewer sportscoats than he would have liked, but more than he needed. **9.** His aunt climbed up a slope planted with more violets than she had ever seen. **10.** He drank the beer the fastest of all the men in the saloon, and there were more than thirty of them there. **11.** The taste was more bitter than he had expected, and the more he drank, the more blurred his vision became. **12.** He was able to make out some blurry images, both of people and of crosses, and he noticed that there were as many people as crosses. **13.** This beer is colder than the other one you bought, but it's not the same as if we were drinking beer at the tavern. **14.** The streets in the small towns were twice as narrow as those in my home town, and each street seemed to be the same as all the others. **15.** He felt lighter and lighter as the heat became more and more intense; it was stranger than any other sensation he had ever experienced. **16.** The nearby beaches are bigger than I thought, but they are smaller than the ones I have seen in other countries, and they are not as empty as the ones I saw before. **17.** My uncle has more than ten suitcoats, but he has fewer suitcoats than pants, and he doesn't have any clothes that are as dark as they should be for a funeral procession. **18.** When I told her she had received more than the two thousand dollars as a prize, that she had also received a new car, she remained as calm as always; it was the same as if I hadn't said anything. **19.** Of the two boys, Juan's features are the more interesting, but their sister's features are the most interesting of all the children in the family. **20.** It was strange that more than half of the casket was not touching the bottom of the grave, but both the men who had carried it and the rest of the people seemed not to be bothered. **21.** Both the teachers and the students became so sad that their eyes filled with tears, but they were not so sad that they had to lie down somewhere to rest. **22.** Although they did the best they could, their pace was so slow that they didn't arrive on time. **23.** More than ninety percent of them are rather young and should be stronger than they are. **24.** It's not the same as before, when they earned more than I. Now I'm the one who earns the most. **25.** They were as lively as they could be for people who had waited more than four hours for the parade to arrive. **26.** It was the same as being in a big city, which was unusual since we were in a very small town. **27.** The more they walked, the happier they felt, although they weren't used to walking distances as long as these. **28.** She realized that her situation was getting better and better but that it still wasn't the best it could be. **29.** This drink is colder than I had expected, but it's not as cold as I would like it to be. **30.** More than a third of them arrived twice as late as was to be expected. **31.** He earns more than eighty thousand dollars a year, which is much more than the rest of us earn.

14

EL EXTRANJERO GUIÑADOR

Miguel Arteche

A la capital de Sansueña llegó cierto día un Extranjero que guiñaba el
ojo derecho. Cuando cruzó la frontera, los empleados de la aduana le
preguntaron que por qué guiñaba un ojo, y él les contestó que en su patria
no había noche y que a sus paisanos se les enseñaba, desde[1] pequeños, a
5 guiñar. Un policía, luego de comprobar que los papeles del Extranjero
estaban en regla, lo dejó pasar, no sin antes advertirle que ya no
necesitaría guiñar el ojo, pues en Sansueña siempre estaba anocheciendo.
El Extranjero dijo que estaba bien, que ya le habían explicado que en
Sansueña siempre era de noche[2] y que procuraría, pues era muy fino, no
10 guiñar, para no ofender a los nativos.
   Llegó al hotel. Se acercó a la recepción y pidió un cuarto. El
recepcionista le dijo que había tenido mucha suerte, pues estaban en

De Miguel Arteche, "El extranjero guiñador," *Mundo Nuevo* (Buenos Aires),
enero de 1970, págs. 69-71. Con permiso de *Mundo Nuevo*.

pleno verano y era muy difícil encontrar[3] una habitación. Entregó un pasaporte, y mientras[4] se aguantaba para no guiñar, lo cual habría sido,
15 pensó, de muy mal tono en un país donde nadie guiñaba, oyó que el recepcionista le decía:

-Perdone, señor, pero qué extraña fotografía la de su pasaporte... El Extranjero preguntó:

-¿Por qué?
20 El recepcionista le dijo que era muy raro que en su fotografía apareciera con el ojo derecho cerrado.

-Es que..., iba a decir, y no se pudo contener; guiñó espasmódicamente, como nunca lo había hecho, como si estuviera participando en un concurso de guiñadores.
25 El recepcionista puso cara de sorpresa, pero se limitó a decir, luego de anotar los datos del Extranjero en dos hojas de cartulina:

-Bien, señor. Su habitación es la 303. ¡Botones! llamó. Acompañe al señor.

El Extranjero siguió al botones hasta el ascensor. Cuando llegaron a la
30 planta tercera, el botones dejó la maleta, abrió la puerta de la habitación y dijo:

-Adelante señor. Le deseo una feliz estancia en mi país. Recuerde que Sansueña es diferente. Siempre tenemos el mejor anochecer del mundo. Todos los extranjeros vienen aquí a darse baños lunares. No hay luna
35 como la de Sansueña. Recuerde. Sansueña es lunática, Sansueña *is moon*, Sansueña *c'est la lune*...

El Extranjero le guiñó el ojo derecho. El botones parpadeó, y enrojeció su rostro. El Extranjero pensó que Sansueña era un país de machotes, y se dijo que había metido otra vez la pata.
40 -Va a creer[5] que soy marica, murmuró. -Tendré que contenerme. Haré un esfuerzo.

Y luego de cerrar la puerta y abrir las maletas, fue al baño y se plantó ante[6] el espejo. El espejo le devolvió un rostro cansado, moreno[7], curtido por la intensa luz solar de su país: un rostro que guiñaba
45 desvergonzadamente el ojo derecho.

-¡Dios mío! exclamó.

Al día siguiente inició[8] su trabajo. Traía la representación de la General Sol, compañía que había descubierto la manera de enlatar al astro rey. ¿Y en qué país podría tener más éxito que en el del perpetuo
50 anochecer? Vender sol enlatado era excitante; comprarlo, mucho más. Estableció contactos. Visitó gerencias. Ofreció. Ofreció el sol a precios irrisorios. Los sansueñenses lo escuchaban arrobados. ¿Era posible? ¿Tener el sol en casa? ¿Abrir una lata y ver salir el sol? ¿Cuánto duraba

el sol de cada lata? ¿Qué costaba la lata? Pero cada vez que estaba listo
55   para cerrar el negocio, sentía un cosquilleo que, arrancando del pómulo
derecho, se extendía, lenta e inexorablemente, hasta el ojo. Y entonces
guiñaba. Guiñaba como si no hubiera guiñado nunca. Guiñaba con rabia,
con desesperación, casi con desprecio. Y el negocio quedaba roto. Pero
eso habría sido lo de menos, pues lo normal era que lo despidieran
60   violentamente. No se aceptaba en Sansueña que un hombre guiñara a
otro. Si se hubiera tratado de una mujer, pase. Pero a un hombre, no. En
los cócteles fue peor: más bien, trágico. Las sansueñenses eran bellas,
muy bellas; tenían una palidez casi mortal, de principios de siglo[9], y eran,
además, muy delgadas, casi quebradizas. El Extranjero se dijo que tal vez
65   saldría mejor parado con ellas. Y se entregó a guiñar con suavidad,
procurando que el guiño fuera insinuante. La que se armó. Fue inútil que
diera toda clase de explicaciones. Fue inútil que explicara que en su país
era algo corriente, que como no había noche se veían siempre obligados a
guiñar. Nada. El honor de las sansueñenses estaba herido. No se ofendía
70   así a las sansueñenses. Y lo sacaron en vilo.

En las cenas de gala, procuró entonces contenerse. Se puso unas gafas
negras, pero le dijeron que eso era ofender a Sansueña y tuvo que
sacárselas. Y al sacárselas, sin querer, sin ánimo de insinuarse con la
bella sansueñense que estaba a su lado, le guiñó el ojo derecho. Casi se
75   vio[10] expulsado de Sansueña. La bella pálida era la esposa del Presidente
del Gran Consejo.

Le hicieron el vacío. Le hicieron el hielo. Se sintió solo, defraudado. Y
decidió partir.

Una noche, cuando faltaban dos días para coger el avión que lo
80   llevaría a su país, el Extranjero, que estaba sentado a solas en la solitaria
terraza de un café bebiendo un cortado, vio que dos mesas más allá[11],
también solitaria, se hallaba una mujer, la más bella sansueñense que
había conocido. La miró y se dijo: voy a guiñarle el ojo derecho y el
izquierdo; voy a regalarle un festival de guiños; voy a darle mi mejor
85   guiño. Y le guiñó lenta, suave, amorosamente el ojo derecho.

La mujer lo observó extrañada. Seguramente, pensó el Extranjero,
había visto su fotografía en los periódicos: el Extranjero guiñador vende
sol enlatado, etc. Pero la mujer sostuvo la mirada. En sus ojos había
ternura y al mismo tiempo desolación. Y ante la sorpresa del Extranjero,
90   le respondió con otro guiño: un guiño penetrante[12], como si en él se
hubiera entregado al Extranjero para siempre.

Durante algunos minutos fue un intercambio guiñador. Luego[13] el
Extranjero se acercó a ella, se sentó a su lado y le pasó[14] el brazo sobre
los hombros. No dejaron de guiñarse. El Extranjero pidió otro cortado y

95 lo bebió lentamente. Se levantaron y caminaron hasta el hotel.
Durmieron abrazados, guiñándose por turnos, después de hacerse el
amor pegando un ojo contra otro.
A la mañana siguiente, cuando bajaron al vestíbulo, el Extranjero se
sentía[15] tan feliz que guiñó al botones, al camarero, al recepcionista y a
100 los sansueñenses que en ese momento llegaban al hotel. Nadie le
reprochó. Nadie le llamó la atención. Nadie se sintió ofendido.
Porque todos, unos más, otros menos, guiñaban, guiñaban.

CUESTIONARIO

PREGUNTAS SOBRE EL CONTENIDO DE "EL EXTRANJERO GUIÑADOR"

1. Cuente lo que pasó cuando el Extranjero llegó a la frontera, utilizando Ud. las palabras **cruzar, empleado, aduana, guiñar, patria, noche, paisanos** y **desde**.

2. Cuente lo que pasó al llegar el Extranjero al hotel, usando Ud. las palabras **recepción, recepcionista, suerte, pleno, habitación, entregar, pasaporte** y **aguantar**.

3. Utilizando las palabras **guiñar, parpadear, enrojecer, machote, decirse** y **pata**, relate Ud. lo que ocurrió entre el Extranjero y el botones.

4. Haciendo uso de las palabras **representación, enlatar, astro, contacto, gerencia, irrisorio** y **arrobado**, cuente Ud. cómo el Extranjero inició su trabajo en Sansueña.

5. Explique Ud. por qué todos los negocios del Extranjero fracasaron, utilizando en su explicación las palabras **cerrar, cosquilleo, arrancar, pómulo, extender, lento** e **inexorable**.

6. Cuente lo que ocurrió entre el Extranjero y las sansueñenses, usando Ud. las palabras **palidez, principios, quebradizo, parado, entregar, suavidad, procurar, insinuante** y **armar**.

7. Utilizando las palabras **faltar, coger, a solas, cortado, más allá, solitario** y **regalar**, describa Ud. la escena de la terraza.

8. Empleando las palabras **extrañado, periódico, sostener, ternura, desolación, ante, penetrante** y **entregar**, describa Ud. la reacción de la mujer que estaba en la terraza.

9. Cuente lo que pasó entre el Extranjero y la mujer de la terraza, usando Ud. las palabras **intercambio, acercar, lado, pasar, pedir, dormir, abrazar, turno** y **pegar**.

10. Utilizando las palabras **bajar, vestíbulo, sentir, camarero, reprochar, atención, ofendido** y **menos**, cuente Ud. lo que ocurrió a la mañana siguiente.

PREGUNTAS TEMÁTICAS

1. Importancia De Las Diferencias

El Extranjero tenía algo que lo diferenciaba de los otros habitantes de Sansueña. ¿Ha conocido Ud. en sus experiencias personales algún caso en que alguien haya sido rechazado por los demás por ser diferente? ¿Le parece a Ud. que ser diferente constituye un problema importante en el mundo en que vivimos? Explíquese Ud.

2. La Mujer Liberada

La mujer que el Extranjero conoció en la terraza del hotel estaba sola. ¿Le parece a Ud. bien que una mujer vaya sola a un bar o a un restaurante a tomar un coctel? ¿Por qué? ¿Qué opina Ud. del movimiento feminista? ¿Cree Ud. que la mujer moderna necesita ser liberada? Explique su respuesta.

3. La Inmoralidad

¿Qué opina Ud. de la mujer de la terraza? ¿Le parece una mujer inmoral? ¿Se portó el Extranjero de una manera inmoral al llevarla a su habitación? ¿En qué consiste la inmoralidad?

OBSERVATIONS

1. Desde: from, all the way from

De, desde and **a partir de** are three basic equivalents of "from."

Both **de** and **desde** show the point from which something originated. They differ, however in that, while **de** simply indicates the point of origin, **desde** conveys the idea of "all the way from" one point to another, and thus includes a feeling of expansion or reach from the point of origin to the destination:

> *Ricardo es DE Lima.* (LIM-8:122)
> Ricardo is from Lima.

> *Hay magníficas carreteras, como la que va DESDE La Habana hasta Matanzas.* (HAB-26:624)
> There are some wonderful highways, like the one that goes from Havana to Matanzas.

> *Unos hombres viejos nos veían DESDE la orilla del río.* (CAR-1:22)
> Some old men were looking at us from the bank of the river.

> *Ayer recibimos una carta DE ellos.* (BOG-35:473)
> Yesterday we received a letter from them.

> *¿A qué distancia DE La Paz está?* (LAP-23:254)
> How far from La Paz is it?

A partir de, used primarily with reference to time, indicates that an action begins at a certain point and continues on; that is to say, it indicates the time from which the action begins to count:

> *Todas las ciudades se desarrollaron A PARTIR DE LA REVOLUCIÓN INDUSTRIAL para acá.* (BA-2:44)
> All the cities were developed from the industrial revolution up to the present.

> *¿Los chicos A PARTIR DE QUÉ EDAD van al cine?* (BA-3:67)
> At what age do the children start going to the movies?

Una comisión recibirá las inscripciones A PARTIR DE MAÑANA.
(SNT-39:191)
A commission will accept the registrations starting tomorrow.

A PARTIR DE ENTONCES, nunca se ha logrado montar bien un
curso de metodología. (LIM-12:174)
Since then (From then on) no one has ever succeeded in setting up a
good course in methodology.

A partir de may also be used in a physical, spatial sense to refer to a
place used as a point of reference in establishing the location of a second
point:

El Concejo dictó que A PARTIR DE la calle ciento cincuenta y tres
no puede haber nuevas urbanizaciones. (BOG-13:182)
The Council announced that starting at 153rd Street (from 153rd Street
on down) there can be no new housing developments.

A PARTIR DEL MINISTERIO DE TRABAJO todas son residencias
elegantísimas. (LIM-2:49)
Starting at the Department of Labor building (From the Department of
Labor building on down), all the residences are extremely elegant.

2. De noche: night, nighttime

De día and **de noche** are used to distinguish between daytime and
nighttime:

Él trabajaba DE DÍA y estudiaba DE NOCHE. (CAR-36:639)
He was working days (in the daytime) and studying nights (at night).

En or **por** is used to divide the day into morning, afternoon and night:

Sale EN LA MAÑANA y llega POR LA NOCHE. (BOG-44:620)
He leaves in the morning and gets back at night.

El sábado estoy ocupada POR LA MAÑANA. (BA-29:387)
On Saturday I'm busy in the morning.

Fuimos EN LA NOCHE, no EN LA TARDE. (HAB-10:274)
We went at night, not in the afternoon.

De is used with a specific hour followed by "a.m." or "p.m.," or by "in the morning," "in the afternoon," "at night":

> *Las reuniones empiezan A LAS OCHO DE LA NOCHE y terminan A LA UNA DE LA MAÑANA.* (BOG-14:197)
> The meetings begin at 8 p.m. and end at 1 a.m.

3. Encontrar: to find

Although in theory **hallar** and **encontrar**, "to find," differ in that **hallar** is used only to indicate finding something that one was looking for, in actual usage the two verbs are used interchangeably, whether the object found is encountered by chance or as the result of a search:

> *Tú caminas y caminas y sigues HALLANDO nuevos paisajes.* (SNT-44:296)
> You walk and walk and you keep finding new landscapes.

> *En la orilla del río ENCONTRÉ tres piedras.* (SNT-43:262)
> On the bank of the river I found three stones.

> *Eso lo HALLO una falla muy grande.* (LAP-28:329)
> That I find to be a very big flaw.

> *Los colores que ENCUENTRO acogedores son el anaranjado y el amarillo.* (LAP-14:151)
> The colors that I find pleasant are orange and yellow.

> *ME HALLO muy a gusto en esta parroquia.* (BOG-16:218)
> I find myself to be very comfortable in this parrish.

> *ME ENCONTRÉ en un país al que nunca había ido.* (LAP-23:243)
> I found myself in a country I had never before gone to.

4. Mientras: while

Mientras indicates two simultaneous actions:

> *MIENTRAS yo dormía, ellos jugaban.* (BA-4:70)
> While I was sleeping, they were playing.

Se la va rociando con una brochita especial MIENTRAS se está asando. (HAB-9:254)
One gradually bastes it with a special little brush while it's roasting.

Mientras que is used to contrast two differing situations or actions:

El puertorriqueño aquí es la inmensa mayoría, MIENTRAS QUE el puertorriqueño en Nueva York es una minoría. (SJN-20:402)
The Puerto Rican here is very much in the majority, while the Puerto Rican in New York is in the minority.

El paracaídas de reserva te sale del vientre, MIENTRAS QUE el paracaídas principal te sale de la espalda. (CAR-15:249)
The reserve parachute opens up from your abdomen, while the main parachute opens up from your back.

5. Creer: think

The reflexive **creerse** is at times used in colloquial language when reference is to what the speaker feels is a mistaken belief:

Tomó unos consejos muy malos de un abogado que SE CREE que sabe. (SJN-21:409)
He took some very bad advice from a lawyer who thinks he knows what he's doing.

SE CREÍAN que yo tenía algo que ver con esa muchacha. ¡Cuánta gente loca! (HAB-21:602)
They thought I had something to do with that girl. What crazy people!

As an extension of the above, **creerse** is also used to criticize the beliefs of others, usually with a sarcastic note:

¿QUÉ SE CREEN? ¿Que nos vamos a poner hojas de parra o qué? (BA-27:358)
What do they think? That we're going to put on fig leaves or what?

La gente no se comporta como es debido. O sea, SE CREEN que siempre tienen que estar cantando por las calles. (SEV-23:280)
People don't behave as they should. In other words, they think they always have to be singing in the streets.

6. Ante: in front of, before

Both **ante** and **delante de** are used to mean "before" with reference to physical location.

Ante indicates one is facing an object as it is normally used:

> *Si se quiere sentar aquí, ANTE EL MICRÓFONO...* (CAR-18:325)
> If you would like to sit here, before (facing) the microphone...

> *Mi maestro etaba sentado ANTE un caballete.* (MAD-13:216)
> My teacher was sitting before (facing) an easel.

Ante is also used to refer to an appearance before someone in a position of authority or respect:

> *Ha prestado declaración ANTE LA AUTORIDAD.* (SEV-12:143)
> He's presented a statement before the authorities.

> *Logramos que Venezuela aceptara concurrir ANTE EL CONSEJO FEDERAL SUIZO.* (BOG-7:98)
> We succeeded in getting Venezuela to agree to appear before the Swiss Federal Council.

> *Usted tiene que acompañarme ANTE EL ALCALDE.* (BOG-41:565)
> You have to appear with me before the mayor.

Used figuratively, **ante** means "in view of," "because of," "faced with," etc.:

> *Se lo confirmamos por carta, pero ANTE EL TEMOR de que esa carta no llegara, pusimos una conferencia a Caracas.* (MAD-14:236)
> We confirmed it in a letter to them, but, because of a fear that that letter might not arrive, we placed a long-distance call to Caracas.

> *Estaba yo muy nervioso, ANTE LA IRRESPONSABILIDAD de mi papá.* (MEX-27:367)
> I was very nervous, faced with my dad's irresponsibility.

Delante de is a more common expression than **ante**. Unlike **ante**, it is not used figuratively, and it means "before" in the sense of "in front of" with no indication as to whether one is facing the object referred to:

Hoy se habla de todo DELANTE DE los niños. (SNT-20:336)
Today people talk about everything in front of the children.

Ella llega a la casa y se sienta DELANTE DEL TELEVISOR.
(HAB-4:95)
She arrives at the house and sits down in front of the television set.

7. Moreno: brown

Moreno, castaño, pardo, and **café** are four equivalents of "brown" that may be used with reference to the body.

Of the four, only **moreno** is used to refer to skin color:

Tenía la TEZ más MORENA que nosotros. (MAD-20:380)
Her skin was darker than ours.

Ella dice que quiere un novio MORENO. (BOG-38:515)
She says she wants a dark-skinned boyfriend.

Either **castaño** or **café** may be used with reference to the hair:

El color del PELO de su mujer es un CASTAÑO claro. (HAB-12:360)
The color of his wife's hair is light brown.

Creo que su PELO es CAFÉ.
I think his hair is brown.

Café, castaño and **pardo** may be used to refer to eye color:

Tiene OJOS de color CAFÉ (CASTAÑO, PARDO) muy claro.
He has very light brown eyes.

8. Inició: he begans

Some verbs that end in **-iar** or **-uar** are stressed on the "i" or "u" in the present tense, both indicative and subjunctive, in all singular person forms, in the third person plural, and in the **tú** form of the imperative. **Continuar**, for example, has the following forms in the present indicative: **continÚo, contintÚas, continÚa, continuamos, continuáis, continÚan**. Note the examples given below:

Se GRADÚA el año entrante. (BOG-15:214)
He's graduating next year.

Son problemas universales que CONTINÚAN toda la vida. (CAR-20:403)
They are universal problems that continue througout one's life.

Pero más o menos eso es lo que tú INSINÚAS. (SNT-3:61)
But that's more or less what you're insinuating.

In the case of **-uar** verbs, only verbs that end in **-cuar** or **-guar** are not stressed on the "u":

¿Ellos AVERIGUAN todo? (CAR-17:302)
Do they find out everything?

With verbs that end in **-iar**, on the other hand, no single rule exists to permit a sure choice between verbs that stress the "i" and verbs that do not. However, three observations can be made:

a) **-iar** verbs of two syllables stress the "i" (examples: **criar** (to raise, bring up), **fiar** (to trust), **guiar** (to guide), **liar** (to tie):

Yo he educado a mis hijas a la antigua. Ahora se CRÍAN un poco más desinhibidas. (LAP-29:362)
I brought up my daughters the old fashioned way. Now they're brought up to be a little more uninhibited.

¿No te FÍAS de mí?" (MAD-19:357)
Don't you trust me?

No me GUÍO por esos conceptos. (SNT-**18:295**)
I don't follow (I'm not guided by) those concepts.

b) Verbs formed by attaching a prefix to another verb are stressed in the same manner as the non-prefixed verb (for example, **confiar** and

desconfiar are stressed like **fiar**):

> *CONFÍAN en que esta administración les dará las garantías del caso.* (BOG-48:669)
> They trust this administration to give them the guarantees that apply.

> *Me interesa que la gente no DESCONFÍE de mí.* (BOG-14:186)
> I'm interested in people not distrusting me.

c) In most cases a verb will follow the same stress pattern found in a related noun or adjective. For example, **él enfría** and **yo fotografío** have a stressed **í**, as do their corresponding nouns **frío** and **fotografía,** while **yo acaricio, tú cambias, él ensucia,** and **ellos limpian** have the unstressed **i** found in their corresponding nouns and adjectives **caricia, cambio, sucio** and **limpio**:

> *Tiene que ser un sistema más flexible, para que la casa se caliente y se ENFRÍE rápidamente.* (BA-22:102)
> It has to be a flexible system so that the house heats up and cools off quickly.

> *Cada vez CAMBIAN más.* (MAD-24:443)
> They change more each time.

Three common exceptions to this rule are **ampliar** ("to enlarge," "to amplify"), **contrariar** ("to go against," "to contradict") and **variar** ("to vary"), all of which have related adjectives not stressed on the "i," **(amplio, contrario, vario)** but verb forms that are stressed on the "i" **(yo amplío, yo contrarío, yo varío)**:

> *Se AMPLÍA extraordinariamente la visión de lo chileno.* (SNT-7:133)
> The view one has of Chilean things is extraordinarily broadened.

> *La presión arterial en una persona VARÍA, sube o baja.* (HAB-35:639)
> A person's blood pressure varies, goes up or down.

9. Principios de siglo: the early part of the century

Principios (comienzos), mediados and **fines (finales)** are used to refer to the beginning, middle and end of a period of time, such as a week, month, year, century, etc. Their meaning is somewhat vague and general, so that they are not used to refer to a specific point in time. **A principios del mes**, for example, does not mean "on the first day of the month" but rather "early in the month," or "sometime during the first days of the month":

> *A FINES DE DICIEMBRE Y COMIENZOS DE ENERO, hizo un tiempo muy agradable.* (BOG-35:474)
> At the end of December and beginning of January, the weather was very pleasant.

> *Había sido creado A PRINCIPIOS DEL SIGLO DIECINUEVE.* (SNT-M3:53)
> It had been created at the beginning of the nineteenth century.

> *Se ha desarrollado el teatro profesional DESDE FINES DE LA DÉCADA DE LOS TREINTA.* (SJN-17:341)
> The professional theater has developed since the end of the 30's.

> *Fue en verano, A FINALES DE JULIO.* (MAD-9:153)
> It was in summer, at the end of July.

> *Mi nieto regresará PARA MEDIADOS DEL MES PRÓXIMO.* (MEX-10:128)
> My grandson will be back by the middle of next month.

10. Casi se vio: he was almost, he was just about

Como, unos (unas), alrededor de, a eso de and **hacia** are the most common equivalents of "about" used to express an approximate quantity or number.

Como, unos (unas) and **alrededor de** are used directly before numbers:

> *En Inglaterra estuvimos COMO DIEZ DÍAS.* (SNT-21:363)
> We were in England about ten days.

Había UNAS DOSCIENTAS PERSONAS allí. (LAP-17:177)
There were about two hundred people there.

Hay ALREDEDOR DE TREINTA ALUMNOS. (HAB-13:376)
There are about thirty students.

When a preposition occurs with the number, either **como** or **unos** may be used. **Como** precedes the preposition while **unos** precedes the number:

Queda COMO A CUATRO KILÓMETROS de aquí. (BOG-13:183)
It's about four kilometers from here.

He ido A UNAS NUEVE O DIEZ CIUDADES. (LAP-7:79)
I've gone to about nine or ten cities.

Había un señor allí, alto, canoso, COMO DE SESENTA AÑOS.
(BA-*27:344)*
There was a man there, tall, grey-haired, about sixty years old.

*Es un templo DE UNOS OCHENTA METROS de largo con
murallas DE UNOS QUINCE METROS de alto.* (LAP-11:116)
It's a temple about eighty meters long with walls about fifteen meters high.

Eso situaba el precio del petróleo COMO EN CINCO DÓLARES.
(CAR-18:343)
That was putting the price of petroleum at about five dollars.

A lo mejor voy a pensar diferente EN UNOS CINCO AÑOS más.
(SNT-4:87)
Most likely I'll think differently in about five more years.

Alrededor de, como or **cerca de** may be used to tell approximate time:

Ya eran COMO LAS TRES DE LA MAÑANA. (HAB-21:600)
It was already about 3 a.m.

Eran CERCA DE LAS OCHO. (SNT-31:22)
It was about eight o'clock.

Approximate time may also be expressed by use of the future /

Español Contemporáneo

conditional of probability:

SERÁN LAS TRES. (HAB-7:202)
It's about three o'clock.

SERÍAN LAS ONCE DE LA NOCHE. (MAD-14:236)
It was about 11 p.m.

A eso de, como a, hacia, cerca de or **alrededor de** may be used to state "AT about what time" something occurs:

Él suele llegar a la oficina A ESO DE LAS ONCE o las doce.
(MAD-19:349)
He usually arrives at the office at about eleven or twelve.

Salimos COMO A LAS OCHO DE LA NOCHE. (MEX-11:132)
We left at about 8 p.m.

Comimos CERCA DE LAS ONCE DE LA NOCHE. (SNT-43:270)
We ate at about 11 p.m.

Yo llego ALREDEDOR DE LAS NUEVE MENOS DIEZ. (BA-12:187)
I arrive at about ten to nine.

Alrededor de and **hacia** are commonly used to express "about" with reference to years or centuries:

La investigación que realicé fue ALREDEDOR DE LA DÉCADA DEL TREINTA AL CUARENTA. (LIM-16:223)
The research I did was in about the 30's to the 40's.

Los ballets cómicos se empiezan a representar en Francia ALREDEDOR DE 1581.(BA-18:267)
Comic ballets begin to be put on in France about 1581.

La investigación fue terminada HACIA FINES DE 1930. (LAP-30:371)
The investigation was completed about the end of 1930.

*Vino a alcanzar el medio millón de habitantes HACIA EL AÑO DE
1945.* (CAR-5:74)
It reached half a million inhabitants about the year 1945.

11. Más allá: beyond, farther on

Ahí, allí and **allá** all mean "there".

Of the three, **ahí** indicates greatest proximity to the speaker or the person
addressed:

AHÍ tengo todavía la carta. (MEX-11:133)
I still have the letter over there somewhere.

¿Qué tienes AHÍ? (CAR-16:279)
What do you have there ("in your hand," for example)?

Allí indicates a place farther removed than **ahí**:

*Cada grupo de personas elige a su propio representante, y entonces,
la persona que está ALLÍ en el Congreso ha sido individualmente
elegida por un grupo de gente.* (LAP-29:361)
Each group of people chooses its own representative, and so the
person that is there in Congress has been individually chosen by a
group of people.

Theoretically **allí** is more emphatic, more specific and definite than **ahí**.
However, it should be kept in mind that, especially in Spanish America,
ahí is rapidly encroaching upon the usages traditionally assigned to **allí**,
so that these distinctions are not necessarily observed.

Of the three words, **allá** indicates the greatest distance:

*¿Y qué diferencias podría establecer usted entre el tipo de estudios
que realizó aquí en Bogotá y los que realizó ALLÁ en Europa?*
(BOG-4:60)
And what differences could you point out between the type of courses
you had here in Bogota and those you had over there in Europe?

Allá is the only one of the three words that may be modified by another
adverb:

En esta calle, cinco casas MÁS ALLÁ, vive una familia que es muy amiga mía. (MEX-11:131)
On this street, five houses farther down, there's a family that are good friends of mine.

¿Cómo evoluciona en países de MÁS ALLÁ de los Pirineos, o MÁS ALLÁ del Atlántico? (MAD-4:66)
How does it evolve in countries beyond the Pyrenees or beyond the Atlantic?

Los aviones no molestan, porque entran MUY ALLÁ. (CAR-37:652)
The planes are not a bother, because they come in way over there.

Hay is used when "there" is part of the expression "there is" or "there are," meaning "there exists":

Aquí HAY una colección bastante considerable de artefactos de los indios, pero no HAY un buen museo para exhibir las cosas que HAY. (SJN-6:127)
Here there is a rather considerable collection of Indian artefacts, but there isn't a good museum to exhibit the things that there are.

12. Penetrante: penetrating

The **-nte** ending in Spanish corresponds to English "-ing," but, unlike the Spanish **-ndo** forms, words ending in **-nte** cannot be constructed freely from infinitives and must be learned as separate vocabulary items. Generally speaking, the **-nte** forms have lost most of the force of their original verbal quality and function as adjectives or nouns. Thus, **agua corriente** ("running water") describes a type of water and does not mean that water is running out of the faucet at this moment:

Es absolutamente ALARMANTE ver eso. (BOG-27:361)
It's absolutely alarming to see that.

En otros países hay una poesía tan FLORECIENTE como la nuestra. (SNT-15:246)
In other countries there is a poetry as flourishing as ours.

Un ser PENSANTE decide lo que quiere. (BOG-49:676)
A thinking being decides what he/she wants.

13. Luego: then

Entonces, luego and **pues** are the three most commonly used equivalents of "then."

Both **entonces** and **pues** mean "then" in the sense of "in that case":

Si no lo voy a hacer bien, ENTONCES ¿para qué lo hago? (BOG-20:270)
If I'm not going to do it well, then what am I doing it for?

Si las quieren visitar, PUES, que vengan aquí. (MEX-21:303)
If they want to visit them, then let them come here.

Entonces also means "then" in the sense of "at that time":

El partido liberal para ENTONCES era un partido radical. (LAP-1:21)
The liberal party by then was a radical party.

En aquel entonces is an equivalent of "then" meaning "in those days":

La originalidad no tenía el valor EN AQUEL ENTONCES que se le atribuye hoy. (BA-20:307)
Originality didn't have the value then that is given to it today.

EN AQUEL ENTONCES las mamás eran más dedicadas al cuido de las niñas. (CAR-13:209)
Mothers paid more attention to watching over their girls then.

Luego means "then" in the sense of "after," "later":

Se hace una presentación corta, y LUEGO se invita a preguntas de los asistentes. (SJN-17:341)
A short presentation is given, and then questions are invited from the audience.

Recojo muestras y LUEGO las estudio al microscopio. (SEV-13:153)
I collect samples and then I study them under a microscope.

14. Pasó: he moved, he placed

Conmover, mover, mudar and **trasladar** are four common equivalents of "to move."

Mover means "to move" in the sense of "to change the position" of something:

Sobre la cúpula hay un ángel, y el viento lo MUEVE en todas direcciones, como una veleta. (BOG-45:627)
On top of the dome there's an angel, and the wind moves it in all directions, like a weather vane.

No puedes MOVER los muebles de donde los pusieron. (CAR-25:494)
You can't move the furniture from where they put it.

Moverse is used when the verb is intransitive:

Noté que los alumnos bostezaban y SE MOVÍAN mucho en su pupitre. (SJO-30)
I noticed that the students were yawning and moving a lot at their desks.

Sujetan la tela con alfileres para que no SE MUEVA. (HAB-44:708)
They pin the cloth down so that it won't move.

Mover may also be used as a synonym of **conmover** (intransitively, **conmoverse con**), which means "to move" only in the figurative sense of moving someone emotionally or of prompting someone to act:

Donde estás tú, pones alegría y MUEVES a todo el mundo. (BOG-14:195)
Wherever you are, you instill happiness and move (affect) everyone.

¿Qué te está MOVIENDO para seguir estudios en ingeniería civil? (CAR-16:281)
What's moving you to study civil engineering?

Eso es algo que la CONMUEVE a ella de veras. (BA-28:370)
That's something that really moves her.

SE CONMUEVEN mucho con los pesares del amigo. (BOG-18:246)
They're very moved by their friend's sorrow.

Mudar means "to move" in the sense of "to change the residence of someone" or "to move someone from one room, office, school, etc., to another":

LO HAN MUDADO a otra oficina.
They have moved him to another office.

VAN A MUDARLO a otra escuela (VAN A MUDARLO de escuela).
They are going to move him to another school.

Mudarse is used when the verb is intransitive:

¿Para qué ME VOY A MUDAR? Si yo ME MUDO, yo no me puedo conseguir una casa así. (CAR-14:224)
Why should I move? If I move, I won't be able to find a house like this one.

However, if a **de** expression is used to indicate the place from which one is moving (**de casa, de oficina, de escuela**, etc.), the verb may be either **mudar** or **mudarse**:

Nunca NOS VAMOS A MUDAR DE AHÍ. (BA-23:130)
We're never going to move from there.

Voy a MUDAR DE CASA (MUDARME DE CASA).
I'm going to move (change residence).

Trasladar (**trasladarse**, if the verb is intransitive) is used to refer to a change of residence over greater distances, as in moving from one city or country to another, or to refer to transferring from one job to another:

Tenía que TRASLADARME desde San José hasta Limón con la familia. (SJO-9)
I had to move with my family from San Jose to Limon.

La capital estuvo primero en la ciudad de Baracoa, pero posteriormente FUE TRASLADADA a otra ciudad. (HAB-25:608)
The capitol was first in the city of Baracoa but was later moved to another city.

Estudié la secundaria un primer año en el Liceo Anastasio Alfaro y ya del segundo en adelante me TRASLADARON al Liceo José Joaquín Vargas Calvo. (SJO-11:1)
I went to high school for one year at Anastasio Alfaro High School and from the second year on I was transferred to Jose Joaquin Vargas Calvo High School.

Both **trasladar** and **mudar** may be used when reference is to changing the location of an object from one room or building to another:

Esa casa se amuebló completa, TRASLADANDO muebles de toda la familia. (CAR-20:383)
That house was completely furnished, by moving furniture there from the entire family.

¿Por qué no MUDAS (TRASLADAS) ese cuadro a esta pared?
Why don't you move that picture over to this wall?

However, **mover** is used with reference to the momentary movement of an object, as in moving a sofa to see if something has fallen behind it:

MOVIERON el sofá para ver si el lápiz había caído detrás.
They moved the sofa to see if the pencil had fallen behind it.

¿Quieres MOVER esa silla más cerca para que ponga los pies encima?
Would you move that chair closer so that I can put my feet on it?

15. Se sentía: felt

The proper use of **sentir, sentirse** and **sentirlo** often confuses students of Spanish.

Sentirse is the equivalent of the intransitive verb "to feel," as in **Me siento enfermo,** "I feel sick," **Nos sentimos tristes,** "We feel sad," etc.:

Yo ME SENTÍA seguro. Nunca ME SENTÍ realmente acomplejado porque ellos SE SINTIERAN incómodos. (SJO-27)
I felt secure. I never really felt embarrassed about their feeling uncomfortable.

Sentirlo is "to be sorry" without reference to what one feels sorry about:

LO SIENTO, pero no lo hice a propósito. (CAR-10:166)
I'm sorry, but I didn't do it on purpose.

Me despedí de ella diciéndole que LO SENTÍA mucho. (SJO-16)
I said goodbye to her, telling her that I was very sorry.

When one specifies what one is sorry about, the verb **sentir** has a direct object and **lo** can therefore not be used:

SIENTO que no vayan a Pinamar. (BA-32:469)
I'm sorry that they're not going to Pinamar.

Ésa fue una época maravillosa, y SIENTO muchísimo que se haya terminado. (CAR-24:476)
That was a marvelous time, and I'm really sorry that it's over.

SIENTO decir que discrepo fundamentalmente de la opinión de mi buen amigo. (SJN-16:314)
I'm sorry to say that I totally disagree with my good friend's opinion.

EXERCISES ON OBSERVATIONS

1. He knew that, since it was night, it would be difficult to find a room, and he was sorry that he had not arrived there in the daytime. **2.** I am sorry, but, starting Saturday, all customs employees who transferred here from other jobs will have to work days until the middle of next year and then nights until the end of the year. **3.** The desk clerk told him that the cocktail party would be at the hotel, at about 8 p.m. **4.** We went all the way from the capital to the border at night and crossed in the morning, so that we could be there by the middle of the week. **5.** Standing before the mirror, at about 5 o'clock in the morning, he looked at his brown face and brown eyes for about ten minutes. **6.** The hotel clerk told me he was sorry

I could not find my passport but that I would need it starting Monday. **7.** Who does that man think he is, the President of the Grand Council? If he continues talking like that, find out what he wants, and then tell him not to trust anyone but me. **8.** You say he felt frustrated when he took part in a contest there the beginning of last month? Then I was right. **9.** He said that he was sorry they were offended but that the can couldn't have moved by itself and that someone must have moved it. **10.** It was about 1985, and my sister felt very sad then, and her sadness moved me deeply. **11.** The woman on the terrace at first only observed his questioning look, and then, to his surprise, she answered it with a penetrating wink. **12.** I want you to photograph me while I pet the dog, and then enlarge the photograph. **13.** We were sorry that the foreign student had not found happiness there and was moving at the end of the summer. **14.** I'm sorry, but you will have to appear before the judge the middle of next month. **15.** The foreigner felt disheartened and decided to return to Europe at the end of the month. **16.** Three tables beyond where he was sitting, a beautiful dark-skinned woman with dark brown hair and light brown eyes was winking at him. **17.** The company transferred him to another city, and at first he felt lonely there, but then he met a lot of people and felt better. **18.** When she finds out that he always plays up to beautiful women, I doubt that she will trust him. **19.** When the woman told the bellboy with the smiling face not to go beyond the bed, he blinked and felt embarrassed. **20.** After we offended them, we decided to move to another part of the city so that they would feel better. **21.** In his homeland children are taught not to feel uncomfortable at night. **22.** His story moved her and she felt very sorry that he had to leave.

SPANISH VERBAL ASPECT

I.   GENERAL STATEMENT

A major challenge for English-speaking students of Spanish is that of determining whether a preterit or imperfect verb form properly translates an English past tense. The distinction between the preterit and the imperfect, as in **habló** vs. **hablaba**, is not one of tense (both are considered to refer to the past), nor is it one of mode (both are indicative), but is rather a matter of the contrast between completion of verbal action (preterit) and existence of verbal action (imperfect). This contrast is called "verbal aspect."

II. REPORTING PAST EVENTS: PRETERIT VS. IMPERFECT

Verbal aspect, as mentioned above, is a binary contrast between [existence of verbal action] and [existence and subsequent non-existence of verbal action]. Thus, the difference between the imperfect and the preterit verbal forms, as in **hablaba/habló,** lies in the fact that **hablaba** refers only to the existence at some time in the past of the verbal action of *hablar* (imperfective aspect), while **habló** refers both to the existence and subsequent non-existence of the verbal action of *hablar* (perfective aspect). The imperfect, then, relates an event in process in the past, while the preterit refers to a completed action.

If one were able to witness a past scene in action and report what one saw, the imperfect would be used to report what continues to exist in the scene, while the preterit would be utilized to refer to those events that occur and then cease to exist. One would thus describe a party that took place in the past by using the imperfect to refer to those events that did not cease to exist at the moment, such things as the presence of the guests, the music being played, refreshments being served, people arriving and leaving, etc., and the preterit to refer to those events that existed and then ceased to exist, such as someone having sneezed, someone having dropped a napkin, etc.:

> **HABÍA mucha gente en la fiesta. Una orquesta TOCABA música bonita, y se SERVÍAN refrescos. Algunas personas LLEGABAN mientras otras SALÍAN. De repente alguien ESTORNUDÓ, y a uno de los invitados se le CAYÓ su servilleta.**

III. PRETERIT: COMPLETED ACTION

In the above description of a party, it will be noted that the two actions that are stated in the preterit, sneezing and dropping a napkin, are events that cannot be prolonged. **Estornudó** and **cayó** both refer to actions that are performed and then cease to exist. The preterit is thus used to report an action that happens and ends, and for this reason the preterit is especially appropriate for reference to instantaneous actions, actions that are immediately completed, as in the following examples:

SONÓ el teléfono. (LAP-16:169)
The phone rang.

¿SALIERON a alguna parte? (BOG-44:613)
Did you go out anywhere?

SUBÍ al avión. (SNT-53:482)
I boarded the plane.

LLEGÓ el momento. (MAD-13:226)
The moment arrived.

ABRÍ la ventana. (LIM-12:168)
I opened the window.

It should be kept in mind, however, that what determines the use of the preterit in the above sentences is not the fact that the verbal actions are of short duration but that they are completed. When one says **El teléfono sonó, Subí al avión, Abrí la ventana**, for example, the phone is no longer ringing at the time referred to in the past, nor is anyone still boarding a plane or opening a window at the past moment being described. When reference is to a complete action, the preterit must be used, regardless of the length of time involved in carrying out the event referred to. Consider, for example, the following sentences, all of which describe events that occur over an extended period of time:

VIVÍ en Miraflores un par de años. (LIM-6:90)
I lived in Miraflores for a couple of years.

El viaje DURÓ un mes. (BA-22:67)
The trip lasted a month.

Mi mamá VIVIÓ cincuenta años en esa casa. (CAR-8:130)
My mom lived in that house for fifty years.

In the above sentences two years indicates the entire amount of time I lived in Lima, one month indicates the entire amount of time the trip lasted and fifty years indicates the entire amount of time my mother lived in that house, and since all three events are related as having been completed in the amount of time referred to, the preterit must be used to indicate this fact.

IV. IMPERFECT: ONGOING ACTION

Let us now consider the possibility of relating past actions that have not yet terminated at the moment referred to. If, for example, we were to change the examples given in Section III above, the result would be the following sentences, all of which relate actions that were not completed at the time during which they occurred:

SONABA el teléfono.
The phone was ringing.

SALÍAN a alguna parte.
They were going out somewhere.

SUBÍA al avión.
I was getting on the plane.

LLEGABA el momento.
The moment was arriving.

ABRÍA la ventana.
I was opening the window.

As is obvious in the above examples, a good indication in English that the imperfect aspect will be required in Spanish is the use in English of "was/were + ing." Quite often, however, the English equivalent of the Spanish imperfect tense is not expressed with "was/were + ing," but rather as a simple past tense, as in the following examples:

HABÍA una carrera universitaria que no EXIGÍA el titulo de bachillero. (HAB-3:60)
There was one university course of studies that did not require a high school degree.

ME SENTÍA un poco mediocre porque yo PREFERÍA dedicarme completamente a una cosa o a la otra. (LAP-25:284)
I felt a little bit inferior because I prefered to devote myself completely to one thing or another.

Él ESTABA tan adelantado que los de su época no le HACÍAN ni caso. (SJN-4:91)
He was so far ahead of his time that people in his day didn't even pay attention to him.

What should be noticed is that in all of the above sentences, the actions referred to are in progress at the past time under discussion; none of the actions has yet terminated at the moment referred to.

V.   ONE TIME ZONE VS. TWO

In the situations considered thus far, the preterit/imperfect contrast has been presented with respect to the time zone of the event under consideration, so that these events have been related with respect to the past moment at which they occurred. A second possibility is that of relating a past event with respect to the present moment, so that the past event is considered as an event within its own time zone, separate from the present or some other subsequent time zone. This double possibility of relating past events either as from the viewpoint of a witness to the scene or as from a vantage point removed from and subsequent to the scene, often permits the Spanish speaker to refer to the same event as perfective (preterit) or imperfective, according to the point of view taken. Let us consider, for example, the following sentence:

De niño DORMÍ/DORMÍA todas las tardes de tres a cuatro.
As a child I slept every afternoon from three to four.

Dormí, perfective in aspect, presents the event of sleeping as once having happened, as something that once existed but subsequently did not. **Dormía**, on the other hand, describes a situation that is in existence at the past time referred to. Thus **dormí** reports the event of sleeping as considered from some moment subsequent to the past time referred to, while **dormía** reports this event with respect to its own time zone. **Dormía**, then, is a description of an event in progress in the past, while **dormí** expresses the verbal process of sleeping as a consummated act. The distinction can be intuitively felt by the English speaker, at least to some degree, by considering contrastive translations of "slept" and "used to sleep" for **dormí** and **dormía**, respectively.

VI. ACTION VERBS VS. NON-ACTION VERBS

The distinction between use of the preterit and imperfect in Spanish is more easily grasped by English speakers when the verb in question is an action verb, a verb like "to jump" or "to sit down," whose meaning implies the completion of an action, as contrasted with non-action verbs like "to be" or "to know," whose meaning implies a state or condition. The contrast between **saltó** and **saltaba** can easily be seen as the difference between a single event and a series of events. **Saltó** refers to a progression from non-existence of the verbal process of *saltar* to completion of the verbal process of *saltar*; that is to say, a single jump is completed. **Saltaba**, on the other hand, refers to a prolongation of the notion of jumping, to the existence of jumping in the past and would thus be a description of a series of jumps.

What is perhaps less clear to the English speaker is that **saltó** can also refer to a series of jumps and **saltaba**, to a single prolonged condition, as shown in the following examples:

SALTÓ toda la tarde.
He jumped all afternoon.

Yo sabía que ella nadaba pero no sabía que SALTABA.
I knew she swam (was a swimmer) but I didn't know she jumped (was a jumper).

The perfective/imperfective aspectual contrast is, in any case, the difference between what occurred, either once or several times, and subsequently ceased to exist (**saltó**) and what was in existence at some time in the past, either as a single condition or as a series of repeated actions (**saltaba**).

What has been said above of *saltar*, an action verb, can also be said of non-action verbs, like *saber*, for example. The distinction between **supe** and **sabía** is also the distinction between the existence and subsequent non-existence of the verbal process of *saber* (**supe**) and the existence in the past of the verbal process of *saber* (**sabía**).

As was noted above in the case of **saltó**, the perfective aspect may represent the existence and subsequent non-existence of the verbal process in either of two ways. In one instance **supe** may refer to the process of progression from non-existence to existence, i.e., from nothingness to knowledge, in which case reference would be to the acquisition of knowledge, or **supe** might refer to the existence of knowledge of something over a period of time and the subsequent non-existence of that knowledge. Note the examples below:

> *Cuando SUPE que iba a hablar con usted, me agradó mucho.* (SNT-53:486)
> When I knew (learned, realized) that I was going to be talking to you, I was very pleased.

> *La verdad es que definiciones hay varias, y yo las SUPE todas cuando tuve que dar mi examen, pero ahora yo no me acuerdo de ninguna.* (SNT-1:10)
> The truth is that there are several definitions, and I knew them all when I had to take my exam, but now I can't remember any of them.

In both of the above two examples **supe** refers to the totality of an event, from its beginning to its completion.

In similar fashion **sabía** can be understood in two different manners, either as referring to a single prolonged event or as referring to a series of events. **Sabía** could thus mean "I knew" ("I was in possession of knowledge") over a period of time, or it could refer to a series of events and thus mean to know something over and over. Note this contrast in the sentences given below:

> *Esto me sirvió para saber yo que ya SABÍA hablar la lengua.* (CAR-1:23)
> This helped me to realize that I already knew the language.

> **Empezó allí. Y luego ya todos los días, no SABÍA cómo hablarle.** (MEX-11:132)
> It began there. And then every day after that, I didn't know how to talk to him.

VII. NON-ACTION VERBS: IMPERFECT VS. PRETERIT

There can be no doubt that the Spanish aspectual distinction that causes the greatest difficulty for English speakers is the imperfect/preterit contrast with respect to non-action verbs. This contrast is based, as has been pointed out above, on the difference between existence of verbal process (imperfect) and completion of verbal process (preterit), or the difference between a state or condition (imperfect) and an action or happening (preterit). Study the following contrastive pairs:

El viejo hidalgo español CREÍA en sus títulos, aunque no tuviera nada. (BOG-22:296)
The old Spanish nobleman believed in his titles, even if he didn't have anything.
Cuando yo llegué a mi casa y no encontré agua en la casa, CREÍ que había bajado la presión, pero la presión estaba bien. (SJN-10:207)
When I got home and didn't find any water in the house, I thought (the thought went through my mind) that the pressure had gone down, but the pressure was fine.

Yo no CONOCÍA a nadie en ese colegio. (BOG-13:175)
I didn't know anybody at that school.
En el colegio había tres alumnos con ese apellido pero no CONOCÍ a ninguno. (LIM-13:187)
At the school there were three students with that name, but I didn't meet (get to know) any of them.

En aquel momento no HABÍA problemas de droga. **(SJN-15:298)**
At that time there were no drug problems (drug problems were not in existence).
No HUBO problemas. (SEV-7:87)
There were no problems (No problems occurred).

A mi mamá se le metió que yo no PODÍA estudiar en la universidad. (CAR-20:393)
Mi mom got the idea that I could't study (I wasn't capable of studying) at the university.
Yo no PUDE estudiar cuando era joven. (MEX-17:220)
I wasn't able to study (didn't get to study) when I was young.

Yo no TENÍA tiempo de ir a investigar. (LIM-21:279)
I didn't have time (I was not in a situation with time at my disposal) to go do research.

No TUVE tiempo de mandar tomar otra fotografía. (BOG-27:366)
I didn't have the time (My time ran out) to have another photograph
taken.

Yo me SENTÍA mal. (SJO-7)
I felt (was feeling) bad.
Nunca me SENTÍ mal. (SNT-9:165)
I never felt (got to feel) bad.

No lo QUERÍA decir. (BA-9:148)
I didn't want (wasn't feeling the desire) to say that.
Eso no lo QUISE decir. (BA-24:209)
I didn't mean to say that (I didn't say that on purpose).

Era muy amigo de él y lo QUERÍA mucho. (CAR-36:638)
He was a very good friend of his and was very fond of him (that was
the situation at the time).
*Mi mujer lo QUISO mucho a él; fue una amistad que nunca
terminó.* (SNT-14:227)
My wife was very fond of him (that's how it turned out); it was a
friendship that never ended.

Spanish equivalents for the imperfect/preterit contrast of the verb "to be,"
as in **era** vs. **fue** or **estaba** vs. **estuvo**, tend to cause English speakers
even more difficulty than other non-action verbs. Study the following
contrastive pairs:

El único que quedaba invicto ERA yo. (BA-33:505)
The only one who was unbeaten was I. (A description of me in this
situation)
El único que salió ganando FUI yo. (LAP-23:240)
The only one who came out ahead was (turned out to be) I.

Cuando yo ERA joven, no había estas cosas. (SJN-11:248)
When I was young, these things didn't exist. (A description of myself
as I was at that time)
Eso pasó mientras yo FUI joven. (LAP-7:74)
That happened while I was young. (A reference to something that
ended before the present time)

El director de la academia en ese momento ERA un excelente pintor del siglo pasado. **(BA-9:147)**
The director of the academy at that time was an excellent paintor of the last century. (A description of the director as he was within his own time zone)
Los pintores mejicanos FUERON muy importantes a principios de siglo. **(BA-9:145)**
The Mexican painters were very important at the beginning of the century. (A statement of when this event happened)

Comimos bien en el tren, no ESTABA mal. (MAD-7:114)
We ate well on the train, it wasn't bad. (A description of the situation as it was within its own time zone)
La película del jueves pasado no ESTUVO mal. (MAD-20:375)
The movie last Thursday wasn't (turned out not to be) bad. (Event seen as having ended before the present time)

Ayer ESTABA CONVERSANDO con mi jefe sobre este asunto. (LIM-8:121)
Yesterday I was talking to my boss about this matter. (Description of an event seen as going on within its own time zone)
Cuando terminamos el almuerzo ESTUVE CONVERSANDO con ella. (BOG-17:233)
After we finished lunch, I spent some time talking to her. (What I did. Event described as completed)

La dueña del hotel ESTABA enferma y tosía toda la noche. (LIM-2:46)
The owner of the hotel was sick and was coughing all night. (Description of a situation as it was within its own time zone)
Cuando ESTUVE enferma, pensaban en la posibilidad de tratarme por sicoanálisis. (BA-21:54)
When I was sick, they were thinking about the possibility of treating me through psychoanalysis. (Speaker'sickness is seen as something that once existed but does not exist now)

GRAMMAR EXERCISES

1. When they went down to the lobby, they felt happy, and they winked at everybody they knew, and no one reproached them for it or felt offended. **2.** As a child she slept with a doll every night. **3.** He liked the woman sitting at the table next to his, and he winked at her, and she stared back at him for a few minutes; there was tenderness in her eyes. **4.** After he was in Sansueña for two months, he decided to leave. **5.** When there were only three hours left before she would catch the plane that was taking her to her country, she went to a bar and met a person with whom she fell in love. **6.** After the customs employees made sure the woman's papers were in order, they allowed her to pass. **7.** He was restraining himself from winking, because he thought it would be in bad taste to wink in a country in which no one winked, and he didn't want to offend the natives. **8.** He offered canned sun at rock-bottom prices, and everyone asked him how long the sun in each can lasted and how much a can cost. **9.** Each time he was ready to close a deal, he would feel a tickling sensation that started at his right cheekbone and stretched to his eye, and he would wink. **10.** Although he explained that everyone in his homeland winked, they refused to listen to him and threw him out on his ear. **11.** There was an exchange of winks between them that lasted ten minutes. **12.** For a moment he thought that she had winked at him, but then he realized he was mistaken. **13** When we were young, we used to look at pictures in the newspapers, but one day we stopped doing it. **14.** The desk clerk told him that the picture he had in his passport was very strange. **15.** A look of surprise came over the desk clerk's face, but he didn't say anything, and after he made a note of the data that was in the man's passport, he told him his room was 303. **16.** The bellboy told the foreigner that he wished him a happy stay in the country and that everyone came to that country to take moon baths, because there was no moon like Sansueña's. **17.** Although he didn't mean to do it, he winked at the bellboy, who blinked and blushed, and he knew he had to make an effort to control himself, because Sansueña was a country of he-men. **18.** She went into the bathroom and stood in front of the mirror, which reflected a tired face that was tanned and hardened by the sun. **19.** She represented General Sol, a company that canned sunlight. **20.** He couldn't stop winking, and everywhere he went, they threw him out. **21.** He thought men went over well with women when they winked at them, but he soon learned that many women didn't like this. **22.** He put on some dark glasses, but he was told he had to take them off and that, if he didn't, he was going to offend the people. **23.** He thought that she surely knew that he was the foreigner who sold canned sun, but she didn't seem to recognize him. **24.** There was a winking contest for a few minutes, and then he went over to her table and sat next to her and she immediately liked him. **25.** She was taught as a child that you could talk to the angels, and they'd listen to you, and she believed such things. **26.** Although it was night when she arrived at the hotel, and they were in the middle of the summer, she was lucky and found a room. **27.** She gave him the cold shoulder and remained aloof from him, and he felt lonely and ordered another drink. **28.** He didn't try to flirt with any of the women who were at the cocktail party. **29.** We saw a picture that had a caption that said something we didn't like. **30.** He told the people about the way in which his company canned the king star, and they listened to him enthralled.

LA ÚLTIMA COINCIDENCIA

Luis Enrique García

No se movía, apenas si respiraba, como si se hubiera ligado para siempre a la escuadra del sillón[1]. Estaba sumergido en las páginas del libro, disputando con las arduas teorías del autor. La radio[2] expulsaba la melodía a medio[3] volumen, cooperando al ambiente tranquilo de la tarde.
5 La lectura le exigía toda su atención, el cigarrillo se consumía separado de los labios y la mano porque él no podía desprenderse de los renglones[4]. Sólo la canción se advertía como un elemento extraño al acto de leer: "estoy solo con mi pena..." vocalizó el cantante de la radio, al mismo tiempo que él leía "estoy solo con mi pena..." al iniciar el renglón
10 de una página.
Fueron dos hechos simultáneos, absorbidos exactamente por el mismo intervalo, como si las palabras pronunciadas por el vocalista y las leídas

De Luis Enrique García, "La última coincidencia," *El Cuento* (México, D.F.), noviembre de 1968, págs. 76-78. Con permiso del autor.

por él hubieran estado contenidas recíprocamente. La coincidencia lo
rescató del papel y de paso dejó una larva de inquietud entre el pesado
15 zumbar de su cabeza. No le habría concedido importancia, podría haberlo
tomado como una alucinación, como una futileza.

Pero ese día las coincidencias buscaban[5] notoriedad: era la tercera, y
ahora las dos anteriores cobraban importancia y frescura. Hacía una
hora[6], en la misma radio se había provocado la segunda: tarareaba él una
20 vieja melodía, de esas olvidadas, sin vigencia; al encender el receptor la
escuchó al unísono de su propia voz, a la altura del mismo compás, como
si él la hubiera transmitido. Fue algo que pellizcó la calma[7] de sus
nervios, algo que circuló entre lo agradable y lo molesto, como una
buena noticia que a fin de cuentas resulta no ser para uno.

25 Por la mañana, al estarse afeitando, la navaja hizo un capricho y le
rasgó la piel: soltó una exclamación, y afuera[8], en el mismo instante, un
gato maulló con tal fuerza que las dos quejas se confundieron en el aire.
Quedó unos instantes confuso, divertido quizás, pero sin llegar a
precipitar reflexiones.

30 Ahora empezaba a preocuparse. Había un olor de amenaza, una mano
secreta que prometía repetir los golpes. No le quedaba más que el viejo
refugio de las conjeturas: un hombre puede tener y experimentar muchas
coincidencias, el hecho de que se presenten el mismo día sólo significa
una coincidencia más. Posiblemente ese día estaba destinado a reunirlas y
35 dejarlo libre de sus futuras apariciones. El no tenía derecho a limitarlas, a
escoger los períodos, a graduar su caprichoso concurso.

Las frases condicionadas lo ayudaron a improvisar tranquilidad. Se
dijo liberado, dueño otra vez, capaz de relegar el fenómeno a la marcha
olvidada de los sueños imprecisos. Como elemental defensa cerró la
40 radio y el libro. Decidió prender la televisión; estaba seguro de la hora
del programa y por lo menos así se evitaría una nueva sorpresa. Se
acomodó en la silla y se dejó llevar[9] por las absurdas secuencias de la
proyección: un detective golpea a tres rivales y hace un mohín de
disgusto porque se le ha descompuesto el nudo de la corbata. Luego se
45 encamina por la calle, besa a una chica y alaba su puntualidad. Son las
seis y treinta, le dice.

Se revolvió en la silla, incómodo, con un presentimiento. Venció una
ligera resistencia y consultó su reloj: las seis y treinta, claras, exactas. Lo
atravesó un temblor, era la cuarta vez. Sin paso definido algo fermentaba,
50 improvisaba un organismo de locos componentes, diluía los paréntesis
que guardan a lo absurdo. Pero se dominó de nuevo.

El detective sigue en la pantalla con su invariable heroísmo, atiende un
teléfono que da tres timbrazos[10] cortos, agudos. A la par, el teléfono de la

55 casa, en acción complicitoria, llamó tres veces: de no haber existido la diferencia[11] de tonos y volumen, él no habría notado la conjunción de los sonidos. Pero la advirtió, fue un puñal que le rozó la piel, la declaración del estado de alarma; el círculo de angustia se reducía feroz; se le hizo difícil[12] respirar, se le hizo difícil todo.

60 Salió a la calle ahogado en la amenaza; salió con la única intención de huir, de romper[13] el conjuro de los aparatos, de recobrar algo que se le escapaba sin poder identificarlo. Se dirigió al automóvil y subió, enfiló de frente, hacia el primer punto, en simple desprendimiento. Oscurecía, jaló el interruptor de las luces y en esa fracción las lámparas del alumbrado público se encendieron también: nunca había sentido terror, 65 por lo menos así; bajó del auto con la sangre hervida, descompuesto, incompetente, con una idea repentina que mordía parte por parte de todos sus sistemas: la idea de haber caído en el centro de un espejo, un espejo siniestro que lo había atrapado en su vicio repetidor y no lo soltaría, que él era solamente su reflejo, que lo demás se había extraviado al pasar por 70 el cristal y lo había convertido en la imagen de todos los actos y las circunstancias.

Le llegó el momento en que todas las cosas del mundo se estacionan en la garganta y la vuelven estrecha y dolorosa, cuando no se sabe si los ojos están cubiertos de lágrimas o alfileres, cuando los instintos escapan 75 por la piel abriéndose paso entre el sudor. Tenía que dar con el espejo, tenía que romperlo. Estaría en cualquier parte[14], en todas. Los instantes se alargaban, la libertad se encogía. Convocación para una serie repetitiva de obsesiones: destruir la prisión de las imágenes, simplificarse, volver a ser, volver a estar. Encontró una piedra, cerró los 80 ojos y la arrojó al espacio con más desesperación que fuerza...

Y cayó[15], cayó fulminado.

CUESTIONARIO

PREGUNTAS SOBRE EL CONTENIDO DE "LA ÚLTIMA COINCIDENCIA"

1. Utilizando los verbos **respirar, ligar, sumergir, disputar** y **expulsar**, describa Ud. al protagonista del cuento como nos lo presenta el autor en las primeras líneas.

2.   Relate Ud. la primera coincidencia mencionada por el autor del cuento, utilizando las palabras **solo, pena, vocalizar, cantante, iniciar, renglón** y **simultáneo.**

3.   Describa Ud. la coincidencia que había ocurrido entre la radio y el protagonista, empleando las palabras **tararear, melodía, olvidado, encender, unísono, altura, compás, como si,** y **transmitir.**

4.   Utilizando las palabras **navaja, rasgar, piel, soltar, maullar, fuerza, queja** y **confundir,** cuente Ud. lo que pasó cuando el protagonista se estaba afeitando.

5.   ¿Cómo explicó el protagonista que le hubieran ocurrido tres coincidencias en un solo día? (Incluya Ud. en su respuesta las palabras **destinar, reunir, libre,** y **aparición.**)

6.   Utilizando las palabras **golpear, mohín, nudo, besar** y **alabar,** cuente Ud. el argumento del programa de televisión que vio el protagonista.

7.   Relate Ud. la coincidencia de los dos teléfonos, usando las palabras **atender, dar, timbrazo, agudo, par** y **llamar.**

8.   Describa Ud. la coincidencia que ocurrió entre las luces del automóvil y las lámparas del alumbrado público, empleando las palabras **oscurecer, jalar, interruptor, fracción,** y **encender.**

9.   Usando Ud. las palabras **reflejo, lo demás, extraviar, pasar, cristal, convertir** e **imagen,** explique la idea que se le ocurrió al protagonista.

10.   Explique Ud. lo que ocurrió al final del cuento, usando las palabras **piedra, cerrar, arrojar, espacio, desesperación, fuerza, caer** y **fulminado.**

PREGUNTAS TEMÁTICAS

1. Los Sueños

Hoy en día existe mucho interés en los sueños, y se estudia su importancia, su significación, etc. ¿Cree Ud. que los sueños son importantes? ¿Puede Ud. contar un sueño que haya tenido? ¿Ve Ud. alguna significación simbólica en lo que ocurre en ese sueño?

2. La Programación Televisiva

El programa de televisión que ve el protagonista de "La última coincidencia" no parece ser gran cosa. ¿Le parece a Ud. un programa de televisión típico? ¿Qué opina Ud. de los programas de televisión en general?

3. El Cigarro y el Cáncer

Hoy en día se habla mucho del riesgo de contraer cáncer que corren los que fuman, pero, a pesar de esto, mucha gente sigue fumando. ¿Cómo se explica esto?

OBSERVATIONS

1. Sillón: armchair, easy chair

Silla, sillón, butaca, and **poltrona** are several basic equivalents of "chair." **Asiento** is "seat."

Silla is the most basic word for "chair":

> *La persona que está en la SILLA presidencial cuenta con una*
> *cantidad de asistentes que lo estén asesorando.* (CAR-16:265)
> The person who occupies the presidential chair has a number of
> assistants advising him.

> *Me falta la mesa de comedor con las SILLAS.* (MAD-7:119)
> I need to get the dining table and chairs.

Sillón (m.), literally "big chair," is an armchair, easy chair or stuffed chair:

Todas las compañías grandes aéreas americanas tienen su salita de espera con algunos SILLONES. (LAP-11:114)
All the big American airlines have their waiting room with some easy chairs in it.

Butaca may be used as a synonym of **sillón** when reference is to an upholstered armchair:

Estamos acostumbrados a sentarnos en butacas en restoranes a arreglar el mundo, como se dice. (CAR-3:46)
We're used to sitting down in easy chairs in restaurants and fixing the world, as they say.

Poltrona, a large, overstuffed chair, was a fairly common word in the nineteenth and early twentieth centuries but is now seldom used.

Asiento is the usual equivalent of "seat":

Se fueron para Valencia en el mismo vagón, y se sentaron en el mismo ASIENTO. (CAR-14:222)
They went to Valencia in the same train car, and sat in the same seat.

No te cede nadie el ASIENTO. (LAP-8:86)
No one gives you their seat.

Tome ASIENTO. (LAP-29:356)
Have a seat.

Butaca or **asiento** (but not **sillón** or **poltrona**) may also be used to refer to a theater or movie seat:

El show no pudimos verlo. No encontramos ASIENTO. (HAB-10:274)
We didn't get to see the show. We couldn't find a seat.

El Teatro Municipal tiene BUTACAS muy elegantes, forradas en felpa. (SNT-49:397)
The Municipal Theater has very elegant seats, with plush covers.

Mecedora is "rocking chair" and **silla de ruedas** is "wheelchair":

En la época de antes una vieja estaría en una MECEDORA. (CAR-24:474)
In former days an old lady would be in a rocking chair.

Consuelo está paralítica en una SILLA DE RUEDAS. (MEX-18:246)
Consuelo is paralytic and in a wheelchair.

2. La radio: the radio

Radio has two genders. Some speakers refer to it as **el radio**, others as **la radio**. In Spain **la radio** is more commonly used; in Spanish America there is greater variation, but **el radio** is more commonly heard in the majority of the countries. Some speakers use both genders, referring to the medium as **la radio** and the physical radio or receiver, as **el radio**:

A través de la televisión, LA RADIO, la prensa, le dicen a la persona la ropa que tiene que usar, y lo que tiene que pensar. (BOG-22:299)
Through television, radio and the press, they tell a person what to wear and how to think.

El lenguaje que escuchan en LA RADIO está mal. (SNT-15:244)
The language they hear on the radio is bad.

Yo oí en EL RADIO que uno de los rehenes había logrado escaparse. (CAR-15:238)
I heard on the radio that one of the hostages had managed to escape.

A veces he viajado en buses que llevan EL RADIO del chofer a todo volumen. (BOG-33:456)
At times I've traveled on buses that have the driver's radio turned up full blast.

Ellos ponen EL RADIO aquí y se ponen a estudiar. (BOG-44:622)
They place the radio here and start studying.

Ese botón es de UNA RADIO que se cayó y se rompió. (BA-27:349)
That button is from a radio that fell and broke.

3. Medio: half

Y medio (-a), following the noun to which it refers, is the equivalent of "and a half":

Pesa TRES KILOS Y MEDIO. (BOG-43:606)
It weighs three and a half kilos.

Su esposo se retiró de su trabajo hará UN AÑO Y MEDIO. (BA-5:94)
Her husband retired from his job about a year and a half ago.

Regresamos al Perú al cabo de DOS AÑOS Y MEDIO. (LIM-23:302)
We returned to Peru at the end of two and a half years.

Tardé TRES HORAS Y MEDIA en volver. (MAD-1:5)
It took me three and a half hours to get back.

Medio, placed before a noun with which it agrees, is the equivalent of "half a":

Le servían a uno MEDIO POLLO y MEDIA BOTELLA de vino por cabeza. (BOG-42:594)
They would serve you half a chicken and half a bottle of wine per person.

La clase escribió MEDIA PÁGINA sobre eso. (BA-11:174)
The class wrote half a page on that.

Lo hace en MEDIA HORA. (BOG-10:134)
He does it in half an hour.

La indemnización es de MEDIO MES de sueldo por cada mes de antigüedad. (BA-23:118)
The compensation is half a month's pay for each month of seniority.

Medio used before the name of a city expresses the idea of "a great number of people." For most speakers, this adjective is invariable and does not agree in gender with feminine place names:

Medio Nueva York fue a ver esa película.
Half of New York went to see that movie.

Hablamos con medio Sevilla antes de encontrar ese restaurante.
We spoke to half the population of Seville before we found that restaurant.

La mitad is used to refer to "half of" an object or group of objects. The article **la** is always expressed:

> *Si alguien me pagara cincuenta mil pesos, yo dejo LA MITAD de mi trabajo y hago eso.* (BA-21:37)
> If someone were to pay me 50,000 pesos, I would leave half of my work and do that.

> *El gobierno ha corrido con LA MITAD de los gastos.* (HAB-8:235)
> The government has paid half of the expenses.

> *El sueño es LA MITAD de la vida.* (BOG-19:256)
> Sleep is half of life.

> *Se le hinchó LA MITAD de la cara.* (BA-32:473)
> Half of his face swelled up.

4. Renglones: lines

Renglón, verso, línea, and **raya** are four equivalents of "line."

Renglón is a line of text on a page:

> *Nos dieron el documento, y viene en tres RENGLONES el perfil del profesor.* (SJO-13)
> They gave us the document, and the description of the professor is given in three lines.

> **Hay un error de imprenta en el segundo RENGLÓN del primer párrafo de la página tres.**
> There is a misprint on the second line of the first paragraph of page three.

Verso is a line of poetry:

Hoy serán dos VERSOS y mañana una estrofa, y por fin el chico habrá memorizado toda la poesía. (BA-19:285)
Today it'll be two lines and tomorrow a stanza, and finally the child will have memorized the whole poem.

El romance es una serie de VERSOS octosilábicos con rimas asonánticas en los VERSOS pares. (BA-19:291)
The ballad is a series of eight-syllable lines with assonant rhyme in the even lines.

Línea, the most basic of the equivalents for "line," has a wide range of meaning. It may be used in place of **renglón**. It may mean the mark or stroke made with a writing tool; or refer to communication or transportation lines (such as a telephone line or an airline); or to the lines that form the shape of a figure or object, such as the lines of a geometrical figure, a music staff, a building, a chair, etc.:

Eran tres páginas a maquinilla a espacio sencillo, que son bastantes LÍNEAS. (SJN-6:126)
It was three typed single-spaced pages, which is a lot of lines.

En nuestro diagrama, trazamos una LÍNEA perpendicular a ésta. (MEX-26:359)
In our diagram, we draw a line perpendicular to this one.

Tienes que averiguar cuál de las tres LÍNEAS aéreas te conviene, por el horario. (SNT-45:302)
You have to find out which of the three airlines suits you, according to the schedule.

Los muebles daneses tienen LÍNEAS modernas. (SJN-5:115)
Danish furniture has modern lines.

Raya is more limited in meaning than **línea**. Basicaly it means "stripe," and is used when referring to such things as striped clothing or lined paper, and to short, straight lines in general:

Era una insignia especial que tenía tres RAYAS que significaba jefatura. (SNT-19:306)
It was a special insignia that had three stripes that meant leadership.

Los hombres estaban vestidos de frac del pantalón RAYADO. (BOG-42:593)
The men were dressed in tails, with striped pants.

La malaquita es un material precioso, verde, con RAYAS negras. (BA-29:398)
Malachite is a precious material that's green with black stripes (lines).

A los niños les gusta escribir en papel RAYADO.
Children like to write on lined paper.

5. Buscaban: were looking for

Buscar is one of several verbs that take a direct object in Spanish but must be translated into English by means of a verb and a preposition. Some of the more common verbs of this type are **agradecer**, "thank for," **aprobar**, "approve of," **comentar**, "comment on," **compensar**, "compensate for," **escuchar**, "listen to," **esperar**, "wait for," **llorar**, "cry over," **mirar**, "look at," **operar**, "operate on," **pagar**, "pay for," **pedir**, "ask for," **pisar**, "step on" and **solicitar**, "apply for":

Estuvo Delia, para AGRADECERTE el regalo. (BA-31:460)
Delia was here to thank you for the gift.

Yo eso lo encontré maravilloso; lo aprobé. (SNT-11:197)
I found all of that marvelous; I approved of it.

Yo COMENTÉ lo que me había pasado. (LIM-15:211)
I commented on what had happened to me.

Han tratado de COMPENSAR esa deficiencia. (CAR-3:49)
They've tried to compensate for (make up for) that deficiency.

Lo único que hace es LLORAR la muerte de su hija. (SNT-2:34)
All she does is cry over the death of her daughter.

Desde el momento en que volví a PISAR tierra colombiana dije, "Aquí es mi sitio". (BOG-6:83)
The moment I stepped on Colombian earth again, I said, "This is my place."

Lo OPERARON. Lo acaban de OPERAR. (MEX-31:430)
They operated on him. They've just operated on him.

*Los alumnos que habían sacado un promedio elevado podían
SOLICITAR becas.* (LAP-12:131)
The students who had gotten a high average could apply for
scholarships.

6. Hacía una hora: an hour before

Hace plus an amount of time renders the idea of how long ago something
happened or was happening:

*Usted me preguntaba HACE UN MOMENTO, de las diferencias con
la educación.* (CAR-7:112)
You were asking me a moment ago about the differences in education.

*HACE UN TIEMPO, se declaró la ciudad de Miami oficialmente
ciudad bilingüe.* (HAB-47:717)
Some time ago, the city of Miami officialy declared itself a bilingual
city.

*HACE MUY POCO TIEMPO que llegué aquí. HACE CUATRO
MESES solamente que llegué aquí.* (HAB-7:189)
I arrived here a very short time ago. I arrrived here only four months
ago.

Hacía is used with the pluperfect tense to tell how long before one event
an earlier event happened:

HACÍA MUY POCO TIEMPO habíamos llegado. (BOG-4:60)
We had arrived very shortly before.

HACÍA UN MES que se había casado. (BA-27:331)
She had gotten married a month before.

Ya se había ido HACÍA MUCHO RATO. (SNT-12:207)
He had already left a long while before.

7. La calma: the calm, tranquility

Some words ending in **-ma** are masculine; others are feminine. The following are masculine:

> **aroma, clima** (climate), **coma** (coma), **crucigrama** (crossword puzzle), **diagrama, dilema, diploma, dogma, drama, emblema, enigma, esquema** (scheme), **estigma, fantasma** (ghost), **fonema** (phoneme), **idioma,** (language), **lema** (motto, slogan), **panorama, plasma, poema, prisma, problema, programa, reuma** (rheumatism), **síntoma** (symptom), **sistema, telegrama, tema** (topic), **trauma**

The following are feminine:

> **alarma, alma** (soul), **arma** (weapon), **asma** (asthma), **broma** (joke), **calma, cama** (bed), **cima** (top, summit), **crema** (cream), **Cuaresma** (Lent), **estratagema, fama** (fame), **firma** (signature; firm), **flema** (phlegm), **forma, goma** (rubber), **lágrima** (tear, teardrop), **lima** (nail file), **llama** (flame), **loma** (hill), **norma, paloma** (pidgeon), **pantomima, plataforma, rama** (branch), **rima** (rhyme), **suma** (sum), **trama** (plot), **yema** (egg yolk)

Piyama (pijama) is masculine in Spain and both masculine and feminine in Spanish America. While **pijama** is more commonly used than **piyama** in Spain, Spanish Americans usually say **piyama**. The word is singular in Spanish:

> *No le avisaron al poeta que iban ir a verlo, y fueron hasta la casa y el poeta se asomó en PIYAMA.* (BOG-26:343)
> They didn't notify the poet that they were going to see him and they went to the house and the poet showed up in pajamas.

> *Yo ya andaba con PIJAMA.* (SNT-45:324)
> I already had my pajamas on.

8. Afuera: outside

Since **afuera** is a combination of **a**, "to," and **fuera**, "out, outside," one might expect it to be used only when accompanied by verbs of motion, as in the sentence **Vamos afuera** - "Let's go outside." However, in everyday usage **afuera** and **fuera** are often used indiscriminately:

Sabe ella lo que es TRABAJAR FUERA. (SEV-6:75)
She knows what it is to work outside.

Mi socio como yo TRABAJAMOS AFUERA por lo menos la mitad de las horas del día. (BA-22:83)
My partner and I work outside at least half of the hours of the day.

Las circunstancias me obligarían a IRME AFUERA. (BA-1:27)
Circumstances forced me to go outside.

Yo ME FUI FUERA. (CAR-25:485)
I went outside (away).

When a degree of distance is indicated, as in **más afuera, muy afuera, tan afuera**, only **afuera** is used:

ESTÁN MÁS AFUERA. (BA-3:57)
They're farther out.

Ya no está todo centalizado en una sola parte, sino que ya VA MÁS AFUERA. (SNT-1:11)
It's no longer all centralized in only one place but rather now goes farther out.

Fuera de (not *afuera de*) is the equivalent of "outside of":

He estado estudiando FUERA DE Sevilla. (SEV-10:113)
I've been studying outside of Seville.

Ha salido FUERA DEL país a dar conferencias. (MEX-18:248)
He's gone outside of the country to give lectures.

What has been said of **fuera** and **afuera** may also be applied to **dentro** and **adentro** ("inside").

Furthermore, both **afuera** and **adentro** are used after a noun in a small number of expressions to indicate the area outside or inside the place to which the noun refers, as in **paredes afuera**, "beyond these walls", **mar**

adentro, "out to sea", and **tierra adentro**, "inland":

> *Estuve nadando cinco o seis kilómetros MAR ADENTRO cuando me percaté y me entró un pavor grande.* (SJO-24)
> I'd been swimming five or six kilometers out to sea, when I realized it and became very frightened.

> *Eso se da TIERRA ADENTRO, donde hay menor influencia extranjera.* (BA-24:170)
> That happens inland, where there is less foreign influence.

The plural forms **afueras** and **adentros** occur as nouns referring to the outskirts of a place or to one's inner self, respectively:

> *Dicen que los mejores restoranes de Francia están en las AFUERAS de Lyons.* (CAR-19:367)
> They say that the best restaurants in France are on the outskirts of Lyons.

> **En sus ADENTROS, ella sabía que él no la amaba.**
> In her innermost being, she knew he didn't love her.

9. Se dejó llevar: he let himself be carried away

Llevar and **tomar** are two basic equivalents of "to take." Since **llevar** is basically "to carry," its connotations as a verb meaning "to take" are limited to notions of transportation, of taking something or someone somewhere:

> *Su hermano tuvo la gentileza de LLEVARNOS a tomar helado.* (SNT-53:486)
> His brother was kind enough to take us to have some ice cream.

> *Me LLEVARON al hospital.* (SJO-25)
> They took me to the hospital.

Tomar has a much wider range of meaning that includes, for example, taking medication, transportation (taxi, bus, etc.), a class, an examination, notes and photographs:

Voy a TOMAR MIS PASTILLAS. (SNT-45:317)
I'm going to take my pills.

En Dover se tenía que TOMAR UN TREN para Londres. (LIM-9:136)
In Dover you had to take a train for London.

Decidí TOMAR ESE CURSO de oyente. (SJN-2:35)
I decided to take that course as an auditor.

No tienen que TOMAR EXÁMENES. (SJN-2:43)
They don't have to take any exams.

El poeta le hablaba y ella TOMABA APUNTES. (BOG-26:343)
The poet would talk to her and she would take notes.

No tuve tiempo de TOMAR OTRA FOTOGRAFÍA. (BOG-27:366).
I didn't have time to take another photograph.

10. Timbrazos: rings

The suffix **-azo**, attached here to the noun **timbre** (bell) to indicate a bell ring, is commonly used to indicate a blow given with, or a sound made by, the noun to which **-azo** is attached:

De un BALAZO había muerto la señora. (SNT-24:396)
The woman had died from a bullet wound (**bala** = "bullet").

A los cuatro nos expulsaron de un PLUMAZO. (BA-33:504)
They expelled the four of us with the stroke of a pen (**pluma** = "pen").

A golpe de LATIGAZO se les hacía declarar. (HAB-25:612)
They were made to talk by use of a whiplash (**látigo** = "whip").

Dar is commonly used with **-azo** nouns to describe an action performed with them:

¡Zas! me DA EL PORRAZO en el brazo. (MAD-17:313)
Wham! He hits me on the arm with the club (**porra** = "club").

DA UN PUÑETAZO en la mesa y dice: «¡Pues aquí no hay ovnis!»
(MAD-3:52)
He bangs his fist on the table and says, "Well, there are no UFOs here"
(**puño** = "fist").

Me DAS UN TELEFONAZO, y yo paso a recogerte. (HAB-21:582)
You give me a ring (a buzz), and I'll come by and pick you up.

11. De no haber existido la diferencia: if the difference had not existed

De plus an infinitive may be used as the equivalent of an "if" clause:

*DE NO HABER SIDO abogado, me hubiera gustado haber sido
agrónomo.* (SJN-21:404)
If I hadn't been a lawyer, I would have liked to have been an
agronomist.

*DE EMPEZAR a estudiar, me dedicaría exclusivamente a la
pintura.* (SEV-23:279)
If I were to begin studying, I would devote myself exclusively to
painting.

12. Se le hizo difícil: it became difficult for him

Hacerse, ponerse, volverse, llegar a ser, convertirse en and **ser de** may
all mean "to become."

Ponerse is used only with adjectives and describes an involuntary
emotional or physical state:

*Cuando Carlos Alberto comentaba lo que pasaba, ella SE PUSO
MUY NERVIOSA.* (BA-23 B:119)
When Carlos Alberto was commenting on all that was happening, she
became very nervous.

SE PUSO ENFERMO un familiar suyo. (MAD-7:113)
Someone in her family became ill.

No sé si ofenderme o PONERME CONTENTA. (MAD-11:183)
I don't know if I should be offended or feel happy.

Volverse is also used with adjectives but indicates a more drastic change ("to go crazy"); a lasting change ("The leaves turned red"); an unexpected change ("The hero became cowardly"); or a more sudden change ("They immediately blanched"):

El señor la dejó, y ella SE VOLVIÓ LOCA. (MEX-3:51)
The man left her, and she went crazy.

Le dije que a mí no me gusta la avaricia. Y desde entonces se reformó y SE VOLVIÓ GENEROSO. (BOG-38:521)
I told him I don't like greed. And from then on he mended his ways and became generous.

¿SE VUELVE CIEGA? (BA-30:423)
Does she go blind?

Hacerse, used with reference to persons, indicates that one has become something purposely, through one's own efforts:

ME HICE MAESTRA. (HAB-6:165)
I became a teacher.

No todos tienen la intención de HACERSE MILLONARIOS de la noche a la mañana. (SNT-5:102)
Not everyone has the intention of becoming a millionaire overnight.

Quise HACERME ESPECIALISTA antes de HACERME MÉDICO. (MEX-8:100)
I wanted to become a specialist before becoming a doctor.

Hacerse and **ponerse** may both be used to refer to a turn of events, such as a change in a situation, in a plot, etc. In such sentences **hacerse** is the more "neutral" of the two verbs and indicates nothing beyond the fact that the change took place. **Ponerse**, on the other hand, indicates either a greater personal involvement on the part of the speaker or a more sudden, immediate turn of events:

El mundo, a pesar de contar con todos los recursos técnicos, SE HA HECHO peor. (CAR-18:336)
The world, in spite of having all its technical resources, has become worse.

La vida SE HA PUESTO más costosa. (BOG-19:251)
Life has become more expensive.

La profesión tiene que HACERSE más científica. (SNT-48:389)
The profession has to become more scientific.

El asunto SE ESTÁ PONIENDO feo. (BA-27:319)
The matter is becoming ugly.

Llegar a ser is "to become" in the sense of "to get to be." It indicates the culmination of a process and often implies outside influence. It is commonly used with reference to achieving a certain career or position:

Una vez que Ud. LLEGÓ A SER INSPECTORA, ¿cúales fueron sus funciones? (HAV-8:216)
Once you got to be an inspector, what were your duties?

Me matriculé en ingeniería y LLEGUÉ A SER INGENIERO. (SNT-40:203)
I enrolled in engineering and I got to be an engineer.

Mi última meta es LLEGAR A SER INTÉRPRETE. (LIM-8:119)
My ultimate goal is to become (get to be) an interpreter.

Convertirse en is used only with nouns; it means "to become" in the sense of "to turn into":

El caso SE CONVIRTIÓ EN una cuestión de política del gobierno. (SJN-21:407)
The case became (turned into) a question of government politics.

Mi madre SE CONVIRTIÓ EN abuela. (LIM-8:126)
My mother became a grandmother.

La guerra SE HA CONVERTIDO EN algo mucho más serio, SE HA CONVERTIDO EN en la inminencia de una catástrofe mundial. (MAD-10:172)
War has turned into something much more serious, it has become a possible threat of a worldwide catastrophe.

Hacerse followed by a noun is a synonym of **convertirse en**; it is especially used with changes in nature from one physical state to another (ice to water, water to steam, etc.):

Se sentía que SE IBA HACIENDO hombre. (Car-21:410)
He felt he was gradually becoming a man.

Madrid SE ESTÁ HACIENDO una ciudad antipática. (MAD-4:72)
Madrid is becoming an unpleasant city.

La crítica SE HA HECHO un elemento de la cotidianidad. (CAR-3:47)
Criticism has become an everyday thing.

A cierta temperatura el agua SE HACE hielo.
At a certain temperature water becomes ice.

Ser de and **hacerse de** are used to ask what has become of, or what the present status is, of someone or something. While **ser de** is used in both simple and compound tenses, **hacerse de** is used primarily in compound forms (present perfect, future perfect, etc.):

Dime, pasando a otra cosa, ¿QUÉ ES DE tu hermana? (LIM-13:184)
Tell me, changing the subject, what's become of your sister?

¿QUÉ ES DE tu vida? (BA-24:141)
What's going on in your life?

No sé QUÉ SERÁ DE la gente. (CAR-6:94)
I don't know what's become of the people.

¿QUÉ VA A SER DE usted más adelante? (SNT-15:243)
What's going to become of you later on?

¿Qué ha sido de María?
¿Qué se ha hecho de María?
What's become of Mary?

13. Romper: to break

Romper is very widely used in Spanish as the equivalent of "to break" in all meanings of the verb, whether physical or figurative:

Un niño ROMPIÓ UNA BOTELLA. (MEX-5:74)
A child broke a bottle.

El profesor tuvo un accidente, y SE ROMPIÓ UNA PIERNA. (BA-4:72)
The professor had an accident and broke a leg.

Es muy difícil ROMPER UNA TRADICIÓN. (BOG-11:158)
It's very difficult to break a tradition.

Estos artistas ESTÁN ROMPIENDO CON LO ANTERIOR. (SJN-5:113)
These artists are breaking away from what preceded.

Quebrar may be used in place of **romper**, but is less common. It is used primarily with reference to breaking something that is non-flexible, such as glass, bone, or fragile objects in general:

Acababan de QUEBRAR UN VIDRIO inmenso, un escaparate. (SNT-35:98)
They had just broken an immense piece of glass, a store window.

Se QUEBRÓ UN BRAZO. (CAR-22:438)
He broke an arm.

Quebrantar (noun = **quebrantamiento**) may be used as a synonym of **romper** when reference is to a moral or legal violation (as in breaking the law, one's word, a promise, etc.), or when "to break" means "to weaken," as when speaking of breaking one's morale:

Lo contrario del respeto es el QUEBRANTAMIENTO DE LOS VALORES en lo personal. (SJO-16)
The opposite of respect is the breaking down of personal values.

Ese mensaje QUEBRANTÓ LA MORAL de los soldados.
That message broke the soldiers' morale.

El dique QUEBRANTÓ LA VIOLENCIA del oleaje.
The dike broke (weakened) the violence of the waves.

Al hacer eso, HAS QUEBRANTADO TU PALABRA.
By doing that, you've broken your word.

Su SALUD ESTÁ QUEBRANTADA.
His health is bad.

Romper a followed by an infinitive means "to break (burst) into":

Todos ROMPEN A LLORAR.(SNT-30:509)
They all break into tears.

14. En cualquier parte: anywhere

Parte, sitio, lugar, and **lado** are all used to express the notion of "where" in the expressions "somewhere," "nowhere," "everywhere," "anywhere":

EN ALGUNA PARTE he leído que se dice "icono". (BA-29:399)
I've read somewhere that they say "icon."

No vamos A NINGUNA PARTE. (SNT-50:412)
We're not going anywhere.

Se veía la pobreza POR TODAS PARTES. (SEV-7:86)
You could see poverty everywhere.

Lado, lugar, or **sitio** could replace **parte** in the above sentences. The definite article **los** is used in the expression **todos los lugares** and may be used or omitted in **todos (los) sitios** and **todos (los) lados**:

Los guías de turistas están EN TODOS LOS LUGARES, hablando en voz alta. (MEX-15:198)
The tourist guides are everywhere, talking loud.

Los sábados por la noche hay menos gente EN TODOS LOS SITIOS. (MAD-19:358)
Saturday nights there are fewer people everywhere.

Eso es normal EN TODOS SITIOS actualmente. (SEV-3:30)
That's normal everywhere nowadays.

Tuve que pedir orientación POR TODOS LADOS. (MEX-16:208)
I had to ask for directions everywhere.

Hay sesenta autobuses que recogen los niños POR TODOS LOS LADOS. (MAD-18:318)
There are sixty buses that pick the children up everywhere.

15. Cayó: he fell

The differences between **caer** and **caerse** are at times rather subtle. Basically, **caer** is more "cut-and-dried" than **caerse** and indicates only a vertical movement downwards:

Hay veces que CAE la lluvia y el sol vuelve a salir. (HAB-12:356)
There are times when the rain falls and the sun comes out again.

Como ellos dirigen el paracaídas, CAEN justo en donde deben CAER. (CAR-15:252)
Since they are directing the parachute, they fall exactly where they should fall.

Si un cuerpo cualquiera CAE con una velocidad B, todas sus partes tienen que CAER con la misma velocidad. (SJN-23:454)
If a body falls at B speed, all its parts have to fall at the same speed.

Ese día CAYÓ la primera nevada. (SJN-9:176)
That day the first heavy snow fell.

Caerse, on the other hand, is used to indicate movement from a vertical to a horizontal position. In English one often says "to fall down," or "to fall over," rather than merely "to fall":

SE CAYÓ y se levantó y siguió nomás; al rato SE CAYÓ otra vez. (BA-4:76)
She fell down and got up and just continued on; a while later she fell down again.

Esa casita ESTÁ CAYÉNDOSE. (SJO-2)
That little house is falling over.

Caerse is also used when reference is to something that has come loose from what formerly held it in place or from where it would normally be, as when referring to losing teeth, hair, etc. or to falling off or down from a place, etc.:

Con esos huracanes tan terribles puede haber apagones cuando SE CAEN postes. (BOG-19:255)
With those terrible huracanes, there can be blackouts when lamp posts fall over.

SE ME CAYÓ UN DIENTE. (BA-27:355)
One of my teeth fell out.

Tengo un hermano que SE CAYÓ de un balcón y se quedó sordomudo. (MAD-16:278)
I have a brother who fell off a balcony and was left a deaf-mute.

EXERCISES ON OBSERVATIONS

1. That diagram the author made of the form of his epic poem does not show the problems one encounters in the plot. **2.** If (do not use *si*) I don't find the cigarettes on the back seat of my car, I'll look for them in the kitchen, on the chairs, on the radio, everywhere, until I find them. **3.** In his mind all circumstances had become reflexions in a pane of glass, and he had changed into nothing more than an image of himself. **4.** The situation has become absurd, but, don't worry, his resistance is not broken. **5.** When we were outside, he tried to hit me with his cane (use -*azo* construction), but I moved, and he barely grazed my skin. **6.** There were some strange lines on those branches that he took inside. **7.** Half an hour ago she checked her watch and then made herself comfortable in that armchair. **8.** She will not be able to tear herself away from that magazine article until she comments on every line. **9.** "The staff on which music is written has five lines, not five and a half," he said. **10.** If (do not use *si*) he had fallen down and broken a leg, he would not have been able to go outside to take a cab. **11.** It was getting dark when he reached the outskirts of the city, and the radio in his car was on, turned halfway up ("at half volume"). **12.** She realized she had nothing anywhere to compensate for her anguish and anxiety. **13.** When no one thanked her for her heroism, she became very sad and burst into tears. **14.** A little further inside, on top of the radio, there was a vase that broke when she struck it with her fist (use -*azo* construction). **15.** When they told the singer who was crying over her sorrows that half of Bogota had bought tickets to her concert, she suddenly became very happy. **16.** I don't like the lines of half of those rocking chairs. **17.** I wonder what became of that man who became famous when he broke all those mirrors; I hear he went mad. **18.** When we came across some apples that had already fallen from the branches, some of our guesses became truths. **19.** Do you think that if (do not use *si*) we had pulled on the light switch in the car, the street lights would have gone on somewhere? **20.** It turned out that the detective's rival had taken one and a half pounds of chocolates to the girl two hours before (do not use *antes*). **21.** Half an hour ago, while he was shaving with his new razor, he received a telegram that is an enigma and seems to have caused him a trauma. **22.** He became worried when it became difficult for his grandmother to breathe, but he didn't take her anywhere. **23.** "Let us not forget that only half of the explorers traveled inland," he said, fixing the knot on his tie. **24.** If (do not use *si*) we take this phenonenon as a coincidence, no one anywhere will grant it any more importance than would be granted to a vague dream.

USES OF *SER* AND *ESTAR*

I.   GENERAL STATEMENT

The uses of **ser** and **estar** are best considered with relation to the three possible functions of these verbs as principal, auxiliary and attributive verbs. Once this distinction has been made, it will be seen that it is as attributive verbs that **ser** and **estar** present the greatest difficulty to the English-speaking student of Spanish. This difficulty is minimized, however, when the **ser-estar** contrasts are made within the confines of the attributive function of these verbs.

II.   *SER* AND *ESTAR* AS PRINCIPAL VERBS

Ser and **estar** may be used as principal, or main, verbs, that is to say, as verbs functioning independently and as distinct in their own particular meanings as are **comer**, **nadar**, **leer**, etc. Used as a principal verb, **ser** means "to exist" or "to take place":

Los conciertos no SON AQUÍ solamente, sino que SON EN TODOS LOS PUEBLOS. (SJN-17:350)
The concerts are not only here but are in all the towns.

La conferencia ES EN LA SALA Barros Arana, a las siete de la tarde el viernes veintisiete. (SNT-43:278)
The lecture is in the Barros Arana Room, at 7 p.m., Friday, the 27th.

Las actividades extracurriculares no SON EN EL SALÓN DE CLASE pero son actividades educativas. (SJN-14:287)
The extracurricular activities are not in the class room but they are educational activities.

Estar, on the other hand, means "to be located":

El colegio ESTÁ EN LA CALLE BETIS. (SEV-14:165)
The school is on Betis Street.

La estatua ESTABA EN LA PLAZA. (CAR-23:461)
The statue was in the square.

It will be noted in the above sentences, that **estar** indicates the physical location of something in space, while **ser** refers to the existence of an event, to something that takes place in time. Thus, the subjects of **estar** refer to physical objects, a school, a statue, while the subjects of **ser** refer to events, to playing a concert, delivering a lecture, carrying out extracurricular activities.

Thus, ¿**Dónde es la clase?** means "Where is the class" in the sense of "Where does the class take place?," while ¿**Dónde está la clase?** asks for the location of the class as a group of people. Similarly, ¿**Dónde es la salida?** means "How does one get out of here?", while ¿**Donde está la salida?** asks where the physical exit, the exit door, is located.

This contrast is always possible with words that can be used to refer either to an event or to something physical. A party, for example, could be understood to mean either the merrymaking that goes on for a number of hours or the group of people and the objects that are present at what is called a "party." Thus, ¿**Dónde es la fiesta?** and **La fiesta es en mi casa** refer to a party as an event, while ¿**Dónde está la fiesta?** and **La fiesta está en mi casa** refer to a party as a physical group of people and objects.

It should be noted, further, that at times the location to which **estar** refers may be figurative, as illustrated in the following examples:

Nosotros ESTAMOS EN UNA SITUACIÓN similar. (CAR-25:497)
We are in a similar situation.

ESTAMOS EN UNA ÉPOCA de transiciones. (CAR-36:642)
We're in a period of transition.

El maestro tiene que ESTAR AL DÍA con todo. (CAR-8:121)
The teacher has to be up-to-date in everything.

Quiere ESTAR EN TODO. (CAR-35:621)
He wants to be involved in everything.

III. *SER* AND *ESTAR* AS AUXILIARY VERBS

The contrast between **ser** and **estar** as auxiliary verbs is of importance with respect to the use of these two verbs followed by a past participle. An auxiliary verb is here defined as the first element of a verbal periphrastic construction, that is to say, a combination of two verbs (sometimes with an intervening preposition) to refer to a single notion. The first verb of such a combination has lost some or all of its original meaning and functions in a purely grammatical manner, while the second verb retains its entire meaning.

Ser and **estar**, used as auxiliary verbs, do not retain their original meanings of "to exist," "to take place" **(ser)** and "to be located" **(estar)**. They do, however, retain enough of their original meanings to produce the passive voice, in the case of **ser** and a resultant state, in the case of **estar**.

Ser + past participle forms the passive voice. **Ser** in this construction contributes a notion of something taking place, of a happening, while the past participle contributes the basic verbal meaning, and the two forms unite to denote that something happens to the subject of the verb. For example, the statement **El vaso fue roto** means that the act of breaking happened to the glass, that "the glass got broken."

On the other hand, **estar**, when combined with a past participle, indicates that the action indicated by the past participle has already occurred, and reference is to the state that has resulted from that action. **Estar**, then, retains a certain notion of location, although this location is not physical but is rather "location" in a state or condition. Thus, **El vaso está roto** is a statement referring to a glass that is now in a broken state as the result of having been broken at some previous time; the act of breaking is not now in progress.

Note that in the passive voice **(El vaso fue roto)** there is only one time reference; **fue** and **roto** both refer to the same moment. In the resultant state, on the other hand **(El vaso está roto)**, two distinct time references are discernible; the time of **está** is not that of the time of action of **romper**. **Está** refers to the present moment, while **roto** refers to the result of an action that took place before the present moment. The following examples illustrate this contrast between passive voice, with action **(ser)**, on the one hand, and resultant state, with no action **(estar)**, on the other.

> *Este mecanismo ES ACCIONADO por una bomba eléctrica.* (SNT-39:196)
> This device is activated by an electric pump.

> *El Himno Nacional mexicano FUE ESCRITO por un catalán.* (MEX-15:198)
> The Mexican national anthem was written by a Catalan.

> *El tratado FUE APROBADO por el congreso.* (BOG-7:96)
> The treaty was approved by the congress.

> *Esa obra ESTÁ BIEN ESCRITA.* (SJN-17:327)
> That work is well written.

> *Aunque no ESTABA APROBADO el proyecto, nosotros fuimos a las escuelas.* (SJO-9)
> Although the project wasn't approved, we went to the schools.

> *Si venís a las ocho, ESTÁ TODO CERRADO.* (BA-27:340)
> If you come at eight, everything is closed.

IV. *SER* AND *ESTAR* AS ATTRIBUTIVE VERBS

It is in their function as attributive verbs, as verbs that indicate that a noun or adjective refers to the subject of the sentence, as in **Juan es médico** or **Juan está enfermo**, that the **ser/estar** contrast is most subtle and requires special attention on the part of the non-native Spanish speaker. Basically, the difference between **ser** and **estar** as attributive verbs lies in the fact that **ser** links its subject with something considered to originate in the subject, while **estar** links its subject with something imposed upon the subject from without.

To state **Juan es alto**, for example, is to state that **alto** originates from, and thus is an intrinsic part of, Juan. To state **Juan está enfermo**, on the other hand, is to state that the quality described by the word **enfermo** does not originate from Juan but is rather imposed upon him from without.

Although some adjectives can refer only to a condition imposed upon the subject from without (e.g. **lleno**, as in **El vaso está lleno**), there are many adjectives that may be used to refer either to an inherent part of the subject **(ser)** or to a quality or condition imposed upon the subject from without **(estar)**, as illustrated in the following examples:

Como pueblo, ES LIMPIO. (SNT-19:320)
As a people, they are clean (in their habits).
Todo ESTÁ MUY LIMPIO. (HAB-15:465)
Everything is very clean.

-¿Cómo es el cielo? -El cielo ES AZUL. (HAB-12:352)
"What's the sky like?" "The sky is blue."
El cielo ESTÁ GRIS. (BOG-45:638)
The sky is gray (i.e., looks like it might rain).

Las salas SON OSCURAS, chiquitas; no es lo que era el otro hospital. (MEX-7:95)
The rooms are dark and vey small; it's not what the other hospital was.
Al final de la novela entra al cuarto, y el cuarto ESTÁ OSCURO. (SJN-4:105)
At the end of the novel he enters the room, and the room is dark.

ES GORDO mi hermano. (SNT-46:350)
My brother is fat.
No lo veo hace tiempo, pero ahora ESTÁ GORDO. (SNT-46:350)
I haven't seen him for a long time, but he's fat now.

With certain adjectives the difference between **ser** and **estar** is reflected in the English translation of the Spanish adjective, so that **ser aburrido** means "to be boring," while **estar aburrido**, means "to be bored," **ser cansado** means "to be tiring," while **estar cansado** means "to be tired,", etc. Note the following examples:

> *Estoy llevando un curso que ES MUY ABURRIDO.* (SJN-8)
> I'm taking a course that is very BORING.
> *ESTÁ ABURRIDO en el colegio.* (SNT-15:243)
> He's BORED at school.

> *El viaje ERA MUY CANSADO para los niños.* (CAR-20:381)
> The trip was very TIRING for the children.
> *ESTOY UN POCO CANSADO.* (SNT-7:139)
> I'm a little TIRED.

> *Por SER bastante DESPIERTO, comprende ciertas cosas.* (BA-8:133)
> Because he's quite BRIGHT, he understands certain things.
> *Siempre que yo ESTOY DESPIERTA, él ESTÁ también DESPIERTO.* (HAB-49:744)
> Whenever I'm AWAKE, he's also awake.

> *ERA más LISTO que inteligente.* (MAD-17:307)
> He was more CLEVER than intelligent.
> *Todas las cosas ESTÁN LISTAS.* (CAR-12:204)
> Everything's READY.

> *Bety ES VIVA.* (BA-27:359)
> Betty is LIVELY.
> *Mi abuela todavía ESTABA VIVA.* (SJN-6:126)
> My grandmother was still ALIVE.

> *ES SEGURO que os la compran.* (SEV-7:85)
> It's CERTAIN (a sure thing) that they will buy it from you.
> *Esta cartera ES SEGURA, porque tiene cierre.*
> This purse is SAFE because it has a zipper.
> *Me parece que es Carlos, pero no ESTOY SEGURO.* (BOG-22:297)
> I believe it's Carlos, but I'm not SURE.

Agustín, el que ERA MÁS SEGURO, pasa a ser después el más inseguro. (SNT-55:511)
Agustín, the one who was the most DEPENDABLE, later becomes the most independable.

Estar is often found with an adjective that represents the speaker's personal reaction or evaluation. In such a case the adjective represents an idea imposed upon the subject of **estar** by the speaker rather than an intrinsic characteristic of the person or thing referred to:

La piececita esa de Nat King Cole ESTÁ BUENA. ESTÁ BONITA.
(HAB-21:599)
That piece by Nat King Cole is nice. It's pretty.

La charla ESTÁ MUY INTERESANTE. (BOG-30:400)
The talk is very interesting.

El almuerzo ESTUVO MAGNÍFICO. (BOG-45:634)
The lunch was wonderful.

Los puestos no existen, o si existen, ESTÁ MUY DIFÍCIL llegar a ellos. (MAD-8:129)
The positions don't exist, or, if they exist, it's very difficult to get them.

ESTUVO BIEN CURIOSO el término que usó. (SJN-7:149)
The term he used was very curious.

The above sentences could also be expressed with **ser**, and, indeed, would more commonly be so expressed. In such a case, the speaker would be defining rather than reacting, and the more personal note, present with **estar**, would be absent.

In all of the sentences given in this section to illustrate the use of **ser/estar** as attributive verbs, an adjective or adjectival expression follows the verb. When a noun or pronoun follows, only **ser** is used. This is so because nouns and pronouns refer to objects, not to concepts, and objects cannot depend for their existence upon the speaker's reaction nor can they be imposed upon the subject from without; nouns and pronouns can only be used to define the subject. Note the following examples, none of which permits the use of **estar**:

ES ALUMNO del Departamento de Educación. (SNT-6:104)
He's a student in the Education Department.

El libro ES MÍO. (SNT-12:208)
The book is mine.

La familia ES UNA UNIDAD. (CAR-25:498)
The family is a unit.

Even when modified by an adjective that would require the use of **estar**, (**estar lleno**, for example), a noun must be preceded by **ser**:

ES UNA CALLE LLENA de todo lo que se imagina. (BA-15:235)
It's a street filled with everything one can imagine.

Ellos ERAN GENTE ENFERMA. (LAP-25:289)
They were sick people.

Occasionally **estar** will be encountered with what appears to be a noun. In such cases, however, the noun is being used in an adjectival sense. For example, when one says **Juanito ya está hombre, hombre** is not the noun "man" but rather an adjective meaning "all grown up." Juanito is not being defined as a man (he may, in fact be no more than 14 or 15 years old), but is rather being described as having acquired qualities normally associated with an adult.

Furthermore, the restriction against the use of **estar** with a noun does not, of course, refer to a subject noun that follows **estar**:

Es la pura voz no más; no ESTÁN LOS GESTOS, no ESTÁ LA EXPRESIÓN. (SNT-52:445)
It's just the voice; the gestures aren't there, the expression isn't there.

¡Así ESTÁ LA SECUNDARIA ahora! (SJO-13)
That's what high school is like now!

¿A cómo ESTÁ LA PESETA? (SJO-20)
What's the exchange rate for the peseta?

Ser is used in defining something, since definitions simply state that one thing is equivalent to another:

Hoy ES lunes, veintinueve de octubre. (CAR-12:193)
Today is Monday, October 29th.

El que es amigo de ella SOY yo. (CAR-23:467)
The one who is her friend is I (me).

Ahí ES donde trabajo. (SNT-3:65)
That's where I work.

Así ES como yo lo veo. (SJN-1:22)
That's the way I see it.

In the above sentences "today" is defined as "Monday," the subject of **soy** is defined as **yo, ahí** is defined as the place in which I work, and **así** is defined as the way in which I see it.

Since all time expressions are definitions, they occur only with **ser**:

ES DE NOCHE. (HAB-36:662)
It's nighttime.

ERA VERANO. (CAR-3:48)
It was summer.

ERA DOMINGO en la tarde. (MEX-15:203)
It was Sunday afternoon.

Ya SON LAS OCHO. (BA-27:353)
It's already eight o'clock.

In all of the above time expressions the subject of the verb is understood to be something that is equal to the expression that follows the verb. **Es de noche,** for example, is a definition of the time as "nighttime"; **era verano** is a definition of the season as "summer"; **era domingo** defines the day as Sunday and **son las ocho** defines the hour (**horas**) as "eight."

V.   SUMMARY

In order to determine whether a Spanish sentence requires the use of **ser** or **estar** as an equivalent of the English verb "to be," one must first determine the function of the verb. If "to be" is a synonym of "to be located," or "to take place"/"to exist," then the verb is functioning as a principal verb, and **estar** is used to express the notion of location, while **ser** is used to express the idea of occurrence or existence.

If, on the other hand, the verb "to be" occurs with a past participle, it is functioning as an auxiliary verb, and the contrast between **ser** and **estar** is that between the passive voice **(ser)** and resultant state **(estar)**.

Finally, if the verb "to be" is functioning as an attributive verb (also called "copula" or "linking verb"), the distinction between **ser** and **estar** may be made by determining whether the predicate adjective following the verb "to be" describes something that originates in the subject of the verb, in which case **ser** is used, or whether it describes something that is imposed upon the subject of the verb from without, in which case **estar** is used.

It should be noted, however, that there are cases in which the same word may be used in more than one way, thus making possible the use of **ser** or **estar** in accordance with more than one of the functions described above. An example of this is the Spanish equivalent of the English word "married," **casado,** which can be understood as the past participle of the verb **casar** or as an adjective that is the opposite of **soltero,** "single." If **casado** is functioning as a past participle, the function of **ser** or **estar** in combination with **casado** would be that of an auxiliary verb, and the distinction between the two verbs would be a contrast between passive voice **(ser)** and resultant state **(estar)**:

El momento después del cual fuiste casado por el cura, estabas casado.
The moment after you were married by the priest, you were married.

If, on the other hand, **casado** is the adjective "married," the opposite of "single," the function of **ser** or **estar** in combination with **casado** would be that of an attributive verb, and the contrast between **ser** and **estar** would be one between something originating in the subject of the verb **(ser)** and something originating outside of the subject **(estar),** as illustrated in the following examples:

¿Es Ud. casado o soltero?
Are you married or single (asked, for example, by someone filling out a form)?

¿Sabías que nuestro amigo Juan está casado ahora?
Did you know that our friend Juan is married now (has gotten married)?

GRAMMAR EXERCISES

1. It was a strange piece of news, something between what is agreeable and what is bothersome, but it turned out not to be for us. **2.** It's late, and I'm sure dinner is ready and everyone is here. **3.** Is this where you thought you were in the center of a mirror and that you were only a reflection? **4.** The song that was on the radio was old, and the words were pronounced by the vocalist as if she were reading them, but I was moved by the melody. **5.** The program was so elementary and absurd that I was bored. **6.** The date of the wedding is certain; it will be on the 23rd of July, which is a Wednesday. **7.** He was barely awake when he heard three rings, which were short and sharp. **8.** How was the movie? It was very interesting, but it was badly dubbed, and the screen was too small and the sound was only half turned up ("at half volume"). **9.** "Is the party here?" the singer asked. "No, it's in the next house," someone answered. **10.** He's a sick cat and he's tired; that's why he's mewing with such force; it's a kind of complaint. **11.** We're already in winter, and our defense system is still not complete, and the explanations for this are very vague. **12.** She was deeply into the reading of some theories that were hard to fathom. **13.** It was the third time the coincidences had occurred, so the two previous ones were now more important. **14.** George! I hardly recognized you! You're so thin, and you're a little bald now. Are you married? **15.** My brother is very clean; his clothes are always clean, and his room is never dirty. **16.** "Is my sister here?" the man who was at the door asked in a voice that was soft and cultured. **17.** The fight was in the street; it was night, it's true, but it wasn't very dark. **18.** The atmosphere was tranquil; it was afternoon and my thoughts were separated from what I was reading. **19.** She was uncomfortable because the bridge was not safe. **20.** This is where I put my watch so that it would be safe, but it isn't here now. **21.** It must have gotten lost when you were obsessed with the idea that you were in the center of a mirror. **22.** There was again a buzzing in her head that was now more annoying than ever. **23.** Since we were convinced the man was a detective, we avoided saying anything that was of any importance. **24.** I haven't shaved yet, because my razor is broken. **25.** I'm surprised you're capable of having such anxieties. **26.** When he saw it was already six thirty and no one was ready, he squirmed a bit in his chair, which was uncomfortable. **27.** He was fixing the knot in his tie, which was almost undone. **28.** She was persuaded by those friends who were loyal to her that the only refuge that was secure was on the other side of the river. **29.** Her throat was tight and painful, and she was very worried. **30.** We could see that her lips were cut, and that her blouse was torn. **31.** He shouted, "Who is it? Who's there?" and the response was, "It's us."

VOCABULARIO

VOCABULARY

All items, whether Spanish-English or English-Spanish, are included in one vocabulary. Spanish items are in boldface. Genders of nouns are indicated solely in English-Spanish entries and only for Spanish nouns ending in something other than the masculine -o or the feminine -a. For the sake of alphabetization the Spanish letters ch, ll and rr are considered as two-letter formations, and the ñ is treated as "n". Elementary vocabulary is not included, nor are obvious Spanish-English cognates given.

A

a medida que as
a solas alone
a través de through
abajo bottom; down
abandon abandonar
abdomen vientre (m.)
abdominal abdominal
abduct raptar
abeja bee
abigeo rustler
ability habilidad (f.)
abismo abyss
able: be able poder (ue)
abogado lawyer
abollar dent
abono installment, payment
aborrecer hate
about to a punto de
above sobre
abrazar hug
abrazo embrace
abrirse paso make one's way
abruptly con brusquedad
absolute absoluto
absolve absolver (pp absuelto)
absorb absorber
absorbed abstraído
absorbido contained
abstain abstenerse de
abstraído absorbed, engrossed
absuelto absolved; acquitted
absurd absurdo
abultado bulky
aburridero bore
aburrido bored
aburrimiento boredom
abuse abusar de
acabar de have just
acabar end up; acabarse be all

over
acariciar caress, rub
acaso: por si acaso just in case
accept aceptar
accident accidente (m.);
   accident victim accidentado
accidentado accident victim
acclaim aclamar
accompany acompañar
accomplice cómplice
according to según
account monta
account: take into account
   tomar en cuenta
accusation acusación (f.);
   (legal) denuncia
accuse acusar; accused bajo la
   acusación de
acera sidewalk
acerca de about
acercar bring (place) close;
   acercarse approach, get
   close
acero steel
ache doler (ue)
achieve conseguir; achieve
   success tener éxito
acometer undertake
acomodarse get comfortable
acompañante escort
aconsejar advise
acontecimiento event
acopio: hacer acopio gather
   up, stock up on; hacer
   acopio de fuerzas gather up
   one's strength
acordarse remember
acosar harrass
acostumbrado usual,
   customary
acostumbrar accustom;

acostumbrarse get used to
acreedor creditor
across: come across **dar con**
act **acto**
act the role **hacer el papel**
acting **actuación**
action **acción** (f.); **acto**
actress **actriz**
actual present day
actualmente presently,in the
  present day
actually **en realidad**
acudir come, go (in response)
acuerdo agreement; **ponerse
  de acuerdo** agree, come to
  an agreement
acumulador storage battery
add **agregar**
address **dirigirse a**
adelantarse a step ahead of;
  step forward
adelante go on in; **más
  adelante** later on; **salir
  adelante** get ahead
además besides
adenocarcinoma adeno-
  carcinoma, cancer in a gland
adentro inside
adjudicar assign
admirador admirer
admirarse be surprised
admission **entrada**
adopt **adoptar**
adormecimiento sleepiness
aduana customs
adult **adulto**
advanced **avanzado**
advantage **ventaja**
advertir warn; notice
advertising **anuncio**
advice **consejo**

advise **aconsejar**
afeitar shave
aferrar seize, grasp
affection **cariño**
aflorar rise to the surface
afraid: be afraid **tener miedo
  (de)**
afrenta insult
afternoon **tarde** (f.)
aftershave lotion **loción** (f.)
  para después de afeitarse
afuera outside
agacharse stoop over
again **otra vez, de nuevo**
against **contra**
agarrar grab
Agatha **Agueda**
age **edad** (f.)
agent **agente**
agitado restless
agitation **alboroto**
agnostic **agnóstico**
agradable agreeable, nice
agreeable **agradable**
agreement **acuerdo**
agregar add
agresiones assault
aguantarse restrain oneself
agudo sharp
aguijón stinger
ahogar choke
ahondarse deepen
ahorrar save
ahulado rubber-coated; oilskin
air **aire** (m.)
airado angry
aislado isolated
aislar insolate
ajeno someone else's
alabar praise
alacena cupboard

alargarse lengthen
alarmante alarming
alboroto agitation, excitement
alcance reach; **a su alcance** within his reach
alcantarilla gutter
alcanzar catch; manage
alegato allegation, plea
alegría happiness
alejar remove, take away, move away; **alejarse** walk off
alentar encourage
alert **alerta**
alfiler pin
alfombra rug
algarabía commotion
alivio relief
all at once **de una vez**
all by yourself **solito y su alma**
allá: más allá beyond
allegation **alegato**
alley **callejón** (m.), **callecita**
allow **permitir**; allow one's mind to wander **distraerse**
alma soul; **solito y su alma** all by yourself
almanaque calendar
almibarado syrupy
almidonado starched
almorzar have lunch
almost **casi**
almuerzo lunch
alone **solo**
along **a lo largo de**
aloof: remain aloof **hacer el vacío**
alot **mucho**
alphabetical **alfabético**
already **ya**
alrededor: a su alrededor
around him
altar **altar** (m.)
alterar alter; **alterar el orden** disturb the peace
altercado argument
alternative: have no alternative **no tener más remedio**
although **aunque**
alto high
altura level; height; **a estas alturas** by this time; **a la altura del mismo compás** with the same beat
alucinación hallucination
alumbrado lighting
always **siempre**
alzar lift
ama de casa housewife
amargado bitter
amargo bitter
amarillo yellow; **páginas amarillas** scandal sheets
amaze **asombrar**
ambiente atmosphere
ambos both
ambulante walking
amenaza threat
amenazar threaten
among **entre**
amoroso loving
amount **cantidad**
amparo shelter
amused **divertido**
analysis: in the final analysis **a fin de cuentas**
anchas: a sus anchas at leisure
anciano very old
ancient **antiguo**
andanza adventure
andar walk; go around; **andarse** go away

andrajo rag
andurriales remote area, out-
of-the-way place
angel **ángel** (m.)
anglosajón Anglosaxon
Anglo-Saxon **anglosajón**
angry **enojado, airado**; become
angry **enfadarse**
anguila eel
anguish **angustia**
angustiado in anguish
angustioso distressing
animal **animal** (m.)
animar talk into
ánimo desire; mood; **estado de
ánimo** state of mind
announce **pregonar**
announcement **anuncio**
annoyance **disgusto**
annoying **pesado**
anochecer (m.) nightfall; (verb)
get dark
anotar note; write down
ansia anxiety
ansioso worried
answer (noun) **respuesta**;
(verb) **contestar, responder**;
(phone) **atender (ie)**
ante before
anterior previous
anticipar point out in advance
antiguo former
antipatía dislike, unfriendliness
antojarse strike, seem
Antwerp **Amberes**
anunciar announce
anuncio advertising
anxiety **inquietud** (f.)
anxious (worried) **ansioso**;
(eager) **apurado**
any more **ya no**

aparecer appear
aparatos appliances, machines,
electronics
aparición appearance
apartment **apartamento,
departamento**
apasionar fill with enthusiasm
apellido surname, last name
apenas barely, hardly
aperitivo appetizer
apetecible desireable
aplastante crushing,
overwhelming
aplastar crush
apologize **dar excusas**
apparatus **aparato**
apparently **aparentemente**
appear **presentarse;
comparecer**; appear on the
surface **aflorar**
appearance **apariencia**
applaud **aplaudir**
applause **aplauso**
apple **manzana**
appliance **aparato**
approach **acercarse a**
approval **aprobación** (f.)
apresurado hasty
apretar press; distress; **apretar
el calor** be real hot
aprobación approval
aprovechar take advantage of
apurado anxious, in a hurry
apurarse rush
ara: en aras del deber in the
line of duty
árbol tree
architect **arquitecto**
architectural **arquitectónico**
arder burn
ardor burning sensation

arduous **arduo**
area **área; comarca**
arenilla: tener arenilla (eyes)
be heavy and swollen
argument (fight) **disputa**;
(reason) **argumento**
argumentar argue, present a
defense
argumento plot; argument
arm **brazo**; in each other's arms
abrazados
arma weapon
armar: La que se armó It
caused a riot
armario wardrobe
army **ejército**
aroma **aroma** (m.)
around **a la vuelta de**; around
me **a mi alrededor**; go
around **andar; circular**
arrancar start
arrear steal, rustle
arreciar get worse
arreglarse settle matters
arrest **detener**
arriba up; **¡Arriba!** Up we go!
de arriba abajo from top to
bottom
arriero muleteer
arriesgar risk
arrive **llegar**
arrobar enthrall
arrodillarse kneel
arrogance **soberbia**
arrojar throw
article **artículo**
as if **como si**
as long as **mientras**
as soon as **así que, tan pronto
como**
as soon as possible **cuanto**

antes
asaltar hold up, rob
asalto holdup
asamblea meeting
ascensor elevator
ascensorista elevator operator
ascítico of the ascites
(abdominal fluid)
asear clean
asesinar murder
asesinato murder
asesino murderer
ash **ceniza**
ashamed **avergonzado**
ashen gray **color gris
ceniciento**
así como así just like that
asiduo diligent
asiento seat
asistente person in attendance
asistir attend
ask **preguntar**
asleep: fall asleep **dormirse
(ue, u)**
asolar destroy, lay flat
asomarse lean over; look out
asombroso astonishing
aspect **aspecto**
áspero harsh
assault **agresiones** (f pl)
assign **adjudicar**
assignment **tarea**
assistant **asistente**
assure **asegurar**
astro star
asunto matter
asustar frighten
at ease **a sus anchas**
at half volume **a medio
volumen**
at least **al menos, por lo menos**

atacar attack; ruin
atajo short cut; team
atar tie
ataúd coffin
atender answer; take care of
aterrar terrify
atheist ateo
atmosphere **ambiente** (m.)
atormentar tortment
atrapar trap
atrás back, behind; before
atravesar go through, pierce
atrevido daring
atroz atrocious, awful
attack: heart attack **infarto**
attempt **procurar**
attend **asistir (a)**
attention **atención** (f.); pay
   attention **hacer caso**
audacia boldness
aula classroom
aullido yell
aumentar increase, grow
aumento: cristal de aumento
   magnifying glass
aún yet
auscultar sound out
ausencia absence
ausente absent; not taking
   much notice
authority **autoridad** (f.)
autodefinirse describe oneself
autopsy **autopsia**
avanzado advanced
ave bird, fowl
avecindarse settle, take up
   residence
avergonzado ashamed
avión plane
avisado inform
avisar notify; warn

avoid **evitar**
awake **despierto**
ayudar help
azotar whip, beat
Aztec **azteca**
azúcar sugar

B

baby **bebé**
back (adj) **trasero;** (noun) (of
   room) **fondo;** (of body)
   espalda; run along the back
   dar a espaldas de; (verb)
   respaldar
backfire: the scheme backfired
   se salió el tiro por la culata
badly **mal**
bailar dance
baile dance
bajar lower; get out (of car)
bajo (adj) short; (adv) beneath
bala bullet
balacera shootout
balazo shot
balcony **balcón** (m.)
bald **calvo**
ballad **balada**
ballpoint pen **lapicera, lapicero**
baloon **globo**
banco bench
banda band; gang; sash
bandage **venda**
bandera flag
bandit **bandido**
bandolero bandit, highwayman
bank **banco**
bar (of silver) **barra;** (tavern)
   cantina
barato cheap; simplistic
barba beard

Barbara **Bárbara**
barbón heavily bearded
bare **pelado**
barely **apenas**
Barnaby **Bernabé**
Barney **Bernardo**
barquinazo jolt
barra bar
barro mud
barullo racket, din
base **basar**
basic **básico**
basura garbage
bat an eyelid **pestañear**
bathroom **baño**
battery **pila**
bautizar baptize
be: to be on the safe side **por las dudas**
beach **playa**
bean **frijol** (m.)
bear **portar**
bearded: heavily bearded **barbón**
beat **azotar**
beauty shop **peluquería**
bebida drink
become **hacerse, ponerse, volverse**; become angry **enfadarse**; become cold **enfriarse**; become irritated **irritarse**; become more severe **arreciar**; become sick **enfermar(se)**
bed: stay in bed **quedarse en la cama, guardar cama**
bee abeja
beer **cerveza**
before (adv) **antes**; (prep) **ante**
beg **rogar**
beggar **mendigo**

beginning **principio**
behaviour **comportamiento**
behind (adv) **atrás**; (prep) **detrás de**; fall behind **rezagarse**
being **ser** (m.)
belief **creencia**
believe **creer**
believer **creyente**
bell **timbre** (m.)
bellhop **botones**
belong **pertenecer**; **corresponder**
belt **cinto**
bench **banco**
bend over **agacharse**
bendición blessing
bendito holy; darn
beneficio: hacer el beneficio do the good deed
besar kiss
beside **al lado de**
beso kiss
betray **traicionar**
betrayal **traición** (f.)
between **entre**
between drinks **entre copa y copa**
beyond **más allá**
bien: no bien as soon as
bigotazo imposing moustache
bill collector **cobrador**
bird **pájaro**
bisturí scalpel
bit **poco, centímetro, tanto**
bite **morder (ie)**
bitter (person) **amargado**; (taste) **amargo**
black **negro**
blacken **ennegrecer**
blade **hoja**

blame **culpa**; be to blame **tener la culpa**
blanco: en blanco blank
blank **en blanco**; blank space **espacio en blanco**
bless oneself **persignarse, santiguarse**
blessing **bendición** (f.)
blind **ciego**
blink **parpadear**
block **obstruir**
blond **rubio**
blood **sangre** (f.)
bloody **sangriento**
blotter **papel secante** (m.)
blouse **blusa**
blow **golpe** (m.)
blue-gray **color** (m.) (de) **ceniza**
blunder **torpeza**
blur **nublar**
blurry **desdibujado**
blush **enrojecer(se)**
boast **jactarse de**
boca top
body **cuerpo**
bold **vigoroso**
boleto ticket
bólido meteorite
bolsillo pocket
bolso sack
bomb **bomba**
bombilla straw
bombón ice-cream bar
bone **hueso**
bookseller **librero**
boot **bota**
boquilla mouthpiece, tip
Bordeaux **Burdeos**
border **frontera**
bore **aburrir**

born: be born **nacer**
borravino burgundy
borrón blot, smudge
bosque woods, forest
boss **patrón**
bota boot
botella bottle
bother **molestar**
bother: be bothered **molestarse**
bothersome **molesto**; become especially bothersome **hacerse presencia molesta**
botín loot
botiquín first aid room; medicine cabinet
botones bellhop
bottle **botella**
bottom **fondo**
boulder **peña**
bowl **fuente** (f.)
box **caja**
boxer **boxeador**
box office **taquilla**
boyfriend **novio**
branch **rama**
brand **marca**
brand new **nuevecito, flamante**
brave **valiente**
Brazil **el Brasil**
brazo arm
break (rest period) **descanso**; (verb) **romper**; break up **romper**
breathe **respirar**
bridge **puente** (m.)
bright **brilloso**
brilliant **brillante**
brillar shine
brillo shine
brindar give
bring **traer**

broken **roto**
brotar spring up
brother **hermano**
bruces: caer de bruces fall flat
　　on one's face
Brussels **Bruselas**
bruto dumb
bueno proper, suitable
build **construir**
building **edificio**
bulky **abultado**
bullicio bustling activity
bulto bundle
bunch **racimo**
bundle **bulto**
bunion **juanete** (m.)
bureaucrat **burócrata**
burbuja bubble; **burbuja de
　　risa** burst of laughter
burlón mocking
burn **quemar**; be burnt to a
　　crisp **quedar carbonizado**
burning sensation **fogaje** (m.)
burst **estallar**
bus **autobús** (m.), **ómnibus**
　　(m.)
busca search
buscar look for; seek to
business: this business **esto**;
　　business man **hombre de
　　negocios**
butaca stuffed chair
butterfly **mariposa**
button **botón** (m.)
buy **comprar**
buzz **zumbar**
buzzing **zumbar**
by means of **mediante**
by then **a esas alturas, para
　　entonces**

C

cab **taxi** (m.)
cabalgar ride horseback
cabalgata horseback riding
cabaña cabin
cabello hair
caber: no cabe duda there is
　　no doubt
cabeza head
cabin **cabaña**
cabinet **gabinete** (m.)
cable **cable** (m.)
cabo: al cabo finally
cacerola pan
cachete cheek
cadaver **cadáver** (m.)
cadavérico deathly pale,
　　ghastly
caer fall; **caerle** strike (seem);
　　caer sobre attack by surprise
cafetero coffeeman
cage **jaula**
caja box; casket
cajetilla package, pack
cajón box; drawer
calcular determine, figure out
calidad capacity
cálido warm
caliente hot
call **llamar**
callado quiet
calle street
callecita alley
calling card **tarjeta de visita**
calm **tranquilo**
calmante sedative
calmosa quiet, sluggish
calor: apretar el calor be real
　　hot
caluroso hot

cámara de diputados house of
  representatives
camarero waiter, hotel boy
cambio change
camera **cámara**
caminar walk
camino way
camisa shirt
camp **campamento**
campaña campaign
campo country
can (noun) **lata**; (verb) **enlatar**
Canada **el Canadá**
cancer **cáncer** (m.)
cancerous **canceroso**
canción song
candado padlock
candidate **candidato**
candy **dulces** (m pl)
cane **bastón** (m.)
canela cinnamon
cannibalism **canibalismo**
cansado tired
cansancio fatigue
cantante singer
cantina saloon, tavern
cap (hat) **gorro**; put the cap on
  tapar
capable **capaz**
capaz capable
capital **capital** (f.)
capricho whim; **hacer un
  capricho** behave erratically
caprichoso whimsical
caption **título**
car **carro**; (adj)
  automovilístico
cara face; **poner cara de** look;
  ponerse de cara face; **sacar
  la cara** stand up for
caracterize **caracterizar**

carbonizado burnt to a crisp
carcajada loud laugh, guffaw
cárcel jail
card **tarjeta**; calling card
  tarjeta de visita
care **importarle a uno**; not care
  no tenerle gracia; not care
  for at all **no hacerle ninguna
  gracia**
carecer lack
careful: be careful about
  cuidarse de; be careful not
  to get stomped on **cuidarse
  de pisotones**
cargar load; carry; **cargarse**
  become electrically charged
cargo office
caricatura cartoon
caricia caress
cariño affection
caritativo charitable
carne meat; flesh
caro expensive
carrera career; pace; studies
carress **acariciar**
carro car
carry **llevar, cargar**; carry
  along **llevar**; carry out **llevar
  a cabo; efectuar; realizar**
cartel sign
cartelón sign, banner
cartera purse; wallet
cartón cardboard
cartoon **caricatura**
cartride **cartucho**
cartulina notecard; **hoja de
  cartulina** large notecard
cascabel rattle
case **caso**; in any case **en todo
  caso**
casero homemade

casi almost
casket **caja**
caso: **en todo caso** in any case
castellano Spanish
castigar punish, chastise
castigo punishment
castillo castle
castle **castillo**
casualness **desenfado**
cat **gato**
catar sample, try out
catch **coger**; (reach) **alcanzar**;
   (get hold of) **agarrar**; he was
   caught up by something **le
   contagió algo**; catch up
   ponerse al día
categórico very definite
cattle **ganado**
caught: get caught up **ponerse
   al día**; he was caught up by
   something **le contagió algo**
cause **causar**
cavilación deliberation
ceder give in
ceiling **techo**
célebre famous
cell **célula**
cemetery **cementerio**
cena dinner
ceniciento ashen
ceniza ash
cent **centavo**
centella flash
center **centro**
centésimo hundredth
centipede **ciempiés (m.)**
centro: al centro in the center
century **siglo**
cera wax
ceramic **cerámica**
cercanías vicinity

cercano close, nearby
cerebro brain
ceremony **ceremonia**
cero zero
cerradura lock
cerrar turn off
cerro hill
certain **cierto**
certero well-aimed
certeza certainty
cerveza beer
chair **sillón (m.)**; easy chair
   butaca
Chamber: House Chamber
   Cámara de Diputados
chamuscar scorch
change **cambiar**; **convertir (ie,
   i)**; force to change one's ways
   doblegar; change position
   cambiar de posición
chango; monkey; kid (child)
character **personaje (m.)**
charco puddle
charge **cobrar**
charming **encantador**
chase **perseguir (i)**
chastise **castigar**
check **consultar**
checkers **damas (f pl)**
cheek **cachete (m.)**, **mejilla**
cheekbone **pómulo**
cheer **porra**
chemist **químico**
chemistry **química**
chest **pecho**
chica girl
chico boy
chief: chief executive **jefe
   máximo**; office of the chief
   magistrate **primera
   magistratura**; police chief

comisario
child **niño, criatura**
childish **infantil**
chili pepper **chile** (m.), **ají** (m.)
Chinese **chino**
chino Chinese
chisporroteo sparks; crackling
chocolate **chocolate** (m.)
cholo mestizo, of white and
   Indian blood
choose **eligir**
choque shock
chorro stream
church **iglesia**
ciego blind
cielo sky
cielos Heaven
cigarette **cigarro, cigarrillo**
cigarrillo cigarette
cigarro cigarette
cima top
Cinderella **Cenicienta**
cine movie theater
cinematográfico of film
cinnamon **canela**
cinta ribbon
cinto belt
círculo circle
circumstance **circunstancia**
cirujano surgeon
cita appointment, date
citizen **ciudadano**
ciudadano citizen
ciudad natal hometown
clamor **algarabía**
claro clear; light; of course
class **clase** (f.)
classical **clásico**
classroom **aula**
clavar stick
cleaning **limpieza**

clear out **escabullirse**
clear **claro**
clérigo clergyman
clerk: hotel clerk **recepcionista**
cliente customer
climate **clima** (m.)
climb **trepar (a)**; climb up
   subir por
clinic **clínica**
cloak **manto**
close **cerrar (ie)**
close **cerca**; get close **acercarse**
   a
clothes **ropa**
coal dealer **carbonero**
coast **costa**
cobrador bill collector
cobrar take on
cochino filthy
cocina kitchen; cooking
cocktail party **cóctel, coctel**
   (m.)
código code
coffee **café** (m.)
coffeeman **cafetero**
coffin **ataúd** (m.)
coger take
colaborador co-worker
cold: become cold **enfriarse**
colectivo small bus
colegio school
cólera anger
colgar to hang
colita tailend
collapse **desplomarse**
collector: bill collector
   cobrador
colmillo fang
colocar place; give
color **color** (m.)
colorado red

colorete rouge, blush
column **columna**
comarca region, area
comba curve, bend, bulge
come: come across **dar con**;
    topar(se) con; come back
    volver; come out **salir**; come
    undone **descomponerse**;
    come up **subir**
comedy **comedia**
comentar make comments
comfortable **cómodo**; get/make
    oneself comfortable
    acomodarse
comfortably: quite comfortably
    con cierto lujo
comic book **historieta**
comida meal
comienzo beginning
comisaría police station
comisario commissioner,
    police chief
comitiva procession, retinue
commander-in-chief **jefe**
    máximo
comment on **comentar**
comment **comentario**; make
    comments **comentar**
commission **comisión** (f.)
commit **cometer**
common **común**; in common **en**
    común
commotion **algarabía**
Communist **comunista**
cómodo comfortable; easy
compacto: círculo compacto
    tight, closed circle
compadecido sympathetic,
    compassionate
companion **compañero**
company **compañía**

compare **comparar**
compás beat
compassion **compasión** (f.)
complacer please
complain **quejarse (de)**
complaint **queja**
completar to complete, finish
complete (adj) **completo**;
    complete control: **pleno uso**;
    complete (verb) **completar**,
    concluir
complication **complicación** (f.)
cómplice accomplice
complicidad involvement
complicitorio of an accomplice
composer **compositor**
composition **composición** (f.)
compra purchase
comprar buy
comprobar check, verify,
    prove, determine
compromiso duty, obligation
conceder give, grant
concentrate **concentrar**
concentration **concentración**
concert **concierto**
conciliar el sueño get to sleep
conclusion **conclusión** (f.)
concurrido crowded
concurso contest; coming
    together, gathering
condicionado provisional
condition: in condition **en**
    condiciones; in serious
    condition **grave**
conducir to lead to
conduct **conducta**
conductor **director**
cone **cucurucho**
conference **junta**
confianza: tomar confianza

become friendly
confiar trust
confine one's remarks **limitarse**
confluencia convergence
Confucius **Confucio**
confundirse merge together
confused **confuso**
confuso confused
congénere fellow colleague
congress **congreso**
conjetura guess
conjunción joining together
conjuro spell
conminar warn
connect **conectar**
conocido acquaintance
conocimiento knowledge;
   consciousness
consabido usual
consciousness: lose
   consciousness **perder el**
   conocimiento
conseguir be successful in; get
consejo advice; council
conservar preserve
conservative **conservador**
consider **considerar**
consiguiente resulting
consist of **constituir**
consistencia something solid
   and firm
constituir consist of
construir build
consult **consultar**
consultant **asesor (-ora)**
consultar check
consultorio doctor's office
consume **consumir**
consumirse to burn up
contact **contacto**; make contact
   tomar contacto

contacto: tomar contacto
   make contact
contagiar affect, spread to
contar tell
contemplate **contemplar**
contener contain; restrain
contenido content
contest **concurso**; winking
   contest **concurso de**
   guiñadores
continue **continuar**
continue **seguir (i), continuar**
contorted **desencajado**
contra against
contradict **contradecir**
contraer contract, get
contratar hire
contribute **contribuir**
control: complete control **pleno**
   uso; control oneself
   contenerse; get control of
   oneself **dominarse**
convencer convince
convencimiento: llegar al
   convencimiento become
   convinced
convenir be good idea,
   behoove
conversation **conversación** (f.)
converse **conversar**
convertir change; **convertirse**
   become, turn into
conviction **convicción** (f.)
convince **convencer**
convocación summoning, call
   (to a meeting)
cónyuge spouse
cooker **olla**
cooking **cocina**
cool off **refrescar**
cooperar contribute

copa drink; **entre copa y copa** between drinks
copete topping
copetín cocktail, drink; **copetín al paso** small, fast-food bar
copy **copia**
copybook **cuaderno de copia**
coral **coral**
corazón heart
corbata necktie
corn **maíz**
corner **esquina**
coroner **forense**
correct **corregir (ie)**
corregir correct
correr run; throw out; **en los tiempos que corrían** in that day and age
correría foray, raid
corresponder belong; pay back
corridor **corredor** (m.)
corriente current; common
cortado coffee with a few drops of cream
cortapapel letter opener
cortejo procession
cortesía courtesy, politeness
corto short
cosa: gran cosa something special
cosquilleo tickle
cost **costar (ue)**
costado side
costar trabajo be a lot of work
costumbre custom; **de costumbre** usual, customary
costura sewing
counter **mostrador** (m.)
country (field) **campo**; (nation) **país** (m.), **patria**
countryman **paisano**

couple (two) **par** (m.); (two people) **pareja**; married couple **matrimonio**
courage **valor** (m.)
course **proceso**; (time lapse) **transcurso**; of course **por supuesto**
court: take to court **llevar a los tribunales**
cousin **primo**
cover **tapar**; under cover **al amparo**
covered **cubierto**
cow **vaca**
cowboy **vaquero**
cracker **galleta**
crackling sound **chisporroteo**
crazy **loco**
cream **crema**
crear create
creature **criatura**
crecerse grow bold
crédito: no dar crédito not to be able to believe
creditor **acreedor**
Credo Apostles' Creed
crema cream
creyente believer
criada maid
criado servant
criar raise
criatura creature; child
crime **crimen** (m.), **delito**
criminal **malhechor**
crisis critical state
crisp: be burnt to a crisp **quedar carbonizado**
cristal glass
cristal de aumento magnifying glass
critic **crítico**

critical **crítico**
crop **cosecha**
cross (noun) **cruz** (f.); (verb) **cruzar**
crowd **multitud** (f.)
crowded **muy concurrido**
crudo raw
cruz cross
cruzado crusader
cruzar cross; **cruzarse** pass by
cry **llorar**
cuaderno notebook
cuadra block
cualquier any
cuanto: en cuanto as soon as; **en cuanto a** with regard to
cuanto más the more
cubierto covered
cuchara spoon
cuchillo knife
cucurucho ice-cream cone
cuello neck
cuenta: a fin de cuentas in the final analysis; **darse cuenta** realize
cuento short story
cuero leather
cuerpo body
cuesta slope
cuff link **gemelo, mancuerna**
cuidado careful
cuidadoso careful
cuidarse be careful
culata butt
culpa blame
culpable guilty
cultured **culto**
cumplir fulfill; do what is expected of one; carry out
cup **taza**
cupboard **alacena**

cura priest
curious **curioso**
curler **rulero**
current **corriente** (f.)
curtido tanned and hardened
custard **flan** (m.)
custodiar guard
custom **costumbre** (f.)
customary **de costumbre**
customer **cliente (-a)**
customs **aduana**
cut **cortar**; cut the price in half **rematar por la mitad**

D

daddy **papi**
dam **represa**
damage **daño**
dance floor **pista de baile**
dance **bailar**
danger **peligro**
daño harm; **hacer daño** to harm
dar: dar a face; **dar con** find, come across; **dar crédito a** believe; **dar de comer** feed; **dar pena** embarrass; **dar un tiro** shoot; **dar una vuelta** take a walk; **darse cuenta** realize
dare **atreverse a**
dark **negro, oscuro**; get dark **oscurecer**
darkness **oscuridad**
daughter **hija**
de frente straight ahead
de nuevo again
de paso in passing, incidentally
de pie standing
de pronto suddenly

de regreso on the way back
de veras really
dead **muerto**
deal **negocio**; great deal of
   mucho
dean **decano**
death **muerte (f.)**
deathly pale **cadavérico**
debajo beneath
debido due, required
débil weak
decano dean
decepcionante disappointing
decide **decidir, decidirse a**
decir: decirle a alguien lo que
   es tell someone off; **decirse**
   consider oneself; think to
   oneself
decision **decisión (f.)**
declare **declarar**
decreto decree
deed: do the good deed **hacer el**
   beneficio
deep **profundo**; get deeper
   ahondarse
deeply **fuerte; profundamente;**
   deeply into **sumergido en**
defeat **derrota**
defend **defender**
defense **defensa**
definitivamente for good
defraudar disillusion
degree (of temperature) **grado;**
   (university) **título**
dejar stop; leave
delante in front
deletrear spell
delgado thin
deliberation **cavilación (f.)**
delicious **delicioso**
delineador de párpados eye

liner
delito crime
demand **exigir**
demás rest, others
demoledor devastating
Demonio Devil
demorar delay, put off; drag
dent **abollar**
dentro inside
denuncia accusation
denunciar report (a crime),
   turn (someone) in
deny **negar (ie)**
departamento apartment
departure **salida**
depend **depender (de)**
deplorable **deplorable**
depósito tank; holder
derecho right
derretir melt
derribar a golpes knock down
derrota defeat
desafiar dare
desajuste inability to adjust
desaparecer disappear
descabellado wild, crazy
descanso rest
descarga discharge
descargar let fly, bring down
descender decrease
descomponerse come undone
descompuesto nauseous,
   queasy
descomunal huge, enormous
desconcertar upset
desconfiar mistrust, not have
   faith
description **descripción (f.)**
descuido carelessness, careless
   act, careless moment
desde: desde luego of course;

desde que since
desdibujado blurred
desencajado shaken up
desenfado casualness
desenlace outcome
deseo desire
deseoso de wishing to, desirous
   of
desert desierto
deserve merecer
desesperado desperate
desfile parade
desgracia misfortune
desgraciadamente
   unfortunately
desgraciado wretch
desgranar pick off (grapes)
desire deseo
desireable apetecible
desistir desist, abstain
desk escritorio; (grade school)
   pupitre (m.); desk clerk
   recepcionista; deskmate
   compañero de pupitre;
   front desk recepción (f.)
deslizar slip
deslumbrante dazzling
desmayarse faint
desobedecer disobey
desolación despair
desolado desolate
desorbitado wide-open, wild
desordenado disheveled
despachar finish off, get
   through with
despacho office, study
despacio slowly
despacito real quiet
despairingly
   desesperadamente
despedida departure

despedir throw out, emit;
   despedirse say goodbye
despegar detach
despejado clear, empty
desperate desesperado
despertar awaken
despiadado cruel, merciless
desplomarse collapse
despojar dispossess
despreciable not worthy of
   note
desprecio contempt, scorn
desprender come off, pull
   away, unfasten
desprendimiento escape
desquiciante upsetting
dessert postre (m.)
destacamento detachment
destroy destrozar
desvanecerse pass out
desventaja disadvantage
desvergonzado unashamed
desviar turn aside
detachment destacamento
detail detalle (m.)
detalle detail
detective detective
detener stop; arrest; detenerse
   stop
detrás behind, after
devil diablo
devolver return
devorar devour, consume
día: de día in the daytime;
   ponerse al día get caught up;
   un buen día one fine day
diablo devil
diamond diamante (m.)
Diane Diana
dibujar to draw
dibujo drawing

dictado dictation
dictamen report
dictation **dictado**
diferenciar make different
difference **diferencia**
different **diferente**
difficult **difícil**; make difficult
   dificultar
difficulty **dificultad** (f.); have
   financial difficulties **sufrir**
   estrecheces
dificultar make difficult
dig **hurgar**
digestive **digestivo**
digit **cifra**
diluir dilute
digno worthy, dignified
dining room **comedor**
dinner **cena**
dint: by dint of **a fuerza de**
diploma **diploma** (m.)
dirección address
direction: in all directions **a**
   todas partes
director **director**
dirigente in charge, ruling
dirigirse a address; head for
dirty **sucio**
disarm **desarmar**
discuss **discutir**
disease **enfermedad** (f.)
disfrazar disguise
disguise **disfrazar**
disgusto displeasure
dishearten **defraudar**
disheveled **desordenado**
dislike **antipatía**
disminuir diminish
disobey **desobedecer**
disparar shoot; dash off; **salir**
   disparado dash off

disparo shot
disponer: así como Dios
   disponga as God wills
dispossess **despojar**
distance **distancia**
distant **lejano**
distinguir make out
distinguished **distinguido**
distinto different
distracted: be distracted
   distraerse
distraerse become distracted;
   cease to pay attention
distraught **angustiado**
disturb the peace **alterar el**
   orden
disturbance **alboroto**
divertido amused
do: do without **prescindir de**;
   have to do with **tener que**
   ver con; What can I do for
   you? **¿Qué se le ofrece?**
doblegar crush one's spirit
docena dozen
doctor **médico**
doctor's office **consultorio**
documental documentary
documentary **documental** (m.)
dog **perro**
doll **muñeca**
dollar **dólar** (m.)
dolor pain
doloroso painful
dominarse get hold of oneself
dominio control
door-to-door **que va de puerta**
   en puerta
dorado golden
Doric **dórico**
dosis dose; dosage
dot **punto**

doubt **duda**; There can be no doubt. **No cabe duda.**
doubtful **dudoso**
down **más abajo**
dozen **docena**
draft **redactar**
drag **demorar**
draw (picture) **dibujar**; (gun) **sacar**
drawer **cajón** (m.)
drawing **dibujo**
dream **sueño**
dress **vestido**
dressed: dressed as **disfrazado de**; dressed in dark clothing **vestido de oscuro**
drink **bebida**; between drinks **entre copa y copa**; soft drink **gaseosa**
drive **andar (ir) en coche**
drop **abandonar**; drop off **dejar**
droga drug
drowsiness **adormecimiento**
drugstore **farmacia**
drunk: get drunk **emborracharse**
dry **secar**
dub **doblar**
duda doubt; **por las dudas** just in case
due: be due to **deberse a**
dueño owner; in control; **dueño de sí** in control, cool-headed
dulce preserves
dull **aburrido**
dumb **bruto**
durar last
during **durante**
duro hard, tough
dust **quitar el polvo**

dustcoat **guardapolvo**
dusty **polvoriento**
duty: in the line of duty **en aras del deber**
dwarf **enano**

E

early **temprano**
earn **ganar**
earring **arete** (m.)
earth **tierra**
ease **soltura**
ease: at ease **a sus anchas**
easily **fácilmente**
easy **fácil**; (payment, term) **cómodo**
easy chair **butaca**
echar pour; run (water); **echarse** lie down; take on
economic **económico**
edad age
edge **filo**
edificio building
education **educación**
eel **anguila**
efecto: en efecto in fact, actually
efectuar carry out
efficient **eficaz**
effort **esfuerzo**
eficaz efficient
ejercer exert
ejército army
El Monte section of Santiago, Chile
electric **eléctrico**
electrocute **electrocutar**
elemental basic
elementary **elemental**
elevador booster

elevar raise
elevator operator **ascensorista**
elogioso of praise
else: something else **otra cosa**
embarazo pregnancy
embarazoso embarrassing
embargar overpower
embargo: sin embargo
    nevertheless
embarrar smear with mud
embarrass **dar pena**
embarrassed **avergonzado**
embarrassing **embarazoso**
embarrassment **vergüenza**
emit **dar**
empedrado stone-paved
empezar begin
empire **imperio**
empleado employee
emplear use
empleo job, employment
employee **empleado**
emprender undertake
empresa undertaking
empty **vacío**
empujar push
en cuanto as soon as
en seguida immediately
en serio actually, for real
encaminarse por head down
    (street)
encaramarse lift oneself up
encargado in charge
encender light; turn on;
    encenderse go on
enceradora waxer
encerrar lock up
encierro confinement; **olor a**
    encierro stale smell
encogerse shrink
encogimiento shrug

encomendar entrust
encontrar find; **encontrarse**
    con meet; **encontrárselo**
    come across him
encuentro meeting
end (noun) **fin** (m.); (verb)
    terminar; end up **terminar,**
    acabar
encourage **animar, estimular**
endiablado furious, wild
enemy **enemigo**
energy **energía**
enfadarse get angry
enfermedad sickness
enfermera nurse
enfermizo morbid
enfermo sick
enfilar head
enfrentar(se) face
enfriar cool, chill
engaño trick, deceit
engineering **ingeniería**
England **Inglaterra**
English **inglés**
enjoy **disfrutar (de)**
enlarge **ampliar**
enlatar can
enloquecer go mad
enojarse get angry
enormous **enorme**
enough: have more than enough
    sobrarle a uno
enredar entangle
enrojecer turn red
enseñanza teaching
enseñar teach
ensuciar dirty
ensuing **consiguiente**
entenderse manage, handle
enter **entrar**
enterarse find out

enternecido tender
enterprise: private enterprise
   iniciativa privada
enterrar bury
enthusiastic entusiasta
entierro burial
entirely del todo
entitle titular
entonces: en ese entonces at
   that time
entrada: mesa de entradas
   reception desk; puerta de
   entrada front door
entre among, between, inside
   of, through
entreabierto half-open
entregar deliver; hand over;
   entregarse dedicate oneself;
   concentrate all one's
   attention; give in; surrender
entrevista interview
entrust encomendar (ie)
envelope sobre (m.)
enviar send
envidiar envy
envy envidiar
epa hey; aha!
episode episodio
equipment equipo
equis x (letter of alphabet)
era época
erupt into estallar en
escabullirse clear out; slip
   away
escalofriante terrifying
escándalo commotion
escape escapar
escena scene
escenario scene
escenificar stage
escoger choose

escolar school
esconder hide
escribir a máquina type
escritorio desk
escritura writing
escuadra back and seat of chair
escuchar hear
esforzarse struggle
esfuerzo effort; esfuerzo de
   voluntad will power
esmalte nail polish
eso: en eso thereupon, at that
   moment
espacio space; espacio en
   blanco blank space
espalda(s) back; dar la espalda
   turn one's back; por la
   espalda from behind,
   treacherously
espantar frighten away
esparcir spread
espasmódico spastic, fitful
especially sobre todo
especie species; kind, type
espejo mirror
espera expectation, hope
esperar await; Es de esperar.
   It is to be expected.
espía spy
esposa wife
espumadera skimming ladle
esqueleto skeleton
esquina corner
establish establecer
establishment local (m.)
estacionarse stick, stay
estado de ánimo state of mind
estallar explode; break out
estancia stay
estante shelf
estatua statue; hacerse la

estatua freeze
esteem **estimación** (f.)
estilo: por el estilo like that
estimación esteem
estimate **estimar**
estimular encourage, be an
    incentive
estómago stomach
estrechar hug; **estrechar
    manos** shake hands
estrecheces financial
    difficulties
estrecho narrow, tight
estrella star
estremecer shake
estría groove
estropear ruin
estupendo stupendous,
    marvelous
estudiantil of students
Europe: Western Europe
    Europa Occidental
even **aun**; even though **aunque**;
    not even **ni siquiera**
event: in any event **en todo
    caso**
everlasting **perdurable**
everyday thing **algo corriente**
everyone **todos**
everything **todo**
everywhere **en todas partes**
evident **evidente**
evitar avoid
exact (time) **exactas**
exacto precise
exam, examination **examen**
    (m.)
examine **examinar**
example **ejemplo**
excellent **excelente**
except for **excepto por**

exchange **intercambio**
excitante exciting
exclaim **exclamar**
exclamación cry
excuse **excusa**
executive: chief executive **jefe
    máximo**
exhaustion **cansancio**
exigir demand
éxito success
exitoso successful
expect: It is to be expected. **Es
    de esperar.**
expectación anticipation
expel **expulsar**
experience (noun) **experiencia**;
    (verb) **experimentar**
experimentar experience
explain **explicar**
explanation **explicación**
explicar explain
explorador scout
explorer **explorador**
express **expresar**
expropiar expropriate
expropriate **expropiar**
expropriation **expropiación** (f.)
expulsar emit, send out; expel
extender spread
extenuante exhausting
exterior on the outside
extract **extraer**
extraer extract
extrañar surprise
extranjero foreign, foreigner
extraño strange
extraordinary **extraordinario**
extravagante outlandish
extraviarse get lost
extravío crazy thought
eye **ojo**; eyelash **pestaña**;

eyelid **párpado;** eye liner
delineador de párpados;
eye shadow **sombra para
párpados;** take eyes off
sacar la vista de encima

F

fábrica factory
facción feature
face (noun) **cara, semblante**
(m.); flat on his face **de
bruces;** turn the face **desviar
el rostro;** face powder
polvos; (verb) (face up to)
enfrentarse; (look at)
ponerse de cara a
facha appearance, sight
fact **hecho**
factory **fábrica**
fade **desteñir (i)**
failure **fracaso**
faint **desmayarse**
fairy tale **cuento de hadas**
faith **fe** (f.)
faith: lose faith in **desconfiar
de**
fall: fall behind **rezagarse;** fall
in love with **enamorarse de;**
fall through **quedar roto**
fallar fail
fallecer succumb, die
false **postizo**
falta lack
faltar lack
falter **titubear**
falto lacking
familiar family (adj); family
member
family **familia;** member of the
family **familiar**

famous **famoso**
fancy **lujoso**
farm **granja**
farmer **granjero**
farther **más**
fascination **fascinación** (f.)
fast **rápido**
fastidio annoyance
fatal **fatal**
fathom: hard to fathom **arduo**
fatigoso tiresome, trying
fatigue **cansancio**
fault **culpa**
favor **favorecer**
favorable **favorable**
favorite **favorito**
fe faith
fear **temor** (m.)
feature **facción** (f.)
fecha date
fechoría misdeed, villainy
fed: fed up **harto;** become fed
up **hartarse**
feel **sentir(se) (ie, i)**
feeling **sensación** (f.)
felicitar congratulate
feliz happy
felizmente fortunately
fermentar brew
feroz ferocious
ferrocarril railway
Fiat lux! (Latin) Let there be
light!
fiel faithful, firm
fiesta party; feast; holiday
fifth **quinto**
fight (noun) **pelea;** (verb)
luchar
figure **figura**
fijar attach, fix, set
fila row

file **foja**
fill **llenar**; fill out **llenar**
filled **lleno**
filling station **estación (f.) de gasolina**
film **película**
filmación filming
filming **filmación (f.)**
filo edge
filoso sharp
fin end; **a fin de cuentas** in the final analysis; **al fin** finally
final: al final at the end
final **último**; in the final analysis **a fin de cuentas**
finally **por fin**
financial **financiero**; have financial difficulties **sufrir estrecheces**
find **encontrar (ue)**; find oneself **verse**; find out **averiguar**; **comprobar (ue)**
fingir pretend, fake
finish **terminar**; finish up **acabar**
finito very thin (voice)
fino delicate; well-bred
fire (person) **despedir (i)**; set fire to **incendiar**
fireman **bombero**
fireplace **chimenea**
firewood **leña**
firm **fiel**
firma signature
firmeza firmness
first: at first **al principio**
first-aid room **botiquín (m.)**
fix **arreglar**
fixed **puesto**
flag **bandera**
flamante brand new

flame **llama (f.)**
flan custard
flaquear grow weak
flash **centella**
flat on his face **de bruces**
flatly **rotundamente**
flee **huir**
flesh **carne (f.)**
flight (in building) **piso**; take flight **emprender la fuga**
flirt **insinuarse**
flirtatious **insinuante**
floor **suelo, piso**; dance floor **pista de baile**; ground floor **planta baja**
flor de a great abundance of
flourish **rúbrica**
flower **flor (f.)**
fog **neblina**
fogaje burning sensation, flush
fogueado experienced, "seasoned"
foja file
follow **seguir (i)**
following **siguiente**
fondo back; bottom
fool (adj) **tonto, zonzo**; (verb) **engañar**
foot **pie (m.)**
forastero stranger
foray **correría**
force **forzar (ue), obligar**; force to change one's ways **doblegar**
foreign **extranjero**
foreigner **extranjero**
forense coroner
forest **bosque**
forget **olvidar**
forgive **perdonar**
form **planilla**

forma: **de esta forma** in this
way
formal **de gala, formal**
formarse come to order
former **antiguo**
formidable great, tremendous
fortaleza strength
forzoso unavoidable
fosa grave
fracasar fail
fracaso failure
fracción second, moment
fragile **quebradizo**
fragrant **oloroso**
frame **marco**
Franco-Prussian **franco-
prusiano**
frasco jar
fraternity **hermandad
estudiantil** (f.)
free (no charge) **libre**; (not
bound) **suelto**
freeze **congelar**
frenar brake, stop movement
of; come to a stop
French **francés**
frente a facing
frequency **frecuencia**
frequently **con frecuencia**
frescura freshness
fright **miedo**
frighten **asustar**
frogman **hombre rana**
from head to foot **de arriba
abajo**
front **frente**; front desk
recepción (f.); front door
puerta de entrada
frontera border
fructífero fruitful
frustrated **defraudado**

fruta fruit
fuego fire
fuente bowl; source
fuera outside; **fuera del
mundo** unheard of; **fuera
protocolos** drop the
protocol!
fuerte strong; deep
fuerza(s) force, strength;
fuerza de trabajo work
force; **fuerza motriz** motive
power; **fuerzas vivas** most
influential and outstanding
people, leading lights of a
community
fuga flight; **emprender la fuga**
take flight, escape
Fulano de Tal So and So
full **lleno**; full-length **de largo
metraje**; full makeup
maquillaje completo
fulminado as if struck by
lightning
fumar smoke
funcionario public official
fundado founded
fundido burnt out
fundirse fuse (together), unite;
burn out, melt
funds **fondos**
funeral **fúnebre**
funny **cómico; raro**
furnish **suministrar**
furnished with **provisto de**
furniture **muebles** (m pl)
fury **saña**
futileza trivial thing

G

gabinete cabinet

gafas glasses
gala: de gala formal
galeno physician
galleta cracker
game **juego**
ganado cattle
gang **gavilla**
garbage **basura**
garden **jardín** (m.)
garganta throat
gas **gas** (m.)
gaseosa soft drink
gasolina **gasolina**
gastar use
gasto: lo del gasto expense
   money
gate **puerta**
gather up strength **hacer acopio**
   de fuerzas
gato cat
gavilla gang
gaze **mirada**; gaze at
   contemplar
generator **generador** (m.)
generous **generoso**
genius **genio**
gente: mala gente bad sort
gentleman **caballero**
gently **con suavidad**
gerencia managerial office
German **alemán**
gesto gesture
get **conseguir (i)**; get ahead
   salir adelante; get caught up
   ponerse al día; get close
   acercarse a; get comfortable
   acomodarse; get control of
   oneself **dominarse**; get dark
   oscurecer; get deeper
   ahondarse; get lost
   extraviarse; get married

casarse; get out of the way
   retirarse; get to sleep
   conciliar el sueño; get
   together **juntarse,**
   reunir(se); get through with
   despachar; get used to
   acostumbrarse (a); get
   wounded **sufrir una herida**
giant **gigante**
gigante giant
giggle **risilla**
give: give a lift **llevar**; give a
   shock **dar toques**; give as a
   prize **premiar con**; give in
   entregarse; ceder; give the
   cold shoulder **hacer el hielo**;
   give up **rendirse (i)**
glad: be glad **alegrarse de**
glass (drinking) **vaso**; (material)
   vidrio; magnifying glass
   cristal (m.) **de aumento**;
   glasses **lentes** (m. pl.), **gafas**
glove **guante** (m.)
go: go about **andar**; go around
   andar, circular; go away
   irse; go by **pasar**; go for
   walks **dar unos paseos**; go
   in **entrar**; go into hiding
   refugiarse; go on **pasar;**
   prenderse; go on one's way
   seguir de largo, continuar
   su marcha; go out **salir**; go
   over well **salir bien parado**;
   go right into the middle of
   entrar de lleno en; go
   through **trasponer**; go to
   sleep **dormirse (ue, u)**; go to
   the trouble **tomarse las**
   molestias; go up **subir**
gobierno government
God **Dios**

gold **oro**
golden **dorado**
golpe blow, bruise, injury;
 repetir los golpes strike
 again
golpear hit
golpecito tap
good: be good for **convenir**
government **gobierno**
grab **agarrar; aferrar (ie)**
gracia: no hacerle gracia not
 to care for
gracioso nice, attractive
grado degree
graduar regulate
graduate **graduar**
Grand Council **Gran Consejo**
granddaughter **nieta**
grandmother **abuela**
granja farm
grant **conceder**
grape **uva**
grave serious; seriously ill
grave fosa
gravedad seriousness
gray **gris**; ashen gray **color gris**
 ceniciento
graze **rozar**
great **grande**
great deal of **mucho**
greet **saludar**
greeting **saludo**
grimace **mohín** (m.), **mueca**
gris gray
gritar shout, scream
grito shout
grocery **comestible**
ground floor **planta baja**
ground **suelo**
group **grupo**
grueso thick

guante glove
guard **guardia**
guardapolvo whitecoat, smock
guardar hold in; put away;
 keep
guardavía railroad flagman
gubernamental governmental
guerra war
guess (noun) **conjetura**; (verb)
 intuir
guest **invitado, visita**
guffaw **carcajada**
guiar guide
guide **guiar**
guiñador winking
guiñar wink
gun **pistola**
gunfighter **pistolero**
gunpowder **pólvora**
gunshot **balazo, disparo**
gustar savor
gusto taste; pleasure
gutter **alcantarilla**

H

hábil: día hábil workday,
 weekday
habitación room
habitante inhabitant
habla: de habla española
 Spanish-speaking
hacer: hacer acopio gather up;
 hacer el hielo give the cold
 shoulder; **hacer el vacío**
 ignore; **hacerse** become;
 hacérsele seem; **hacerse la**
 estatua freeze; **hacerse**
 tarde get late; **¿Qué le va a**
 hacer? There's nothing one
 can do about it.

hacia about
Hague: The Hague **La Haya**
hair **pelo, cabello**; hairdresser
  peluquero; hair spray **spray**
  (m.)
half **la mitad**; at half volume **a
  medio volumen**; half hidden
  medio oculto; half turned up
  a medio volumen
hall **salón** (m.)
hallar find
hallucination **alucinación**
hamacar rock
hand **mano** (f.); hold hands
  agarrarse de la mano; hand
  out **entregar**; hand over
  entregar
handle (noun) **mango**; (verb)
  entenderse con
handwriting **mano** (f.)
happen **pasar, ocurrir**
happiness **alegría, felicidad** (f.)
happy **contento**
hard **difícil, duro, fuerte,
  mucho**
hard to fathom **arduo**
hardly **apenas**
harm **daño**
harrass **acosar**
harto fed up
hasta even; up to
hat **sombrero**
hate **aborrecer, detestar, odiar**
hatred **odio**
have: have financial difficulties
  sufrir estrecheces; have just
  acabar de; have more than
  enough **sobrarle a uno**; have
  self-control **ser dueño de sí**;
  have to do with **tener que
  ver con**
hazaña deed

head **cabeza; jefe**; head for
  dirigirse a (para); from
  head to foot **de arriba abajo**
hear **oír**
heart attack **infarto**
heat **calor** (m.)
heavily bearded **barbón**
heaviness **pesadez** (f.)
heavy **pesado**
hechicería witchcraft
hecho deed, act, fact
hectolitro hectoliter (100 liters)
heed **hacer caso de**
height **estatura**
heladero ice-cream vendor
helado ice-cream
hell **infierno**
help **ayudar**
he-man **machote**
Henry **Enrique**
herd **partida**
hereby **por la presente**
herida wound, injury
herir (ie, i) wound
hermano brother
heroism **heroísmo**
hervir (ie, i) boil
hidden **oculto**; half hidden
  medio oculto
hide **esconder, ocultar**
hiding: go into hiding
  refugiarse
hielo ice; **hacer el hielo** give
  the cold shoulder
high **alto**
high voltage **alta tensión**
highly **altamente**
hill **cerro**
hilo string; shaft (of light);
  linen
hinchazón swelling
hire **emplear**

Hispanic **hispano**
historian **historiador**
historical-critical **histórico-crítico**
historieta comic book
history **historia**
hit **pegar**
hogar home
hoja sheet, page; blade
hojarasca underbrush
hold **fijar; tener**
hold back **contenerse**
hold hands **agarrarse de la mano**
hold in **reprimir**
hold interest **tener interés** (m.)
holder **depósito**
holdup **asalto**
holiday **día feriado**
holy **bendito**
hombre: ser hombre be man enough; **hombre-anuncio** sandwich-board man
hombro shoulder
home: home town **ciudad** (f.) **natal; pueblo natal**
homeland **patria**
homemade **casero**
Homer **Homero**
homework **tarea**
hondonada ravine, gulley
honest **honrado**
Honor: Your Honor **Señor Juez**
honradez honesty, uprightness
hope (noun) **esperanza**; (verb) **esperar**
horror **terror** (m.)
horse **caballo**
horseback riding **cabalgata**
hostile **hostil**
hot (to the touch) **caliente**;

(weather) **caluroso**
hotel **hotel** (m.); hotel clerk **recepcionista**
hour **hora**
House Chamber **Cámara de Diputados**
household **para el hogar**
housewife **ama de casa**
hoy en día nowadays
huella trace
hueso bone
hug **abrazar**
huir flee
human **humano**
humanity **humanidad** (f.)
Humble: Your Humble Servant **Su Servidor**
humear steam
humedad humidity
humidity **humedad** (f.)
humiliate **humillar**
humor **humor** (m.)
hundir sink
hunger **hambre** (f.)
hurgar dig
hurt **lastimar; hacer daño**
husband **marido**
hydroelectric **hidroeléctrico**
hypnotist **hipnotizador, hipnotista**

I

ice-cream **helado**; ice-cream vendor **heladero**
iced **helado**
idea **idea**
ideal **ideal**
idioma language
idiot **idiota**
iglesia church

ignorar to be ignorant of
igualmente equally
illness **enfermedad** (f.)
ilustre famous, distinguished
image **imagen** (f.)
imaginarse picture in one's
  mind
imagine **imaginar**
imbecile **imbécil**
immediately **en seguida**
impedir stop, prevent
impelir impel, force
imperdonable unforgiveable
importance **importancia**
important **importante**
importar matter
impreciso vague
imprescindible absolutely
  necessary
impresionante impressive
impresionar impress
impress **impresionar**
impression **impresión** (f.)
imprevisto unexpected
improperio insult
improvisar improvise,
  extemporize
improvisto: de improvisto
  unexpectedly
in service **en servicio**
inadvertently **en un descuido**
Incan **incaico**
incendiar set fire to
incertidumbre insecurity
incidencia incident, happening
inclinarse lean; bow
inclusive even
income **ingresos**
incómodo uncomfortable
incompetente out of control
incorporarse sit up

increase **aumentar; subir**
incursión raid, attack
indemnización indemnity,
  payment
indemne unharmed
indemnity **indemnidad** (f.)
independence **independencia**
Indian **indio**
indicate **indicar**
indignarse become indignant,
  get angry
inercia inertia, passivity
inexorable inexorable,
  relentless
inexplicable unexplainable
infantil child, baby (adj);
  childish
infantile **infantil**
infarto heart attack
infeliz unfortunate
inferior **inferior**
infestar overrun, beset
infierno hell
influence **influenciar**
influir influence
ínfula infula (ribbon on
  bishop's miter)
ingerir ingest
ingest **ingerir**
ingresos income
inhabitant **habitante**
iniciar start, begin
iniciativa privada private
  enterprise
injection **inyección** (f.)
injurioso insulting
injury **golpe** (m.)
ink **tinta**
inmediato: de inmediato
  immediately
inmóvil still

inmutarse be visibly bothered
inodoro toilet bowl
inoportuno untimely,
  inappropriate
inoxidable stainless
inquieto worried
inquietud anxiety,
  apprehension
inscribed inscrito
inseguro insecure
inside adentro
insinuante insinuating
insinuarse flirt
insinuating insinuante
insist insistir (en)
insistencia: mirar con
  insistencia stare
insolación sunstroke
insólito unusual
insondable unfathomable
insoportable unbearable
inspeccionar look over
instinct instinto
institute instituto
instrumento device
insufficient insuficiente
insulate oneself aislarse
insult (noun) afrenta,
  improperio; (verb) insultar
intact intacto
intense intenso
intentar attempt, try
intercambio exchange
interest interés (m.); hold
  interest tener interés
interesting interesante
interrumpir interrupt
interrupt interrumpir
interruptor switch
intervalo interval, moment
interview entrevista

íntimo personal, inner
intrigue intrigar
introduce presentar
intuir guess, figure out
inútil useless
invadir to invade
invasor invador
invent inventar
investidura office, rank
invitation invitación (f.)
invite invitar; recibir
involvement complicidad (f.)
inyección injection
Ionic jónico
ira rage
irrisorio laughable, giveaway
  (price)
írse encima jump on, attack
island isla
isolated aislado
issue número
Italy Italia
itself mismo
izquierdo left

J

jacket chaqueta
jail cárcel (f.)
jalar pull
jamás never
Japan el Japón
jar frasco
jewel joya
job trabajo; job hunt buscar
  trabajo
join unirse (a)
joke broma
jornada working day
joy júbilo
juanete bunion

júbilo joy
judge **juez**
judgement **juicio**
juez judge
jugar play
jugarreta dirty trick
juguete toy
juice **jugo**
juicio judgement
July **julio**
jump **saltar**
June **junio**
jungle **selva**
junta conference
juntarse get together
junto a next to
juntos together
jurar swear
jurisdicción territory
just **sólo**; have just **acabar de**;
  just in case **en caso (de)
  que**
justamente exactly, just
justice **justicia**
justiciero righteous, upright
justified **bien fundado**
juventud youth, young people
juzgar: a juzgar por judging
  from

K

keep **mantener, guardar;** keep
  from **aguantarse para no;**
  keep up **mantener**
kerchief **pañuelo**
kerosene **keroseno**
keroseno kerosene
kid **hijo**
kill **matar**
kind **especie** (f.), **tipo**

king **rey**
king star **astro rey**
kiss **besar**
kitchen **cocina**
knee **rodilla**
kneel **arrodillarse**
knife **cuchillo**
knock: knock down **derribar a
  golpes;** knock over **volcar**
knot **nudo**
knowledge **conocimiento**

L

lab **laboratorio**
laberinto maze
labio lip
laboratory **laboratorio**
lacre sealing wax
ladle: skimming ladle
  espumadera
lado side; **en algún lado**
  somewhere
lágrima tear
lamer lick
lamp **lámpara;** oil lamp
  quinqué (m.)
lámpara lamp; streetlight
lampiño beardless
land **tierra**
lanzar throw; throw off; utter;
  lanzarse dash off; leap, rush
lapel **solapa**
lapicera ballpoint pen
lápiz labial lipstick
largarse take off, go away
largo long; **de largo metraje**
  full-length; **seguir de largo**
  go on one's way
larva larva, seed
last (adj) **pasado; último;** last

name **apellido**; last (verb)
durar
lástima too bad
lata can
late **tarde**; get late **hacerse**
tarde; later on **más adelante**
latir beat
latter: the latter **éste**
laughter **risa**
lavar wash
law **ley** (f.)
Lawrence **Lorenzo**
lawyer **abogado**
lead **llevar**
learn **aprender**
least: at least **al menos, por lo**
menos; least bit of **menor**;
least of all **menos**
leather **cuero**
leave (go out) **salir**; (leave
behind) **dejar**; be left
quedarse
lector reader
lectura reading
lecture **conferencia**
lecturer **conferenciante**
left **izquierdo**; left-hand
izquierdo; be left **quedarse**;
have left **quedarle**
leg **pierna**
leisure: at his leisure **a sus**
anchas
lejano distant
lejos: a lo lejos in the distance
lengua tongue; language; **pasar**
la lengua lick
lentes glasses
lento slow
lépero gross, vulgar
let **dejar**; let in **dejar pasar**;
recibir; until school lets out

hasta la salida
letra writing; bill, bank note
letrero sign
letter (missive) **carta**; (of the
alphabet) **letra**; letter opener
cortapapel (m.)
levantar raise; **levantar la**
vista raise one's eyes;
levantarse get up
leve light
lever **manija**
ley law
leyenda tale
liberado free, released
library **biblioteca**
libre free
libreta notebook
licenciado college graduate;
lawyer
lick **lamer; pasarse la lengua**
por
lie (noun) **mentira**; lie (verb)
mentir (ie, i); lie down
echarse
lieutenant **teniente**
life **vida**; for life **de por vida**;
one of life's dirty tricks
jugarretas de la vida
lift: give a lift **llevar**
ligado together
ligar bind
ligereza lightness
ligero light
light (adj) **claro; liviano**; light
slap **palmadita**; light (noun)
luz (f.); light (verb) **prender,**
encender (ie)
lightness **ligereza**
likely: most likely **a lo mejor**
limited **limitado**
limosna alms

limpieza cleaning
limpio clean
Linda **Linda**
lindo beautiful
line: in the line of duty **en aras del deber**
línea railroad tracks
linen **hilo**
linguistic **lingüístico**
lip **labio**
lipstick **lápiz labial** (m.)
liquid **líquido**
liquidar destroy, ruin
liquor **licor** (m.)
listo ready
literature **literatura**
lively **animado**
liviano light
llama flame
llamar ring
llamarada flare-up
llave key
llegada arrival
llegar: llegar a get to; go so far as; **no llegar a los pies de** be very inferior to
llenar fill, fill out
lleno filled; loaded down; **de lleno** right, smack
llevar take; lead, live (life)
llorar cry
lloriquear whimper
lo de menos the least of it
load **cargar**; loaded down with **lleno de**
loaf **hogaza**
lobby **vestíbulo**
local premises, establishment
locate: be located **encontrarse**
lock **cerradura**
locura madness

Lodz city in Poland
logical **lógico**
lograr succeed in, manage, achieve
londinense from London
London (adj) **londinense**
loneliness **desolación** (f.)
lonely **solitario, solo**
long **largo**
longer **más tiempo**; no longer **ya no**
look (noun) **mirada**; A look of surprise came over his face. **Puso cara de sorpresa**; (verb) **parecer**; look after **atender**; look at **mirar**; look for **buscar**; look in all directions **mirar a todas partes**; look out of **asomarse por, mirar por**; look over **contemplar, inspeccionar**; look up **levantar la vista**
loot **botín** (m.)
Lord **Señor**
lose **perder (ie)**; lose confidence in **desconfiar de**; lose consciousness **perder el conocimiento**; lose faith in **desconfiar de**; lose one's mind **volverse loco**
loss **pérdida**
lost: get lost **extraviarse**
lot: a lot **mucho**
lotion: aftershave lotion **loción** (f.) **para después de afeitarse**
loud (color) **chillón**; (sound) **alto**; out loud **en voz alta**
love (noun) **amor** (m.); make love **hacer el amor**; (verb) **querer (ie), amar**;

encantarle
lower **bajar**; lower the price
rematar
loyal **fiel**
lucir shine; show off, sport
lucky: be lucky **tener suerte**
luego then; **luego de** after;
desde luego of course
lugar place; **tener lugar** take
place
lujo luxury
lujoso luxurious, fancy
lump (of sugar) **terrón** (m.)
luna moon
lunch **almuerzo**
lustrar shine
luxurious **lujoso**
luz light
lying **echado**

M

machine **máquina**
machote he-man
machucar crush
macizo solid, hefty
mad: in a mad rush **en tropel**
made: be made up of **constituir**
madera wood; piece of wood,
plank; **madera de naranjo**
orangewood; **maderas**
lumber
maestro teacher
magazine **revista**
magistrate: office of the chief
magistrate **primera**
magistratura
magistratura: primera
magistratura office of the
chief magistrate, presidency
magnicidio assassination (of

great person)
magnifying glass **cristal** (m.)
de aumento
maid **criada; camarera**
mailman **cartero**
main **principal**; the main thing
lo principal
make: make a note of **anotar**;
make an effort **esforzarse**
(ue); make comments
comentar; make
(commission) **percibir**;
make contact **tomar**
contacto; make difficult
dificultar; make it bad
malograr; make love **hacer**
el amor; make one's way
through **abrirse paso entre;**
make oneself comfortable
acomodarse; make out
distinguir; (payment) **pagar;**
make reference **referirse**;
make up one's mind **estar**
resuelto; to make matters
worse **para peor**
makeup: full makeup
maquillaje completo
maldito damn
maleficio curse
maleta case, suitcase
malhechor criminal, badguy
Malo Devil
malograr ruin, spoil
man: be man enough **ser**
hombre
manage **alcanzar, lograr**
manager's office **gerencia**
mancha spot
mandado errand
mandamiento commandment
mandatario political leader;

primer mandatario head of
state
manejar handle
mangas de camisa shirtsleeves
mango handle
manija lever
mano hand; handwriting; **de la
mano** by the hand
mantener support
map **mapa** (m.)
maquillaje makeup
máquina machine; **máquina
de escribir** typewriter;
escrito a máquina typed
marca brand
marcar to indicate, show
March **marzo**
marcha succession
marchar walk
marcharse leave
marco frame
marica "queer" (homosexual)
marido husband
marino by the sea
married **casado (con)**; married
couple **matrimonio**; get
married **casarse**
marry **casarse (con)**
Mary **María**
mas but
más: más bien rather; **un
hombre de más** one man too
many
masterpiece **obra maestra**
matar kill
mate Argentine tea
math **matemática,
matemáticas**
matrimonio married couple
matter (noun) **asunto; cuestión**
(f.); to make matters worse

para peor; (verb) **importar**
maullar mew
máximo supreme
May **mayo**
mayor oldest
mayoría: en su mayoría for
the most part
maze **laberinto**
meal **comida**
mean **querer decir, significar**
meaning **significado**
means: by means of **mediante**
mechanical **mecánico**
mediante by means of
medicine **medicina**
medida: a medida que as
medio half; means; midst; **por
medio de** by means of
mediodía noon
medir measure
meditar ponder
meet **conocer; reunirse**
meeting **reunión** (f.)
mejilla cheek
mejorar improve
melody **melodía**
melt **derretirse (i)**
member **miembro**
member of the family **familiar**
memorize **memorizar**
menor least
menos least of all; **lo de menos**
the least of it; **por lo menos**
at least
mensualidad monthly payment
mental **mental**
mente mind
mentir (ie, i) lie
mentira lie
menudo: a menudo often
mercancía merchandise

merchandise **mercancía**
merecer deserve
merodeador marauder
meter la pata make a blunder
meter put in; **meterse** get into
method **método; medio**
metraje: de largo metraje
feature, full-length
metro meter
mew **maullar**
Mexican **mejicano**
micro small bus
middle: go right into the middle
of **entrar de lleno en**; in the
middle **en medio;**
middleweight **de peso
medio/mediano**
miembro member; limb
mientras while
milagro miracle
milagroso miraculous
milanesa breaded steak
mile **milla**
milésimo thousandth
milk **leche** (f.)
milkman **lechero**
million **millón** (m.)
mind **mente** (f.); allow one's
mind to wander **distraerse;**
make up one's mind **estar
resuelto;** state of mind
estado de ánimo
mineral mining town
minister **ministro**
ministro minister; secretary;
ministro de economía
secretary of the treasury
minute **minuto**
miracle **milagro**
mirada look, glance, gaze;
sostener la mirada stare

back
mirar con insistencia stare
miriápodo myriapod (many
legged animal)
mirror **espejo**
mischievous **travieso**
misdeed **fechoría**
miseria mess
misfortune **desgracia**
misgiving **inquietud** (f.)
Missouri **Misuri**
mistake **error** (m.)
mistaken **equivocado**
mistery **misterio**
mistrust **desconfiar (de)**
mitad: a la mitad at half price
moda: pasado de moda old-
fashioned
modern **moderno**
modo: de otro modo otherwise
mohín face, grimace
molestia bother
molesto bothersome
money **dinero**
monk **monje**
monta importance, account
Monte: El Monte Section of
Santiago, Chile
month **mes** (m.)
monthly payment **mensualidad**
(f.)
mood: in the mood **de humor**
moral **moral**
moralidad morality
morbid **enfermizo**
morder (ue) bite
more: any more **ya no**
moreno brown
morgue **morgue** (f.)
morir die
mortal deathly

most **la mayor parte**
mostrador counter
mostrar show
mother-of-pearl **nacarado**
motor **motor** (m.)
motriz: fuerza motriz motive
power, energy source
mountain **montaña**; mountain
range **sierra**
moustache **bigote** (m.)
mouth **boca**
move **mover; mudar;** move
forward **adelantarse**
movement **movimiento**
movie **película**
movies **cine** (m.)
mozo employee
mud **barro**
mueca grimace
muerte death
muerto dead
mujer wife
mula mule
mule **mula**
muleteer **arriero**
multiple **múltiple**
mundo world
muñeca wrist
muñequito cartoon character
murder (noun) **asesinato**; (verb)
asesinar
murderer **asesino**
music **música**
musician **músico**
myriapod **miriápodo**

N

nacarado mother-of-pearl
nacer be born
nadar swim, float

nail **uña;** nail polish **esmalte**
(m.)
name **nombre** (m.); last name
apellido
ñame yam
namely **a saber**
ñandú rhea, American ostrich
nandu **ñandú** (m.)
napkin **servilleta**
naranjo orange tree; **madera
de naranjo** orangewood
nariz nose
narrow **angosto, estrecho**
national nacional
nationalistic **nacionalista**
native **nativo, indígena**
naturaleza nature
nature **naturaleza**
navaja razor
nazareno of Nazareth
Nazareth: of Nazareth
nazareno
Nazi **nazi**
nearby **cercano**
neatness **pulcritud** (f.)
neck: around his neck **al cuello**
necropsia necropsy, autopsy
need (noun) **necesidad** (f.);
There is no need. **No hace
falta.** (verb) **necesitar**
negarse refuse
negocio deal; **negocios** business
nemotécnico mnemonic
(helping the memory)
neoyorquino of New York
nephew **sobrino**
nervioso nervous
nervous **nervioso**
Netherlands **los Países Bajos**
network **red** (f.)
nevertheless **sin embargo**

new: brand new **nuevecito**
New York (adj) **neoyorquino**
newcomer **recién llegado**
newlywed **recién casado**
news **noticia**; piece of news
    noticia
next **próximo**; next to **junto a**
ni: ni que it's not as if; anyone
    would think; **ni siquiera** not
    even
nice **agradable; amable;**
    bonito
niece **sobrina**
nieve snow
night **noche (f.)**
nightfall: at nightfall **al**
    anochecer
nightmare **pesadilla**
no longer **ya no**
no trespassing zone **zona**
    prohibida
no ya no longer
nomás just, only
nombrar name
noon **mediodía (m.)**
Nordic **nórdico**
normal **normal**
not: not at all **de ningún modo**;
    not even **ni siquiera**
notebook **cuaderno, libreta**
noticia news, piece of news
novedad novelty
novel **novela**
November **noviembre**
nowadays **hoy en día**
nublar blur
nudo knot
nuevecito brand new
nuevo: de nuevo again
number **número**
nurse **enfermera**

O

obey **obedecer**
object **oponerse (a)**
obligar force
obligate **obligar**
obligation **compromiso**
obra work; task; **obra maestra**
    masterpiece
obscene **obsceno**
observe **observar**
obsessed **obsesionado**
obsession **obsesión (f.)**
obstinarse persist
obstruir obstruct
obtain **conseguir**
obvious **obvio**
occidental western
occur **ocurrir**
ocre ocher, reddish brown
ocultar hide
oculto hidden
ocupado busy
ocurrencia idea
ocurrir occur, happen
odd **curioso, raro**
odor **olor (m.)**
Oedipus Rex **Edipo Rey**
oeste west
of course **por supuesto**
of him **de su parte**
offend **ofender**
offer (noun) **oferta**; (verb)
    ofrecer
office **despacho, oficina**; box
    office **taquilla**; doctor's
    office **consultorio**; office of
    the chief magistrate **primera**
    magistratura; term of office
    periodo constitucional
official: public official

funcionario público
oficial officer
ofrecer offer; **¿Qué se le**
ofrece? What can I do for
you?
often **a menudo, muchas veces**
oil lamp **quinqué** (m.)
ojo eye
old-fashioned **pasado de moda**
oleada wave; **oleada muy**
caliente "hot flash"
olfato sense of smell
olor odor, scent; suspicion
olvidar forget; **olvidado del**
uso no longer in use
ominoso awful, abominable
on (turned on) **prendido**
once: all at once **de una vez**
one **solo**; one person too many
una persona de más
only **único**
open **abierto**; wide open (eyes)
desorbitado
opened **abierto**
opener: letter opener
cortapapel (m.)
operation **operación** (f.)
opinar think, have an opinion
opinion **opinión** (f.)
opportunity **oportunidad** (f.)
oppressive **opresivo**
oprimir press on
optar decide
order (noun) **orden** (m.); in
order **en regla**; (verb)
mandar; ordenar; pedir (i)
ordinary **ordinario**
oreja ear
organization **organización** (f.)
orgulloso proud
original **original**

orilla shore; edge, outskirts
oriole: golden oriole
oropéndula
oro gold
oropel tinsel
oropéndula golden oriole
oscurecer get dark
oscuridad darkness
oscuro dark; **a oscuras** in the
dark
ostrich **avestruz** (m.)
otherwise **de otro modo**
otorgar grant
otro next
out loud **en voz alta**
out of a sense of **por**
outcome **desenlace** (m.)
outdated **sin vigencia**
outing **excursión** (f.)
outlandish **extravagante**
out-of-the-way **apartado**
out-of-towner **forastero**
outside: on the outside
exterior
outskirts: on the outskirts **en**
las cercanías
ovario ovary
over: farther over **más allá**; it's
all over **se acabó**
overcome (adj) **rendido**; (verb)
vencer
overtake **alcanzar**
owe **deber**
own **propio**
owner **dueño, propietario**
oximoron oxymoron (figure of
speech in which
contradictory ideas are
combined, as in "living
death")

P

pace **paso**
paciencia patience
package **paquete** (m.)
padecer suffer
page **página**
páginas amarillas scandal
   sheets
pain **dolor** (m.)
painful **doloroso**
painter **pintor**
paisano countryman
palabra word
pale: deathly pale **cadavérico**
palidez pallor, paleness
pálido pale
palito popsicle
palmadita light slap
pan **cacerola**
pane of glass **cristal** (m.)
paño cloth; **paños menores**
   underwear
pantalla screen
pants **pantalón** (m.)
pañuelo kerchief
papel role
papel secante blotter
paper cup **vasito de cartón**
paper **papel** (m.)
papi daddy
paquete package
par couple; **a la par** at the
   same time
para peor to make matters
   worse
parade **desfile** (m.)
paradise **paraíso**
parado standing
paraíso paradise
pararse stand

parched **reseco**
pardo brown
parecer: a su parecer in your
   opinion; **parecerse** look like
parecido similar
pared wall
pareja couple
parejo even, steady
parents **padres**; parents-in-law
   suegros
pariente relative
parpadear blink
párpado eyelid
párrafo paragraph
part **parte** (f.); **alguna parte**
   somewhere; **por parte** bit by
   bit; **por parte de** on the part
   of; **todas partes** everywhere
partida group
partido party (political)
partir leave
party (merrymaking) **fiesta**;
   (political) **partido**; (retinue)
   comitiva
pasada passing
pasado day after tomorrow
pasado de moda old-fashioned
pasar cross over; go in;
   happen; spend; **pasar de** go
   beyond; **pasarla** spend time,
   go around (doing things);
   pasarse la lengua lick
pase That's O.K.
pasear walk
paseo ride; trip, excursion
paso pace; step; **abrirse paso**
   make one's way; **de paso** in
   passing, incidentally; **sin**
   paso definido stealthily,
   furtively
pass **pasar**; pass by **pasar**; pass

out **perder el conocimiento**
passport **pasaporte (m.)**
pastilla pill, tablet
pat **dar una palmadita**
pata: meter la pata make a
blunder
patada kick
path **sendero**
patient **paciente**
patilla sideburn
pato duck
patria land, country
patrio patriotic
pausa pause
pause **pausa**
pay (noun) **pago**; (verb) **pagar**;
pay attention **hacer caso**;
pay back **corresponder**
payment **abono**; monthly
payment **mensualidad (f.)**
peaceful **tranquilo**
peasant **campesino**
pecador sinner
pecho chest
peculiaridad idiosyncracy,
quirk
pegar glue, stick, join
peinado hairdo
pelado bare
pelea fight
pelear fight
película film, movie
peligro danger
pellizcar pinch, nip at
peluquería beauty parlor
peluquero hairdresser
pena penalty; sorrow; trouble;
dar pena embarrass
peña boulder
penalty **pena**
pencil **lápiz (m.)**

penetrating **penetrante**
penguin **pingüino**
pensamiento thought
pensar think; plan
peor worse; **para peor** to make
matters worse
pepita seed
pequeño child
percent **por ciento**
percibir earn, make
perder lose
perdurable everlasting
peregrinación pilgrimage
perform **practicar**
performance **actuación (f.)**
period **época**
periódico newspaper
periodista reporter
perish **perecer**
permanecer remain
permit **permitir**
persecución chase
perseguir pursue, go after
persignarse cross oneself
persistent: be persistent
obstinarse
person: one person too many
una persona de más
personaje character; important
person
personal **personal**
persuade **persuadir**
Peru **el Perú**
pesadez heaviness; weight
pesadilla nightmare
pesado bothersome; deep
pesar weigh; weigh down; a
pesar de in spite of
peso weight
pestaña eyelash
pestañear blink, bat an eyelash

pet **acariciar**
petition **requisitoria**
petrificarse freeze (in fear)
phenomenon **fenómeno**
phone **teléfono**
photograph (noun) **fotografía**;
 (verb) **fotografiar**
physics **física**
pianist **pianista**
piano **piano**
picar chop
pick (pluck off) **desgranar**;
 pick up **levantar; recoger**
picture **dibujo; fotografía**
pie foot; **de pie** standing; **no
 llegar a los pies de** be very
 inferior to; **ponerse de (en)
 pie** stand up
piece of news **noticia**
piedra stone
piel skin
pierna leg
pila battery
píldora pill
pill **píldora, pastilla**
pin (noun) **alfiler** (m.); (verb)
 fijar con alfiler
pingüino penguin
pink **rosado**
pioneer **pionero**
piso story, floor
pisotón stamp on the foot
pista floor
pistol **pistola**
pistolero gunman
pitcher **jarro**
pity **compasión** (f.)
placard **cartel** (m.)
place (noun) **lugar** (m.)**, sitio**;
 (verb) **colocar; dar; poner**
plan **plan** (m.)

plane **avión** (m.)
planilla form
plank of wood **madera**
plant (noun) **planta**; (verb)
 sembrar
planta floor, story; sole; **planta
 baja** bottom floor
plantarse stand
plastic **plástico**
plata silver; money
play (broadcast) **expulsar**;
 (game) **jugar**; to play it safe
 por las dudas; play up to
 insinuarse con
playa beach
please **complacer**
pleasure **gusto**
plenamente fully
pleno full; mid
plenty of **muchos**
plot **argumento**
pocket **bolsillo**
poder (noun) power; (verb)
 pueda ser que hopefully
poderoso powerful
poet **poeta**
point: point of view **punto de
 vista**; (verb) **señalar**
poised over **a ras de**
polaco Polish
pole **polo**
police **policía**; police chief
 comisario; policeman
 policía; police station
 comisaría
policy **política**
polio **polio** (f.), **poliomielitis**
 (f.)
Polish **polaco**
política policy; politics
political **político**

político politician
Polonia Poland
polvo dust, powder
polvoriento dusty
pómulo cheekbone
poner: poner cara de look;
  ponerse become; **ponerse a**
  begin; **ponerse al día** get
  caught up; **ponerse de**
  acuerdo agree, come to an
  agreement; **ponerse de (en)**
  pie stand up
pope **papa**
popsicle **palito**
por: por lo menos at least; **por**
  lo tanto therefore; **por si**
  acaso just in case; **por**
  supuesto of course; **por**
  último finally
porra cheer
portar bear; hold; **portarse**
  behave
Portuguese **portugués**
posarse land
position (job) **puesto**; change
  position **cambiar de**
  posición
positive **positivo**
possible: as soon as possible
  cuanto antes
postizo false
post-mortem autopsy
postrero last
póstumo posthumous
potencia power
pounce on **caer sobre**
pound **libra**
pour **echar**
power **poder** (m.); be in power
  estar en el poder
powerful **poderoso**

practicar perform
practice: be accepted practice
  aceptarse
praise **alabar**; of praise
  elogioso
pray **rezar**
precio price
precipitar rush into
precisar need
precise **exacto**
prefer **preferir (ie, i)**
pregnancy **embarazo**
pregonar announce
preguntarse wonder
premiar reward
prender turn on
preocuparse worry
prepare **preparar**
prescindir de do away with; do
  without
presence **presencia**
presencia: hacerse presencia
  make its presence felt
present **actual, presente**; the
  present times **los tiempos**
  que corren
presentar introduce;
  presentarse appear, show up
presentir feel
preserves **dulce** (m.)
presidency **presidencia**
president **presidente**
presidential **presidencial**
press in on **oprimir**
pressure **presión** (f.)
prestar lend; **prestar atención**
  (f.) pay attention
pretty **bastante**
prevailing **reinante**
prevent **impedir**
previous **anterior, previo**

previsto foreseen
price **precio**
pride **amor propio; orgullo**
priest **cura**
primate **primate**
primera magistratura office
of the chief magistrate
principio beginning; **a
principios de** at the
beginning of
principle **principio**
privado office, study
private enterprise **iniciativa
privada**
prize **premio**
probar prove; taste; try
problem **problema** (m.)
proceed to **ir a**
proceso medical case
process **proceso**
procession **cortejo**
procurar attempt, try
produce **producir**
producer **productor**
productor producer
proferir utter
programación programming
prolongarse go on, continue
prometer promise
promote **promover (ue)**
pronounce **pronunciar**
pronto soon; **de pronto**
suddenly
proof **prueba**
propagar spread
propinar give, deal
propio himself, oneself, very,
own
proponer offer
propose **proponer**
protect **proteger**

protest **protestar**
protocol **protocolo**
protocolo: fuera protocolos
drop the protocol!
proud **orgulloso**
provided **con tal (de) que**
provisto equipped
provocarse to come about
próximo next
proyección show, program
psychiatrist **siquiatra**
psychopath **sicópata**
public official **funcionario
público**
puddle **charco**
pudor shame
pueblo town; nation
pueda ser que hopefully
puente bridge
pues for
puesto fixed
puesto que since
pulcritud cleanliness, tidyness
pulcro neat, clean
pull **jalar; apretar**; pull oneself
together **sobreponerse**
pulley **polea**
pump **bomba**
puñal dagger
punch (noun) **trompada**; (verb)
dar una trompada
punción puncture
punctually **puntualmente**
puncture **punción** (f.)
puñetazo punch
punish **castigar**
punta tip
puntada sharp pain
punto dot, period, point; **punto
muerto** stalemate; **punto y
final** end of dictation; **a**

punto de about to; **con
punto justo** cooked just
right;
hacia el primer punto to
wherever
pupil **alumno**
pupitre desk
purse **cartera**
pursue **acosar**
push **empujar**
put: put arm around **pasar el
brazo sobre**; put away
guardar; put on **ponerse**;
put the cap on **tapar**; put up
levantar
puta whore

Q

quality **calidad** (f.)
qué tan how
quebradizo fragile
quebrar break
quedar remain; be located; end
up; **no quedarse así** not be
the end of it
queja complaint
quemar burn
querer love
question **pregunta**; ask a
question **hacer una
pregunta**
questioning **interrogante**
quinqué oil lamp
quiropodista chiropodist (foot
doctor)
quitar take off; **quitarse la
vida** kill oneself
quite comfortable **con cierto
lujo**
quiver **vibrar**

quiz **prueba**
quizá perhaps
quizás perhaps

R

rabia rage
rabino rabbi
race **raza**
racimo bunch
racket **barullo**
radicar(se) settle down
rag **andrajo**
rage **ira**
raise (lift) **levantar**; (a child)
criar; (voice) **alzar**; raise up
despegar
raíz root
rajar beat it (leave, scram)
rama branch
ranch **rancho**
rancher **ranchero**
range: mountain range **sierra**
ransom money **recompensa**
rape **violación** (f.)
rapidez rapidity
raptar abduct
raro strange
ras: a ras de at the level of,
flush with, poised over
rasgar cut, tear
rasgón rip
rather **bastante**; but rather **sino
(que)**
rato while; **a ratos** at times
rattle **cascabel** (m.)
ravine **hondonada**
ray **rayo**
raya line, stripe
rayo ray; flash of lightning
raza race, breed

razón reason
razor **navaja**
reach **llegar a**; within his reach
   a su alcance
reaction **reacción** (f.)
read **rezar**
reading **lectura**
ready **listo**
real **verdadero**
realist **realista**
realizar carry out
realize **darse cuenta (de)**
really **de veras**
reason **razón** (f.)
rebeldía rebelliousness
receive **recibir**
recent **reciente**
recently **recientemente**
recepción front desk (in hotel)
recepcionista desk clerk
receptor receiver, set
recess **recreo**
recetar prescribe
rechazar reject, push away
recibir let in
recién recently, just; **recién**
   casado newly-wed
recipiente container
recíprocamente within each
   other
reclamar complain
recobrar recover
recoger collect, pick up
recognize **reconocer**
recollection **recuerdo**
recommend **recomendar (ie)**
recompensa reward
recordar recall, remind
recorrer cover, run across
recover **reponerse**
recreo recess

rector university president
recuerdo recollection
recurrir resort
recurso device
red **colorado**
red network
redactar compose, write
redonda: a la redonda round
   about
redondear round
redondo round
reducirse get small
reencontrar find again
refer **referirse (ie, i)**
reference: make reference
   referirse (ie, i
reflect (mirror) **reflejar**; (think)
   reflexionar
reflejar reflect
reflejo reflection; **por reflejo**
   by force of habit,
   automatically
reflexion **reflejo**
reflexión thought
reflexionar reflect
refuge **refugio**
refugiarse take shelter
refugio refuge, shelter
refuse **negarse a (ie); rechazar**
region **comarca**
registrar show (the mark of)
regla order; rule
regresar return; **de regreso,**
   back
regreso return
regret **lamentar**
reheat **recalentar**
reinante prevailing
reír laugh
relate **relacionar**; (tell) **relatar**
relative **pariente**

relatively **relativamente**
relato story
relax **descansar**
releer reread
relegar relegate, banish
relief **alivio**
religious **religioso**
reloj watch
remain aloof **hacer el vacío**
remain **quedar; permanecer**
rematar sell cheap; **rematar
por la mitad** reduce to half
price
**remedio: no tener más
remedio** have no other
alternative
remember **recordar**
remove **quitar, sacar**
remover move
rendido overcome
rendirse surrender; **caer
rendido** be overcome
renglón line; **a renglón
seguido** immediately after
repartir divide, split
repasar go over; wipe
repeat **repetir (i)**
repeler push back
repente: de repente suddenly
repentina sudden
repetidor repeating, repetitive
repetir los golpes strike again
repleto full
reply **responder, replicar**
reponerse recover
report (noun) **dictamen** (m.);
(verb) **denunciar, delatar**
reporter **periodista**
reposar rest
reposo rest; **estar en reposo** be
confined to bed rest

represa dam
represent **traer la
representación de**
**representación: traer la
representación** represent
representative **representante**
reprimir hold back, stifle
reproach **reprochar**
republican **republicano**
reputation **reputación** (f.)
request (noun) **petición** (f.);
(verb) **pedir**
require **requerir (ie, i)**
requisitoria legal requisition,
warrant
re-read **releer**
resbalar slip
rescate rescue
rescatar rescue, pull away
rescue **rescate** (m.)
reseco parched
resemble **parecerse (a)**
resfriar cool, chill; **resfriarse**
catch cold
residence: take up residence
avecindarse
resign oneself **resignarse**
resignation **resignación** (f.)
resigned **resignado**
resistance **resistencia**
resistencia hostility,
unwillingness
resolve **resolver**
resort **recurrir**
respaldar back, support
respect (noun) **respeto**; (verb)
respetar
respectable **respetable**
**respectar: por lo que respecta
a** as far as...is concerned
respirar breathe

response **respuesta**
responsible **responsable**
respuesta answer
rest (noun) **descanso; reposo;**
(others) **demás;** (verb)
descansar; reposar
resta subtraction
restaurant **restaurante** (m.)
restos remains
restrain oneself **contenerse**
resuelto resolved, his mind
made up
result **resultado**
resultar turn out; turn out to be
resulting **resultante**
resumen summary
resumir give a summary of
resurrection **resurrección** (f.)
retocar touch up
retoque touch up
retorcido winding
return (go back) **volver (ie);**
(take, give back) **devolver**
reunir bring together; **reunirse**
get together, meet
reveal **revelar**
revés: al revés backwards
revolver stir; **revolverse**
squirm
reward (noun) **recompensa;**
(verb) **premiar**
rey king
rezagarse fall behind, lag
rezar pray; state, read
Rhodes **Rodas**
ribbon **cinta**
Richard **Ricardo**
ride: go for a ride **ir de paseo**
en el coche; (on horse)
cabalgar; (in car) **ir en**
coche; ride off **arrear**

ridiculous **ridículo**
riding: horseback riding
cabalgata
riesgo risk
right **derecho;** be right **tener**
razón; go right into the
middle of **entrar de lleno en**
rigor extreme heat
rincón corner
ring (noun) **timbrazo;** (verb)
llamar, tocar
río river
riot **motín** (m.)
risa laughter
rise **subir**
rise up **brotar**
risilla giggle
rito ritual
rival **rival**
river **río**
roast **asado**
rob **asaltar**
robar steal
rociar sprinkle
rock (noun) **peña;** (verb)
hamacar
rock-bottom **irrisorio**
rodar to roll
rodear engulf; surround
rodilla knee
role **papel** (m.); act the role
hacer el papel
romantic **romántico**
romper break, snap
room **cuarto, habitación** (f.)
ropa clothes
rope **soga**
rosado pink
rostro face
roto broken
rotunda **rotonda**

rotundamente absolutely;
  flatly
rouge lipstick
rouge **colorete** (m.)
round (noun) **redondo**; (verb)
  redondear
round about **a la redonda**
routine **rutinario**
rows of two **fila de a dos**
rozar graze, brush, rub
rub **acariciar**
rubicundo rosy-cheeked
rubio blond
rúbrica flourish (in signature)
rudimentario rudimentary,
  elementary
rueda wheel
rug alfombra
ruido noise
ruidoso noisy
ruin (noun) **ruina**; (verb)
  estropear
rule **regla**
rulero haircurler
rumbo area; **rumbo a** heading
  for
rumboso gala, lavish
rumor noise
run **correr**; run along the back
  dar a espaldas de
rush (noun) in a mad rush **en**
  tropel; (verb) **abalanzarse**;
  lanzarse (a); come rushing
  in **acudir en tropel**
Russian **ruso**
rustic **rústico**
rutina routine
rutinario routine

S
sabor taste

saborear savour
sabotaje sabotage
sabroso delicious
sacar take out (off, down, etc.);
  get rid of; win out over, beat;
  sacar en vilo carry
  (someone) out forcefully;
  sacar la cara stand up for;
  sacar la vista de encima
  take one's eyes off
sacerdote priest
sack **bolso**
saco suitcoat
sacrifice **sacrificio**
sacrificarse make a sacrifice
sad **triste**
sadness **tristeza**
safe **seguro**; to be on the safe
  side **por las dudas**; to play it
  safe **por las dudas**
saint **santo**
sale **venta**; for sale **en venta**
saleslady **vendedora**
salesman **vendedor**
salida going out; dismissal, end
  of schoolday
salir go out; stick out; turn out;
  salir adelante get ahead;
  salir bien parado go over
  well
salón parlor; **cortesías de salón**
  formal amenities; **salón de**
  cine moviehouse
saloon **cantina**
saltar jump
salto leap
saludar greet
saludo greeting
salvar save
same **igual**
saña fury

sand **arena**
sandía watermelon
sandwich **sándwich** (m.)
sangrar bleed
sangre blood
sangriento bloody
santiguarse cross oneself
sargento sergeant
sash **banda**
Satan **Satanás**
satanical **satánico**
satisfaction **satisfacción** (f.)
satisfecho satisfied
Saturday **sábado**
save (life) **salvar**; (money,
  time) **ahorrar**
say (text reads) **rezar**
scalpel **bisturí** (m.)
scandal **escándalo**
Scandinavian **escandinavo**
scare off **espantar**
scheme: the scheme backfired
  le salió el tiro por la culata
scholarship **beca**
school **escuela; colegio**; until
  school lets out **hasta la
  salida**
scientific **científico**
scorch **chamuscar**
scout **explorador**
screen **pantalla**
sea **mar** (m.)
secante: papel (m.) **secante**
  blotter
secar dry
seco dry; sharp
Seconal trade name for
  secobarbital, a sedative
secretario **secretario**; Secretary
  of the Treasury **Ministro de
  Economía**

sect **secta**
sector **sector** (m.)
secuencia episode, scene
secure **seguro**
sedative **calmante** (m.)
see **ver**
seed **semilla; pepita**
seem **parecer**
seguida: en seguida
  immediately
seguir continue; follow; **seguir
  con** stay with; **seguir de
  largo** go on one's way
según according to
segundo second
seguramente surely
seguridad certainty
seguro safe; sure
self-control: have self-control
  ser dueño de sí
sell **vender**
sello wafer
semblante face, features
sembrar plant; instill
semidarkness **semioscuridad**
  (f.)
semilla seed
semioscuridad semidarkness
señal sign
señalar point to
senator **senador**
sencillo simple
senda path
sendero path
sensation **sensación** (f.)
sense **sentido**; out of a sense of
  por
sentence (gram.) **oración** (f.);
  (verb) **sentenciar**
sentido sense
sentir hear; smell; **sentirse** feel

separate **separar**
September **septiembre**
ser being
sereno calm
sergeant **sargento**
series **serie** (f.)
serious **grave, serio**; in serious
   condition **grave**
seriously **en serio**; seriously
   hurt **grave**
serpiente snake
servant **criado, sirviente**; Your
   Humble Servant **Su Servidor**
serve **servir (i)**
service **servicio**; in service **en**
   servicio
Servidor: Vuestro Servidor
   Your Humble Servant
servilleta napkin
set: set fire to **incendiar**; set out
   after **emprender la**
   persecución de
setting **escenario**
settle **establecerse**
settle down **radicar(se)**
several **varios**
severe: become more severe
   arreciar
sewing **costura**
sexual **sexual**
shade: in the shade **a la sombra**
shadow: eye shadow **sombra**
   para párpados
shake (intr) **estremecer**; (tr)
   sacudir
shame **pudor** (m.)
shape **forma** (f.)
share **compartir**
sharp **agudo; filoso**
sharp-pointed **de filosa punta**
shave **afeitarse**

sheer **puro**
sheet **hoja**
shelf **estante** (m.)
shine **lucir**
ship **barco**
shirt **camisa**
shirtsleeve: in shirtsleeves **en**
   mangas de camisa
shock **choque** (m.); give a
   shock **dar toques** (m. pl.)
shoe **zapato**
shoemaker **zapatero**
shoot **dar un tiro**
shootout **balacera**
shop **taller** (m.)
shore **ribera**
short (height) **bajo**; (length)
   corto
short cut **atajo**
shoulder **hombro**
shout (noun) **grito**; (verb)
   gritar
show **mostrar (ue)**; show signs
   of emotion **inmutarse**; show
   up **presentarse**
shrug **encogimiento**
sick **enfermo**; become sick
   enfermar(se)
side **costado; lado**; to be on the
   safe side **por las dudas**
sideburn **patilla**
sidewalk **acera, vereda**
siempre still
sien temple
sierra mountain range
sigilo secrecy; discretion
siglo century
sign (placard) **letrero**;
   (indication) **señal** (f.); (verb)
   firmar
signature **firma**

significación significance
siguiente following, next
silence silencio
sillón easy chair
silly tonto
silver plata
similar parecido, similar
simpatía support
simple mere
simply simplemente
sin embargo nevertheless
sin paso definido stealthily,
    furtively
sin vigencia no longer in vogue
since ya que
singer cantante
siniestro sinister, evil; disaster
sink enterrar
sinner pecador
sino except
siquiera: ni siquiera not even
sister hermana
sit sentarse
sit up incorporarse
sitiador besieger
sitio place
situation situación (f.)
skimming ladle espumadera
skin piel (f.)
slap: light slap palmadita
sleep sueño; get to sleep
    conciliar el sueño; go to
    sleep dormirse (ue,u)
slip resbalar; slip off salirse
slope cuesta
slow (adj) lento; (adv) despacio
slowly despacio
smell oler (ue)
smile (noun) sonrisa; (verb)
    sonreír (i)
smiling sonriente

smoke (noun) humo; (verb)
    fumar
smoker fumador
smudge borrón (m.)
snake serpiente (f.)
snap romperse
snow nieve (f.)
Snow White Blancanieves
snowstorm tormenta de nieve
so así que
so-and-so fulano
so many tantos
so much tanto
soberbia pride
sobrar be excessive, be in the
    way be more than enough
sobre todo especially
sobrellevar endure
sobreponerse pull oneself
    together
sobreviviente survivor
sobrino nephew
sociopolitical sociopolítico
sódico sodium (adj.)
soft suave
soft drink gaseosa
softly en voz baja
soga rope
sol sun
solapa lapel
solas: a solas alone
soldier soldado
sole planta
solemn solemne
soler be accustomed
solicitar request
solid macizo
solidaridad solidarity
solingen from Solingen
    (German city famous for its
    cutting tools)

solitario lonely, abandoned
solito y su alma all by yourself
soltar let out; release, let go of
soltura ease
solucionar solve
solution **solución** (f.)
sombra shade; shadow
somehow **de algún modo**
something else **otra cosa**
somewhere **alguna parte**
son **hijo**
sonar sound
song **canción** (f.)
sonrisa smile
soon: as soon as possible
   cuanto antes
soportar stand
sordina mute, silencer
sorpresa surprise
sorrow **pena**
sorry: to be sorry **sentir,**
   lamentar
sort: bad sort **mala gente**
soslayar ignore, dodge
sostener hold; **sostener la**
   mirada stare back
sound **sonido;** crackling sound
   chisporroteo
soup **sopa**
space **espacio;** blank space
   espacio en blanco
spacious **espacioso**
Spaniard **español;** Spanish
   speaking **de habla española**
speed **urgencia**
spell **deletrear**
spend (money) **gastar;** (time)
   pasar; spend the summer
   veranear
spirit **espíritu** (m.)
spite **despecho;** in spite of **a**

   pesar de
split **repartir**
spoil **atacar**
spoon **cuchara**
sportscoat **saco**
spot **mancha**
spread **esparcir(se);** spread out
   extenderse (ie)
spring up **brotar**
sprinkle **rociar**
spy **espía**
squash **machucar**
squirm **revolverse**
staff **pentagrama** (m.)
stage **escenificar**
stainless **inoxidable**
stalemate **punto muerto**
stand (remain) **quedar;**
   plantarse; stand up **ponerse**
   de pie; stand up for **sacar la**
   cara por
standing **de pie, parado,**
   plantado
starched **almidonado**
stare **mirar con insistencia**
start **arrancar**
state **estado;** state of mind
   estado de ánimo; States
   Estados Unidos
station **estación** (f.)
stay (noun) **estancia;** (verb)
   quedar(se); stay in bed
   quedarse en la cama,
   guardar cama
steal **robar**
steel **acero**
step **paso**
Steve **Esteban**
stick in and out **meter y sacar**
stick out (of top of) **salir**
still (adj) **quieto;** (adv) **aún,**

todavía
stir **revolver**
stitch **puntada**
stomach **estómago**
stomp: be careful not to get
  stomped on **cuidarse de
  pisotones**
stone **piedra**
stone-paved **empedrado**
stoop **agacharse**
stop (doing something) **dejar
  de**; (halt) **detenerse**; stop up
  tapar
store **tienda**
storekeeper **tendero**
story **cuento, historia**
stove **estufa**
strange **extraño, raro**
stranger **extraño, desconocido**
strawberry **fresa**
street **calle** (f.)
streetcar **tranvía** (m.)
street light **lámpara del
  alumbrado público**
strength **fuerza**; gather up
  strength **hacer acopio de
  fuerzas**
stretch **extender(se) (ie)**;
  stretch out **tenderse**
strict **estricto**
strike (seem) **antojarse**; (go on
  strike) **ponerse en huelga**
string **cuerda**
strong **fuerte**
Stuart **Estuardo**
student **estudiantil**
study **estudio**; studies **carrera**
stupid **estúpido**
suave soft, easy
suavidad tenderness
suavizar placate

subir come up, go up; get in
  (car); rise; increase; **subir al
  poder** rise to power
subrayar to underline
substracción subtraction
substrato substratum
subtraction **resta, substracción**
subversive **subversivo**
succeed **suceder**
succesion **sucesión**
success **éxito**
successful **exitoso**; be
  successful **tener (lograr)
  éxito**
suceder happen; succeed,
  follow
sucedido: lo sucedido what had
  happened
suceso event
such (adj) **tal**; such (adv) **tan**;
  such a **tal**
sucio dirty
suddenly **de pronto, de
  repente**
sudor sweat
suelo ground, floor
suelto loose
sueño dream; sleep
suerte fate; luck
suffer **sufrir**
sufrir undergo; put up with
sugar **azúcar** (m.)
sugerir suggest
suggest **sugerir (ie, i)**
suicida suicide victim
suicide victim **suicida** (m., f.)
suicidio suicide
suit **traje** (m.)
suitcase **maleta**
suitcoat **saco**
sujetar hold onto

sumergido absorbed, engrossed
suministrar supply
summer (noun) **verano**; (verb)
  veranear; spend the summer
  veranear
sun **sol** (m.); in the sun **al sol**
sunlight **luz** (f.) **del sol**
sunstroke **insolación** (f.)
superficie surface
superstitious **supersticioso**
suponer suppose
supplied with **provisto de**
supply **proporcionar,**
  suministrar
support **apoyar**
suprema final
supuesto: por supuesto of
  course
sur south
sure **seguro**
surely **seguramente**
surface **superficie** (f.); appear
  on the surface **aflorar**
surgeon **cirujano**
surgir arise
surname **apellido**
surprise **sorpresa**; to his
  surprise **ante su sorpresa**
surprised **sorprendido**; be
  surprised **sorprenderse de,**
  estar sorprendido de
surrender **rendirse (i)**
surround **rodear**
survive **sobrevivir**
survivor **sobreviviente**
Susan **Susana**
suspirar sigh
swallow **tragar**
swear **jurar**
sweaty **transpirado**
Swedish **sueco**

swelling **hinchazón** (f.)
switch **interruptor** (m.)
swollen **hinchado**
syrupy **almibarado**
system **sistema** (m.)

T

tabaquería tobacco shop
table **mesa**
tablet **pastilla**
tailor **sastre**
take **tomar; llevar**; (remove)
  quitar, sacar; take
  advantage of **aprovechar**;
  take away **quitar**; take eyes
  off **sacar la vista de encima**;
  take flight **emprender la**
  fuga; take hold of **agarrar**;
  take into account **tomar en**
  cuenta; take moon bath
  tomar baño lunar; take off
  (go away) **rajar**; take on
  cobrar; take out **sacar**; take
  part **participar**; take to court
  llevar a los tribunales; take
  up residence **avecindarse**
tal such
tale **leyenda**; fairy tale **cuento**
  de hadas
talent **talento**
tall **alto**
tamaño (adj) such an
  incredible; (noun) size
tangle **enredar**
tank **depósito**
tanned **curtido**
tanto so much; **por lo tanto**
  therefore; **un tanto** a bit
tap **dar golpecitos**
tapar cover, put the cover on

tararear hum
tardar delay
tarde afternoon, late; **hacerse tarde** get late
tarea task
tarjeta card; **tarjeta de visita** business card
task **tarea**
taste **gusto; sabor** (m.)
tavern **cantina**
taxi driver **taxista**
tea **té** (m.)
teach **enseñar**
teacher **maestro**
tear **lágrima**
tear **rasgar, romper**; tear oneself away **desprenderse**
technician **técnico**
tecla key
tela ahulada rubber material
telephone **teléfono**
television **televisión** (f.)
televisivo television (adj.)
tell **decir**; (story) **contar (ue)**; tell someone off **decirle a alguien lo que es**
tema topic
temblor shiver
temer fear
temor fear
temperature **temperatura**
temple **sien** (f.)
tender stretch, stretch out
tener que ver con have to do with
teniente lieutenant
tensión power
term of office **periodo constitucional**
término end
termo thermos

ternura tenderness
terrace **terraza**
terrible **terrible**
terribly **terriblemente**
terrón lump (of sugar)
terror **terror** (m.)
thank **agradecer**
thaw **descongelar**
The Hague **La Haya**
then: by then **a esas alturas**
theory **teoría**
Theresa **Teresa**
thermos **termo**
thesis **tesis** (f.)
thick **grueso**
thin **delgado**
third (adj) **tercero**; (fraction) **tercio**
thought **pensamiento**
thousand **mil**
threat **amenaza**
threaten **amenazar**
three-colored **tricolor**
throat **garganta**
through **por, a través de**
throw **arrojar**; throw out **echar; despedir; correr**; throw out on one's ear **sacar en vilo**; throw up **vomitar**
thug **malhechor**
ticket **entrada**
tickle **cosquilleo**
tickling sensation **cosquilleo**
tie (noun) **corbata**; (verb) **atar**
tiempo: a tiempo in time; **al tiempo que** at the same time as; **en los tiempos que corrían** in that day and age
tierra land
tight **estrecho**
tightly **con fuerza**

timbrazo ring
timbre bell
time **hora; tiempo**; some time
   un rato; in the present times
   en los tiempos que corren
timid **tímido**
tin **estaño**
tinsel **oropel** (m.)
tinta ink
tirar throw
tire **llanta**
tired **cansado**
tiro shot
tirón yank
titánico titanic, huge
title **título**
titubear falter
titubeos hesitation
titulado entitled
título degree, title
tocar touch; ring
todo: a todo esto, meanwhile;
   no del todo not entirely;
   todo cuanto everything,
   whatever, all that
together **juntos**
tolerate **tolerar**
tomar: tomar confianza
   become friendly; **tomar**
   contacto make contact
tongue **lengua**
tono taste
tonto silly, foolish
too many: one person too many
   una persona de más
tooth powder **polvos**
   dentífricos
top **cima** (f.); (of sack) **boca**
toparse con come across
topcoat **abrigo**
topping **topete** (m.)

toques shock
tormenta storm
torpeza lack of taste, blunder
torrent **torrente** (m.)
tortuoso crooked; winding
touch **tocar**; touch up **retocar**
town **pueblo**; home town
   ciudad (f.) **natal**
toy **juguete** (m.)
tracks **línea**
traducir translate
traer la representación be the
   representative
tragar swallow; **tragarse**
   burbujas de risa stifle
   laughter
traición betrayal; **a traición**
   treacherously
train **tren**; train station **estación**
   (f.) de ferrocarril
traje suit
tranquera wooden cattle gate
tranquil **tranquilo**
tranquility **tranquilidad**
tranquilizante tranquilizer
transcurrir go by
transcurso course (of time)
transmitir broadcast
transpirar to perspire
tranvía streetcar
trap **atrapar**
tras after, behind
trasponer disappear behind
trasto piece of junk
tratar try; deal; treat; **tratarse**
   de be a question of
travel **viajar**
traves: a través de through
travesura prank
travieso mischievous
trayecto route

trayectoria course of
  development; record; career
treacherously a traición
Treasury: Secretary of the
  Treasury **Ministro de
  Economía**
treat **tratar**; treat someone as if
  he doesn't exist **hacer el
  vacío**
tree **árbol** (m.)
trenza tress
trepar climb
trespassing: no trespassing zone
  zona prohibida
tribunales court
trick: one of life's dirty tricks
  jugarretas de la vida
tricolor three-colored
trigger **gatillo**
trip **viaje** (m.)
triste sad
trolebús trolleybus
trolleybus **trolebús** (m.)
trompada punch
tropel: en tropel in a mad rush
tropezar trip
tropiezo difficulty, bad
  encounter, misfortune
trouble: go to the trouble of
  tomarse la molestia de
true **verdadero**
trust **fiarse de, tomar
  confianza en**
truth **verdad** (f.)
try (attempt) **tratar (de)**; (test)
  probar (ue); try out **probar**
tub **tina**
tuition **enseñanza**
tul tulle, veil
turn **volverse (ie)**; turn in
  denunciar; turn into

convertirse en; turn off
apagar; turn oneself in
entregarse; turn out
resultar; turn red **enrojecer**;
turn the face **desviar el
rostro**
turquesa turquoise
turquoise **turquesa**
twice **dos veces**
type (noun) (kind) **tipo**;
  (writing) **letra**; (verb)
  escribir a máquina
typewriter **máquina de escribir**
typical **típico**

U

últimamente lately, recently
último last, latter; **por último**
  finally
uña nail
unable: be unable **no poder**
unashamed **desvergonzado**
unbearable **insoportable**
uncomfortable **incómodo**
under cover **al amparo**
underline **subrayar**
undertake **emprender**
undone **descompuesto**
unexplainable **inexplicable**
unfathomable **insondable**
unforgiveable **imperdonable**
unfortunate **infeliz**
unfortunately
  desgraciadamente
único only; **lo único** the only
  thing
unique **único**
unir join
unísono: al unísono de in
  unison with

United States **los Estados Unidos**
universal total
university (adj) **universitario**
unlikely **difícil**
uno que otro an occasional
unnecessary **innecesario**
unpleasant **desagradable**
until **hasta (que)**; until school lets out **hasta la salida**
unusual **raro**
unyeilding **inexhorable**
upset **disgustar, desconcertar**
upsetting **desquiciante**
urge **instar**
urgencia speed
Ursula **Ursula**
use **usar, utilizar**
used: get used to **acostumbrarse (a)**; used to **acostumbrado a**
useless **inútil**
Usía Your Excellence
uso: olvidado del uso no longer in use
usual: as usual **como de costumbre**
usually **por lo común, soler (ue)**
útil useful
utter **lanzar**
uva grape

V

vacío empty; vacuum; **hacer el vacío** ignore
vacuum **aspirar**
vagar wander
vagido first cry (of newborn)
vago vague

vague **impreciso**
vaguely **vagamente**
vaho vapor
vaina: ¡Qué buena vaina! What a nuisance!
valer be worth; earn; **no vale** it's not right
valley **valle** (m.)
valor courage
vampire **vampiro**
vano: en vano in vain
vapour **vaho**
vaquero cowboy
varios several
vase **florero**
vasito cup; **vasito de cartón** paper cup
vecino neighbor
velar sit up with, spend the night awake over
vencer overcome
vencido beaten, conquered
vendedor salesman
vender sell
vendor: ice-cream vendor **heladero**
venta sale, selling
ventaja advantage
ventana window
ventanilla window
ver: tener que ver con have to do with
veranear spend the summer
verano summer
veras: de veras really
verbally **verbalmente**
verde green
vereda sidewalk
verge: on the verge of **a punto de**
verse find oneself

vértigo frenzy, fit of madness
vestíbulo lobby
vestir dress
vez: a su vez in turn; **de una vez** all at once; **en vez de** instead of; **por vez número mil** for the thousandth time; **una y otra vez** over and over
vía pública public thoroughfare
viaje trip
viborita twinge, quiver
vicio vice, habit
victim **víctima**; accident victim **accidentado**; suicide victim **suicida**
vidrio glass
viento wind
vientre abdomen
view **vista**; point of view **punto de vista**
vigencia: sin vigencia outdated, no longer in vogue
vilo: sacar en vilo carry (someone) out forcefully
violación rape
violence **violencia**
violent **violento**
Violet **Violeta**
virgen virgin
vision **vista**
visit (noun) **visita**; visit (verb) **visitar**
visita: tarjeta de visita business card
visitador médico salesperson for pharmaceutical firm
vista vision; **sacar la vista de encima** take one's eyes off
visto seen
vistoso flashy, showy
vocalist **vocalista**

vocalizar sing
voice **voz** (f.)
volar fly; blow up
volcar to knock over
voltage **voltaje** (m.); high voltage **alta tensión**
voltaje voltage, electrical charge
volume (amount) **volumen** (m); (book) **tomo**; at half volume **a medio volumen**
voluntad wish
volver return; make, turn; **volver a** (+ inf) do again; **volverse** become
vomitar to vomit, throw up
voz voice; call; **en voz alta** out loud
vuelta: a la vuelta de around; **dar una vuelta** take a walk
Vuestro Servidor Your Humble Servant
vulgar ordinary

W

wagon **carro**
waiter **camamero, mesero**
wake **despertar**
walk **caminar**; go for walks **dar unos paseos**
walking **ambulante**
wall **pared** (f.)
wander **vagar**; allow one's mind to wander **distraerse**
wardrobe **armario**
warn **advertir (ie, i), avisar, conminar**
wash **lavar**
watch (noun) **reloj** (m); (verb) **mirar**

watermelon **sandía**
wax (noun) **cera**; (verb)
   encerar
waxer **enceradora**
way **manera**; in a way **en**
   cierta manera; on the way
   to **en camino a**
weak **débil**
weapon **arma**
wear **llevar**; **utilizar**
weather **tiempo, clima** (m.)
week **semana**
weigh **pesar**
weight **peso**
well-being **bienestar** (m.)
well-bred **fino**
Western Europe **Europa**
   Occidental
wheat **trigo**
wheel **rueda**
whether **si**
while **rato**
whimper **lloriquear**
whisper **susurrar**; whisper into
   ear **susurrar al oído**
whole **entero**
wide **ancho**
wide open **desorbitado**
wife **esposa**
will power **esfuerzo de**
   voluntad
win **ganar**
wind **viento**
winding **retorcido, tortuoso**
window **ventana**
wine **vino**
wink (noun) **guiño**; (verb)
   guiñar; wink back
   responder con otro guiño
winking **guiñador**; winking
   contest **concurso de**

   guiñadores
winter **invierno**
wipe **limpiar**; wipe off **repasar**
wish (noun) **voluntad** (f.);
   (verb) **querer, desear**
witch **bruja**
witchcraft **hechicería**
within his reach **a su alcance**
wonder **preguntarse**
wooden **de madera**
woods **bosque** (m.)
word **palabra**
work (noun) (job) **trabajo**; (of
   art) **obra**; (verb) **trabajar**
worker **obrero**
world **mundo**
worried **preocupado**
worry **preocuparse (por)**
worse **peor**; to make matters
   worse **para peor**
wound (noun) **herida**; (verb)
   herir (ie,i); get wounded
   sufrir una herida
wrist **muñeca**
writing **escritura; escrito**

X

X-ray (noun) **rayo-X**; (verb)
   fotografiar con rayo

Y

ya already, now; **no ya** no
   longer; **ya no** no longer; **ya**
   que since
yank **dar un tirón**
year **año**
yet **todavía**
young **joven**
younger **menor**

Your Honor **Señor Juez**
Your Humble Servant **Su
 Servidor**
yourself: all by yourself **solito y
 su alma**

Z

zapatilla tennis shoe; slipper
zeta z (letter of alphabet)
zone: no trespassing zone **zona
 prohibida**
zoo **zoológico**
zoológico zoo
zumbar buzz

INDEX